中国特色自由贸易港法治丛书

国家社会科学基金重大招标项目“百年南海疆文献资料的发掘与整理研究”
（18ZDA193）的阶段性研究成果

海南省马克思主义理论研究和建设工程专项课题重点项目“世界自由贸易港法治发展趋势比较研究”
（2022HNMGC02）的研究成果

中国特色自由贸易港法治保障体系

域外比较与借鉴

王 琦 黄恒林 易永豪 吴雨琦
许蔚茜 罗全京 李立卿 刘译林 著

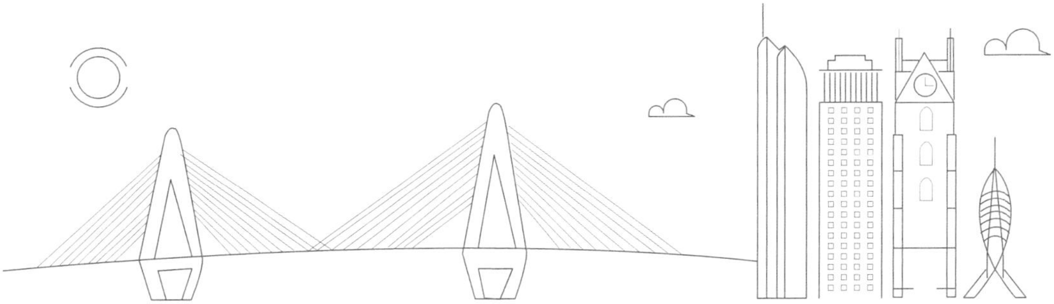

法律出版社
LAW PRESS · CHINA
北京

图书在版编目（CIP）数据

中国特色自由贸易港法治保障体系 ：域外比较与借鉴 / 王琦等著. -- 北京 ：法律出版社，2025. --（中国特色自由贸易港法治丛书）. -- ISBN 978 –7 –5244 –0132 –2

Ⅰ. D922.295.4

中国国家版本馆 CIP 数据核字第 20250F2K48 号

中国特色自由贸易港法治保障体系：
域外比较与借鉴
ZHONGGUO TESE ZIYOU MAOYIGANG FAZHI BAOZHANG TIXI：YUWAI BIJIAO YU JIEJIAN

王 琦 黄恒林
易永豪 吴雨琦
许蔚茜 罗全京
李立卿 刘译林 著

策划编辑 肖 越
责任编辑 肖 越
装帧设计 汪奇峰

出版发行 法律出版社
编辑统筹 法商出版分社
责任校对 张翼羽
责任印制 胡晓雅
经 销 新华书店

开本 710 毫米×1000 毫米 1/16
印张 22.75 **字数** 317 千
版本 2025 年 5 月第 1 版
印次 2025 年 5 月第 1 次印刷
印刷 北京新生代彩印制版有限公司

地址：北京市丰台区莲花池西里 7 号（100073）
网址：www.lawpress.com.cn
投稿邮箱：info@lawpress.com.cn
举报盗版邮箱：jbwq@lawpress.com.cn

销售电话：010 –83938349
客服电话：010 –83938350
咨询电话：010 –63939796

书号：ISBN 978 –7 –5244 –0132 –2 **定价**：96.00 元

凡购买本社图书，如有印装错误，我社负责退换。电话：010 –83938349

序　言

为推动海南自由贸易港建设在法治轨道上高水平开放、高质量发展，需要立足于海南自由贸易港“一本三基四梁八柱”战略框架及“八个自由贸易港”重点任务，从动态的“法治”出发，对中国香港、新加坡以及迪拜三个世界知名自由贸易港的法治建设历程及发展趋势进行系统性梳理，在治理理论和实践借鉴上为海南自由贸易港高质量发展提供治理体系法治化方案。

海南自由贸易港作为国家对外开放的新高地，承载着推动中国经济转型升级、深化改革开放、实现高质量发展的重要使命。面对前所未有的发展机遇与挑战，海南自由贸易港建设必须依托坚实而完善的法治保障体系，以确保其在法治的轨道上稳健前行。法治环境是吸引投资、促进贸易、保障公平竞争的关键所在，海南自由贸易港建设须以法治环境为稳固支撑。海南自由贸易港要打造国际一流的营商环境，就必须构建公正、透明、可预期的法治环境，为市场主体提供强有力的法律保障。改革是海南自由贸易港发展的不竭动力，海南自由贸易港须在法治轨道上推动经济体制机制改革，以法治理念作为高质量发展的核心引擎，用法治破解改革难题，推动经济体制机制创新，激发市场活力和社会创造力。生态环境是海南自由贸易港的宝贵财富，海南自由贸易港须以法治思维巩固生态环境质量，坚持绿色发展理念，制定严格的生态环境保护法律法规，加大环境执法力度，形成政府主导、企业主体、社会组织和公众共同参与的生态环境治理体系。产业发展是自由贸易港经济增长的重要支撑，海南自由贸易港须以法治方法赋能产业发展，优化产业发展环境，促进产业转型升级，通过完善产业政策、加强知识产权保护、优化营商环境等措施，为产业发展提供有力支持。治理体系和治理能力的现代化是自由贸易港高质量发展的必然要求，海南自由贸易港须以法治手段推进治理体系和治理能力现代化，通过加强法治建设、优化政府职能、完善社会治理体系等措施，提高政府治理效能和社会治理水平。同时，自由贸易港作为高度开放的经济体，面临着各种复杂多变的风险挑战，海南自由贸易港须以法治观念筑牢风险预警和防控体系，通过完善风险评估机制、加强风险监测和预警、制定风险应对预案等措施，提高风险防范和应对能力。

中国香港自由贸易港作为世界知名的自由贸易港之一，其以金融服务业、房地产服务业、银行服务业等特色产业和贸易自由、税制简便等经济体制闻名世界。为保障香港自由贸易港得以蓬勃发展，香港重视法治的力量，以法治的方式令这些因素在法治轨道上形成共同合力，使香港自由贸易港建设取得举世瞩目的成就。通过对其发展历程做一定的梳理，明晰其在建设发展过程中遇到的困境以及为克服困境所制定的相关政策与法律法规，可以为正处于起步阶段的海南自由贸易港提供经验和借鉴。从香港自由贸易港的发展历程、经济体制建设、特色产业发展、社会治理、纠纷解决机制、特色税收制度等几个方面为切入视角，分析、借鉴保障香港自由贸易港在法治的轨道上蓬勃发展的多种因素，提出海南自由贸易港在建设的过程中充分发挥其地理环境优势、完善税制改革、保障促进贸易自由、资金自由、着力培养法治人才等方式，为海南自由贸易港以法治化方式促进其特色产业的发展，完善多元纠纷解决机制，提高其社会治理能力，建设世界一流的法治化营商环境提供具有可行性的建议。

新加坡以其独特的地理位置、开放的经济政策和高效的法治环境，成功打造了世界知名的自由贸易港，成为全球贸易和金融的重要枢纽。在深入探讨新加坡自由贸易港法治建设的发展历程和成功经验，分析其在不同历史阶段法治建设的特点和创新，以及对多元族群社会的治理、社会治安的维护、国际司法协作的推进和生态环境保护的法治保障等方面的实践和成效。通过系统地梳理和总结,为海南自由贸易港法治建设方面提供了宝贵的、已经过检验的方法论启示。新加坡的法治建设历程充分证明了法治对于一个国家经济社会发展的引领和保障作用。从受英国殖民统治到马来西亚联邦,再到独立国家的转变,新加坡始终坚持法治先行,逐步建立起与国际接轨的法律体系和司法制度。在多元族群共存的社会背景下,新加坡通过法治手段有效维护了社会和谐与稳定,促进了各族群的平等与融合。在社会治安治理方面,新加坡通过严密的法律体系和高效的执法机构,打造了全球闻名的优良社会治安环境。在国际司法协作领域,新加坡积极参与国际法律合作,推动了跨境法律问题的解决和国际法治的发展。在生态法治建设方面,新加坡通过立法和政策引导,实现了经济发展与生态环境保护的协调发展。从规范文本与制度实践的角度解析新加坡自由贸易港法治建设的内在逻辑,也为我国在海南自由贸易港等区域的法治建设提供有益参考和借鉴。在新的历史起点上,我们应充分吸收和借鉴新加坡的成功经验,以多元、多维的法治与社会治理融合建设作为创制思维,不断推进法治发展融入体制基底与规则地基当中。为海南自由贸易港实现经济社会的持续健康发展提供坚实的法治保障。

迪拜凭借其优越的地理位置、宽松的商业氛围、稳定的政治环境、相对健全的法律制度和成功的自由区战略发展成为中东地区最大的自由贸易中心、商贸中心、货物集散中心,也是全球金融中心和经济中心之一。在海南建设自由贸易港过程中,有必要考察迪拜的法治发展趋势和法律制度,借鉴其良好的经验,以助力海南自由贸易港高质量发展。通过对迪拜自由贸易港的法治发展历程、金融法治保障、绿色发展体系政策、商贸投资监管的实践经验和多元解纷机制的发展经验,观察到阿联酋吸引外资的关键因素是其健全的法律制度、优越的地理位置和高度的文化包容性、较高的国际认可度,阿联酋出台了多项优化营商环境举措以及具备较为完善的基础设施,这些因素相互作用打造了良好的国际投资环境。迪拜自由贸易区在实现快速发展主要有八方面因素,分别是政府主导的发展、快速决策能力、灵活劳动力、服务业国际化、供给产生需求、创造投资机会、通过品牌进行市场定位及与国际合作伙伴合作发展。迪拜自由贸易区发展的特色优势主要有四方面,一是充分发挥东西方交通枢纽的区位优势;二是打造多个自由贸易区,科学布局多元化、特色鲜明的区域产业;三是政府大力支持,敢于创新,出台多重举措支持商业发展;四是具有包容的多元文化社会环境,对不同文化、宗教和生活方式持开放的态度。

在海南建设自由贸易港,既是我国探索和推进更高水平开放的战略选择,也是我国新时代改革开放进程中的一件大事。纵观中国香港、新加坡、迪拜等世界知名自由贸易港(区),均建立了完善的自由贸易港法律框架及体系,法治建设对于保障经济活动的顺利进行、维护市场秩序、促进社会稳定具有至关重要的作用。推进海南自由贸易港高质量高标准建设必须坚持在法治轨道上,以法治思维和法治方式为制度集成创新保驾护航,确保改革和法治同步推进。

为海南全面深化改革开放和中国特色自由贸易港建设打下良好的法治基础,海南自由贸易港优化法治营商环境需要构建一套行之有效、公平公正透明的营商环境评价体系。通过着力提升"放管服"改革的法治品性,推进海南自由贸易港建设现代数字法治政府,并注重区域法治化营商环境协同治理的顶层设计与统筹规划,实现有为政府与有效市场的双向互动,共同提升法治化营商环境制度的治理效能。在海南自由贸易港新经济体制机制的法治进路中,深入剖析海南如何依托法治的力量,实现构建有为政府、形成有效的市场、创新知识产权制度、完善税收制度,以法治之基稳固经济发展的大厦。在信用监管、数据流动、知识产权保护等领域推进制度创新,以期为海南构建开放型经济新体制铺平道路,开启一扇通往国际高标准经贸规则对接的窗口。在海南自由贸易港现代产业体系的法治进路中,聚焦于法治如何为旅游业、现代服务业、高新技术产业等支柱产业的培育和发展提供坚实的制度保障。通过借鉴国际经验,揭示了法治在引导产业转型升级、护航产业发展、促进产业需求要素集聚、维护市场公平竞争等方面的关键作用。在海南自由贸易港践行生态立省的法治进路中,探索海南如何通过法治手段,确保经济发展与生态保护并行不悖。从自然资源的产权制度到环境行政执法方式生态化,再到珊瑚礁的司法保护,每一步都彰显了海南在追求可持续发展道路上的法治智慧,揭示了法治在守护碧海蓝天、推进绿色低碳转型中不可替代的作用,描绘了以一个生态优先、绿色发展为导向的法治进路。另外,海南自由贸易港需要注重开放监管和风险防控,有针对性防范化解贸易、投资、金融、数据流动、生态和公共卫生等领域的重大风险。有效防控离岛免税"套代购"走私风险,建立健全外商投资审查的安全制度,以法治化的预警理念和价值标准融入金融风险预警系统,推进海南自由贸易港网络意识形态安全治理现代化,平衡好安全与发展的跨境数据流动,运用法治的手段促进和保障公共卫生风险防控救治体系,通过法定程序确定海南自由贸易港生态保护红线。面对海南自由贸易港多元化商事纠纷解决机制现代化所具备的环境条件和现实需求,海南自由贸易港在法治轨道上推进中国式现代化建设的进程中,需要统筹推进国内法治与涉外法治的要求,运用法治思维和法治方式化解自由贸易港商事纠纷,以促进商事纠纷解决为导向,加强诉讼、调解、仲裁在程序安排、效力确认、法律指导等方面的规范体系推动海南自由贸易港商事纠纷解决机制的现代化。

本书各章分工撰写情况如下:第一章:王琦、许蔚茜;第二章:罗全京、刘译林;第三章:王琦、易永豪;第四章:王琦、吴雨琦;第五章:黄恒林、李立卿。全书由王琦教授统稿、审阅和整理后定稿。

中国特色海南自由贸易港高质量发展的法治保障体系涉及领域广泛,本书观点在相关知识的海洋中只是沧海一粟,书中难免有错漏疏失,还望各位读者海涵并不吝赐教。

著　者

2024 年 8 月

目录

第一章

海南自由贸易港高质量发展的法治保障需求体系

一、海南自由贸易港建设须以法治环境为稳固支撑

在习近平总书记亲自谋划、亲自部署、亲自推动下，海南全面深化改革开放和中国特色自由贸易港建设蓬勃开展、进展明显，整体推进蹄疾步稳、有力有序，并在实践中清晰形成“一本三基四梁八柱”战略框架。法治环境是高标准、高质量落实好海南全面深化改革开放和中国特色自由贸易港建设这一重大国家战略的重要支柱之一，是海南自由贸易港建设的重要保障。

（一）法治理念打造法治化营商环境

理念先行于行动，理论是实践的指南。法治理念在海南自由贸易港建设进程中具有重大政治意义、理论意义、实践意义。

法治理念要求海南自由贸易港营商环境法治化进程中，必须彰显人民利益至上，反映人民深切期盼，坚决维护人民权利与利益，不断增进人民幸福与生活质量提升。优化营商环境的本质是为人民服务，人民需要公平可

及、优质高效的服务。[①] 因此，在海南自由贸易港建设过程中，在营商环境的优化过程中，需要坚持以人民为中心，以市场主体期待和需求为导向。法治化营商环境的建设关系到海南自由贸易港每一个人、每一件事，依法保障人民权益，让人民群众在每一项法律制度、每一个政策、每一次执法决定、每一宗司法案件中都感受到公平正义，能够给市场主体明确的利益预期，可以极大地增加海南自由贸易港市场主体的安全感，从而坚定社会投资者的信心，促进海南自由贸易港建设。

法治理念要求海南自由贸易港营商环境优化过程中要充分考虑中国特色、海南自由贸易港的优劣势和特点。海南是我国最大的经济特区，地理位置独特，拥有全国最好的生态环境，同时又是相对独立的地理单元，具有成为全国改革开放试验田的独特优势。[②] 在海南自由贸易港建设发展过程中，海南基于其独特的优势，使得海南改革试点成本低，容错率高，制度弹性空间大，风险能够限制在可控范围，有利于海南自由贸易港突破传统经济体制束缚，解放思想，开拓思路，在改革开放上先行先试，进行制度集成创新。海南自由贸易港要以法治理念为引领，利用好地方性法规的制定权、经济特区法规的制定权以及海南自由贸易港法规的制定权，认真谋划和构建海南自由贸易港法律法规体系，特别是根据海南自由贸易港的特点，在贸易、投资、跨境资金流动等方面作出配套的制度安排。

法治理念要求在法治下推进改革，在改革中完善法治。海南自由贸易港要成为新时代中国改革开放的示范，需要全面贯彻新发展理念，全面深化改革开放，[③]持续深化改革法治化营商环境。当前，海南自由贸易港建设面临着前所未有的机遇，也面临着重大的风险和挑战。海南自由贸易港建设应该在法治理念的引领下，寻求较为稳妥的法治化路径，通过法治建设适应

---

① 冯飞：《加快建设具有世界影响力的中国特色自由贸易港》，载《今日海南》2023 年第 12 期。

② 习近平：《在庆祝海南建省办经济特区 30 周年大会上的讲话》，载《今日海南》2018 年第 4 期。

③ 《习近平在海南考察时强调 解放思想开拓创新团结奋斗攻坚克难 加快建设具有世界影响力的中国特色自由贸易港》，载人民网，http://politics.people.com.cn/n1/2022/0414/c1024-32398500.html。

国内外复杂的环境，完成改革的艰巨任务，用法治保障和推进改革进程，从而降低改革的成本与代价，处理好改革、发展和稳定三者之间的关系，有目的、有步骤、有秩序地优化海南自由贸易港法治化营商环境。

海南自由贸易港营商环境法治化过程中，应以法治理念为引领，打造一支德才兼备的高素质法治工作队伍。海南自由贸易港法治化营商环境建设的任务繁重而艰巨，需要一个精专业、高能力、素质过硬的法治工作队伍来完成。海南自由贸易港法治工作队伍需要敢闯、敢试、敢担责，在立法方面，海南自由贸易港法治工作队伍应坚持围绕海南全面深化改革开放和自由贸易港建设的需求，通过不断深化改革创新，有力统筹推进全面依法治省、持续推进海南自由贸易港法治建设；在执法方面，明确海南自由贸易港的功能定位、运行方式和管理模式，使法治工作队伍保障自由贸易港各项政策措施的稳定性与权威性，扎实推进基层法治建设，以良法善治保障稳定市场预期；在司法方面，科学配备审判力量不断优化干部队伍结构，加强涉外司法队伍建设，提升涉外司法效能，坚持严管厚爱，严惩司法腐败；在法律服务方面，拓宽公共法律服务的延伸范围，使公共法律服务有效覆盖全省，优化形成全面覆盖城乡、便捷高效、均等普惠的全岛同城化现代公共法律服务体系，形成“百姓出门有法、抬头见法、休闲学法”的浓厚的法治氛围，全方位打造海南自由贸易港法治化营商环境。

（二）法治体系构建国际化营商环境

在构建具有世界影响力的中国特色自由贸易港的道路上，必须进一步加大对外开放力度，持续优化外商投资环境，确保外资在构建新发展格局和推动高质量发展中发挥关键作用。为实现这一目标，海南自由贸易港在《海南自由贸易港建设总体方案》的明确指导下，致力于构建以《海南自由贸易港法》为基石，辅以地方性法规和商事纠纷解决（解纷）机制的完善法治体系，旨在营造一个与国际接轨、对标国际一流水平的自由贸易港法治环境。2021 年《海南自由贸易港法》正式颁布实施，在产业发展与人才支撑、投资自由便利、生态环境保护、综合措施、财政税收制度以及贸易自由便利六大关键领域均制定了规范。这不仅为海南自由贸易港的发展提供了坚实的法治保障，也为其与世界各地的经贸往来奠定了坚实的基础。随着《海南自由贸易港法》的深入实施，中央各部委也积极配套出台了多部部门规章，进一步细化和完善了自由贸易港的各项政策和措施。同时，海南自由贸易港也结合自身发展实际，陆续出台了多部地方性法规和地方政府规章，确保了自由贸易港法治体系的系统性和完整性。

完备的法治体系是打造海南自由贸易港国际化营商环境的基本途径。海南自由贸易港在推进高水平对外开放的过程中，面对稳定改革发展的任务之重前所未有，矛盾风险挑战前所未有，突出了法治体系在全局中的地位，凸显了法治体系的重大作用。国际化营商环境要求海南自由贸易港坚持创新发展、协调发展、绿色发展、开放发展、共享发展，保持宏观经济和社会秩序稳定等改革发展任务的顺利完成，迫切要求将改革发展实践纳入制度化、法治化轨道，运用法治思维和法治方式促进和保障各项改革发展稳定措施落到实处，化解改革发展过程中产生的各类矛盾，解决改革发展稳定中的各种问题，从而实现在法律框架内保护人民群众合法权益、妥善处理人民内部矛盾、惩治各类犯罪、维护国家与社会安全等改革发展目标。

完备的法治体系对统筹推进国际化营商环境的建设具有保障性作用，意义深远，有利于应对国际化营商环境中遇到的重大挑战、抵御重大风险、克服重大阻力、解决重大矛盾。① 在完备的法治体系的规范和保障下，才能发挥建设海南自由贸易港的制度优势和治理效能，解放和增强社会活力、促进经济、文化和社会的改革开放，为打造海南自由贸易港国际化营商环境提供有力法治保障。

打造国际化营商环境，海南自由贸易港法治体系力求对标国际标准，最大限度满足投资贸易自由化便利化的要求。在保护外商权益方面，海南自由贸易港推动自由贸易港商事调解和仲裁领域立法，推动海口、三亚中央法务区挂牌启动建设，建立完善“一站式”国际商事纠纷多元化解决机制，完善

① 张文显：《习近平法治思想的基本精神和核心要义》，载《东方法学》2021 年第 1 期。

知识产权保护。在人文生态环境方面,海南自由贸易港关注外商全方位生产生活,构建外商宜居宜业地。推进外国人工作许可、居留许可联审联检和“一窗通办、同时发证”模式,外国人工作许可省内互认等外国人来琼工作便利化措施。提供住房、教育、医疗、旅游等生活保障和多样化消费选择。在生产经营保障方面,海南自由贸易港结合外资企业投资全流程,推进“极简审批”改革,健全重大和重点外资项目工作跟踪机制,推动数据要素安全高效跨境流动。

打造国际化营商环境,要求在对标国际高标准经贸规则方面,海南自由贸易港的法治体系应建立与之相衔接、公平开放的市场环境,鼓励外资围绕重点行业及战略性新兴产业开展投资,进一步优化外商投资产业结构。在吸引和利用外资方面,海南自由贸易港应围绕国家战略,落实细化政策,创建更加自由便利的贸易投资环境,完善海南国际贸易和国际投资“单一窗口”特色应用,优化通关模式和加强口岸基础设施建设,提升跨境融资信用服务能力。在涉外服务提供方面,海南自由贸易港聚焦外商投资、外籍人士办事高频服务事项,优化高效便利的外商投资政务服务环境。海南自由贸易港可常态化召开外资企业圆桌会议,建设“企航自贸港”投资海南一站式服务平台、“海易办”国际服务专区,推动境外银行卡受理,优化现金使用环境,提升移动支付便利性,为在琼工作、旅游、居住的外籍人士提供多场景、多样化便利服务。

打造国际化营商环境,要求海南自由贸易港法治体系凸显中国特色自由贸易港的本土性,与中国特色的法治立场、方针、政策相适应。打造国际化营商环境在一定程度上决定了海南自由贸易港法治体系的“全球化”与“趋同化”面向。海南自由贸易港体系的构建务必聚焦于国际化营商环境打造过程中实际遭遇的真切挑战,而非预设或虚构的伪命题。其根基应深深扎根于海南本土资源的沃土之中,坚持因地制宜的原则,避免盲目照搬他处经验或脱离实际的空想。唯有如此,方能确保海南自由贸易港的建设既符合国际高标准,又彰显其独特的本土优势与特色。海南自由贸易港法治体系完备依赖于政治资源,需要法律、行政、政治协调配合,需要坚持中国共产党的领导,从而保障法治体系的有效实施。此外,从主体利益诉求来讲,海南自由贸易港建设过程中,各利益主体间的差异性加剧了法治体系背后利益识别与衡平的复杂性。海南自由贸易港法治体系完备应当关注各利益群体真正的“声音”,而不是西方国家以自己的价值观和价值体系强加的所谓“普世价值”。[①] 海南自由贸易港的法治体系建设不仅要遵循国际公认的经贸规则与法治原则,更要根植于本土实际,尊重并平衡政府、企业、居民以及国际投资者等多方利益主体的合理诉求。通过深入调研、广泛咨询与公开透明的立法程序,确保每一项法律法规的制定都能精准对接各利益群体的实际需求,避免外部强加的价值观念对本土法治建设造成不当影响,促进自由贸易港的长期繁荣与可持续发展。

(三)法治政府营造便利化营商环境

高质量发展、推进海南自由贸易港建设,营造便利化营商环境,需要法治来保障,特别是行政法治保障,也就是必须努力建设法治政府。海南自由贸易港政府贯彻习近平法治思想,落地落实全面依法治国的决策,围绕着建设海南自由贸易港、优化营商环境的主题,落实法治政府建设的重点任务,推进优化政府、市场、社会三者之间的关系。海南自由贸易港政府创新实施了领事业务“一网通办”,构建湿地保护管理三级网络体系,建立“警保联控”警务新模式,创设“立、审、执”一体化涉外商事法庭,创新专业化、多元化、国际化的涉外律师服务等社会治理方式,从海南自由贸易港的实际需求出发,因地制宜进行改革创新,营造便利化营商环境。

首先,便利化营商环境的推进需要由法治政府带动,各级政府依法行政,为各商事主体在自由贸易港享受便利化政策提供重要的法治保障,促进优化营商环境。其次,在构建便利化的营商环境过程中,实现社会治理体系和治理能力的现代化是不可或缺的步骤,这其中,法治政府扮演着至关重要的支撑角色。政府机关作为推动经济社会发展、管理社会事务以及服务人

① 张文显:《治国理政的法治理念和法治思维》,载《中国社会科学》2017 年第 4 期。

民群众的核心力量，必须秉持法治精神，确保各项政策与决策都依法进行。政府便利化的管理、服务模式是推进便利化营商环境过程中特别重要的积极因素和主导力量，这就要求构建一个职责清晰界定、严格依法行政的法治政府，确保政府各部门职责明确，将政府工作的所有环节和领域全面纳入法治的轨道，从政策制定到执行，从公共服务到社会治理都必须依法进行，决策过程透明合法，行政行为始终遵循法律法规的指引，切实提高政府治理效能。再次，在新时代新征程新发展阶段，用法治给行政权力定规矩、划界线，使政府职权法定、依法履职，各项行政行为于法有据，不仅有助于实现政府职能深刻转变，把该管的事务管好、管到位，还有助于发挥法治对转变政府职能的引导和规范作用。职责确定明确、职责划分合理、权责对等统一、高效运转且具有坚实法治基础的法治政府是依法依规处理好政府和企业的关系、政府和市场的关系、政府和事业单位的关系的基本要求和抓手。最后，营造便利化营商环境与法治政府的建设相辅相成。构建“亲清”新型政商关系是便利化营商环境的主要标准和抓手，也是加强和改进新经济主体保护工作的一个关键。人民政府实施管理的各项职能时，密切关系着市场参与者的权益，只有坚定不移地恪守依法行政原则、塑造法治型政府，才能更好地服务海南自由贸易港建设，构建新型政商关系。

便利化营商环境需要政府从开放、监管、服务等多个方面着手，依法行政。第一，法治政府的机构职能、权限、程序、责任法定化，有效市场和有为政府结合，机构权责设置科学，依法行政、决策制度体系健全，简政放权，从行政效率和公信力的提高方面为便利化营商环境奠定基础。第二，法治政府提供优质的政务服务，如行政许可全面清单化管理，执政效率高，数字化服务等，加大关系群众切身利益的重点领域执法力度，完善行政执法程序，健全行政裁量基准，为便利化营商环境提供助力。第三，法治政府强化市场监管，行政以信用为基础，全方位、多层次、立体化进行监管，防控风险，为营造便利化营商环境保驾护航。第四，法治政府深入基层，保障基层有足够的资源履行执法职责，更快更精准回应人民群众诉求，基层治理不拖后腿，贯彻营商环境的便利化标准。

（四）司法公正高效保障自由化营商环境

自由化的营商环境是海南自由贸易港建设的重要内容之一，贸易自由化有助于提升企业生产率，有助于提高企业贸易总量和社会总资产。海南自由贸易港在司法工作中全过程、各方面贯彻习近平法治思想，为营造自由化营商环境扫清障碍。海南自由贸易港在建设过程中，坚决秉持法治原则，对各类刑事犯罪进行严厉打击和惩处，持续推进扫黑除恶斗争的常态化，坚决铲除黑恶势力的滋生土壤，启动并实施了为期三年的禁毒行动；专项整治和防范离岛免税"套代购"走私，谨慎、妥善地审理和执行涉及"爆雷"房地产企业的相关案件，采取市场化、法治化的双重手段，积极有效地预防和化解重大风险；以调整完善司法资源配置为重点，构建司法支持和保障机制，与海南自由贸易港建设的需求相契合，深入推进海事民事、行政、刑事案件审理"三合一"的改革，推行专利、商标、版权、地理标志和植物新品种知识产权"五合一"综合管理体制改革；贯彻和深化新时代"枫桥经验"，重点关注涉及房地产、金融、劳动用工等重点领域纠纷的化解问题，主动向有关职能部门提出针对性的司法建议，从源头防范和化解矛盾纠纷，让司法深度融入社会治理体系，致力于构建更高标准的、更加安全的海南自由贸易港建设新局面，使海南自由贸易港发展得到有效的法治保障。

不同的司法环境，如法院的公正程度、诉讼成本的合理程度、诉讼时间的长短、司法过程中的权利义务分配问题等，对营商环境的自由化程度都有着重大而深刻的影响。海南自由贸易港司法制度的完善和司法机构效率的提高能够为营商自由化提供良好的外部制度环境，有助于提升制度竞争力，吸引外商投资，推动市场化的产业结构升级。司法的核心使命在于公正、公平地解决现实社会中涌现的各类纠纷和冲突，以维护社会的和谐稳定与法治秩序。当司法体系的功能得到充分优化时，司法流程将展现出卓越的效率，为市场参与主体提供坚实的法律保障，支持其合法的经营活动。这不仅能有效抵御因信息不透明、伦理风险等问题可能导致的社会福利损失，还能坚定地维护司法公正，确保社会的公平与正义。首先，司法诉讼便利推动营商环境自由化。海南自由贸易港司法机构的地域布局应当充分考虑地理位置和市场主体习惯,以便公民能够便捷地提起诉讼。这样的布局旨在确保司法案件能够迅速、高效地进入司法程序,节约诉讼成本和时间成本,进而保障法律赋予公民的诉讼权利能够得到充分且合理的行使,吸引全球各地的商事主体前来投资或进行经济交易活动,促进贸易自由化。其次,司法高效保障营商环境自由化。司法高效最大限度地减少了市场主体在司法程序中的成本支出,并使之高效率地行使司法权力,缩短诉讼周期,提高司法裁决的权威性和执行效率,有利于市场经济活动的规范运行,避免纠纷解决时对资本投资方的权利损害,规范运行市场经济,保障贸易自由。最后,专业司法维护营商环境自由化。司法专业化水平的高低对司法程序的运作效率和裁判的公正性具有直接且深远的影响。海南自由贸易港需要完善的审判执行制度、专业化的法官,为营商环境自由化提供坚实后盾。

(五)法律服务护航市场化营商环境

市场化营商环境保障了以企业为首的核心主体进入和参与市场,形成高水平的开放市场。海南自由贸易港贯彻落实《海南自由贸易港建设总体方案》的决定以及“十四五”规划等中心工作,中共海南省委办公厅、海南省人民政府办公厅出台了《关于加快推进公共法律服务体系建设的实施意见》,将公共法律服务体系建设纳入自由贸易港制度集成创新,制定出台《海南省公共法律服务事项清单》《海南省公共法律服务实体平台建设标准》《海南省“12348”公共法律服务热线平台建设和服务标准(试行)》《海南法律服务网建设和服务指南(试行)》等,实现公共法律服务实体平台全覆盖,公共法律服务热线实现 7×24 小时服务、全业务进驻海南法律服务网,为海南自由贸易港建设提供优质的法律服务。①

在当前国际竞争加剧、贸易摩擦不断,国内经济转型加剧、面临下行压

① 《海南省公共法律服务管理局先进事迹材料》,载海南省司法厅网,https://justice.hainan.gov.cn/xxgk/0400/202310/t20231027_3516557.html。

力加深的形势下,需要公共法律服务来强化基础性、服务性保障,发挥稳定社会预期、激发主体活力、纾解发展困难的积极作用。市场化营商环境需要一视同仁地对待各个经济组成部分,最大限度地为各个经济组成部分提供优质法律服务,从法治角度平等对待各个市场主体,鼓励支持民营经济和民营企业发展壮大,降低市场交易成本,发挥市场的规模效应和集聚效应,破除妨碍各种生产要素市场化配置和商品服务流通的体制机制障碍,降低制度性交易成本,让市场决定资源配置。

法律服务是海南自由贸易港营商环境市场化的重要助推力量。在经济活动中,法律可在合法设立、注册登记,到参与市场竞争过程中合同起草与审查、知识产权保护、合规性审查、争议解决等各个环节为海南自由贸易港的市场主体提供服务,确保市场主体在法律框架内稳健运营,有效维护其合法权益。市场主体在进入市场、进行经贸活动、参与市场竞争、退出市场等各个阶段,特别是在涉外的经济活动中,专业的法律服务可以有效保护市场主体。在市场主体的社会活动中,方方面面都与法律息息相关,包括日常的法律咨询、法律援助、法律调解、普法宣传等在内的法律服务可以优化人文环境、社会环境,优化营商环境。在政府服务、监管经济活动的过程中,政府在处理营商环境相关的重大决策、信息公开、审批流程、监管机制及市场规制等职能时,法律服务发挥着不可或缺的作用。它不仅协助政府明确并规范其行为界限,以确保在为市场主体提供卓越服务的同时,也能有效地进行市场的宏观导向与监管,既不缺位也不越权。借助法律服务的支持,政府能够消除影响市场统一与公平竞争的障碍,最大限度地推动市场运行中的权益平等、机会均等以及规则的公正性,进而构建一个公正、透明且高效的市场环境。

市场化营商环境要求对海南自由贸易港法律服务体系建设进行前瞻性的规划引领,通过多元化的法律服务方式、便利化的法律服务申请途径、透明化的法律服务披露制度,实现海南自由贸易港全面服务各市场主体、各环节、各领域的经济活动。市场化营商环境要求海南自由贸易港创新法律服务举措,全方位推进现场、网络、热线的法律服务平台建立,提供资源供市场主体查询法律相关内容、咨询法律问题、申请调解、司法救助等，提供便捷高效的法律服务。市场化营商环境要求海南自由贸易港供给专业化的法律服务，通过打造规模大、专业强的法律服务机构，发展壮大专职律师、公职律师、公司律师、法律服务从业者等各个法律服务队伍，提升专业服务能力，致力于服务经济高质量发展。市场化营商环境需要聚焦涉外法律服务，融合律师、仲裁、公证、司法鉴定等专业法律服务资源，打造专业的国际商事仲裁、调解中心，使法律服务平台化、规范化、国际化。

二、海南自由贸易港须在法治轨道上推动经济体制机制改革

对标国际高水平经贸规则，建立与高水平自由贸易港相适应的经济体制机制需要在法治轨道上推动经济体制机制改革，就需要把法治建设摆在更突出的位置，联系海南自由贸易港经济建设的突出特点，设计完善的法治方案。

（一）在法治轨道上推动经济体制机制改革的重要意义

习近平总书记强调："社会主义市场经济本质上是法治经济。"[①]海南自由贸易港经济体系现代化，经济体制机制改革需要法治提供制度保障，只有在法治框架下，经济才能长期、稳定地高质量发展，法治轨道是海南自由贸易港经济体制机制改革的应走之路。

在法治轨道上推动经济体制机制改革是海南自由贸易港经济体系现代化的必然要求。海南自由贸易港建设现代化经济体系是一项系统工程，需要构建一个以创新为驱动力、注重相互协作发展的产业体系，搭配着一个统一开放、竞争公平有序的市场体系，共同支撑着体现效率优先、同时促进公平的收入分配体系。在此基础上，辅以构建彰显地区优势、实现城乡区域协同配合的发展体系，致力于推动资源节约、环境友好的绿色发展模式。此

---

① 《社会主义市场经济本质上是法治经济》，载《人民日报》2023 年 6 月 19 日，第 9 版。

外，加之建立多元平衡、安全高效的全面开放体系，以拓展国际合作与交流。这一系列体系的建设，旨在充分发挥市场在资源配置中的决定性作用，同时更好地发挥政府在海南自由贸易港经济发展中的引导作用，从而构建一个更加完善、高效、公平和可持续发展的经济体制机制。这几个体系是统一整体，需要一体建设、一体推进，这一任务艰巨繁重，也面临不少新问题新挑战。回答这些关乎海南自由贸易港现代化经济体制机制建设质量的重要课题，离不开相应法律规则的科学制定和有效执行，离不开法治体系的高质量运行。必须筑法治之基、行法治之力、积法治之势，从法治上寻找突破建设现代化经济体制机制梗阻、应对经济现代化进程中风险挑战的工具和办法。应对海南自由贸易港发展中涌现的深层次问题，要始终遵循法治原则，确保各项措施和政策的合法性、合理性和公正性，通过法治思维和法治方式的运用，解决经济社会发展面临的深层次问题，确保海南自由贸易港经济现代化进程行稳致远，不断夯实中国式现代化的物质基础。

在法治轨道上推动经济体制机制改革是海南自由贸易港调节各种利益关系的有效举措。在海南自由贸易港经济体制机制改革的过程中，不可避免地会出现各种利益冲突。为了妥善化解这些冲突，调节利益，法律在诸多调节手段中占据核心地位，成为必然选择。作为利益关系的调节器，法律的核心功能在于其卓越的协调与平衡能力，它巧妙地调和着纷繁复杂的利益冲突，从而彰显出法律独有的生命活力与深远价值。法律之所以存在，正是源于市场主体不断审视与再审视自身利益，追求利益和谐共生的同时，也致力于保护自身权益并尊重其他市场主体的合法权益。这种相互尊重、权责分明的观念，不仅是构建稳定政治社会不可或缺的基石，也是法律制定过程的本质所在——一个充分展现利益较量、实现利益合理分配与调节的过程。而法律的实施，则是一场对公平正义的不懈追求。它承载着公正、客观与平衡的精神内核，在多元社会利益交织的复杂矛盾与冲突中，法律如同一位公正的仲裁者，保持中立立场，努力营造一个公平、公正的社会环境，让每一位市场主体都能在法律的保护下，自由、平等地追求与发展自身利益。对于海南自由贸易港来说，其正处于经济发展、经济体制机制改革、价值取向多元的阶段，法治是凝聚社会共识的最佳途径。遵循法治原则和精神，对各种类型的利益冲突进行妥善协调，直接关系到海南自由贸易港经济体制机制改革的成败。因此，必须坚定不移地推进法治建设，确保海南自由贸易港经济发展的稳定和繁荣。

在法治轨道上推动经济体制机制改革是应对海南自由贸易港经济发展面临的风险挑战的现实需要。当今世界正处于大变局的重要时期，世界形势动荡复杂，发展动能明显减弱，安全挑战层出不穷，国内结构性矛盾等，海南自由贸易港经济体制改革面临的风险挑战亟须应对，情势严峻复杂，海南自由贸易港需要做好经受重大考验的准备。面对这前所未有的风险挑战，海南自由贸易港需要强化法治的力量，充分发挥法治在维护社会稳定、促进长期发展中的根本保障作用，坚定决心以法治思维和法治方式积极应对严峻的挑战、防范重大风险、攻克阻点和难点、化解突出矛盾。在深化改革、推动发展的道路上，我们应不断提升运用法治思维和法治方式的能力，确保在应对各种矛盾和冲突时，能够依法行事、公正裁决，从而有效地化解矛盾、维护海南自由贸易港的稳定。同时，提高法治反制打压的能力，以法治手段坚决维护海南自由贸易港的安全和发展利益，以法治的确定性应对前进道路上的各种不确定性，不断促使海南自由贸易港经济体制机制改革取得新成效。

（二）夯实基础法治制度为经济体制机制改革铺好法治之轨

建立开放型经济体制机制是海南自由贸易港经济体制机制改革的方向。《海南自由贸易港建设总体方案》明确要求，海南自由贸易港要加快建立开放型经济新体制，增强区域辐射带动作用，打造我国深度融入全球经济体系的前沿地带。发展开放型经济，建设更高水平开放型经济新体制以及实施更大范围、更宽领域、更深层次的全面开放，都是完善社会主义市场经济体制的题中应有之义，对支持经济全球化和构建人类命运共同体都有积极作用。开放型经济体制机制事关对外投资、利用外资、对外贸易等全新的制度安排，其中主要涉及改革外商投资管理方式、建立外贸可持续发展新框架、创立推动"走出去"战略的新制度、加速推进"一带一路"倡议、优化对外开放地域布局、扩大国际经济合作新领域以及构建开放且安全的金融体系等重要方面。

开放型经济体制机制的落实应以法治逻辑为支点。在海南自由贸易港经济体制机制改革的进程中,必须平衡改革与立法之间的关系。这要求将立法决策与改革决策紧密衔接,确保深化改革与完善立法相互促进、相得益彰。一方面,要坚定不移地深化改革,推动海南自由贸易港经济的全面进步;另一方面,必须坚守法治的底线,确保各项改革措施在法治轨道上运行。这两者相辅相成,缺一不可,在推进改革的同时,始终保持对法治的敬畏和尊重。在海南自由贸易港建设的进程中,改革的推行势必要对现有的法律框架、法律规范进行调整。因此,改革的推进与立法活动并行不悖,互为支撑。结合海南自由贸易港的实际情况,我们必须坚持以立法为先导,引领和规范改革进程,同时以改革的实践经验推动法治的不断发展,确保改革与法治之间形成良性互动。为了确保重大改革举措的合法性和有序性,所有需要法律授权的重要改革措施,都必须严格按照法律程序进行。这一原则将确保海南自由贸易港的经济体制机制改革始终在法治的轨道上稳步推进,既有法可依,又于法有据。此外,改革创新精神和法治建设应当齐头并进、相互促进。通过海南自由贸易港经济体制机制改革,不仅要推动经济社会的快速发展,还要提高法律的回应性和适应性,确保法律能够更好地服务于改革和发展的需要。这样,我们不仅能够实现改革的顺利推进,还能够为法治建设注入新的活力和动力。①

法治是海南自由贸易港稳健发展的坚实基石。在新的历史征程中,深化海南自由贸易港的经济体制机制改革,必须坚定不移地走法治之路。法治不仅要引领和促进改革,更要为改革提供坚实的保障。在推进改革的过程中,应秉持公开透明和民主参与的原则,确保改革的每一步都凝聚了广泛

① 石佑启:《改革与法治双轮驱动两翼齐飞》,载中国区域法治网 2015 年 10 月 20 日,https://fzw2008.gdufs.edu.cn/info/1165/1682.htm。

的共识和智慧。经济体制机制改革的正当性首先建立在其合法性之上，与海南自由贸易港的政治、文化环境紧密相连，任何偏离现实情况的改革都可能导致误入歧途。深化海南自由贸易港的经济体系与制度革新，既是一场需要克服重重困难的战役，也是一场涉及多方利益的长远较量。在此过程中，唯有将革新举措与法治原则深度融合，实现创新活力与合法性的完美融合，才能凝聚广泛的改革共识，确保改革持续取得显著成果与飞跃。海南自由贸易港的经济体系与制度革新同法治保障之间存在着一种既相互制约又相互促进的深刻内在联系，即一种辩证统一的关系。改革往往需要尝试和探索，而法治则负责纠错，防止全局性、长期性的失误。改革需要付出代价，但法治能最大限度地降低这些成本，规避不必要的损失。改革带有风险，但法治是规避风险、控制风险的关键所在。尽管改革与法治建设在思维路径上可能存在矛盾，但在海南自由贸易港的发展过程中，我们必须坚持经济体制机制改革与法治并行不悖的原则。我们要以法治为改革的成功铺就道路，增强改革的系统性、整体性、稳定性和协调性，确保海南自由贸易港在法治的护航下不断迈向新的辉煌。①

（三）良法善治为经济体制机制改革畅通法治之道

市场是配置资源最有效的形式。海南自由贸易港经济体制机制改革，要把全面依法治国贯彻到市场经济运行、政府经济治理的各方面全过程，坚持以良法善治解决市场配置资源中的矛盾和问题，促进市场和政府各就其位、各展其长，助力海南自由贸易港经济高质量发展。

海南自由贸易港经济体制机制改革应重点关注市场经营主体的权利配置。为了促进经营主体的活力与创造力，应全面赋予市场经营主体各项权利，让经营主体在享有充分权利的同时，也能够自主决定资源的配置，从而确保各类要素在市场中能够自由流动，推动市场的繁荣发展。实现良法善治，权利是重要的法治资源。经营主体充分拥有相关经济权利，就能有效维

① 陈金钊：《对"以法治方式推进改革"的解读》，载《河北法学》2014 年第 2 期。

护和实现权利所承载的经济利益，创造社会财富。正是通过对经营主体物权、债权、股权、知识产权等各方面经济权利的确认和保护，土地、资本、劳动、技术、数据等生产要素才能成为各种经济权利的客体，获得进行自由流动所必需的法律形式，进而实现资源有效配置。如果没有对经营主体权利的清晰确认，对生产要素的占有、使用、收益、处分缺乏规则依据和法律保障，资源配置过程就会面临各种纠纷、遭遇障碍梗阻，要素自由流动、资源优化配置就无从谈起。所以说，权利对于充分发挥市场在资源配置中的决定性作用具有关键意义。经营主体的权利清晰完整、得到有效保护，要素流动和经济循环才会畅通无阻。海南自由贸易港的经济体制机制改革需要全面保护市场经营主体的人身权、财产权、人格权等各项权利，形成更加完备的权利体系，同时完善权利保护和救济规则，形成规范有效的权利保护机制。这就解除了各类经营主体和企业家的后顾之忧，让他们有更大动力和更大空间去发展经济、创造财富，为海南自由贸易港建设发育充分、资源配置有效的现代化经济体制机制提供强大激励。

优化政府法定职能，为海南自由贸易港经济健康发展营造良好环境。市场决定资源配置是市场经济的一般规律，市场经济本质上就是市场决定资源配置的经济。为推动海南自由贸易港经济高质量发展，亟须提升资源利用效率，尤其是针对稀缺资源的优化配置。这一目标的实现要求利用最小化的资源投入，生产、提供尽可能多的高品质产品、服务，并力争实现经济效益的最大化。但市场存在自发性、盲目性和滞后性，需要更好发挥政府作用，才能克服消极因素影响、确保市场健康发展，让市场作用得以充分发挥。更好发挥政府作用，不是要更多发挥政府作用，而是要优化政府职能，管好那些市场管不了或管不好的事情。法治对于优化政府职能具有根本性、全局性作用。通过机构、职能、权限、程序、责任法定化，可以使政府职能优化的成果更具长期性、稳定性，有效提升经济治理效能。海南自由贸易港在加快构建职责明确、依法行政的政府治理体系，在保证市场发挥决定性作用的前提下，确保政府在经济社会发展中扮演更加积极、有效的角色，通过法治手段规范市场行为，优化资源配置，提升公共服务水平，加强生态环境保护，把转变政府职能同创新管理方式结合起来,把激发市场活力同加强市场监管统筹起来,着力营造良好环境,促进市场配置资源更为有效,从而推动海南自由贸易港经济的全面、协调、可持续发展。

(四)重点领域治理为经济体制机制改革践行法治之途

重点领域和关键环节经济治理工作依法推进,对建设海南自由贸易港高标准市场体系至关重要。第一,要坚持制度创新和科技创新"双轮驱动",完善支持创新、鼓励创新、保护创新的法律体系,细化知识产权创造、运用、交易、保护制度规则,落实知识产权侵权惩罚性赔偿制度,健全知识产权行政确权、行政执法、司法保护、仲裁调解、行业自律、公民诚信等环节相衔接的制度机制。第二,要依法规范和引导资本健康发展,针对各类资本市场准入、公平竞争、有效监管等方面存在的突出问题做好法律法规的立改废释,形成框架完整、逻辑清晰、制度完备的规则体系。第三,要依法防范化解重大金融风险,健全金融风险预防、预警、处置、问责全链条制度,完善金融稳定、反洗钱等领域法律法规,建设现代金融监管体系,依法将各类金融活动全部纳入监管,防范化解海南自由贸易港因开放导致的区域性、系统性金融风险。第四,要完善税收、劳动者权益保护、社会保障、转移支付等方面法律制度安排,维护海南自由贸易港社会稳定。

海南自由贸易港经济体制机制改革对社会信用、市场准入、公平竞争、产权保护等市场经济基础制度提出了明确要求。法治化营商环境是吸引集聚生产要素的关键。要健全以公平为核心原则的产权保护制度,强化国有企业和国有资产监督管理体制改革制度保障;明确中小微企业的产权归属,制定并落实针对性的保护措施,确保企业在市场竞争中享有平等的地位和权益;加强农村集体产权的确权工作,明确集体资产的权属关系,依法平等保护农村集体产权,充分保障农村集体在集体资产运营和管理中的权益;依法平等保护各类产权。要持续放宽市场准入,全面梳理修订涉企法律法规政策,清理行业准入规定,健全新经济形态经营主体准入的制度规定,动态修订负面清单制度,提升市场准入清单的科学性和精准性。要维护市场公平竞争，进一步健全反垄断与反不正当竞争法律制度规则，完善配套立法，加强监管执法，依法打击滥用市场支配地位等违法行为，完善预防和制止滥用行政权力排除限制竞争等制度，加快统一市场法规及标准的建立和修订，有效破除地方保护和行政垄断。要完善保障平等对待国有企业、民营企业的相关法律制度，一视同仁地给予国有企业和民营企业相同的政策支持和法律帮助，确保两者在市场竞争中享有平等的地位和权益，切实落实对国企民企平等对待的要求，为各类企业提供稳定、可预期的发展环境，激发市场活力和创新力，推动海南自由贸易港经济持续健康发展。

新技术新业态迅猛发展对海南自由贸易港加强依法监管提出了新的更高要求。要加强数字经济的法治保障。网络平台、电子商务、互联网金融等领域的法规体系亟待完善，数据产权、流通、交易、收益分配等具体规则亦须确立完善，为数字经济的发展提供清晰明确的法律框架。同时，对于平台经济中的反垄断问题、从业人员劳动权益保护以及互联网算法等关键领域，需要加强规制规范，确保市场竞争的公平性和透明度，保护各方合法权益。在数字经济安全方面，建立健全风险预警和防控制度，有效应对潜在的安全风险。特别是在新技术、新应用方面，如人工智能、生物技术、自动驾驶等，开展前瞻性立法研究，加强技术规制和综合治理，建设科技安全预警监测体系，确保技术发展的健康有序。此外，注重确保互联网信息内容的真实性、合法性和健康性，通过建立健全的审核与监管机制，营造清朗的网络空间。同时，网络数据安全被视为重中之重，海南自由贸易港致力于构建严密的数据保护体系，采用先进的加密技术和安全措施，防止数据泄露、篡改和非法利用，保障用户个人信息安全和企业数据资产安全，加强对关键软件的安全评估和漏洞修复，确保其稳定运行和抵御外部攻击的能力，为信息系统的整体安全提供坚实支撑。

海南自由贸易港需运用法治方式推动建设更高水平的开放型经济新体制机制。要加快推进制度型开放，加强规则、规制、管理、标准等建设，健全外商投资准入前国民待遇加负面清单管理制度，保障外资企业依法平等参与政府采购、招投标、标准制定，发挥好海南自由贸易港在对接高标准国际经贸规则中先行先试作用,完善境外投资法律制度,尽快建立与国际经贸规则相衔接的制度规范。要统筹发展和安全,完善对外贸易、出口管制、外商投资国家安全审查等法律制度,针对西方国家打着"法治"幌子的霸权行径,健全阻断机制和反制制度,构筑与更高水平开放相匹配的监管和风险防控制度体系。要积极参与国际经济治理,主动参与并努力引领知识产权、网络治理、科技创新、数字经济等领域国际规则制定,为推动构建公正、合理、透明的国际经贸规则体系贡献更多中国智慧和中国方案。

(五)完善司法服务为经济体制机制改革护航法治之路

随着海南自由贸易港扩大对外开放程度的加深,纠纷类型会发生较为明显的变化,与贸易投资相关的国际商事、知识产权、金融、破产等类型化纠纷的解决需求将会凸显出来,对完善司法服务的需求将逐渐增加。

海南自由贸易港在经济体制机制改革过程中需优化司法资源配置,完善自由贸易港审判组织和制度体系。为适应海南自由贸易港经济需求,海南自由贸易港进行了一系列的司法改革措施:调整案件管辖范围,对涉外民商事、海事、交通运输以及特定刑事案件的管辖进行适当调整;逐步推动形成以民商事、行政案件为主,涵盖特定刑事案件的海事案件"三合一"专业化审判机制;全面实行行政案件异地管辖;由海南涉外民商事法庭集中审理涉外、涉港澳台民商事案件,完善国际商事纠纷案件集中审判机制;推动海南建设国际商事纠纷解决中心,引入知名国际商事仲裁机构、国际商事调解组织,建立调解、仲裁、诉讼有机衔接的"一站式"国际商事纠纷解决机制。

针对海南自由贸易港经济体制机制改革的重点领域,海南自由贸易港加强审判工作,提供精准司法。海南自由贸易港在司法审判时,在投资贸易领域,要妥善处理在大幅放开外商投资领域时产生的涉及外资准入限制的适用法律问题,保障以"零关税""既准入又准营"为基本特征的自由化便利化政策实施;在产权保护领域,加大产权司法保护力度,支持构建国土空间保护开发新格局,坚决防止利用刑事手段干预经济纠纷;在跨境资金流动领域,推进金融风险行政处置与司法应对有机衔接,促进金融市场规范有序健康发展；在运输领域、生态环境领域、数据流动、互联网交易领域，加强专业化审判，规范公益诉讼，保护新型权益，充分发挥司法裁判的引领作用。

海南自由贸易港经济体制机制改革是为了更大范围、更宽领域、更深层次的全面开放，不仅要对标世界一流，还需要涉外保障机制的助推。完善国际商事纠纷解决机制和机构，加强国际商事法庭建设，深化与“一带一路”共建国家的国际司法协助，依法妥善化解涉外民商事案件，平等保护中外当事人合法权益，促进内外资企业公平竞争，推进贸易高质量发展。积极参与、深入推进国际司法交流合作，严格遵守国际法和公认的国际关系基本准则，吸收借鉴国际成熟司法经验，探索建立健全国际投资仲裁领域的司法审查机制，适时出台承认与执行外国民商事判决的规范指引，及时清理不符合扩大对外开放实践需要的司法解释和规范性文件。探索我国香港、迪拜、新加坡的专业化审判机制，深入研究扩大开放过程中出现的新情况新问题，及时制定完善应对的司法政策和举措，推动构建更高水平的国际经贸规则。认真总结涉自贸试验区民商事审判工作经验，聚焦贸易投资自由化便利化，找准司法审判与深化自贸试验区改革、稳步推进自由贸易港建设的结合点，对案件审理过程中发现与自贸试验区、自由贸易港市场规则有关的行政管理问题，及时提出司法建议，持续推进自贸试验区、自由贸易港法治建设，促进自贸试验区、自由贸易港发挥先行先试的示范作用。

同时，为助推海南自由贸易港有效市场，对海南自由贸易港司法能力和水平的要求大大提高。针对海南自由贸易港建设过程中的司法需求和突出问题，加强调研，借鉴国际经验，加大贸易、投资、航运、金融、税务、信息数据等领域高层次审判人才培养力度，为海南自由贸易港提供有针对性的司法服务。针对纠纷解决问题，构建多元化纠纷解决平台，积极推进司法链在智慧海南建设中的试点应用，推动建设智慧公证、智慧司鉴、智慧法援、智慧调解等诉调对接新应用模式。

三、海南自由贸易港须以法治思维巩固生态环境质量

习近平生态文明思想提出要建章立制，用最严格的制度和最严密的法治保护生态环境，[①]确保自然环境的健康和可持续发展。思想是行动的先导，在法治轨道上推进海南自由贸易港环境资源利用与生态环境质量保护，需要坚持法治思维。运用法治的工具推动生态环境质量巩固工作，上升到认识论层面，就是法治思维，即指个体或组织在面临问题时，依据法律原则、法律精神、法律规范和法律逻辑，对所遇到的问题进行系统性的分析、综合考量、理性判断和逻辑推理，最终得出合法合规的结论的思维方式和活动过程。概括地说，法治思维是一种将法治的核心理念和要素融入认识、分析和处理问题的思维方式，主要包含以下几个方面：（1）规则思维：强调宪法和法律的至高无上地位，坚持依法行事，遵守法律规则，确保所有的行为都在法律框架内进行。（2）权利义务思维：在保障公民合法权利的同时，对公权力进行制约和监督，实现权利和义务的统一，有助于建立和维护一个公平、公正的社会秩序。（3）程序思维：在解决问题的过程中，必须遵循法律程序，确保形式合理性，并且具有可实践性，有助于保障法律的公正性和权威性。

（一）规则思维规范海南自由贸易港生态环境质量巩固工作

法治是规则之治，法律规则是一定范围内客观事实的抽象总结，其明确规定行为主体的权利和义务，设定具体场景，并赋予一定的事实状态或者行为以结果，进而发挥对人们的指引、教育、评价和预测等规范功能。法律是衡量、分配利益的规则，规则的调整是最深刻的利益调整，其直接或间接影响甚至决定相关者的利益得失。在规范海南自由贸易港生态环境质量巩固工作中，首要任务是强化生态文明制度建设，并深入运用规则思维，充分运

---

① 中共中央宣传部、中华人民共和国生态环境部编：《习近平生态文明思想学习纲要》，学习出版社、人民出版社2022年版，第98页。

用法治的价值追求、研究方法、理论框架以及法律准则,为生态文明体制改革构建起坚实的法治逻辑、明确的法治语言、理性的法治思维以及有效的法治制度。这样的制度构建旨在为改革提供“良法善治”的坚实基础,确保改革在法治轨道上稳步推进。健全的生态法律制度不仅是生态文明进步的显著标志,而且是保护生态环境、维护生态平衡的最后一道坚固屏障。

在推进海南自由贸易港生态环境质量巩固工作的过程中,以底线约束为导向,确保生态环境质量得到稳步巩固。这意味着要在法律框架内设定明确的生态红线,严格限制任何可能破坏环境的行为,以保障海南自由贸易港生态系统的健康和稳定。在海南自由贸易港的建设与发展中,环境质量的巩固和提升尤为关键,这需要我们以底线约束思维和生态刚性管控为基本导向,将改善环境质量作为核心的基本目标,并将其贯穿生态文明法律制度体系现代化构建的每一个环节。这样,我们才能确保海南自由贸易港在经济发展的同时,也保持生态环境的健康与可持续,充分发挥法治在生态文明建设中的统筹和引导功能,从而实现环境治理体系和治理能力的现代化建设。① 海南自由贸易港在构建生态法律制度体系时,必须明确目标导向与问题驱动,重点解决当前亟待解决的环境挑战,应坚持预防优先的治理方针,确保环境风险得到及时防范和控制。同时,要确立政府的主导地位,并鼓励企业和公众的积极参与,形成政府、企业、公众协同共治的基本策略。最终,我们将构建起最严格的生态环境保护法律制度体系,为海南自由贸易港的可持续发展提供坚实的法治保障。

因此,在海南自由贸易港生态环境质量巩固工作目标的设定中,应充分融入市场弹性导向,以实现资源利用的高效率为核心。这要求构建一套以提升资源利用效率为主导的制度体系,其中应聚焦于绿色技术创新体系、绿色金融、清洁生产和节能环保等多个方面,形成一个资源全面节约和循环利用的高效利用法律制度体系,从而为生态文明建设提供坚实的制度保障。

---

① 黄锡生:《论生态文明法律制度体系的现代化建构》,载《学术论坛》2023 年第 2 期。

海南自由贸易港建设国家生态文明试验区以来,海南省委于 2017 年 9 月 22 日提出 30 条生态文明建设举措;①确立海南自由贸易港建设“一本三基四梁八柱”战略框架,将国家生态文明试验区和生态环境分别确立为“四梁”“八柱”之一。② 为践行《海南自由贸易港法》中生态环境保护的准则,截至 2024 年 7 月,海南自由贸易港在生态文明领域共制(修)订了 32 件地方性法规。这些法规规制了生态文明的各个具体领域和关键环节,构建起了较为全面且系统的法律体系。其中,包括《海南省生态保护红线管理规定》、《海南省生态保护补偿条例》、《海南经济特区禁止一次性不可降解塑料制品规定》、《海南经济特区排污许可管理条例》以及《海南热带雨林国家公园条例(试行)》等在内的多项立法实践,为海南自由贸易港的生态环境质量巩固工作提供了有力的保障。此外,海南自由贸易港不仅构建了生态环境分区管控体系,还精细划分了环境管控单元,成功实现了“三线一单”(生态保护红线、环境质量底线、资源利用上线和生态环境准入清单)与“多规合一”(多个规划相互衔接、相互融合)的有效融合与对接。根据海南省生态环境厅发布的《海南省生态环境分区管控方案(2023 年版)》,海南省生态环境分区管控划定了 737 个环境管控单元,划分为优先保护,重点管控和一般管控三类,实施分类管控。③ 这一举措显著提升了生态环境保护的精细化和系统化水平,为海南自由贸易港的可持续发展奠定了坚实基础。

同时,海南自由贸易港正积极寻求构建生态产品交易机制,致力于解决“绿水青山”转化为可交易资产的问题。截至 2023 年 6 月,白沙地区已成功搭建起“两山平台”,该平台不仅整合了零散的生态资源,还精心策划了 28 个招商项目和 11 个试点项目。通过构建“一张生态资源清单、一批标志性

---

① 《中共海南省委关于进一步加强生态文明建设 谱写美丽中国海南篇章的决定》,载《海南日报》2017 年 9 月 25 日,001 版。

② 《走进数字中的绿水青山》,载《海南日报》2023 年 6 月 5 日,A07 版。

③ 《海南省生态环境厅关于发布〈海南省生态环境分区管控方案(2023 年版)〉的函》,载海南省生态环境厅网,https://hnsthb. hainan. gov. cn/xxgk/0200/0202/hjywgl/hjyxpj/202408/t20240809_3712607. html。

试点项目、一个数据化管理平台”的管理运行机制，有效推动了生态资源向生态资产、资本的转化。依托“两山平台”，海南自由贸易港还积极引入社会投资，成功打造了山兰稻和益智生态有机农业产业、金线莲林下经济种养产业，并创新推出了“两山贷”（茶叶贷）这一绿色金融产品，为生态产业发展提供了有力的金融支持。[①] 此外，在万宁小海地区，海南自由贸易港还实施了红树林生态修复工程，并成功完成了首单蓝碳交易，这一举措不仅有助于生态环境的改善，还为中国国际消费品博览会首次实现碳中和目标提供了有力支持。

（二）权利义务思维保证生态环境质量巩固工作

权利义务思维的核心是权利保障和公权力制约。海南自由贸易港生态环境质量巩固工作由政府主导，社会主体实施，法律法规在赋予政府和社会主体在绿色发展上各种权利、权力的同时，应当完善相应的责任承担制度，既要避免权责独行，也要防止权责错配，既要注意权责的类型匹配，又要注意权责的程度相当，通过权责合理分配，促使政府和社会主体依法推动海南自由贸易港绿色发展。

海南自由贸易港的环境问题错综复杂，其复杂性不仅体现在污染来源和类型的多样化，还体现在不同污染源之间错综复杂的相互作用，这种作用并非简单的线性关系，而是充满了复杂性和不确定性。此外，这些环境问题往往超越单一地区，具有显著的跨区域性，甚至在全球时空范围内都显示出广泛的影响力。而且，海南自由贸易港的生态环境问题并非孤立存在，而是与经济、政治、文化和社会等多个领域紧密相连，它们在一定程度上相互交织、互为因果。在这样一个内在关联度日益增强的复杂背景下，推进生态环境质量的巩固工作，无疑会触及不同层面的利益问题，需要综合考虑、协调各方，以实现可持续发展。海南自由贸易港生态环境质量巩固工作的复杂性日益凸显，需要探索新的治理方法和策略，以更好地应对和解决这些复杂

---

① 《走进数字中的绿水青山》，载《海南日报》2023 年 6 月 5 日，A07 版。

的环境问题。因此,海南自由贸易港唯有通过构建协同治理机制,革新治理模式,促进多元主体的积极参与和协作,实现共同协作、共同应对、共同规划、共同商议,才能从根本上加强并维护海南自由贸易港的生态环境质量。

在海南自由贸易港生态环境合作治理中,确立一个明晰的责权分配机制是达成多元治理主体能够高效合作、实现协同效应的关键前提。这一权责体系需要明确各主体在环境治理中的职责和权力,确保各主体能够共同为海南自由贸易港的生态环境质量协同行动。生态环境合作治理,有赖于政府与社会主体的集体行动,但主体的多元化意味着利益需求的多元化,各主体之间容易形成"利益冲突"或"利益竞争"。因此,为了加强海南自由贸易港的生态环境治理,必须对各个治理主体的权力和责任进行清晰明确的界定,确保责任明确到人,还能有效激发社会各方主体参与环境治理的积极性和动力。在海南自由贸易港生态环境质量巩固工作中,政府继续作为引领者和首要职责承担者,激发多元社会主体踊跃参与,集结各方力量,齐心协力共同推动海南自由贸易港生态环境质量的提升与巩固。

参考其他国家、地区的环境治理经验,在环境合作治理的模式下,政府的引导作用尤为显著,主要体现在以下几个方面。一是政策制定与引导。政府负责制定和执行环保政策,通过明确的法规和标准来引导社会各方主体参与环境治理,确保环境保护工作的有序进行。二是资源整合与协调。政府拥有强大的资源整合能力,可以协调各方资源,包括资金、技术、人才等,为环境治理提供有力支持。三是监督管理与评估。政府通过建立健全的监督管理机制,对环境治理工作进行全程跟踪和评估,确保各项环保措施得到有效执行。四是宣传教育与引导。政府通过宣传教育,增强公众环保意识,引导社会各界共同参与环境保护,形成全社会共同关注、共同参与的良好氛围。五是国际合作与交流。在全球化背景下,政府积极推动国际环保合作与交流,借鉴国际先进经验和技术,共同应对全球环境问题。

海南自由贸易港环境质量巩固工作亟待推动社会经营主体角色的进一步转变。这一转变意味着社会经营主体需要从单纯的经济利益追求者,转变为生态环境保护的积极参与者和责任承担者。社会经营主体需要认识到环境保护与企业发展是相辅相成的,只有在保障环境质量的前提下,才能实现可持续的经济增长。因此,社会经营主体需要积极调整自身的经营策略,加大环保投入,采用环保技术和生产方式,减少污染排放,提高资源利用效率,为海南自由贸易港的环境质量巩固工作贡献自己的力量。

在海南自由贸易港环境质量巩固的征途上,公众参与是环境治理的不可或缺的第三方力量。公众参与不仅为环保决策提供了宝贵的反馈,推动了决策过程更加合理化和科学化,还有助于形成更加全面、客观的决策依据。同时,公众参与所形成的社会舆论,也具备强大的制衡力量,能够有效监督环境违法行为和环保执法行为。另外,公众通过参与环保活动,可以逐步掌握环保技能,深入理解环保理念,并积极宣传环保知识,促进整个社会环保氛围的形成,为海南自由贸易港的可持续发展提供坚实的社会基础。

环保社会组织在海南自由贸易港环境质量巩固中发挥着关键性的媒介作用,它们搭建起政府与社会各界有效沟通的纽带,推动合作治理模式的深入发展。这些组织能够化解因不同利益诉求而产生的潜在分歧、误解和冲突,为环境政策的顺畅实施清除潜在的障碍。此外,环保社会组织凭借其与基层紧密联系的"亲民性"和高效的组织协调能力,能够将个体公民凝聚成一个有序的整体,以合理、有力的方式对政府和社会经营主体进行必要的监督和约束。

(三)程序思维指引生态环境质量巩固工作

程序指事物发展的次序和脉络,以及进行某项活动的过程、步骤、顺序、方式。程序性思维要求主体的行为按照事物发展的规律或者逻辑,遵循一定的过程、步骤、顺序、方式。

在海南自由贸易港生态环境质量巩固过程中,平等的参与主体、准确的参与方式、公开的参与过程都是程序思维指引下所追求的程序正义,实现社会主体参与生态治理的全过程民主、全过程正义。通过对主体的生态利益的理性权衡,构建一个公正、透明的治理体系,确保所有参与者在规则面前一律平等,避免任何形式的偏袒和歧视,确保生态资源的分配不仅遵循既定的规则和程序,而且能够真正反映各方的合理需求和利益,避免资源的不当占用和浪费。

海南自由贸易港生态环境质量巩固过程中的程序正义要求深化公众参与,将程序正义贯穿于海南自由贸易港生态治理过程的始终。程序正义旨在构建一个开放、透明的生态治理环境,让公众能够及时了解生态资源的状况、政策的制定进展以及实施效果,有助于增强公众对生态政策的信任度,鼓励社会各界积极参与到生态治理的过程中来,共同推动海南自由贸易港生态环境质量的不断提升。对于与海南自由贸易港生态资源管理程序结果存在直接利害关系,或可能因此结果而遭受不利影响的主体,充分保障其参与管理程序的权利。在海南自由贸易港生态环境质量巩固过程中,海南自由贸易港生态环境治理中的公众参与行为,往往受到其独特生态环境和文化背景等多重因素的深刻影响。在这些因素的支配下,公众的参与渠道、沟通方式以及信息获取途径可能会受到不同程度的限制,从而增加了程序非正义的风险。因此,传递准确、及时的生态资讯,帮助公众了解生态环境现状、政策动向和治理成果,同时为公众提供一个开放、平等的交流平台,鼓励大家分享经验、提出建议、参与讨论,也是海南自由贸易港巩固生态环境质量的重要路径。

海南自由贸易港生态环境质量巩固过程中的程序正义要求构建政府权力运行的规范框架,塑造以约束性为基础的生态治理权力结构。在海南自由贸易港巩固生态环境质量的过程中,政府的治理权力与程序正义密切相关。从权力分配的角度出发,合理划分治理权能不仅能够确保公众享有充分的参与权,还能显著提升治理过程的程序公正性。同时,为了增进治理的权威性和公信力,积极推进程序正义,确保公众享有实质性的参与权利。这样的做法不仅有助于厘清治理权力的边界,防止权力滥用,还能增强公众对治理决策的信任和支持,从而共同推动治理效能的提升。就海南自由贸易港生态治理而言,不同的社会群体,包括企业、非政府组织、学术机构以及公众等,都有机会和渠道参与到生态治理的决策过程中来,共同为海南自由贸易港的可持续发展出谋划策。在应对生态风险和挑战时,政府应积极整合不同社会主体的利益与诉求,倾听并尊重各方意见,特别是赋予公众合理地参与制定及执行生态政策的权利,持续优化治理权力的运作流程,明确权力的行使范围,确保其在合理边界内有效运作。①

海南自由贸易港生态环境质量巩固过程中的程序正义有必要对当下多元分散的生态损害责任程序规则进行充分协调。首先,为避免责任追究程序中的功能协调和重复问题,理顺能够发挥生态损害填补责任追究效果的制度工具之间的适用关系,对于行政命令、环境民事公益诉讼和生态环境损害赔偿诉讼等多元机制,应择一配置(明确不同程序的适用条件)。为避免责任人陷入多重程序过程中,遭受过重的程序负担,造成社会资源浪费,有必要通过立法禁止或者法院驳回的机制,避免针对同一生态损害进行多次追责。当然,为保障其他主体的追责权利和解决生态损害在单一程序中无法彻底救济的情形,法律可以考虑设定诉讼的公告机制和公众参与机制,以及允许对新发现和新发生的损害重新启动追责程序的例外规定。其次,当前的生态环境侵权惩罚性赔偿制度未被配置特定的程序规则,存在违反正当程序基本原则的法治风险。为了消除风险,有必要在"专门法"中为生态环境侵权惩罚性赔偿诉讼配置公法化的程序法规则。最后,"专门法"应明确赋予相对人对其应承担的生态损害责任享有异议权,以及法院对后发责任作出判决时进行调整和说理的义务。

(四)系统思维统筹生态环境质量巩固工作

系统是一个由多个要素以特定方式组合而成的结构,这些要素通过相互联系和相互作用,共同实现某种特定的功能,同时一个系统是另外一个系统的组成部分。系统思维是人们运用系统观点,把对象的互相联系的各个方面及其结构和功能进行系统认识的一种思维方法。它注重整体性、结构

---

① 吴璟:《城市生态治理的程序正义:价值与建构》,载《天津社会科学》2023 年第 3 期。

性、立体性、动态性和综合性等特点。坚持运用系统思维方法，既把依法巩固海南自由贸易港生态环境质量作为海南自由贸易港建设的一部分加以研究部署，也把依法巩固生态环境质量作为一个系统进行深入分析，明确依法巩固生态环境质量工作是一个系统工程。①

依法巩固海南自由贸易港生态环境质量作为一个系统工程，涉及多个方面的工作和任务，包含相互协作、相互关联、相互影响的不同部分，构成一个广泛复杂而又系统完备的统一整体。近年来，海南自由贸易港由点到面，从各个领域着手系统治理生态环境。海南自由贸易港实施了一系列的创新举措，例如海南热带雨林国家公园作为国家生态文明试验区的标志性工程正式设立；在清洁能源利用领域，海南自由贸易港的清洁能源装机比重及清洁能源汽车保有量均显著超越全国平均水平，展现出卓越的绿色能源发展态势；针对污染治理，海南自由贸易港率先在全省范围内实施"禁塑"政策，装配式建筑的面积在连续四年内实现了翻番增长；在水资源治理领域，海南自由贸易港开展系统性的治理战略，治污水、保供水、排涝水、防洪水、抓节水、优海水，进行"六水共治"；在低碳领域，博鳌东屿岛近零碳示范区启动建设等。海南自由贸易港以系统思维方法来综合考虑依法巩固生态环境质量各个方面、各个环节及其相互之间的作用和联系，从而准确把握依法巩固生态环境质量的政治方向、重要地位、工作布局、重点任务、重大关系、重要保障。

系统思维要求在依法巩固海南自由贸易港生态环境质量过程中，转变传统观念，不仅要致力于减少污染、保护环境，更要强调通过创新的方式积极开发和利用资源，推动绿色、低碳、循环发展。② 解决生态环境问题不能孤立进行，需要在发展的过程中，结合海南自由贸易港的具体情况，从海南自由贸易港系统建设综合考虑，除了关注环境本身，还要深入考虑经济、社会、资源等多方面的因素，从而巩固海南自由贸易港生态环境质量，实现生态系

① 周佑勇：《习近平法治思想的系统辩证方法论》，载《党内法规研究》2022 年第 1 期。

② 林坚：《加强生态文明制度建设需要法治思维和系统思维》，载《中国环境报》2020 年 7 月 8 日，第 3 版。

统的可持续发展，与其他社会子系统的和谐共存。构建生态文明大系统，需纳入生态伦理和生态道德作为法律价值评判取向，依法将生态产业化，实现经济发展和生态环境保护的双赢。同时，把制度建设作为巩固生态环境质量工作的重中之重，加快生态文明体制改革，着力破解制约巩固生态环境质量工作的体制机制障碍，提供制度保障。

在依法巩固海南自由贸易港生态环境质量的过程中，系统思维强调必须深刻洞察并充分利用不同主体的独特地位和功能。整体观念作为系统思维的核心，任何系统都是其内部各功能要素和组成部分相互作用的有机整体。这些部分不是简单的相加，而是通过相互作用、相互依赖，形成“集成效应超越简单累加”的协同效应，从而推动海南自由贸易港生态环境质量的全面提升。整体观要求在巩固生态环境质量过程中，准确把握生态文明法治建设在海南自由贸易港法治体系的功能定位，确保法律制度在生态文明法治建设中的核心地位，处理好法律、政策之间的关系。① 增强协同性是发挥系统整体功能的内在要求。一个系统要形成整体性功能，关键在于系统的各个组成部分相互协同、功能耦合。海南自由贸易港建设是由多个相互作用、相互关联的部分构成的整体，缺少任何部分、放松任何环节，都会影响法治建设成效。唯有统筹推进各个领域、各个方面的法治建设，才能更好推进海南自由贸易港建设。

利用系统思维依法巩固海南自由贸易港生态环境质量，意味着海南自由贸易港需要共同构建一个涉及立法、执法、司法一体建设的全面工作布局，通过各个领域、阶段工作协同作用，实现海南自由贸易港的生态环境建设目标。立法方面，《海南自由贸易港法》设立“生态环境保护”专章，并制定了一系列的配套法规，实行最严格的生态环境保护制度。执法方面，海南自由贸易港坚持对生态环境违法行为采取严格的执法措施，确保相关法律法规得到有效执行。例如，在秸秆禁烧和综合利用方面，海南全省共建立视频监控点位 756 个，覆盖全省 22, 841. 99 平方公里的农耕地及 3367. 95 平方公

① 吕忠梅：《习近平法治思想的生态文明法治理论》，载《中国法学》2021 年第 1 期。

里的岸线水域、森林保护及打击“两违”的重点区域，有效遏制了秸秆焚烧等破坏生态环境的行为。[①] 同时，海南自由贸易港积极推进生态保护修复工作、绿色低碳发展等生态环境质量巩固工作。例如，海南自由贸易港通过实施《海南省珊瑚礁生态保护修复三年行动方案（2023—2025年）》，在岛内各地修复珊瑚礁生态；计划到2030年实现全岛禁售燃油车目标，建设全省充换电基础设施“一张网”，推动新能源汽车的普及和使用等。司法方面，海南自由贸易港积极推进环境司法专业化建设，设立专门的环境法庭或审判团队，提高环境司法案件的审理效率和质量；加强对环境违法行为的查处和打击力度，确保生态环境法律法规得到有效执行；鼓励和支持社会组织和检察机关提起环境公益诉讼，为生态环境保护提供司法保障。海南自由贸易港开展生态文化弘扬行动，加强生态文明宣传教育，大力提倡绿色生活理念和环保的消费方式、生活方式，强化企业生态环境社会责任意识，鼓励企业创新绿色发展模式，深化环保设施开放，激发社会各主体生态环境保护的内生动力，推动形成全社会共同保护生态环境的良好氛围。

（五）底线思维保障生态环境质量巩固工作

底线是指最低的限度，一旦突破最低限度，将会导致不可挽回的损失。底线思维以严守规则为基本要求，强调法律的底线不能逾越、法律的红线不能触碰，凡事必须在既定的程序及法定权限内运行。习近平总书记指出：“环境就是民生，青山就是美丽，蓝天也是幸福。要像保护眼睛一样保护生态环境，像对待生命一样对待生命环境，把不损害生态环境作为发展的底线。”[②]海南自由贸易港的独特优势之一便是良好的生态环境，为此，生态环境质量的巩固工作是海南自由贸易港建设的重点内容之一。生态环境问题存在不可逆的特殊风险，因此针对生态环境要筑牢法治底线。

运用底线思维保障生态环境质量巩固工作，首先需要廓清生态环境质

---

① 陈启杰：《为绿水蓝天再发力》，载《人民政协报》2022年7月7日，第1版。

② 中共中央宣传部编：《习近平总书记系列重要讲话读本（2016年版）》，学习出版社、人民出版社2016年版，第233页。

量巩固工作的底线。为了在自然资源与生态环境可以承受的限度内保障经济的高质量发展,中央层面和海南自由贸易港层面,均制定了一系列的法律法规、政策,划定了生态保护红线、永久基本农田、城镇开发边界三条国土空间的开发红线和生态保护红线、环境质量底线、资源利用上线三条生态文明建设红线。截至 2020 年 9 月,海南自由贸易港划定陆域生态保护红线区域 9377 平方公里,海洋生态保护红线区域 8316.6 平方公里;全省耕地保有量 7147 平方公里;林地保有量 21,100 平方公里,占全省陆域面积的 61.3%;自然岸线保有率达 60% 以上①。

其次,海南自由贸易港生态环境质量巩固工作要增强生态文明建设战略定力,实行最严格的生态环境保护制度,守住底线。对于破坏生态环境的行为,要遏制。结合海南自由贸易港的实际,着力解决海南自由贸易港生态破坏和环境污染的突出问题,在违法用地和违法建筑、城乡环境、大气污染、土壤环境、林区生态修复和湿地保护等问题上全面整治、重点处理,终身追究生态环境损害责任。对于生态环境质量巩固的主体责任要落实,实行环境保护目标责任制和考核评价制,对于环境保护目标完成情况一票否决。

最后,海南自由贸易港生态环境质量巩固工作要推动绿色的发展方式和生活方式,使海南自由贸易港发展远离风险。在海南自由贸易港的发展过程中,不能把生态环境巩固和经济发展相互对立,除了用最严格的制度来保障生态环境外,还是坚守发展这第一要务,将生态环境和经济发展统一起来,在博弈的模式中远离风险。海南自由贸易港的绿水青山就是优质的资源,通过创造性地发掘新的绿色发展模式,让海南自由贸易港土地、劳动力、资产、自然风光、农产品等要素活起来,让资源变资产。海南自由贸易港在生态环境质量巩固过程中,应该积极且主动地探索环境的生态化利用途径,致力于走出一条以生态优先、绿色发展为核心的高质量发展新路径。这一路径强调保护生态环境的底线,守住底线,实现经济的可持续发展,通过创新技术和管理模式,促进资源的高效循环利用,减少环境污染和生态破坏,

---

① 《“多规合一”凝聚发展合力》,载《海南日报》2020 年 9 月 2 日,A04 版。

推动经济、社会和环境的和谐共生。

海南自由贸易港生态环境质量巩固工作要以底线为导向，在充分研判风险的基础上，结合海南自由贸易港的阶段性问题的长远性任务，积极主动作为，实现海南自由贸易港建设的根本目标。海南自由贸易港在巩固生态环境质量过程中，运用底线思维，紧盯当前迫切需要应对的环境可持续保护与经济社会发展问题，采取切实有效的措施加以应对；同时运用前瞻性思维，准确把握未来一段时间的发展趋势，积极构建适应新时代要求的发展模式，充分考虑发展的变化，考虑地区承载能力变化，贯彻落实绿色发展理念，提高发展投资和运营者的积极性，构建一个稳固的底线保障体系与灵活的发展目标追求机制并存的良性循环系统，确保在守护好基本底线的同时，能够积极、稳健地迈向更高水平的发展目标。

四、海南自由贸易港须以法治方法赋能产业发展

在海南自由贸易港建设过程中，商业产业的发展是重中之重，其中海南自由贸易港的产业结构、政策、布局乃是创新制度集成的重点。

（一）海南自由贸易港的现代产业体系建设

《海南自由贸易港建设总体方案》确定了海南自由贸易港现代产业体系建设的基本框架。《海南自由贸易港建设总体方案》出台之后，海南自由贸易港陆续出台了一系列的产业政策推进海南自由贸易港现代产业体系建设。海南陆续出台了关于能源、中医药、高新技术、区块链、种子业、互联网等相关产业的制度，旨在吸引全球各地的企业入驻海南，支持海南的产业发展。构建现代产业体系对海南自由贸易港的发展有着举足轻重的地位，它不仅是推动区域经济发展的核心引擎，也是确保各类生产要素（包括资本、技术、人才、信息等）实现跨境自由流动、有序配置、安全保障及高效便捷交换的关键平台与载体。

海南自由贸易港主导产业内部结构在不断优化。旅游业方面，海南自

由贸易港不断提升附加值,打造知名旅游品牌,中国国际消费品博览会已经成为在全球具有一定影响力的知名博览会;同时海南自由贸易港在吸引境外高端购物、医疗和教育等三大消费回流方面取得了显著成效,通过不断优化政策环境、提升服务质量、创新服务模式等措施,海南正逐步成为国际旅游消费中心的重要目的地,海南自由贸易港离岛免税购物金额在2023年进一步增长,①海南博鳌乐城先行区截至2023年5月已经有317种特许药械实现"全国首用",②海南陵水黎安国际教育创新试验区已有8个中外合作办学机构和项目经教育部正式批复建立,③海南自由贸易港境外消费回流亮点凸显。此外,海南自由贸易港亦在不断涌现金融、现代航运、数字贸易、新型离岸贸易等现代服务业业态。科研方面,海南自由贸易港对于科技创意的开展落实、科技难题的攻关可以充分利用国家科研平台,通过给海南科研机构给予大量政策支持,大力培育,同时着力引进各种类型的研发机构,使海南自由贸易港成为航天科技创新、种业研发、深海科学探索的高地,提升了产业迭代升级能力和根植性;海南自由贸易港热带特色高效农业迈向特色化、规模化、品牌化、产业生态化和生态产业化;海南高新技术企业、专精特新企业数量增加迅速,三亚崖州湾科技城聚集海洋产业类企业上千家,文昌国际航天城也在构建以火箭、卫星、数据为核心的产业链。

未来,海南自由贸易港产业体系持续优化,海南自由贸易港将大力发展旅游业、现代服务业、高新技术产业和热带特色高效农业,前瞻布局南繁种业、深海科技、商业航天三大产业,做好高端购物、医疗、教育产业。2023年,中共海南省委员会、海南省人民政府印发实施《关于以高水平质量建设助力海南自由贸易港高质量发展的意见》,提出着力强化质量提升对特色产业发

① 《2023年海南离岛免税购物金额超437亿元》,载《海南日报》2024年1月2日,A03版。

② 《海南博鳌乐城先行区进口特许药械政策再升级》,载中国新闻网,https://hain.chinadaily.com.cn/a/202305/11/WS645cf778a310537989373c7e.html。

③ 海南黎安国际教育创新试验区:《实录:海南陵水黎安国际教育创新试验区2024年入驻高校招生新闻发布会》,载微信公众号"海南黎安国际教育创新试验区"2024年6月27日,https://mp.weixin.qq.com/s/mvDf2LKGTNKT91dbXpl4kg。

展的驱动力，围绕生物医药、海上风电、石化新材料、低碳制造等重点领域提供综合质量服务，梯次培育天然橡胶、文昌鸡等15大产业全产业链，围绕南繁、深海、航天三大未来产业及战略新兴产业，推进质量链、产业链和创新链深度融合。截至2024年6月，海南自由贸易港设立了13个重点产业园区，适应不同的企业类型，例如服务产业行业、高新技术开发行业、运输行业、游戏电商行业、进出口贸易、生物、基因工程、医疗、航天、教育培训、先进制造业等，分别给予不同的政策优惠。[①] 海南自由贸易港将继续坚持围绕重点产业链，通过龙头产业带动，布局配套的链条产业，发挥聚集优势，促进产业链上下游联动，以市场为驱动，协同进行产业创新。海南自由贸易港在加快构建开放型、生态型创新型现代化产业体系，构建以企业为主体、推动形成龙头连轴带动，园区平台支撑，上下游产业协作配套的产业发展格局，促进产业链、创新链和供应链的整体提升。

（二）牢筑海南自由贸易港现代产业体系的法治之基

赋能产业发展、建设现代化产业体系需要将其各项任务纳入法治轨道，把法治建设贯穿于建设现代化产业体系的全过程和各方面，使法治建设与建设现代化产业体系的需要相适应、相协调，筑牢现代化经济体系的制度基石，进而为其他领域现代化提供有力支撑。为进一步促进海南自由贸易港的现代化产业体系建设，海南自由贸易港要主动对接《全面与进步跨太平洋伙伴关系协定》和《数字经济伙伴关系协定》等国际高水平经贸规则，认真落实好国务院印发的《关于在有条件的自由贸易试验区和自由贸易港试点对接国际高标准推进制度型开放的若干措施》的相关要求，实施高水平制度型开放，以高水平的制度开放促进海南自由贸易港深度融入全球市场体系，培育参与国际经济合作和竞争的新优势，以开放赢得产业现代化建设、发展的主动权，从而使制度优势转化为产业优势。

法治化作为制度型开放的基石，是海南自由贸易港建设与发展的核心

① 海南自贸港—重点园区，https://www.hnftp.gov.cn/zdyq/。

驱动力。制度型开放的广度深远,它覆盖了海南自由贸易港建设全周期的法律法规、规章制度及政策导向,贯穿于立法、执法、司法、守法等关键环节,构成了支撑其发展的坚固框架。在静态规则构建上,面对现有制度中可能阻碍海南自由贸易港发展的障碍或立法空白,必须迅速响应,通过修订与补充,确保规范体系既完备又科学,促进国内规则与国际标准的接轨,解决海关监管特殊区域内制度间的不协调问题,为自由贸易港营造更加顺畅的运行环境。在动态监管层面,制度型开放强调监管的边界清晰、标准规范、流程完善、方式灵活以及规则公开透明。而法治化正是实现这些目标的关键途径。在法治社会中,立法、执法、司法机关的权威性,制度的透明度以及立法、执法、司法过程的公开性,共同构建了社会对法律的普遍尊重与信仰,加速制度向产业发展的转化效率,通过法治的力量,为产业发展提供了稳定的预期,塑形高水平、高效能的现代化产业体系。

海南自由贸易港现代产业体系的稳健构建,离不开一套完善且高效的制度保障体系。这一体系应基于合理、公正、透明的法律框架,以及有效、透明、负责任的治理机制,旨在全面促进各类产业的繁荣共生,同时精准调控政府干预的力度,优化资源配置效率。社会行为规则的革新,作为驱动海南自由贸易港发展的关键力量,其创设必须严格遵循法定程序,紧密贴合经济实践中涌现的新挑战与新需求——那些既有的规则体系难以诠释或有效应对的复杂情境。这些创新规则应聚焦于解决影响海南自由贸易港全局性、长期性及根本性发展的关键问题,确保制度设计的前瞻性与适应性。为实现这一目标,海南需充分利用法律法规、规章、规范性文件及政策工具,对社会行为进行全面而细致的规制,为市场主体提供清晰的行动指南,助力其高效解决在现代产业体系建设和完善过程中遇到的各种难题。随着制度的不断完善与创新,海南自由贸易港的产业竞争力将显著提升,制度优势成为推动产业升级与转型的强大引擎。此外,海南自由贸易港产业制度的建设与优化,还需积极吸纳过往产业制度探索中的宝贵经验,提炼并固化那些经过实践检验的成功创新,让法治与改革相辅相成,形成持续优化的正向循环。

法治以规范推动海南自由贸易港产业发展。现代化产业法律体系的健全与法治意识的深化，是海南自由贸易港实现规范化治理的先决条件，而产业的蓬勃发展则呼唤着法律规范的持续创新，旨在将制度优势转化为驱动产业发展的强大动力。海南自由贸易港在构建现代化产业体系的过程中，首要任务是确立以经济调控为核心的法律规范体系，旨在通过精心设计的规范，精准对接海南自由贸易港产业发展的战略需求，为产业基础与前沿技术的研发提供坚实支撑，促进科技人才的培育与创新团队的成长，并围绕产业发展的关键瓶颈，组织系统性的技术攻关，助力领军企业的崛起。法治使海南自由贸易港能够高效整合优质资源，依据中央的明确授权，在竞争政策、税收制度、财政支持、金融创新、产业激励等多个维度，制定出一系列贴合海南自由贸易港发展实际的激励措施，从而充分发挥其独特的区位与政策优势。同时，法律规范还促进了科技供给与产业需求的精准对接，加速了科技成果向现实生产力的转化过程，为行政机关在重点产业研究、成果转化及新技术、新产品、新服务、新模式的推广应用中提供了明确的制度导向和坚实保障。此外，法律规范还强化了区域创新与合作的协同效应，助力构建具有鲜明特色的现代化产业体系。它为海南自由贸易港内各类创新改革举措的先行先试提供了法律依据，推动了创新链、产业链、资金链、人才链的深度融合。

现代化产业法律体系的完善和法治意识的形成是规范之治的前提条件，同时产业的发展要求法律规范自身的创新，将制度优势转化为产业发展的效能。海南自由贸易港现代化产业体系的建设以海南自由贸易港经济调控规范为主要内容。海南自由贸易港可通过规范的制定，服务海南自由贸易港产业发展的战略需求，支持开展产业基础和前沿技术研究、培养科学技术人才和创新团队、有组织地围绕海南自由港产业发展的重大问题实施技术攻关，支持领军企业发展。通过法治建设，可使海南自由贸易港的优质资源得以整合。海南自由贸易港可根据中央授权，在竞争、税收、财政、金融、产业等领域制定契合海南自由贸易港发展的激励政策，进而充分有效地发挥海南自由贸易港的优势。规范可促进海南自由贸易港科技供给与产业需求的有效对接，加快科技成果转化为现实生产力。规范可为海南自由贸易港行政机关统筹规划和组织推进重点产业的研究和成果转化工作、推动新技术、新产品、新服务、新模式应用提供制度引领和依据。规范有利于充分发挥区域创新和合作交流优势,支持特色鲜明的现代化产业体系构建。规范为海南自由贸易港支持各类创新改革举措先行先试,创新链产业链资金链人才链深度融合,引领海南自由贸易港产业高质量发展提供依据和方向。

海南自由贸易港产业发展要求产业政策符合海南自由贸易港实际情况并得以贯彻落实。产业政策的规划与制定,必须以民主化的决策流程与科学严谨的论证内容为基础,方能确保其合理性与有效性。在此过程中,构建并持续优化产业合作的咨询与审议机构显得尤为重要,旨在实现决策机制的民主化转型,同时确保决策流程的高度公开与透明。[①] 而法治化过程则是对程序性以及科学性的最好保障,推进海南自由贸易港产业转移升级法治保障也就是践行产业转移升级法治化思想,可以减少产业政策布局过程中的市场失灵与政府失灵,构建良好的中国特色自由贸易港产业布局政策法律秩序。[②] 民主性在海南自由贸易港产业政策的制定过程中发挥着至关重要的作用。它促进了广泛的意见交流与汇聚,有效弥补了政府单一决策可能存在的局限性,如能力的局限性和信息收集的不全面性。在确保政府内部行政决策流程公正合理的基础上,民主性机制鼓励所有与政策利益紧密相关的各方积极参与政策制定过程,通过充分协商与讨论,共同为产业政策的科学性、合理性和可行性贡献力量。

海南自由贸易港产业政策不仅需具备前瞻性和指导性,而且需通过具体行动和措施,确保其在现实经济活动中得到切实执行和有效贯彻。海南自由贸易港产业政策的制定与实施必须具有足够的权威性与效率性。公共政策在处理违法责任时则显得较为灵活和宽松,它较少详细界定具体的违

---

① 叶卫平:《地方竞争、区域合作与产业政策制度重构——以产业政策制定权限制度为中心》,载《经济法论丛》2014 年第 2 期。

② 梁亚荣、臧昊:《中国特色自由贸易港产业布局政策法治化研究》,载《海南大学学报(人文社会科学版)》2024 年第 4 期。

法责任,同时也不常诉诸国家的强制力来作为追责手段。公共政策在实施时,更侧重于通过引导、协商和激励等方式来达成政策目标,而非直接依赖强制性的法律制裁。[①] 因此,产业政策失效的一个核心症结在于其制度地位相对较低,多数产业政策仅停留于政府规划与计划的层面,缺乏高层次法律制度的坚实支撑,这严重削弱了其权威性与执行力。海南自由贸易港在推进产业政策时,必须确保政策具备高度的权威性与效率性,其中,权威性作为基石,是保障政策有效执行、提升执行效率的前提。为此,加强产业政策的法治化建设,提升海南自由贸易港产业制度的法律层级就显得尤为迫切。通过立法手段,将产业政策上升为更具约束力的法律规范,可以有效增强其权威性,为政策的顺利实施提供强有力的法律保障。在权威性的加持下,产业政策的实施效果将得到显著提升,执行效率也将随之增强,从而更好地服务于海南自由贸易港的产业发展大局。

地区间的竞争与区域合作,已成为驱动我国产业发展不可或缺的两大核心动力。它们相互作用,共同塑造着我国产业格局的演变路径。地区竞争激发了各地发展产业的积极性与创造力,促进了资源优化配置和产业升级;区域合作则通过打破行政壁垒,促进资源共享、优势互补,实现了产业的协同发展。海南自由贸易港的发展不是独立进行的,而是在全国协同化发展的大背景下进行的。海南自由贸易港产业政策的发展与定位必须充分考虑区域经济发展的战略性与协同性。海南自由贸易港在推动产业转型升级的过程中,实施法治化路径能够全面构建起产业发展的信息共享与决策透明框架。这一机制不仅紧密贴合海南自由贸易港产业发展的实际需求,还通过法律手段确保其有效运行与持续完善。法治的保障作用,使得信息流通更加顺畅,决策过程更加公开透明,为海南自由贸易港的产业升级提供了坚实的制度基础与良好的发展环境。同时,通过实现产业政策的法治化,海南自由贸易港产业发展的贸易自由、主导产业集群、行政效能提升机制、金

① 罗豪才、宋功德:《认真对待软法——公域软法的一般理论及其中国实践》,载《中国法学》2006年第2期。

融扶持与监管创新等将被清晰界定并公之于众。这一举措旨在全方位提升海南自由贸易港的营商环境,使其既具备现代性,又符合国际高标准。法治的保障确保了这些因素的稳定性和可预测性,为国内外投资者提供了更加透明、公正和便利的经营环境,进一步增强了海南自由贸易港的国际竞争力和吸引力。

(三)法治促进海南自由贸易港现代产业体系建设

政府依法行政是法治的重要组成部分,行政机关所掌握的公权力,因其广泛的事项覆盖范围、庞大的受众群体以及与民众生活的紧密关联,对海南自由贸易港现代产业体系的建设成效具有直接且深远的影响。政府行政行为的规范性,不仅是保护产业发展中各市场主体合法权益的基石,还是衡量产业发展成本效益、优化产业生态环境的关键因素。在产业发展的复杂生态中,各类要素之间的动态平衡与和谐共生至关重要,而精准识别并聚焦关键任务与发展方向,则是推动产业持续繁荣的先决条件。这一过程离不开政府的有效支持与适度调控,政府需通过科学决策与合理干预,与产业主体携手并肩,共同将地方特有的制度优势与政策红利转化为驱动产业发展的强大动力。因此,海南自由贸易港政府应不断强化依法行政能力,确保行政行为既符合法律法规的要求,又能精准对接产业发展需求,为市场主体营造一个公平、透明、可预期的营商环境。同时,政府还需积极倾听产业界的声音,灵活调整政策措施,确保政策红利能够精准落地,有效激发市场活力与创造力,共同推动海南自由贸易港现代产业体系的高质量发展。

营商环境作为现代产业体系构建与发展的强劲引擎,对于海南自由贸易港而言,其优化与完善是驱动创新发展战略不可或缺的基石。为确保海南自由贸易港稳步迈向世界级城市群行列,成为全球科技创新的高地及人类未来发展的探索先锋,营造一个卓越的营商环境是尤为关键的。这一目标的实现,必须坚定不移地走法治化道路,以法律的力量保障营商环境的公平、透明与高效。海南自由贸易港在追求国际化进程中,势必会加强与外部世界的经济贸易往来,吸引外资涌入,并优化外籍高端技术人才的引进与管理机制。因此,其营商环境的塑造必须紧密跟踪国际经济发展的最新趋势,确保其在全球竞争中保持现代性与国际性的双重优势。具体而言,这意味着在投资审批、市场准入及通关便利化等关键环节,需深入考量跨国企业的投资偏好与需求,构建一套与国际投资贸易规则相接轨的行政服务体系,为国内外企业提供更加便捷、高效、可预期的经营环境。同时,海南自由贸易港在构建现代产业体系的过程中,应当牢固树立市场导向原则,将市场作为资源配置的决定性力量。这一目标实现的关键在于依法平等地保护所有市场主体的合法权益,无论是国有企业、民营企业还是外资企业,都应享受同等的法律保障和市场机会。通过确保市场主体的平等地位和权益不受侵犯,海南自由贸易港能够充分激发市场竞争的活力与潜力,促进产业结构的优化升级和创新能力的提升。虽然,市场机制在资源配置中虽占据核心地位,但其固有的盲目性和信息滞后性等缺陷,往往导致市场反应不够灵敏,难以迅速适应产业发展的复杂变化。因此,政府的积极参与与适时调节显得尤为重要。政府可以通过制定科学合理的产业政策、提供及时准确的市场信息、优化行政审批流程等手段,有效应对市场变动,引导产业健康有序发展。这种政府与市场协同作用的方式,能够弥补市场机制的不足,促进资源的优化配置,为海南自由贸易港现代产业体系的稳健构建提供有力保障。因此,必须推进海南自由贸易港法治政府建设,从而促进海南自由贸易港现代化产业体系建设。

海南自由贸易港在推动产业发展的进程中,需高度重视执法工作的规范化、严格化、公正化及文明化。这一目标旨在通过全面加大执法力度,确保经济社会发展在法治的轨道上稳健前行,维护市场公平竞争秩序和社会和谐稳定。同时,通过规范的执法手段以提升人民群众对法治建设的满意度,通过透明高效的执法行为,增强公众对法律权威的信任和尊重。制度的生命力在于执行,要实现从制度优势到产业优势的跨越,就必须坚定不移地推进严格、规范、公正、文明的执法实践。在这一进程中,打造一支高素质的执法队伍显得尤为关键。面对海南自由贸易港产业日新月异的发展态势,执法队伍必须具备深厚的专业素养、大局观念以及务实的工作作风,不仅要精通本行业务，能够准确理解并灵活运用相关法律法规，还需具备敏锐的洞察力，以应对产业发展过程中层出不穷的新情况、新问题。执法队伍在执法过程中应始终秉持公正、文明的原则，尊重市场主体的合法权益，既能确保执法行为合法合规，又不阻碍经济发展，维护良好的营商环境，促进经济活动的顺畅进行，为海南自由贸易港的产业发展保驾护航。

行政决策在海南自由贸易港产业发展中扮演着举足轻重的角色，特别是针对产业发展的重大行政决策，其影响深远且广泛，涉及全局性、长期性和综合性层面。因此，确保行政决策的科学化、民主化、法治化，对于推动海南自由贸易港产业健康发展至关重要。首先，行政决策的制定应建立在充分调查与深入研究的基础之上，通过严谨的评估机制，对决策的合理性、合法性及可行性进行全面考量。对于重大决策而言，更应积极引入专业机构与权威专家，借助其专业视角和独立分析，为决策提供科学支撑，确保决策既能顺应经济发展趋势，又能有效应对潜在挑战，从而制定出更加适应海南自由贸易港实际情况的政策方案。其次，鉴于行政决策与市场主体利益的紧密关联，政府在决策过程中应高度重视公众意见，通过建立健全的公众参与机制，拓宽民意表达渠道，确保公众声音能够被充分听取和考虑。这不仅能增强决策的透明度，提升公众对政府的信任度，还能使决策更加贴近民生，更好地服务于产业发展大局。最后，鉴于行政决策影响的深远性和产业发展环境的快速变化，政府应建立常态化的决策效果评估机制。通过定期评估决策的执行情况、实际效果及潜在问题，及时调整和完善决策内容，确保决策能够持续适应海南自由贸易港的发展需求。这种动态调整机制将有助于提高决策的科学性和灵活性，为产业发展提供更为坚实有力的制度保障。综上所述，海南自由贸易港在推动产业发展的道路上，必须牢固树立正确的政绩观念，将人民利益和社会福祉放在首位。这要求我们在制定和执行行政决策时，严格遵守重大行政决策程序，确保决策的科学性、民主性和合法性。同时，加大行政决策的执行力度和跟踪问责机制，确保每一项决策都能得到有效落实，并对执行过程中出现的问题进行及时纠正和问责。通过这样的方式，我们旨在确保行政决策能够经得起实践的检验，真正促进海南自由贸易港的产业发展，为区域经济的繁荣和社会的进步贡献力量。

海南自由贸易港的蓬勃发展，亟须汇聚全球的市场主体力量，共同在这片热土上布局产业蓝图。海南自由贸易港以开放包容的姿态，诚邀四方企业入驻，共谋发展大计。在此过程中，政府扮演着至关重要的角色，需不断加强诚信体系构建，致力于法治化亲清政商关系的营造，以此激发市场主体的活力与信心，为产业发展奠定坚实基础。依法行政，作为法治政府的核心要义，不仅是政府行为的准则，更是服务市场、促进参与、维护诚信的生命线。海南自由贸易港所追求的法治政府，远非形式上的守法那么简单，它要求政府成为产业发展的坚实后盾，主动为市场主体排忧解难，提供全方位的支持与服务。同时，政府还需具备法治思维，善于运用法治方式解决发展中的各种问题，确保每一项决策和行动都能经得起法律的检验。围绕海南自由贸易港国际化、自由化、法治化的战略目标，法治政府的建设工作正有条不紊地推进。政府通过强化治理能力，为涉外服务注入强大的法治力量，实现了涉外法治与法治政府建设的有机融合。此外，面对数据、算法等新兴科技对政务管理的深刻影响，政府正积极探索科技创新与法治政府建设的深度融合路径，旨在通过科技赋能，提升政府治理的现代化水平，推动政务服务更加标准化、规范化、便利化。同时，海南自由贸易港通过持续深化“放管服”改革，推动重点领域制度创新，如率先在全国实施承诺即入制，强化公平竞争政策执行等，努力构建一个公平、透明、可预期的营商环境，为市场主体提供更加广阔的发展空间，促进市场主体快速成长，从而促进海南自由贸易港现代产业体系建设。

海南自由贸易港产业的发展，坚持市场主导、政府引导的原则，让市场在资源配置中起决定性作用，同时充分发挥政府的调节作用，两者相辅相成，共同推动产业迈向更高水平的发展阶段。因此，在海南自由贸易港现代化产业体系建设过程中，加强对行政权力行使的制约和监督，积极拓宽监督渠道，加强信息公开，确保社会公众能够便捷地获取行政权力运行的相关信息，通过媒体、公众、非政府组织等多元化的监督主体，可以更加全面地了解行政权力运行的实际情况，及时发现和纠正问题，推动行政管理的持续改进和优化,同时建立健全反馈机制,及时回应社会关切,解决市场主体和人民群众反映的突出问题,确保政府要运用法治手段治理海南自由贸易港产业发展,优化营商环境,促进海南自由贸易港现代产业体系建设。

(四)法治保障海南自由贸易港产业发展

海南自由贸易港的产业繁荣,离不开一个稳定和谐的社会环境和公平有序的市场竞争机制。随着产业的蓬勃发展,各类复杂多变的纠纷与挑战也随之而来。在此背景下,法治成为化解矛盾、平息纷争的关键利器,其重要性不言而喻。法治不仅能够有效维护社会稳定,保障人民群众的合法权益,更为产业发展营造了一个可信赖、可预期的营商环境,确保了市场参与者在同等条件下展开公平竞争,防止了不正当竞争行为的发生,支持企业依法经营,鼓励创新创造,同时打击违法违规行为,维护市场秩序,如同坚实的法治后盾,为产业发展提供了全方位、多层次的法治保障,支持产业持续发展。

司法公正、高效和权威是法治的内在逻辑,是海南自由贸易港法治体系稳健运行的基石,更是法治保障海南自由贸易港产业发展的核心支柱。在海南自由贸易港这片充满活力的土地上,随着新兴产业的不断涌现和新质生产力的快速增长,一系列前所未有的挑战与问题也随之浮现。为避免不正当竞争与垄断行为、知识产权侵权、数据保护与隐私安全、商业伦理缺失等问题阻碍产业发展、技术创新,司法应重视社会交互领域的伦理原则,遏制权力滥用行为,平衡各方利益。只有公正司法,才能积极应对产业发展带来的挑战,积极回应产业发展过程中的新问题,为新产业市场化、新技术应用等出现的新问题提供清晰的司法边界、提供明晰的法律指引,通过司法手段高效、公正地解决新问题。海南自由贸易港正步入产业体系发展的新纪元,其发展理念持续革新,一个崭新的发展格局正逐步成型。在此背景下,为产业界的健康有序成长提供坚实的司法保障,已成为不可或缺的核心需求。加强司法在产业发展中的基础性支撑作用,旨在构建一片滋养产业创新的法治沃土,驱动产业实现动力机制的深刻转型、效率与质量的双重飞跃。这不仅确保了海南自由贸易港产业现代化之路的稳健前行，更为其产业版图的蓬勃扩张注入了强劲动力，推动海南自由贸易港产业蓬勃发展。

以司法之力助推海南自由贸易港现代化产业体系建设，需要转变审判理念以提供有力的司法服务和保障。首先，在海南自由贸易港现代化产业体系建设过程中，政策与制度的快速迭代成为显著特征，呈现出“政策先行、立法跟进”的鲜明特点，在这过程中容易出现立法真空、政策与法律冲突、时际法律冲突等问题。面对海南自由贸易港现代化产业体系构建过程中的诸多挑战，海南自由贸易港的司法机关应明确并坚守依法审判的根本立场，同时灵活而智慧地融入政策考量，形成“依法审判为主，政策合理运用为辅”的总原则。其次，鉴于商事活动的高度市场导向性，市场创新往往先行于法律规范，导致某些新兴商业行为在法律框架内缺乏明确界定，从而给司法判断带来挑战，即应该鼓励还是应该抑制？针对这一问题，海南自由贸易港的司法理念应坚持以维护市场创新、充分尊重商事自治为原则，鼓励和支持市场前沿探索，保障创新活力，充分尊重商事主体的自主决策权，促进商业生态的繁荣发展。同时，鉴于开放环境可能加剧的风险问题，如知识产权侵权、金融系统风险甚至新型犯罪行为的泛滥，司法过程中要注意鉴别风险，将严守风险防控底线作为践行市场化理念的基石，有效遏制违法行为，确保市场秩序的稳定与安全。最后，海南自由贸易港在现代化产业体系建设中，积极寻求对外法治环境的放宽与便利化，这自然吸引了外国投资主体及境外商事机构以多样化的形式参与到海南的商事交易活动中来。面对这一趋势，海南的司法体系被赋予了新的使命，即需立足于中国及海南的实际情况，同时又根植于国内法治的深厚土壤，灵活而精准地适用国际法原则与规则。这意味着，海南自由贸易港的司法机关在处理涉外商事案件时，不仅要深刻理解并准确把握中国法治的精神与要求，还要具备国际视野，熟悉并善用国际通行的法律原则与惯例，以确保司法裁判的公正性、合理性与可预测性。海南自由贸易港在明晰国内法和国际法适用关系的基础上，完善国际化的审判机制与审判团队建设，重点坚持本国立场、自由贸易港的本质，在司法工作中强调以我为主、内外协调、对标国际最高标准的统筹立场，准确把握自由贸易港国际化司法保障的理念。

以司法之力助推海南自由贸易港现代化产业体系建设,需要加强重点领域专业化的审判。最高人民法院于2021年1月8日发布的《关于人民法院为海南自由贸易港建设提供司法服务和保障的意见》,支持海南法院推进司法体制改革,以专业化审判,强化人民法院司法定分止争的功能。海南自由贸易港建设海南自由贸易港知识产权法院和海南涉外民商事法庭,推动海事审判"三合一"改革,突出审判机制的专业化构建,为海南自由贸易港现代化产业体系建设过程中出现的国际商事、互联网、金融、破产、知识产权等纠纷多发、立法、适用法空白空间大、专业要求高的领域提供专业化的司法服务,服务海南自由贸易港的产业发展。同时,为推动构建现代产业体系的公共政策实施,海南自由贸易港加强旅游法庭建设,推动知识产权审判"三合一"改革,加强现代服务业规则指引和权益保护,为海南自由贸易港的主流产业提供一系列的司法服务和保障举措。同时,海南自由贸易港强化产业全链条保护,以司法的强制力和约束力规范市场竞争,依法严惩破坏产业发展的行为,充分发挥反面案例的警示震慑作用,从司法层面保障商事主体的权利,切实维护企业家的各项合法权益,服务保障海南自由贸易港公共政策制度的实施,并助力行政机关、监管机关与立法机关制定有利于推进现代化产业体系构建的公共政策。

以司法之力助推海南自由贸易港现代化产业体系建设,需要构建社会矛盾纠纷协同治理机制。随着海南自由贸易港产业的发展,随着商事业务的创新和涉外交易频率的增加等,矛盾纠纷的主体、内容呈现出多元化、复杂性的特点,且矛盾纠纷的规模易扩大、传播速度迅速,构建社会矛盾纠纷协同治理已成必然趋势。海南自由贸易港完善一站式诉讼服务和多元解纷平台,建立一站式国际商事纠纷解决机制,进行智慧法院建设,积极探索"区块链+司法"模式,完善电子诉讼证据规则,坚持和发展新时代"枫桥经验",打造便利化智能化诉讼模式,深入推动一站式多元解纷和诉讼服务触角向前端延伸,进企业园区、进重点行业、进科技创新一线,预防为先,抓早抓小抓苗头,快而准地将矛盾消解于未然、将纠纷消释于无形,提高诉讼效率、减少诉讼成本，使司法更加公正高效便捷，增强海南自由贸易港国际商事纠纷解决机制的国际竞争力，有力推动海南自由贸易港发展成为国际商事纠纷解决的优选地，更好地赋能海南自由贸易港产业发展。

（五）法治服务海南自由贸易港产业发展

海南自由贸易港聚焦重点产业需求，以企业需求为导向，整合法律服务资源，优化现有公共法律服务供给模式。海南省推动出台《关于加快推进公共法律服务体系建设的实施意见》《海南省公共法律服务事项清单》《海南省公共法律服务实体平台建设标准》《海南省"12348"公共法律服务热线平台建设和服务标准（试行）》《海南法律服务网建设和服务指南（试行）》等，贯彻落实《海南自由贸易港建设总体方案》的决定以及"十四五"规划等中心工作，力在建成覆盖城乡、便捷高效、均等普惠的公共法律服务体系。

海南自由贸易港聚焦产业强链，创新公共法律服务方式。截至2024年3月，海南自由贸易港高标准推动建成省级公共法律服务中心1个、地市级公共法律服务中心4个、县（市、区）级公共法律服务中心23个、乡镇（街道）公共法律服务工作站224个、村（居）委会公共法律服务工作室3129个，整合法律服务资源为社会公众提供"一站式""窗口式"服务，实现公共法律服务实体平台实现全覆盖。[①] 同时，设立公共法律服务热线，实现"7×24小时"服务。此外，海南自由贸易港整合全省法律服务机构和人员进驻法律服务网络平台，使公共法律服务的提供更加便捷高效。在上述三大公共法律服务平台深度融合的基础上，紧盯自由贸易港产业法律服务需求，开创公证存证业务、建立区块链核心技术与公证预防性司法制度相融合的数字化服务平台，提高法律服务精细化水平，服务海南自由贸易港企业走向世界市场，全力护航海南自由贸易港产业做大做强。

海南自由贸易港聚焦产业发展的难点堵点，建成海南涉外法律服务平

---

① 邵炳芳等：《把公共法律服务产品送到群众手上》，载法治网，http://www.legaldaily.com.cn/judicial/content/2020-12/29/content_8394608.html。

台,提供域外法律法规查询、法律宣传等服务,选派优秀涉外公证员、仲裁员等组成的法律服务团,在海南法律服务网、"12348"热线开通中国国际消费品博览会服务专席,为国际性会议提供法律服务,为海南自由贸易港现代化产业体系建设提供优质的法律服务。

综合优化公共法律服务体系是法治赋能海南自由贸易港产业发展的基础工程。现代化产业体系建设、发展的重心是将产业发展纳入法治轨道,在产业发展的全过程中为各方主体提供法律服务。公共法律服务体系作为关键支撑,承担着整合与优化社会各界资源的重任,包括但不限于律所等专业机构、人民政府及人民调解委员会等社会组织及其他各类资源,通过强化这些资源的协同作用,公共法律服务体系能够显著提升法律服务的供给能力和覆盖范围,精准对接并满足产业发展过程中日益增长的多元化、专业化法律服务需求,为海南自由贸易港产业的持续健康发展提供坚实的法治保障。此外,社会治理现代化的推进,不仅孕育了一系列旨在促进企业繁荣发展的政策红利,还构建了全方位的风险防控制度体系,旨在为企业运营的每一个环节都筑起坚实的法治防线,运用法治思维和法治方式解决企业面临的各类诉求与挑战,推动社会治理方式法治化。具体到公共法律服务体系的内容,紧密贴合企业全发展周期的需求,从初期的企业设立到最终的注销清算,全程覆盖并深入企业发展过程中法律领域。这些服务内容可以由公共法律服务主体通过提供法律顾问、法律援助、域外法律查明、人民调解、普法宣传等方式予以落实。在海南自由贸易港的产业发展中,公共法律服务发挥着至关重要的推动作用,海南自由贸易港通过构建的公共法律服务体系,不仅能实现法律服务资源的均衡分配,还能确保法律服务的广泛覆盖和深度渗透为自贸港内的各类市场主体提供了个性化、高效便捷的法律支持,有力助推海南自由贸易港经济的蓬勃发展与产业升级。

五、海南自由贸易港须以法治手段推进治理体系和治理能力现代化

海南自由贸易港治理体系和治理能力是海南自由贸易港的制度和制度

执行能力的集中体现。党的十八届四中全会通过的中共中央《关于全面推进依法治国若干重大问题的决定》提出坚持依法治国、依法执政、依法行政共同推进,坚持法治国家、法治政府、法治社会一体建设,实现科学立法、严格执法、公正司法、全民守法,促进国家治理体系、治理能力现代化。党的二十大报告进一步明确提出,健全共建共治共享的社会治理制度,提升社会治理效能。党的十九届四中全会通过的中共中央《关于坚持和完善中国特色社会主义制度、推进国家治理体系和治理能力现代化若干重大问题的决定》强调,要把我国制度优势更好转化为国家治理效能。

(一)法治是海南自由贸易港治理体系和治理能力现代化的重要依托

海南自由贸易港治理体系关乎着如何管理海南自由贸易港,是一整套包括各个领域的制度体系。体系中各制度坚持党的领导,对社会、经济、文化、政治、生态和党的建设等领域进行具体规定,作出了体制机制、法律法规安排,各制度之间联系紧密、相互配合。2020 年以来,海南自由贸易港制度体系全力以赴推动改革,朝着现代化努力迈进,"零关税、低税率、简税制"是海南自由贸易港政策制度体系的一大亮点,而"五个自由便利、一个安全有序流动"亦是该体系的重要特征。此外,海南自由贸易港正在锚定全岛封关运作的总目标,制定实施全岛封关运作准备工作任务清单、项目清单、压力测试清单,通过主动且深度对接高标准国际经贸规则、推进高水平对外开放压力测试等方式,持续推进制度集成创新。

海南自由贸易港治理能力是运用制度管理海南自由贸易港各方面事务的能力,包括改革发展稳定等方面。通过完善海南自由贸易港治理过程中的各项制度,并运用国家强制力保证实施,有效保障海南自由贸易港治理体系的系统性、规范性、协调性、稳定性。在海南自由贸易港治理过程中,运用法治手段,通过法治思维和法治方式,统筹社会力量、平衡社会利益、调节社会关系、规范社会行为,坚持依法应对重大挑战、抵御重大风险、克服重大阻力,解决重大矛盾,从法治上为海南自由贸易港治理过程中面临的一系列重大问题提供制度方案,解放和增强社会活力,促进社会公平正义、维护社会和谐稳定、夯实法治基础。

海南自由贸易港运用法治方式创新治理途径。海南自由贸易港建设不断蹚入“深水区”，通过法治方式蹄疾步稳地推进海南自由贸易港的治理能力现代化。在海南自由贸易港治理过程中，公共安全水平明显提升，扫黑除恶斗争取得重大成果，两轮禁毒“三年大会战”成效显著，社会治安形势处于历史最高水平。同时，海南自由贸易港实战化运行社会管理信息化平台、挂牌运作 64 个反走私综合执法站，全方位构筑近海、岸线、岛内三道防护圈，首创免税商品溯源管理体系等，务实有效地开展风险防控工作。①

海南自由贸易港牢守法治意识，持续运用法治手段提高治理能力，坚持和发展新时代“枫桥经验”，推深做实社会管理信息化平台、综治中心、网格化服务管理、矛盾纠纷多元化解“四位一体”基层社会治理新机制。推进重复信访治理、重点领域信访问题和信访积案化解。常态化开展扫黑除恶斗争，决胜打击治理电信网络诈骗犯罪“三年大会战”，深化“无毒品危害自由贸易港”创建。②

法治是海南自由贸易港治理体系现代化的重要依托。海南自由贸易港的制度集成创新是完善治理形式、提升治理效能、优化治理路径的最有效方法。海南自由贸易港政策制度体系以贸易自由便利为核心，创设并不断深化一体化大数据社会治理体系。海南自由贸易港政策和制度体系保障市场主体自由、便利地贸易投资是治理现代化的重点，这以现代产业体系为支撑，要求各类生产要素的流动便利化但有秩序，可跨境但安全，建设具有国际竞争力和影响力的海关监管特殊区域，积极探索制度集成创新的推进路径。此外，法治在推动海南社会治理现代化方面也发挥了关键作用。海南利用现代信息技术手段，创新社会治理模式，提升社会治理能力，不仅增强了社会管理的科学性和有效性，还提升了社会治安水平，为海南自由贸易港

① 冯飞：《政府工作报告——2023 年 1 月 13 日在海南省第七届人民代表大会第一次会议上》，载《海南日报》2023 年 1 月 19 日，第 1 版。

② 冯飞：《政府工作报告——2023 年 1 月 13 日在海南省第七届人民代表大会第一次会议上》，载《海南日报》2023 年 1 月 19 日，第 1 版。

的稳定发展提供了有力保障。

(二)法治体现海南自由贸易港治理体系和治理能力现代化

法治是海南自由贸易港治理体系现代化的制度基石。制度具有根本性、全局性、稳定性和长期性的特征,是现代国家治理的基本规范。从这个意义上说,海南自由贸易港治理体系现代化本质上是一种制度之治,法治是制度之治的内核。[①] 法治已经成为一种最重要的、最有效的社会控制形式,其他的社会控制方式,都从属于法律方式,并在其审察之下运作。[②] 法律制度是海南自由贸易港治理体系的核心依据和制度根源,为海南自由贸易港的治理行为设定了权威的制度性要素,促使海南自由贸易港治理纳入制度化、规范化、程序化的体系之中,确保海南自由贸易港治理体系的长期良性运行,避免陷入失序和失控的危险状态,保障海南自由贸易港治理体系现代化的顺利实现。

海南自由贸易港治理体系现代化要求高品质的法律制度。习近平总书记强调:"人民群众对立法的期盼,已经不是有没有,而是好不好、管用不管用、能不能解决实际问题;不是什么法都能治国,不是什么法都能治好国;越是强调法治,越是要提高立法质量。"[③]海南自由贸易港治理体系现代化要求法律制度以人民为中心,以公平正义为核心价值,保证维持海南自由贸易港充满发展活力状态的同时,又能维持良好的秩序,保障海南自由贸易港的政治稳定和经济增长。

法治是海南自由贸易港治理能力现代化的基本要求。治理能力主要是指制度执行力,治理能力的现代化可以充分发挥现代化治理体系的效能。首先,海南自由贸易港治理能力现代化需要治理主体运用法律,制度化处理社会关系;其次,治理主体运用法治思维进行社会治理;最后,治理主体

---

① 梁平:《新时代法治型国家治理的理论阐释》,载《法学论坛》2024 年第 1 期。

② [美]罗斯科·庞德:《法律与道德》,陈林林译,中国政法大学出版社 2003 年版,第 37 页。

③ 中共中央文献研究室编:《习近平关于全面依法治国论述摘编》,中央文献出版社 2015 年版,第 43 页。

能够运用法治方法和方式化解社会矛盾。面对海南自由贸易港治理过程中的严峻挑战,治理主体应秉持正确的价值导向,运用法治思维和法治方式实施治理行为,增加制度建构能力,提升依法办事能力,将法治理念贯穿海南自由贸易港治理的各个方面和全部过程,实现海南自由贸易港治理能力现代化。

法治是海南自由贸易港治理体系和治理能力现代化的价值引领。治理体系和治理能力现代化除了需要完备的制度体系和依法进行社会治理外,还需要现代的法治价值理念进行导航,从价值理念、价值追求、价值实现方式等方面为海南自由贸易港治理现代化进行价值重构,实现实质法治。海南自由贸易港的法治需要实现包容性的秩序价值,尊重国际上各个国家的秩序差异,追求自由、平等、和平的秩序。海南自由贸易港法治的核心价值追求是公平正义,对在海南自由贸易港的所有商事主体,不论主体的其他条件差异,给予公平的基本权利,平等地给予权利保护和权利救济,提供平等竞争的条件。海南自由贸易港的法治追求效率价值。法律活动和法律制度的目的之一是促进资源有效利用以最大限度地增加社会财富。法治可以使海南自由贸易港治理更富效率地持续发展,激发活力,在法治的框架内,依照法律制度进行治理,减少失误的可能性,保障自由竞争,提高社会治理的效率。

(三)法治保障海南自由贸易港治理体系和治理能力现代化

首先,法治对于巩固海南自由贸易港治理体系起到了重要作用。民为邦本,本固邦宁,法治为民,方能固本。海南自由贸易港治理体系的根本要求是建立开放型新体制,深化市场化改革。海南自由贸易港深化改革开放,要坚持以人民为中心,让海南改革发展成果更多更公平地惠及全体人民,在海南自由贸易港立法、执法、司法和守法等法治建设环节应始终坚持人民主体地位,遵循“民有所呼,法有所应”的基本准则,以法治体现人民利益、反映人民愿望、维护人民权益、增进人民福祉,通过建设完备的法律规范体系、全面的公共法律服务体系、高效的法治实施体系、严密的法治监督体系充分保障人民群众的获得感、幸福感和安全感,发挥了固根本之功能。①

其次,法治可稳定社会预期,提振发展信心,提高治理能力。法治在观念层面引导了正确处理权力与权利之间的关系,在治理过程中,海南省政府积极践行"放管服"的改革理念,坚持"两个毫不动摇"和平等保护原则,正确处理政府与市场、公权力与私权利的关系。政府通过减少对市场资源配置的直接干预,让市场在资源配置中发挥决定性作用;同时在法治框架内进行有效监管,确保经济活动有序进行,不干预正常的宏观经济活动,维护公平竞争的市场环境。另外,政府致力于提供更加高效、便捷的服务,从而提高社会治理能力,以法治稳定市场预期。在制度层面,法治为市场主体构建了一个清晰可量化的交易成本框架,确保了市场主体能够明确知晓并计算在遵循诸如纳税、社会保险、融资、交易等相关制度时所涉及的各项制度性交易成本,也可以计算出法律实施过程中产生的成本。法治让这些隐形的制度成本更透明和被看见,发挥了法治风险分散和促进交易的作用。在思维层面,法治作为一种行为规范,为人们的行动提供了可预测的法律后果框架,确保了市场主体在行为选择时,能够基于法律条文和司法实践,合理预见自身行为可能引发的法律后果,通过其预见性和确定性,为市场交易活动的顺利进行提供了坚实的保障。在法律适用上,当把普遍性的法律规定或者规范以一定程序和方法适用具体事实时,使结论确定一致,稳定行为预期,这是法治稳预期的技术支撑及法治细节,从而引导市场主体遵循法律、尊重规则,按照法律规定来判断和解决问题,有效降低因不确定性带来的法律风险,推动市场交易活动的高效运转。

最后,法治对于治理体系和治理能力现代化具有"利长远"的保障作用。海南自由贸易港在治理体系和治理能力现代化过程中,坚持统筹国内法治和涉外法治,立足于全人类的共同福祉,高举开放合作、互利共赢的旗帜,倡导生态文明法治,践行"绿水青山就是金山银山"的绿色发展理念,为海南自

---

① 曹众:《全面推进国家各方面工作法治化——论学习宣传贯彻党的二十大精神》,载《奋斗》2022年第23期。

由贸易港应对全球性挑战指明了方向,为治理体系和治理能力的长期稳定发展提供坚实基础。

(四)法治推进海南自由贸易港治理体系和治理能力现代化改革

海南自由贸易港治理体系和治理能力现代化需首先通过改革解决法治领域中的突出问题,这是推进治理体系、治理能力现代化的根本途径。改革与法治并行推进、相互作用,只有在法治轨道下进行改革,在改革的过程中提高法治程度,才能有效推进治理体系和治理能力现代化。随着海南自由贸易港的发展,改革在法律实施的各个阶段和领域不断进行,矛盾和问题都随之凸显,法治领域改革也势在必行。在面对现行体制机制关于可能阻碍依法治理的内容,法治领域的改革中要坚决破除,海南自由贸易港治理体系的完善和治理能力的提高将在法治化改革中逐步推进,全领域实现治理体系、治理能力现代化。

正确处理法治和改革的关系以满足治理体系、治理能力现代化需要,科学立法是关键。在海南自由贸易港改革中,要立足海南自由贸易港的客观实践情况,发现海南自由贸易港发展过程中遇到的矛盾、问题,针对问题提出立法计划并起草法案,客观地审查评价立法活动,将依法改革的理念贯彻全流程,科学高效推进立法。治理体系在面对改革需要时,必须展现出高度的主动性与灵活性,积极主动调试,对于与改革需求脱节,与海南自由贸易港实践不相适应的法律法规等制度,应及时修订或废除。同时,针对涉外、新兴、重点领域法律法规的制定、修改,在遇到立法空白点的部分时,要及时启动立法程序;在遇到与改革实践不相融的部分时,要根据实际情况作出妥当的修订,从而让海南自由贸易港社会发展的客观情况得到准确的反映,使治理体系更针对海南的实际问题,更体现海南治理的特点,使治理体系更接地气,准确解决海南治理过程中的问题。海南自由贸易港立法工作始终坚持从海南自由贸易港建设的具体情况和实际需要出发,在立法选项上对焦改革中亟须立法解决的重大疑难问题,通过立法加强顶层设计,保障各项改革举措的系统性和协调性,有效发挥制度创新的整体效应;实地考察是立法过程中关键的一环,海南自由贸易港的风土人情、政治环境、社会文化、经济发展、地理环境等方面都会对立法及法律制度的实施存在影响,做好前期调研工作,才能实现立法同海南自由贸易港发展总体战略的无缝衔接。

通过健全社会公平正义执法推进海南自由贸易港治理体系和治理能力现代化。海南自由贸易港在深化行政执法规范化建设方面,进行了一系列探索。在基层治理板块,海南自由贸易港推行了综合行政执法体制改革,实行市县"一支队伍管执法",凝聚基层执法力量。在执法方式上,海南自由贸易港进行柔性执法,避免造成过往刚性执法导致的不良社会影响。在监管层面,海南自由贸易港秉持着包容审慎的态度,具体情况具体分析,尽量减少"一刀切"的情形。在队伍建设上,海南自由贸易港压实"关键少数"责任。同时,海南全面推广法律顾问制度,侧面保障执法行为的合法合规性。为推进海南自由贸易港法治能力、法治体系现代化,系统回顾并深入分析海南自由贸易港自建设以来的发展历程,特别是在行政执法领域,那些显著制约和影响营商环境优化的突出问题,必须得到深入剖析,以实现问题的精准定位与有效解决。执法队伍在治理体系和治理能力现代化中扮演着重要的角色,在执法权力配置上,要严格规范执法的自由裁量权;在执法权行使上,要做到公正文明、程序合规。对于关系到群众切身利益的重点领域,需要强化执法力量,加大力度。海南自由贸易港的执法队伍需确保法律法规的实施公正、有效,行政体制权责统一、权威高效,坚决维持社会秩序,捍卫国家利益、公共利益和人民权益,公平公正执法,建设法治政府。

通过司法保障推进海南自由贸易港治理体系和治理能力现代化。全球化加速了多元化纠纷解决机制的发展与变革,与海南自由贸易港治理体系和治理能力现代化的要求相呼应。海南省人大常委会 2020 年出台了《海南省多元化解纠纷条例》,尽管该条例为海南构建多元化纠纷解决体系提供了法律框架,但在实际运行过程中,海南自由贸易港的非诉讼纠纷解决机制仍面临若干挑战,影响了其整体效能的发挥。首先,非诉机制的市场化运作尚显不足,这限制了其资源配置的灵活性和效率。市场机制的缺失使得非诉服务难以根据市场需求进行动态调整,从而影响了纠纷解决的时效性和专业性。其次，诉讼与非诉讼纠纷解决方式之间的衔接存在不畅的问题。这种衔接障碍可能导致当事人在不同解决途径之间徘徊，增加了纠纷解决的复杂性和成本，同时也削弱了多元化纠纷解决机制的整体效能。最后，专业调解员队伍的匮乏是当前面临的一个突出问题。调解员的专业素养和调解技能直接关系到纠纷解决的质量和效果。然而，由于培训不足、激励机制不完善等原因，海南目前缺乏高素质、专业化的调解员队伍，难以满足日益增长的纠纷解决需求。面对纠纷解决体系的调整，海南自由贸易港多元化纠纷解决机制的完善应满足治理体系现代化和推进高水平对外开放的时代需求。海南自由贸易港应通过调配司法资源，完成多元化解决的顶层设计，以增强诉讼在纠纷解决中的引领力；同时也要继续贯彻落实把非诉讼纠纷解决机制挺在前面的要求，提高仲裁的公信力和发挥调解的聚合力，从而服务和保障治理体系和治理能力现代化的需求。①

（五）海南自由贸易港治理体系和治理能力现代化要求良法善治

良法善治是法治现代化的实质所在，也是海南自由贸易港治理体系和治理能力现代化的必然要求。海南自由贸易港建设肩负着打造开放层次更高、营商环境更优、辐射作用更强的开放新高地的新使命。海南自由贸易港有效衔接立法决策与改革决策，精准、统筹用好一般地方性法规、经济特区法规和自由贸易港法规制定权，突出制度集成创新，做好国际高标准经贸规则与中国特色、海南特色相衔接的制度设计，高效有序推进海南自由贸易港法律法规体系建设，这是海南自由贸易港高水平开放和高质量发展对良法的需求。

海南自由贸易港立法应以创新为导向，建立适应海南自由贸易港经济、社会发展、环境保护要求的法律法规制度，提升立法质效。截至 2024 年 4 月，《海南自由贸易港法》颁布实施以来，海南省人大常委会审议通过和批准地方性法规和法规性决定 128 件，其中紧贴海南自由贸易港建设急需制定了

---

① 刘晓红：《论我国民商事纠纷多元化解决机制的现代化》，载《东方法学》2023 年第 2 期。

31 件海南自由贸易港法规，加快构建海南自由贸易港法律法规体系。[①] 海南自由贸易港紧贴建设需要，着眼改革发展新形势新要求，以立法保护市场主体、维护市场秩序和提振市场信心，为海南自由贸易港开展制度集成创新、系统协调推进各项改革提供了保障。

海南自由贸易港立法应坚持人民至上，切实解决海南自由贸易港市场主体关心关注的重点难点问题。例如，针对市场主体退出环节存在的实际问题，海南省人大常委会出台《海南自由贸易港市场主体注销条例》，通过法治的方式，强化市场主体履行法定义务，引导或强制低效、无效市场主体依法有序退出；为支持重点产业加快发展，海南省人大常委会出台《海南自由贸易港国际船舶条例》《海南自由贸易港闲置土地处置若干规定》《海南自由贸易港游艇产业促进条例》等法律法规；为支持科技创新加快发展，海南省自由贸易港出台《海南自由贸易港科技开放创新若干规定》，鼓励科研机构、高等院校、企业在海洋、航天、生物医药、信息技术等领域进行科技创新；为有利于市场主体公平竞争，海南省人大常委会出台《海南自由贸易港公平竞争条例》，从完善公平竞争制度、强化竞争政策基础性地位、建立公平竞争议事协调机制、优化审查工作、强化违法行为查处等方面作出制度安排。[②] 高质效立法要求广泛汇集民意，让立法承载更多民意，使立法更加贴合海南自由贸易港的经济社会发展、地理资源、人文背景等特点。

海南自由贸易港立法应践行科学立法、民主立法，应对高质量的立法需求。第一，立法应加强立法论证，精确识别立法需求，抓住特色问题和重大、关键节点，实行重点突破。第二，立法需要通过立法调研、专题论证、公开征集意见等形式广泛地听取民意，保证民主立法。第三，立法需要科学安排立法内容，注重法规内容的针对性，聚焦重点问题，突出规范性、可操作性与执行性。第四，重视法规释义，从而确保法规得以正确和有效地执行。第五，进行常态化评估管理，及时对需要修改和废止的法规进行处理，满足海南自

① 邢东伟、翟小功：《法治赋能自贸港高水平开放高质量发展——海南加快构建自由贸易港法律法规体系》，载《法治日报》2024 年 6 月 7 日，第 2 版。

② 易宗平：《让法治为自贸港建设保驾护航》，载《海南日报》2022 年 1 月 12 日，第 2 版。

由贸易港治理现代化对立法工作的新要求。

良法需善治，海南自由贸易港高质效的制度体系需要通过善治确保实施，切实将制度优势转化为治理效能。海南自由贸易港的发展需要构建充满活力又和谐有序的治理体系，调动一切积极因素，凝聚社会各阶层力量，最大限度激发社会发展活力，建设与海南自由贸易港相适应的社会治理共同体，推动各方主体运行有序、协调和谐、稳定均衡，达到善治的目标。善治要求法治作为海南自由贸易港治理的根本方式，要求政党依法执政、政府依法行政；要求弘扬法治精神，培育法治文化，形成全社会尊重法治、信仰法治、坚守法治的氛围；要求海南自由贸易港面向世界，构建对标国际一流的经济政治新秩序，实现海南自由贸易港治理体系和治理能力现代化。

六、海南自由贸易港须以法治观念筑牢风险预警和防控体系

明者防祸于未萌，智者图患于将来。海南自由贸易港风险预警和防控体系建设事关海南自由贸易港建设的成败得失。

（一）海南自由贸易港建设面临的风险

海南自由贸易港开放型经济面临复杂环境，投资贸易自由、便利是海南自由贸易港的基本要求，也是海南自由贸易港的重要支撑，但也伴随着许多重大风险。

第一，海南自由贸易港建设在推动贸易自由的同时也带来了许多风险。海南自由贸易港的“零关税”政策在促进经济繁荣的同时，也可能潜藏货物走私的风险。海南自由贸易港实行更加开放的政策，吸引了大量国内外企业和个人前来投资兴业，这虽然促进了经济发展，但也增加了监管难度。海南自由贸易港沿海地区监管力量相对薄弱，容易成为不法分子的突破口，不法分子可能利用海南自由贸易港的开放环境，进行更加复杂的走私活动。不法分子利用离岛免税政策实施走私等违法犯罪行为，不仅逃避海关监管、偷逃国家税款，还扰乱市场秩序、损害消费者权益。此外，随着海南自由贸

易港跨境服务贸易负面清单管理制度的推行，服务业外资准入管理负面清单所展现出的“碎片化”特征及其透明度不足的问题随之出现，可能导致对特定服务业外资准入的管理出现多头并进、权责不清的局面，进而引发负面清单在使用地域、适用范围等方面的相互冲突与矛盾，为外资企业的准入和经营带来不确定性。①

第二，海南自由贸易港要求投资自由便利，如何实现跨境投资自由便利，又能有效防范跨境资本流动的冲击风险，是一个非常大的挑战。海南自由贸易港在积极促进外资市场大幅放宽准入的同时，确实面临着日益严峻的外资安全风险。首先，外资可能利用海南自由贸易港投资自由化与便利化的优惠政策，通过货币市场、资本市场、外汇市场以及垄断行业等领域的进一步对外开放，直接或间接地触及并影响经济安全的关键环节，进而影响可能涉及国家经济稳定、产业结构安全以及市场竞争格局等多个方面。其次，在当前外资监管体系尚不健全的背景下，海南自由贸易港可能面临着由外资大规模涌入引发的多重风险，包括市场剧烈波动、资源过度消耗、税收流失加剧等。这些风险不仅局限于港内，而且其扩散化倾向更为显著，存在风险外溢的可能性，一旦失控，可能穿透边界，蔓延至国内其他区域，从而对国家整体经济安全构成更为严峻的挑战与威胁。

第三，金融开放是海南自由贸易港更高水平对外开放的主要内容。一方面，海南自由贸易港制度创新旨在推行更加宽松、开放、自由的金融政策，创新造成的宽松监管环境和短期规范供给不足，使不法分子有了可乘之机，进行各类套利的犯罪活动。② 另一方面，在政策实施过程中难免会存在部分越轨行为而出现涉金融犯罪的风险。

第四，作为新型国家战略性资产，跨境数据流动成为新秩序竞争博弈的焦点。从全球范围看，跨境数据流动虽然能够极大提升跨国协作效率，但是

① 蒙英华、黄建忠：《中国自由贸易试验区（港）服务贸易开放风险研究》，载《上海对外经贸大学学报》2019 年第 1 期。

② 刘慧莹、武良军：《自由贸易港制度创新下金融犯罪的风险与应对策略》，载《南海法学》2023 年第 5 期。

也面临着经济体之间利益冲突难以协调、网络安全与国家安全、数据主权侵害风险加大等问题。[①] 以最高水平开放为目标要求的海南自由贸易港，在跨境数据流动方面存在意识形态安全、网络安全、数据安全等多方面的难题。

第五，市场主体工作人员频繁流动，也会给市场主体带来一定风险。如掌握着核心技术或者关键信息的岗位被国外别有用心的势力所掌握，或者国内企业关键岗位的员工离职，该类员工一般都掌握着企业的核心技术，了解企业的运作方式、销售渠道以及企业的优势与劣势，离职很容易造成企业赖以生存的商业机密、技术机密泄露，除了可能会带走大批客户，使原企业受到损害外，甚至可能会导致国家利益的损害。另外，大量外籍人口的进入将会引发治安管理的风险，人口多元化带来的不同民族、种族信仰、文化等观念理念认识上的冲突，将会带来人口跨境流动的风险。

第六，随着海南自由贸易港建设的持续发展，海南的经济总量与活跃度预计将实现显著跃升，随之而来的是对资源环境可持续支撑力的日益加剧的压力。在此背景下，维护并保持海南在全国乃至全球范围内领先的生态环境质量，成为海南自由贸易港建设过程中一项重大而紧迫的挑战。海南自由贸易港发展种业产业过程中，生物安全风险、被境外非法获取海南特有种质资源的风险凸显，且资源环境承载压力加大。随着经济的发展，市场经济活动的空前活跃，环境污染控制形势将更为严峻。

第七，当前海南自由贸易港在公共卫生服务领域仍显薄弱，整体能力有待提升。具体而言，公共卫生资源在区域间的配置呈现出不均衡态势，尤其是中西部区域及部分少数民族贫困山区，这些地区在重大疾病的预防控制、流行病学研究的深入调查以及传染病的有效防治等方面，存在显著的短板与不足。这种现状难以满足海南自由贸易港在更高层次上对外开放所提出的新形势与新要求，亟须通过加强公共卫生体系建设、优化资源配置、提升服务能力等措施来加以改善，借以防范重大公共卫生紧急事件对社会公众

① 洪永淼、张明、刘颖：《推动跨境数据安全有序流动 引领数字经济全球化发展》，载《中国科学院院刊》2022 年第 10 期。

健康构成的潜在危害或风险。

(二)海南自由贸易港风险预警和防控体系建设

海南自由贸易港在建设过程中机遇和风险挑战并存,《海南自由贸易港法》第55条对海南自由贸易港风险预警和防控体系作了明确规定,初步规划了风险预警和防控的主要方向和大致内容,对风险预警和防控主体划分了不同的职责。海关负责口岸和其他海关监管区的常规监管,依法查缉走私并实施后续监管。海上区域的走私违法行为和全省范围内的反走私综合治理工作,则由海警机构和海南省人民政府分别负责。同时,海南省人民政府还负责全省反走私综合治理工作,加强对非设关地的管控,建立与其他地区的反走私联防联控机制。至于人员、物品的流通,无论是从境外、我国内地进出海南自由贸易港,还是由海南自由贸易港进出境外、我国内地,都需要接受口岸管理机构的监管。鉴于海南自由贸易港在高程度开放的情况下,容易引发投资风险、公共卫生风险、网络数据风险、人员流动风险等,《海南自由贸易港法》在法律层面上初步确定了关于风险预警及防控的制度建设方向,保障海南自由贸易港建设中各个领域的安全与秩序,如对于外商投资实施安全审查制度,对影响或可能影响国家安全的外商投资进行审查,对于网络安全实施分等级的保护制度,对于人员流动引发的风险,金融风险,要建立健全相应的风险防控制度,对于传染病及突发的公共卫生事件,要建立机制以监测预警及防控救治。

具体而言,海南自由贸易港建设的最大风险点出在人、物、资金的岛内外流动的体量、频率、范围大幅度地提高、扩宽,因此在风险预警和防控方面可以从以下阶段和领域着手。一是监管体系的建立和完善,通过智能化、信息化的方式,以信用监管为核心,对岛内外人、物、资金的流动进行事中、事后全方位的精确管控。二是货物进出口的监管可通过进口清单管理及动态监管予以加强。三是通过海关对国家禁止和限制入境的货物、物品监管方式的优化以高效率、高精度地防范走私行为。四是严防死守防范系统性金融风险的底线,惩治洗钱、偷、漏、逃税款、非法集资等违法犯罪行为,保障金融安全。五是联合多部门合作,相互配合,防控疫情疫病和有害生物,对于房地产的调控采取最严格的政策,拒绝炒房投机行为。

(三)运用法治理念建立海南自由贸易港风险预警体系

海南自由贸易港建立风险预警体系的法治逻辑,是从制度构建的整体层面上出发,对于制度规范之间的融洽程度和冲突部分、制度规范背后所蕴含的法益之间利益、冲突平衡问题,法治主体的范围,权利边界界定,权利与义务的充分设置及司法保障机制等内容,都要给予综合的考量。为实现风险预警的目标,必须立足于海南自由贸易港建设的现实情况,从整体宏观的角度对风险预警的法治逻辑予以明晰,将法治观念作为海南自由贸易港建立风险预警体系的基本遵循。

海南自由贸易港要以法治理念筑牢风险预警体系,需以系统论的法治逻辑、思维方法统筹推进风险预警体系中各方面的法治建设。随着海南自由贸易港的建设及发展,由此产生的风险亦会随之不断变化,预警对象分散导致不易精确定位、预警主体分工不明导致效果不佳等风险随之出现。面对变化发展的风险,要紧紧围绕着法治的核心思想和指导理念,在法治思维的引导下开展风险预警工作。结合海南自由贸易港建设与发展的现实情况与法治基础,明确反映风险预警的法治化目标,从而有针对性地创设风险预警法律体系、规范。在法律、规范体系中,明晰风险预警和防范主体的范围与权责界限,司法保障机制等,体现出整体系统的法治思维在风险预警领域对立法、法律实施、权利保障等内容的引领和指导。

海南自由贸易港风险预警法治化的核心命题,需要立足于法治理念,从不同侧面分析风险预警的应然向度,体系化地综合考虑导致风险的因素,细化各个要素之间的关联向度,建立风险预警体系。首先,法治规范化海南自由贸易港的风险预警理念。立法机关根据海南自由贸易港建设风险的系统性特征,对未知风险进行科学研判,将有负面影响可能的风险纳入规制范畴。其次,法治突出及时进行预警程序的效率价值。风险预警以防止海南自由贸易港建设过程中导致的损害蔓延为目的,程序设置应将快速、高效、及时作为优先考虑,满足海南自由贸易港对安全的需求。在制度建设中,应当完善预警机制的时效规则,加强满足及时性需求的预警信息供给,从风险研判结果出发,及时传递风险预警信息。最后,结合海南自由贸易港发展的进程,及时追踪风险的变化,根据风险的变化,在制度设计中调整风险预警的方式和目标,通过制定法规将风险预警的手段协调机制予以明确,充分调动资源,完善风险预警制度。

(四)运用法治方式建立海南自由贸易港风险防控体系

在海南自由贸易港建立风险防控体系建设过程中,要坚持法治先行。监管是海南自由贸易港风险防控体系的关键,需从法律、职能、科技、国际合作等多个层面统筹考虑,尤其是应加紧完善适应海南自由贸易港建设的法律法规。海南自由贸易港成立走私、金融、投资、数据流动、服务贸易等15个由分管省级领导牵头的风险防控专项工作组,动态管理海南自由贸易港建设的风险点和风险等级;海南自由贸易港建设重大风险防控三年行动方案落地实施,分11个领域列出36项风险防控工作任务,风险防控工作机制和体系基本成型;海南自由贸易港还充分发挥海南自由贸易港制度集成创新优势,围绕风险防控积极开展制度集成创新,全面推进“风险官”制度落地,有力支撑了海南自由贸易港的风险防控。

海南自由贸易港在全面贯彻落实《海南省反走私暂行条例》《海南省沿海边防治安管理条例》等法规文件过程中,压实省、市、县(区)自市县人民政府的反走私综合治理主体责任,以法治方式确保相关人员没有参与走私或为走私提供便利的违法空间。针对境外机构管理,要求商业主体严格遵守海南在税收、反洗钱、环境保护等方面的法律法规等制度,并高度关注境外资源、劳务用工、宗教和文化习俗等方面对业务开展可能造成的影响。

此外,海南自由贸易港要筑牢“打防管控”全方位立体式反走私防线。海南自由贸易港风险预警及防控体系由多个部门法规范组成。政府行政通过实施法律来发挥法律规范乃至法律体系对于风险预警及防控的效果。然而,随着分工的细化,以政府职能部门为主体制定和执行政策使整个政策系统的复杂性不断提高。条块分割加剧了机构、利益、责任的离散化，政府各职能部门制定的目标和手段之间存在冲突或者不协调。各个分散的、独立的政府部门都在法律授权下成为法律执行主体，而当面对需要进行统一性、整体性行政行为来应对的问题时，此种的法律执行机制会进一步削弱了作为行政主体的政府的权威性和整体性。[①] 因此，海南自由贸易港在风险预警和防控过程中，需要贯彻法治观念，统筹好海警、海关、公安、交通、烟草等相关力量以防控走私等违法犯罪行为。比如，以全岛 64 个反走私综合执法站为重要抓手，明确公安和海警力量的执法边界，对海岸线、近海实行分段负责、网格化管理。[②]

在生态安全风险防控方面，海南自由贸易港运用法治方式强化生态保障措施。海南自由贸易港可进一步充分利用好海南的自由贸易港立法权、经济特区立法权、地方立法权，构建最严格的环境安全准入保障条例和法规，坚决禁止"洋垃圾"等外来有害物质的输入，确保海南水资源和土壤资源不受到破坏。

（五）运用法治手段化解海南自由贸易港建设的风险

一套成熟有效的制度，不仅能在防范风险时"图之于未萌，虑之于未有"，而且还能在化解风险中对症下药、综合施策。海南自由贸易港在建设过程中，在经济体制机制改革的过程中，问题不断显现。面对各种风险挑战，要全面查清风险情况、冷静分析风险原因，充分考虑相关因素，权衡兼顾各方利益，恪守职权边界，严格以政策法律规定为准绳，遵守法定程序，运用法律手段积极作为，主动、及时、理性地做出应对，坚持循法而行、依法而治，运用法治手段化解风险。

通过立法化解海南自由贸易港反复发生的风险。对于海南自由贸易港建设过程中的重点领域、新兴领域、涉外领域中反复发生的、影响安全与稳

① 王敬波：《面向整体政府的改革与行政主体理论的重塑》，载《中国社会科学》2020 年第 7 期。

② 于涛、罗来军：《海南自由贸易港建设的风险识别与防控》，载《海南大学学报（人文社会科学版）》2024 年第 2 期。

定的风险，通过前瞻性的科学立法建立健全风险研判、风险评估、风险防控、风险处置、舆情应对等机制，加快形成共建共治共享的现代化社会治理新格局，运用法治手段最大限度凝聚社会共识，为防范化解重大风险提供坚实有效的制度基础。

通过依法惩治犯罪，促进风险化解。对于海南自由贸易港建设过程中产生的犯罪行为，海南自由贸易港要依法打击、有案必立、有罪必罚，加大对新兴产业的法治保护力度，依法保护民营企业产权和企业家合法权益，化解重点领域风险，持续化解风险隐患。

宽严相济，在风险化解中凸显司法担当。海南自由贸易港建设过程中面临着众多的风险与挑战，司法作为保障经济高质量发展的重要手段，必须对经济社会领域存在的风险挑战进行积极预判，积极延伸司法服务，参与经济金融等领域风险防控化解工作，依法处理涉供应链金融、不良资产处置、私募投资基金等纠纷，依法否定职业放贷、高利转贷、变相高息等行为，引导民间融资服务实体经济，有力推动防范化解金融风险，为海南自由贸易港经济发展保驾护航。

第二章

中国香港自由贸易港法治发展趋势的考察

香港自由贸易港作为我国最早的自由贸易港,经过多年发展,其创设了较为成熟的自由贸易港建设方案、完善的法律保障体系,使得香港的法治和自由贸易港的建设很好地结合在一起,帮助香港建设成为世界闻名的自由贸易港。通过对香港自由贸易港法治发展的考察,探究香港自由贸易港法治建设的历程,收集相关文献资料,提出可以供海南自由贸易港建设参考的经验,将对海南自由贸易港的建设起到一定的帮助。

一、中国香港自由贸易港的总体建设历程

习近平总书记曾强调"历史是最好的教科书"①。香港作为我国最早的自由贸易港,通过对香港自由贸易港的总体建设历程进行总结、梳理,可以为海南自由贸易港的建设提供"先行者"的发展建设路径,有助于防止海南自由贸易港在建设过程中再次遇到香港自由贸易港建设过程中所遭遇的困境,以便海南自由贸易港更好更快地发展。

---

① 《在复兴之路上坚定前行》,载习近平系列重要讲话数据库 2022 年 9 月 27 日,http://jhsjk.people.cn/article/32534714。

(一)香港自由贸易港创设的历史背景

香港自古以来就是我国领土的一部分,其地域范围包括香港岛、九龙、新界和周围262个岛屿,陆地面积为1114.57平方公里,海域面积为1640.40平方公里,总面积2754.97平方公里,共有741万人。① 香港背靠中国内地,紧邻太平洋、印度洋,具有优越的地理位置和天然港口,使得香港具有对外贸易的先天优势和经济发展的巨大潜力,这亦是香港可以建设成为世界文明的自由贸易港的重要根基。

香港得天独厚的优势引起了外国侵略者的关注。外国侵略者以发动战争逼迫当时的清政府签订不平等条约的方式,逐步侵占、蚕食香港:在1840年的第一次鸦片战争中,清政府的落败,导致香港岛被英国侵略者所占领,并因1842年签订的《南京条约》被清政府割让给英国。在第二次鸦片战争结束后,英军通过《北京条约》《展拓香港界址专条》两个不平等条约占据九龙岛及其余岛屿,使得香港完全被英国殖民者统治。至1898年,英国将殖民统治的面积扩大将近十倍,将新占领的地方称为"新界",并入香港的地域范围内。英国之所以选择香港地区作为其殖民侵略的首要选择:一是由于香港优越的地理环境。香港拥有天然良港,有利于船舶进出,因背靠内地拥有巨大的战略优势以及贸易优势,如英国占据香港,可以直接打开进入中国的南大门和建立控制远东贸易的牢固据点,以加速向东扩张的步伐。② 二是基于英国发展的需要。在发动鸦片战争前,英国国内已完成工业革命,国内生产力大幅度提升,但国内的需求量并未与发达的生产力相适应,出现了供大于求的情况。为适应其生产力发展的需要,英国需要获得更广阔的贸易市场来销售其多余的产品,来消化过剩的生产力,促进经济的发展。于是英国殖民者将目光放到其他国家的市场上,主张他国进行自由贸易,力图让他国打开贸易渠道。马克思曾深刻地指出自由贸易的概念"在现代的社会条件

---

① 地政总署:《香港地理资料》,载香港特别行政区政府地政总署网2024年1月10日,https://www.landsd.gov.hk/sc/resources/mapping-information/hk-geographic-data.html。

② 黄汉生:《香港自由港的产生、发展及其特点》,载《南洋问题》1987年第3期。

下,到底什么是自由贸易呢?这就是资本的自由。排除一些仍然阻碍着资本前进的民族障碍,只不过是让资本能充分地自由活动罢了"①。当时的中国拥有庞大的市场,是英国的潜在目标,但英国向中国推进其自由贸易政策时,遭遇了清政府的闭关锁国政策,使得其自由贸易政策无法在中国顺畅实施。为打破中国闭关锁国的状态,英国选择侵略中国,企图以武力的非法方式打开中国市场的大门。

1841 年在英国殖民统治香港后,推行自由贸易政策,将香港建设成为自由贸易港。时任英国商务监督的义律宣布商人可以自由地进出香港进行贸易而无须办理其他手续,从香港进出口货物均无须课税,拉开了香港自由贸易港建设的帷幕。设立香港自由贸易港,允许进出口自由,这是英国彻底奉行其自由贸易政策的体现。把香港作为一个可以自由通行的贸易港,有利于将英国产品向中国倾销,解决国内生产力过剩的问题,促进英国经济的发展,帮助英国发展。

(二)香港自由贸易港的发展

香港设立自由贸易港至 2024 年,已有 183 年,回顾香港自由贸易港的发展历程,依照其发展的时间轴线来看,可将其划分为四个发展阶段。

1. 香港自由贸易港的起步:转口贸易的发展

这一阶段大约从 1841 年持续至 1859 年,当时的香港人口、经济状况不能也无法完全承接英国过剩的生产力,据学者考究,1840 年鸦片战争前夕,香港以自然经济为基础,是个较为落后的地方。居民只有 5000 多人,多数以捕鱼、采石、农耕为业,②几乎没有第二产业及第三产业,这时期的香港自由贸易港只能作为一个转口贸易港进行建设,将英国的货物运输至其他地区进行贸易,这与英国最开始占领香港的目的保持一致。转口贸易是指国际贸易中进出口的货物,其进出口货物交易并不直接发生在进口国或出口国

① 《关于自由贸易的演说》,载中共中央马克思恩格斯列宁斯大林著作编译局编:《马克思恩格斯选集》第 1 卷,人民出版社 2012 年版。

② 赵炳章:《香港经济发展的历程、主因及未来》,载《当代经济科学》1997 年第 4 期。

境内,而是发生在第三国境内的一种贸易。即贸易的货品能够由出口国运往第三国,在第三国不通过加工再销往消费国;也能够不通过第三国而直接由生产国运往消费国,但生产国与消费国之间并不发生贸易联系,而是由中转国分别同生产国和消费国发生贸易。运载船只经由香港转口的货物,香港的进口商品除了鸦片外,还包括琥珀、槟榔、樟脑、棉花、皮草、大米、肥皂、葡萄酒及羊毛制品;出口货品则有竹制品、瓷器、珍珠、家具、象牙制品、漆制品、丝、茶叶、爆竹等。[①] 此外,为扩大对内地的贸易额,攫取更多利益,英国纵容在香港发生的非正常商业贸易,使得鸦片贸易和人口贩卖等活动猖獗起来。[②]

受限于当时香港的经济状况、周围环境的影响,这时期的香港自由贸易港建设并不顺利,转口贸易的规模较小。以航运船只为例,1844 年进港船只共 538 艘,总载重 18. 9 万吨;1845 年进港船只共 672 艘,总载重 22. 6 万吨;1848 年进港船只共 700 艘,总载货量 22. 8 万吨;1849 年进港船只共 902 艘,共计 29. 3 万吨。[③] 即便是香港自由贸易港初期发展不顺畅的情况下,转口贸易依然成为香港经济的重要支柱,香港自由贸易港的建设使得香港的经济得到一定的发展,推动了香港银行、造船、商贸等行业的兴起,同时为免于遭受战争的影响,中国部分商人、企业逃往香港经商,一些工人前往香港进行务工,给香港带来了一定的资本及人口,刺激香港人口的增长和经济的发展,缓解了香港因人口数量不足、经济基础薄弱给其发展带来的桎梏,为香港自由贸易港的建设提供了一定的资本积累。

2. 香港自由贸易港的兴起:转口贸易的繁荣

这段时间大约为 1860 年至 1898 年,在第二次鸦片战争中国战败之后,英国通过签署《北京条约》将九龙半岛据为己有,维多利亚港也被其所掌控。

---

① SolomonbBard, *Traders of Hong Kong: Some Foreign Merchant Houses* 1841 – 1899, Hong Kong Urban Council, 1993, p. 45.

② 文菲:《香港早期的自由港政策》,载《港澳经济》1997 年第 12 期。

③ G. B. Endacott, *An Eastern Entrepot: A Collection of Documents Illustrating the History of Hong Kong*, Her Majesty's Stationery Office, 1964, p. 132.

除割地之外，《北京条约》还包含其他条约，如鸦片贸易合法化、开放天津为条约港，以及容许英国船只运载卖身劳工至美洲等不公平的内容。① 在这个时期，基于香港前期所积累的资本及英国对港口的掌控度提高等缘故，香港自由贸易港的优势得以进一步地发挥，其转口贸易行业进入了快速发展的阶段。1861 年进港船只数为 2545 艘，总载货量为 131 万吨；1870 年进港船只数为 4971 艘，总载货量为 264 万吨；1880 年进港船只数为 5775 艘，总载货量为 507 万吨。1890 年进港船只数为 8129 艘，总载货量为 922 万吨；1898 年进港船只数为 11, 058 艘，总载货量为 1325 万吨。除了一些年份偶尔因为经济低迷，转口贸易受到影响外，香港自由贸易港进港船只数及总载货量总体保持快速上升的趋势。香港自由贸易港转口贸易兴起，从当年海关的统计中也能体现出来：根据中国海关的数字，香港在 1882 年处理的货物总额达中国贸易总值的 31. 02%，至 1899 年，香港处理货物的总额更占中国贸易总值的 40. 45%，②处于绝对领先的状态。转口贸易的兴起带动香港经济的繁荣，吸引外来资本前往香港进行投资，开始出现如太子行、太古洋行等大型外商公司，华商的数量持续增多，19 世纪末期，华商成为香港自由贸易港转口贸易的主要力量，其转口贸易的主要对象为中国内地。

3. 香港自由贸易港的转型：产业的国际化与综合化

（1）香港自由贸易港产业的国际化

这一阶段大概从 1898 年持续至香港回归前。1898 年，英国向清政府商借连接香港的新安县，双方政府于 1898 年 4 月达成协议，并在 1898 年 6 月 9 日于北京签约，由 1898 年 7 月 1 日起租借该地 99 年。殖民统治政府把新租借土地命名为“新界”，英国殖民面积较原来相比扩大了近十倍，殖民统治的扩张使得香港自由贸易港的船运产业扩展至新界中，其贸易的规模进一步扩散，这种贸易规模的扩大是基于香港自由贸易港的总体规模而言，从对中

① A Century of Resilient Tradition：Exhibition of the Republic of China’s Diplomatic Archives，Taipei：National Palace Museum，2011，p. 24 – 25.

② 丁新豹：《第三章第三节航运及转口港贸易急速发展》，载海事处网 2023 年 10 月 10 日，https://www. mardep. gov. hk/theme/port_hk/sc/p1ch3_3. html#s – 17。

国的贸易额角度出发,其贸易的规模反而有所降低。究其原因有如下几点:第一,香港自由贸易港不再是唯一对中国进行贸易的转口贸易港。随着中国国力的进一步衰退及帝国主义国家侵略中国的野心不断扩大,中国与诸多帝国主义国家签订了不平等条约,开设了数量众多的开放口岸,为获取利益,各国纷纷在开放口岸处设立工厂,促进各个口岸的发展。在这种情况下,香港自由贸易港并非唯一的进行转口贸易途径,诸多开放口岸的存在,使得经由香港转口中国内地市场的贸易总额有所下跌。第二,内地工业的兴起。受外来侵略的影响,中国长期以来自给自足的农业经济遭受破坏,国内开始出现一些近代化的企业,这些企业所生产的东西,在一定程度上代替了国外的货物,减少对国外货物的依赖,使得对某些货物的进口数量下降,进而导致香港自由贸易港对内地贸易量有所减少。除内地企业所生产的产品取代了一些进口货物外,内地交通的改善也是香港自由贸易港对内地贸易总量减少的原因之一,随着交通设施的不断建设,公路、铁路将内地与各个通商口岸相连接,令各城市可以直接通过公路、铁路将内地的货物运往相近的通商口岸,也可以从口岸转运外国的货物至内地,降低香港自由贸易港在中国内地转口贸易的重要性。以上因素使得香港自由贸易港对内地的依赖性有所减少。这在数据上也有所体现:20 年间,香港在中国贸易所占份额从 1900 年的 41.41% 跌至 1920 年的 22.05% 。1900 年,参与对内地贸易船只数目占对外贸易船只总数的 84.9% ,参与对内地贸易船只吨位占对内地贸易船只总吨位的 55.3% 。在 1920 年,香港参与对内地与对外贸易的船只总数双双下跌。对内地贸易船只的数量跌至总数的 79.1% 。对内地贸易船只吨位有轻微升幅,但因为对外贸易船只总吨位大幅上升,使得香港自由贸易港对内地贸易船只吨位所占份额下跌至 41.7% 。从数据上看,香港对内地贸易的依赖性有所下降,对于国外的贸易额度有所增加,呈现出贸易国际化的趋势。

为适应当前香港自由贸易港贸易国际化的趋势,维系香港自由贸易港的繁荣,港英政府决定对香港自由贸易港的设施、机构进行完善,对内,设立汽车渡轮服务、成立港口管理咨询机构,提供轮渡往来的便利,并对船政厅进行扩建,设立多个分支机构,完善其行政职能。对外,发展国际客运交通,设立航空事务处,吸引多个企业提供航班服务,建设和改善数个机场设施,为航空业的发展提供便利。完善的设施建设,为香港自由贸易港进行国际贸易提供了极大的便利。在转口贸易服务方面,引入货柜运输、机械化操作等方式,在降低转口贸易成本的同时,也提升了效率。

1960 年,国际航运中使用货柜进行运输已经成为趋势,地中海沿岸、北非等地的国家普遍采用货柜船。① 同年的香港只有 3 个设施处理标准货柜的装卸,它们缺乏完整的设备,所发挥的作用有限。货柜运输可以有效地提高运输的效率,降低国际贸易的成本,使用货柜运输的前提是需要有专用的码头设施,但当时的香港并未满足这一条件,这导致香港航运业在国际贸易中的竞争力下降,不利于其国际贸易的开展。为此,香港出台多项政策,对外招标建设货柜码头,在 1972—1995 年兴建了 10 个货柜港,将其港口均转型成为货柜港,以此增强其国际竞争力。在建设货柜港口的同时,香港也注重对配套设施的完善,在硬件设施上,完善码头的运作设施,搬运处理货柜的速度,节省时间。在软件设施上,引入电脑进行信息化管理,追踪、监管货柜进出情况,简化工作流程。在机构方面,扩大海事处机构,完善海事处职能,保障船员的福利,促进航运行业的发展。

得益于上述措施,香港自由贸易港在国际货柜运输上取得巨大的成就:1974 年首次打破货柜吞吐量的世界纪录;1974 年和 1982 年的货柜处理量分别达 72.6 万和 150.7 万个标准货柜;1987 年,香港超越鹿特丹与纽约,处理合共约 343 万个标准货柜箱,成为当时最大的货柜处理地区,庞大的货物运输量彰显香港在国际贸易的影响力,也表明了香港自由贸易港在国际贸易领域中占据着重要的地位,也宣告了香港自由贸易港国际化转型的成功。

(2)香港自由贸易港产业的综合化

由于中华人民共和国成立后其进口货物遭到英美等国禁运。香港自由

① Kevin Sinclair, *The Quay Factor-Modern Terminals Limited and the Port of Hong Kong*, Modern Terminals Limited, 1992, p, 43 – 44.

贸易港受到英国禁运政策的影响，被要求控制出口战争物资到中国内地，这给香港的贸易带来沉重的打击。在禁运前，香港是中国内地进口外国货物的最主要港口，中国内地是香港航运业的主要对象之一，在禁运之后，其份额急剧跌落至20%，[①]禁运政策给香港的经济、居民的生活带来了严重的影响。虽然禁运给香港带来了严重的损失，但也蕴含新的生机，在禁运的背景下，香港开始工业化的进程。在这里需要指明的是，香港自由贸易港的工业化并非只是禁运政策的出现导致的，其工业化是各方因素共同作用的必然结果。从经济的角度出发，香港经过多年的转口贸易积累了一定的资本，当地建立了一定规模数量的工厂。除去当地资本外，1945—1960年，有大量的人员从内地迁居香港，其中不乏工业家，给香港来了大量的资本及技术，据估计，仅从内地流入香港的资金就高达100亿港元，[②]马克思指出，资本具有逐利和扩张的天性，香港当地的资本为获取更多的利益，不愿再仅仅从事转口贸易行业，这为香港自由贸易港工业化的发展提供了内生动力。从内需的角度出发，香港经多年建设，吸引了众多外来人员前往香港进行投资、工作，使得香港人口总量急剧增加，根据香港统计局的资料，1961年香港人口总数为313万，表2-1通过1921年、1941年[③]及1961年香港的人口总数进行对比，[④]来说明香港人口总数的增长幅度。

表2-1　1921年、1941年、1961年香港人口总数

项目	1921年	1941年	1961年
人口总数/万	62.5	164	313

人口的大幅度增长，扩大了香港的内需，但以当时香港的工业能力，当

① 李宗文：《香港进出口贸易手册》（中卷），工商观察社1954年版，第2页。

② 黄汉生：《香港自由港的产生、发展及其特点》，载《南洋问题》1987年第3期。

③ 徐曰彪：《近代香港人口试析（1841—1941）》，载中国社会科学院近代史研究所网，http://jds.cssn.cn/webpic/web/jdsww/UploadFiles/ztsjk/2011/5/201105041310583428.pdf。

④ 香港特别行政区政府统计处：《香港户口图解》，载香港特别行政区政府统计处网2022年9月29日，https://www.censtatd.gov.hk/en/data/stat_report/product/B1129004/att/B11290041961XXXXB0100.pdf。

地的企业难以满足其居民的需求,仍需通过进口货物的方式来满足群众的需求,但在香港经济下行的情况下,这种方式无疑给居民带来极大的负担。因此,人数总数增加而导致的内需扩大,也呼吁着香港进行工业化,以提供物美价廉的物品供当地居民所使用。从外国政策的角度出发,当时正处于"冷战"时期,英美国家一方面想促进香港的工业化发展来证明所谓的"自由世界"优于"共产世界"的论调,另一方面,企图通过香港的工业化来对中国的工业形成一定的压制,进而阻碍中国的发展。[①] 因而,英美国家支持香港自由贸易港的工业化。在诸多因素的影响下,香港自由贸易港的工业化较为顺利,在1960年逐渐形成以纺织业、塑胶业为主的轻工业体系,并对其船坞等设备进行改造优化,提升其航运的能力,促进航运行业的发展,提升其本地产品的海外竞争力,使得香港自由贸易港更为国际化,加工制造业成为这时期香港经济的主要支撑,其通过本地的制造业产出产品,将这些产品通过港口运输至其他国家、地区进行贸易。这时期的香港工业化效果十分显著:据统计,1959年香港产品在出口贸易中的占比已上升到69.60%。[②]

1970年,经过前期工业化的发展,香港工业化程度得到明显的提升,具有种类丰富和结构多样的制造业,这些制造业中存在有大量的劳动密集型产业,这些劳动密集产业在香港工业化前期为香港经济发展、解决就业问题等方面作出了巨大的贡献,但这些产业所占用的面积较大,而香港岛的面积有限,随着香港的发展,这些劳动密集型产业因产值较低、占用面积较大反而逐渐成为制约香港进一步发展的因素。1978年,正值中国内地实行对外开放的政策,临海地区尤其是广东省急需产业发展,香港抓住这个契机将制造业中大量的劳动密集型行业向珠江三角洲地区转移,[③]开始其综合化发展的进程。在进行产业转移的过程中,香港凭借先前的积累,促进产业升级,

① 张志翔:《美国"现代化"与英国"殖民主义"的结合:冷战时期香港高等教育工业化探究(1958—1969)》,载《开放时代》2021年第6期。

② 赵炳章:《香港经济发展的历程、主因及未来》,载《当代经济科学》1997年第4期。

③ 李变花:《香港经济结构转型与创新科技产业的发展》,载《河南师范大学学报》2000年第4期。

优化产业结构，扩大制造业的规模，提升产值。与制造业相配合，以金融、房地产、旅游和信息为主的服务业迅速发展，这些新的变化，使得香港工业化产业不仅仅局限于加工制造业，而是扩张到服务业等领域，这些产业的发展使香港在国际经济中的地位大大提高，被誉为创造了“经济奇迹”的亚洲四小龙之首。[①] 香港的综合化转型，主要体现在以下两方面：一方面是制造业的转型发展。香港通过将劳动密集型的产业、产值较低的产业内迁转移，留下一些技术程度较高的行业及一些涉及生活必需品的产业如电子科技产业、制衣业等，并设立了元朗、屯门、将军澳三大工业园区，集中发展工业。但由于香港金融业、航运、房地产等行业的发展，这些行业所带来的利益远大于制造业所产生的利益，资本更倾向于发展前者，使得制造业的发展相对乏力，动力不足，再加上部分产业转移至中国内地，出现了制造业虽然也在发展，不断地创造收入，但其产值在香港 GDP 总量的占比却在逐年下降：1970 年香港制造业产值占 GDP 的比例高达 30.90%，1985 年下降至 21.90%，到 1990 年降至 17.60%，1994 年更进一步下降为 9.30%；而制造业就业人口比例也从 1971 年的 47.70% 降至 1994 年的 19.60%。[②] 另一方面是服务业的兴起。香港金融、房地产、旅游业等行业的快速发展，使得资本更青睐于投资这些行业，在资本的扶持下，服务业发展显著，其占 GDP 的比例由 1970 年的 34.5% 增长到 1986 年的 39.5%。此外，香港所处的地理位置也为其服务业的发展提供便利，由于时差，香港可以在时间方面弥补其他纽约、伦敦两个金融中心开市、收市所产生的空缺，给予其成为国际金融中心的契机，促进金融业的发展。此外，金融业的发展，也带动了相关产业的发展，从而带动了银行业的发展：从 1981 年到 1996 年，银行业的贸易放款从 240.93 亿港元上升至 1852.90 亿港元，增加了 6.69 倍，同时港内贷款由 1434.09 亿港元增长到 16,353.37 亿港元，内部需求拉动了巨额的本地贷款，银行业的收入由此得以迅速提高，增长了 10.4 倍。在此期间，银行业的

---

① Rajshree Agarwal & Michael Gort, *Products and Firm Life Cycles and Firm Survival*, American Economic Review, Vol. 92:2, p. 184 – 190(2002).

② 毛艳华：《香港对外贸易发展研究》，北京大学出版社 2009 年版，第 52 ~ 53 页。

净利息收入则占到银行总收入的 70% 。①

4. 香港自由贸易港的现代化:跨区域的国际自由贸易港

香港回归之后,香港自由贸易港的发展在原有的基础上迎来新的机遇。一方面,我国实行"一国两制"基本政策制度,香港原有的制度得到最大限度的保留,与香港自由贸易港相关的政策也得到了最大限度地保留。基于"一国两制"的基本国策,香港自由贸易港政策得以保留在回归之后绝大部分政策在较长的过渡期内保持不变,稳定是良好发展的前提,这为香港自由贸易港后续发展奠定良好的基础,保证了香港自由贸易港政策的稳定性,相关政策不因回归而在短期内发生快速且巨大的转变,从而避免可能产生的不良影响。另一方面,香港的回归,使得其与内地的交往变得更为密切,由于其发展前景、免税政策等因素,吸引众多内地居民前往香港自由贸易港就业、旅游,推动香港自由贸易港旅游业、服务业等行业的发展。同时,香港在回归之后,作为连接祖国内地和世界各地的重要桥梁和窗口,②对内而言,通过加强与香港的联系,使得内地的产品有更多向世界展示的机会,有助于内地的产品"走出去"。对外而言,香港自由贸易港是我国对外开放政策的一个标志,从某种程度上而言体现我国对外开放的水平。回归之后的香港自由贸易港,在经济发展、区域合作方面相较于之前有了明显的提升,逐渐发展成为一个跨区域的自由贸易港。

在经济建设方面,香港回归之后,其地区生产总值从刚回归时的 13,730.83 亿港币,增长至 2022 年的 28,270.09 亿港币。人均收入从 21.1 万港币增长至 38.4 万港币。③ 2023 年,香港自由贸易港是世界上排名第 10 的商品经济贸易体系。④ 从数据层面出发,虽然香港自由贸易港的经济在不

---

① 毛艳华:《香港对外贸易发展研究》,北京大学出版社 2009 年版,第 52 ~ 53 页。

② 参见:《习近平在庆祝香港回归祖国 25 周年大会暨香港特别行政区第六届政府就职典礼上的讲话》,载中国法院网,https://www.chinacourt.org/article/detail/2022/07/id/6773215.shtml。

③ 香港特别行政区政府统计处:《2022 年本地生产总值》,第 12 页,载香港特别行政区统计处网,2023 年 2 月 22 日,https://www.censtatd.gov.hk/en/data/stat_report/product/B1030002/att/B10300022022AN22C0100.pdf。

④ 中华人民共和国香港特别行政区政府商务及经济发展局:《香港在全球贸易的地位》,载中华人民共和国香港特别行政区政府商务及经济发展局 2024 年 6 月 3 日,https://www.cedb.gov.hk/sc/trade-and-investment/hong-kong-in-global-trade.html#。

断地发展,但有些问题也开始凸显出来,如产业结构升级乏力等问题,在香港回归至今,服务业在本地经济中所占比重都有所上升。2022 年,香港服务业占本地生产总值的 93.4%,向生产性服务方向发展。生产性服务是指直接或间接为生产过程提供中间服务的服务性产业,主要包括金融、保险、仓库、通信、批发、零售、运输以及中介服务等。[①] 服务业在香港自由贸易港产业占比较大,其中以金融和房地产为主要经济增长核心,从产业结构出发,香港自由贸易港当前产业存在有一定的"脱实向虚"发展的趋势,存在一定的经济泡沫,可能会给当前香港自由贸易港的发展带来一定的风险。同时,有学者指出,当前香港自由贸易港制造业比例严重下降的情况导致香港出现结构性失业的现象,这种现象具体表现为当前香港自由贸易港的主要产业为资金密集型产业,对于就业人数的需求量相对较少,而其制造业大多为劳动密集型产业,这使得香港自由贸易港的服务业无法容纳因产业转型所产生的大量急需就业人口的情况。为解决当前产业发展所面临的问题,更好地适应当前全球化、科技创新、环境保护等形势,香港自由贸易港及时跟进,提出了 6 个新的"支柱产业"和一个科技园,即环保产业、检测认证产业、医疗服务产业、教育服务产业、文化及创意产业、创新与技术产业,以及以国际化科技发展平台为目标的香港科技园,并且配合大埔、将军澳及元朗工业区向技术密集型企业提供服务,用来作为经济增长的长期领域。

在这个时期的香港在针对政治制度、法律作出适合当前自由贸易港发展作出较多调整外(这两处在下文中提及),其最显著的特征在于其着重于增加其跨区域影响力,将自己的产业、服务向外扩张,寻求更大空间的发展。自回归之后,香港加强自由贸易港的对外投资建设,从 2003 年签署《内地与香港关于建立更紧密经贸关系的安排》(CEPA)以来,香港自由贸易港累计与 20 个经济体签署自由贸易协议,如香港与欧盟自由贸易、香港与智利自由

① 王丽明:《香港成为自由港的优势及其在国际贸易中的地位初探》,载《哈尔滨师范大学自然科学学报》2000 年第 6 期。

贸易;与33个经济体签署投资协议,如与美国签署的投资协议。[①] 签署的国家范围较广,涵盖亚洲、欧洲、美洲等地区的部分国家。这些协议,进一步增强了香港自由贸易港开展多边贸易的能力,使得其产品、服务可以更优惠的条件、价格进入我国内地或者是其他地区和国家,增强其产品竞争力,承担起了连接大陆和世界的重要桥梁和窗口作用。以内地为例,截至2023年,通过《内地与香港关于建立更紧密经贸关系的安排》,内地对香港自由贸易港开放服务部门已达到153个,涉及世界贸易组织160个服务部门的95.6%,其中69个部门完全实现国民待遇。使用负面清单的领域,限制性措施仅120项。跨境服务、文化、电信等使用正面清单的领域,对香港自由贸易港的开放措施达183项。对香港自由贸易港累计开放个体工商户行业达135个。[②] 在其强势的领域中,寻求跨区域发展的这一特征也十分明显。以金融服务业领域为例,在金融领域,香港自由贸易港致力于打造成为世界一流的金融中心,截至2022年,香港自由贸易港金融服务业占当年地区生产总值的22.4%,拥有亚洲第4,世界第7的证券市场,吸引了两千多所外地公司在香港进行上市。此外,随着人民币逐渐成为区域性的强势货币,国际资本逐步加快流入内地,境外对人民币的需求增加,而香港又积聚了大量的人民币,这为香港成为人民币离岸中心创造了良好条件,打造人民币离岸中心这一行为也契合香港建设跨区域自由贸易区的理念,因此香港自由贸易港致力于打造全球最大的人民币离岸中心。自2009年中央决定开展跨境贸易人民币结算试点工作以来,经过十数年的发展,香港自由贸易港已建立起当前全球规模最大的离岸人民币资金池,同时也是世界上规模最大的离岸人民币结算中心。综上所言,自香港回归中国后,其正不断朝着跨区域自由贸易港建设方向前进。

---

① 中华人民共和国香港特别行政区政府商务及经济发展局:《香港在全球贸易的地位》,载中华人民共和国香港特别行政区政府商务及经济发展局2024年6月3日,https://www.cedb.gov.hk/sc/trade-and-investment/hong-kong-in-global-trade.html#。

② 《商务部:积极推进香港与内地经贸领域深化合作》,载中华人民共和国中央人民政府网,https://www.gov.cn/xinwen/2017-06/29/content_5206742.htm。

二、中国香港自由贸易港经济体制与法治轨道的并行

全面依法治国与经济建设具有相互联系、相互促进、不可分割的内在关系。在理论上，法律与经济的关系是法学研究的热点问题之一。马克思主义法学认为，经济基础与上层建筑之间存在对立统一关系，这是人类社会的自在公理。经济基础决定上层建筑，同时，上层建筑反作用于经济基础。而法律和经济制度则分属于上层建筑和经济基础两大范畴。法律的建构与完善以经济基础的健康发展为前提和基础，并且对经济具有能动的反作用。在政治实践上，自党的十四大提出建立社会主义市场经济体制以来，我国一直以法治化建设护航经济高质量发展。2012 年，党的十八大明确提出要全面落实经济建设、政治建设、文化建设、社会建设、生态文明建设相互协调，形成“五位一体”总体布局。党的十九届五中全会提出协调推进全面建设社会主义现代化国家、全面深化改革、全面依法治国、全面从严治党的战略布局。在党的二十大报告中，习近平总书记将“五位一体”总体布局和“四个全面”战略布局作为党对新时代党和国家事业发展的科学战略部署之一。就此而言，必须实现“五位一体”总体布局和“四个全面”战略布局在国家发展大局层面上的统一与协调，尤其是要厘清经济建设与全面依法治国之间的互动关系。

在广义上，经济体制泛指社会中一切有关稀缺资源分配及实现分配的网络框架和组织形式，不同经济体制所需回答的根本问题在于，资源是通过国家政策统一进行分配还是由独立于国家的市场微观主体自行分配决策，即集中的还是分散的分配方式。[①] 历史充分证明，单纯依靠自由市场进行分配的经济体制是一种遥不可及的神话，“今天已经工业化了的那些国家的政府在它们当初的转型中扮演了积极的角色，不仅通过关税保护了工

---

① ［瑞］罗夫·艾登姆、斯塔芬·威奥第：《经济体制——资源是如何分配的》，王逸舟译，生活·读书·新知三联书店出版社 1987 年版，第 1 ~ 2 页；［美］保罗·R. 格雷戈里、罗伯特·C. 斯图尔特：《比较经济体制学》，林志军等译，上海三联书店 1988 年版，第 7 页。

业,而且也努力促进新技术”[①]。本部分主要考察香港自由贸易港经济体制下自由市场与政府干预的二元互动,为海南自由贸易港经济体制改革提供有益镜鉴。

(一)法治轨道上的香港自由市场

1. 自由的经济体制

香港自由贸易港建港至2024年已有180余年的历史。香港自由贸易港自开埠以来一直奉行亚当·斯密的自由经济理论。尽管20世纪70年代,香港自由贸易港经济政策由“不干预”转向“积极不干预”,但其旨在强调政府干预的被动性和有限性,并未实质上改变自由经济的基本框架。[②]这说明自由经济已经成为香港自由贸易港经济发展的核心与灵魂。根据《世界经济自由度2021年年度报告》统计,1970年至2021年,香港自由贸易港经济自由度方面始终位列全球第一,是世界上最受欢迎的自由经济体。[③]香港自由贸易港因其贸易自由、投资自由、金融自由以及企业经营自由而闻名于世。

(1)贸易自由

香港自由贸易港奉行自由贸易原则,主张贸易自由化,不设置贸易壁垒,反对任何形式的贸易保护主义。关税优惠是香港贸易自由最主要的特征之一。根据《香港特别行政区基本法》(以下简称《基本法》)和《应课税品条例》,香港是独立的关税区,仅对酒类、烟草、碳氢油以及甲醇四类物品征收赋税。同时,货物进出港口时,物主仅需通过简单的线上方式进行登记,在14天内向香港海关提交一份进出口报关单。物主所提交的报关单仅用于统计香港经济数据,所收之报关费用也仅仅是作为海关部门的行政管理

---

① [英]卡尔·波兰尼:《大转型:我们时代的政治与经济起源》,冯钢、刘阳译,浙江人民出版社2007年版,第6页。

② 张玉阁:《十字路口的香港经济》,中国经济出版社2016年版,第16页。

③ 弗雷泽研究所:《世界经济自由度:2021年年度报告》,载弗雷泽研究所网2021年9月14日,https://www.fraserinstitute.org/resource-file?nid=14251&fid=16574。

费用。

(2)投资自由

第一,在香港投资兴业,注册与登记手续简单快捷,经网上提交申请成立的本地有限公司,一般会于1个小时内获发有关证书。若非香港本地的公司欲在香港设立经营点,则仅需10个工作日即可获得相应登记证明书。[①] 第二,香港的信息资料丰富且信息极为灵通,其以自由港政策体系为中心的聚商环境及灵活的商业运作环境,使香港充满着投资机会。[②] 第三,政府管制极为有限,无论是本地资本还是外国资本,都可以在香港自由投资,并在管理和税收上获得同等的待遇。

(3)金融自由

香港是全球领先的金融中心之一,其金融自由度位居世界前列,具有得天独厚的区位条件、稳健有利的汇率制度以及无与伦比的内地机遇。第一,得天独厚的区位条件。香港自由贸易港位于我国南部,紧邻深圳特区,与内地交往密切。同时,放眼全球,香港位于太平洋航线和印度洋航线的中心,是贯通欧洲、非洲、南亚次大陆的交通要道。不仅如此,香港属于东八时区,正好处于纽约金融中心和伦敦金融中心之间,能够有效弥补纽约和伦敦金融中心开市与闭市的时间间隙,保障金融市场全天候运行。[③] 第二,稳健有力的联系汇率制度。当前国际形势越发紧张,随着美国收紧货币政策,港元汇率转弱。香港金融管理局多次适用联系汇率制度,将港币汇率保持在合理区间。这不仅稳定了香港外汇及货币市场,也再一次证明了香港金融体系的稳定性。第三,无与伦比的内地机遇。香港作为国际金融中心,在离岸人民币业务上具有独特优势。中国人民银行与香港金融管理局之间的货币互换协议于2022年进行新一轮的优化,将其升格为常备协议形式,无须续

① 《如何办理新公司的注册?》,载香港特别行政区政府公司注册处网,https://www.cr.gov.hk/sc/services/register-company.htm。

② 杨英:《香港经济新论》,暨南大学出版社2002年版,第1页。

③ 高成华:《香港经济制度变迁对经济发展影响研究》,武汉大学2010年博士学位论文,第14~15页。

期,互换规模由 5000 亿元人民币/5900 亿港币扩大至 8000 亿元人民币/9400 亿港币。[①] 此措施让香港的人民币枢纽地位更为稳固,香港国际金融中心地位不断提升。

(4)企业经营自由

第一,极为宽松的行业准入门槛。香港对企业经营范围实行负面清单制度,原则上,除赌博业等由政府严格管控,律师、医生、会计师等需要特定从业资格的行业外,鼓励外来企业参与任何行业的投资。[②]

第二,极为友好的税制优惠。香港的低税率及简单税制对外来企业非常有吸引力。香港赋税奉行属地原则,只对来自香港的利润及收入征税。同时,香港对离岸被动收入施行有限豁免制度,只有在收于香港的离岸被动收入不符合实质经济或关联性条件的情况下,才课征税赋。

2. 市场的法治保障

"市场经济就是法治经济"[③],必须坚持推进经济发展在法治轨道上有序运行。法治对香港自由市场的保障机制体现在以下几个方面。

(1)保护私有产权

"有恒产者有恒心。"[④]确定产权即确定社会经济活动中的财产归属关系,而财产归属关系又进而是财产流通关系的前提,资本、土地、劳动力、技术、数据等生产要素只有确定了归属,才能进行交易或流转,从而形成市场经济。启蒙思想家卢梭更是认为,世界上第一个确定产权的人,才是"文明社会的真正的缔造者"。[⑤]

香港依法保护私有财产权,对科学技术研究成果、专利、发明创造等智

---

① 《中国人民银行与香港金融管理局优化货币互换协议》,载香港金融管理局,https://www.hkma.gov.hk/gb_chi/news-and-media/press-releases/2022/07/20220704-5/。

② 商务部:《对外投资合作国别(地区)指南(中国香港)》(2023 年版),第 42 页,载 https://www.mofcom.gov.cn/dl/gbdqzn/upload/zhongguoxianggang.pdf。

③ 姚建宗、吴涛:《"法治经济"解析》,载《社会科学研究》1995 年第 2 期;孙文恺:《"法治经济"的理论解读》,载《江海学刊》2016 年第 1 期。

④ 《孟子·滕文公上》。

⑤ [法]卢梭:《论人类不平等的起源和基础》,李常山译,商务印书馆 1962 年版,第 111 页。

力成果给予法律保护。以香港专利保护制度为例，香港积极优化既有的原授专利制度，推行先导计划，押后原授标准专利中的形式审查，赋予专利申请人更大的弹性空间以处理所需提交的权利要求。押后形式审查有助于专利申请人在无须提交权利要求的情况下，可尽快获得专利许可，减少其所耗费的时间成本。

(2)营造公平的营商环境

法治是最好的营商环境。我国改革开放四十余年经验证明，哪里拥有法治，哪里就会有稳定的营商环境和强健的经济增长动力。没有法治保障的经济发展，即使拥有优越的区位条件、完善的基础设施、完备的制度体系，依旧无法迸发出经济发展的火花。香港自由贸易港自20世纪以来就逐步构建和完善自身的法治体系，形成了较为完备的法律制度体系和法律实施体系。两大体系相辅相成，为塑造香港良好的营商环境奠定法治基础。以香港自由贸易港竞争法为例。在制度规范层面，2015年香港《竞争条例》正式实施，严格抵制不正当竞争、滥用市场支配地位以及未经许可的经营者集中这三类反竞争行为。① 同时香港竞争事务委员会还出台了多部实务指引，如《第一行为守则指引》、《第二行为守则指引》以及《合并守则指引》等，形成了以《竞争条例》为核心，辅之以多部实务指引的法律规范体系。在制度实施层面，根据《竞争条例》，香港自由贸易港以竞争事务委员会和竞争事务审裁处作为竞争法的主要实施机构。前者主要负责市场中调查可能违反竞争守则的行为，并辅助执行《竞争条例》的条文；推动香港企业进行必要的合规管理，以避免陷入垄断困境；向香港特区政府就香港境内外的竞争事宜提供意见等。② 而竞争事务审裁处则主要负责聆讯和裁处因企业违反《竞争条

① 《竞争条例》通过三项“竞争守则”，禁止限制香港的竞争的行为：第一行为守则禁止反竞争的协议；第二行为守则禁止业务实体滥用市场权势；合并守则禁止反竞争的合并与收购安排。第一行为守则与第二行为守则均适用于香港所有的行业。目前，合并守则只适用于涉及《电讯条例》下传送者牌照的持有人的合并。载竞争事务网，https://www.compcomm.hk/sc/legislation_guidance/legislation/legislation/comp_ordinance_cap619.html。

② 香港法例第619章《竞争条例》第130条。

例》而提出的申请。

(3)维护安全稳定的社会秩序

安全与发展的关系，犹如一体之两翼、驱动之双轮。法治对自由市场的保障还体现于法治塑造和维护了安全、稳定的社会环境，经济建设不必受制于外部动荡环境的干扰而得以健康运行。1997年以来，虽然香港自由贸易港在政治、经济、文化、生态保护领域取得卓越成就，但各种反华、抑华势力仍在繁华景象的背后暗流涌动。香港极端势力不断以分离乃至“港独”分子从事颠覆宪制秩序的非法活动，外部干预势力在香港进行持续性渗透和破坏。①

为维护香港安全稳定的社会环境，2020年，全国人大常委会审议通过了《香港特别行政区维护国家安全法》(以下简称《香港国安法》)。《香港国安法》扭转了近10个月的香港大动乱，香港社会恢复和平与宁静，经济秩序回归正常轨道，港区居民的基本权利得到有效保障。

2024年，为配合《香港国安法》的实施，香港特别行政区正式通过《维护国家安全条例》(以下简称《国安条例》)。《国安条例》在理念上以总体国家安全观为指导，与《香港国安法》有效衔接，与香港其他法律相互融贯，共同构成系统完善的国家安全法律体系网络。

(二)法治轨道上的政府干预

自由经济体制下的香港奉行“积极不干预”的政策。但是“积极不干预”并不意味着完全放任自流，而是政府干预与自由市场的并行适用，即适时干预。张玉阁研究员曾深刻地指出，“香港从来不是原教旨主义的所谓自由市场经济，无论是英治时期还是回归以后，政府对于经济以及影响经济的相关因素和领域的干预从来都没有停止过”②。

---

① 韩大元等：《香港国安法笔谈》，载《暨南学报(哲学社会科学版)》2021年第2期。

② 张玉阁：《十字路口的香港经济》，中国经济出版社2016年版，第186页。

1. 香港自由经济体制下的发展困境

自由市场的经济体制虽然给香港自由贸易港提供了领先世界的优势，但同时也在不断地侵蚀和破坏香港经济社会的发展成果。这些侵蚀和破坏主要体现在以下几个方面。

(1)产业发展结构失衡，经济虚化趋势显著

从 20 世纪 70 年代开始到 90 年代，香港第二次经济结构转型实现了香港自由贸易港由工业化向服务型经济的转变。作为第二次经济转型的成果，香港自由贸易港有 80% 以上的制造业转移到内地，仅在珠江三角洲一带就设立了数万个工厂。① 香港制造业空心化程度日益加剧，导致制造业的相关产业发展动力不足，经济增长主要依靠服务业。据权威机构统计，2022 年，香港自由贸易港第一、第二产业仅占香港地区生产总值的 6.6%，第三产业，如服务业、金融业则占比高达 93.4%。② 进入 21 世纪，香港正在经历第三次经济转型，③但是由于过度依赖第三产业，香港高科技工业体系薄弱，难以支撑起高端实体经济的发展，加重了香港经济虚拟化的趋势，给香港经济带来风险。

(2)经济发展成果分享不均

尽管香港经济在国际范围内处于领先地位，但长期以来，高水平的经济发展成果并未平等地惠及全体香港居民，主要表现为收入分配不均和地区发展失衡。一方面，收入两极分化严重。根据官方机构统计，2020 年香港贫穷人口共有 553,500 人，占总人口的 7.9%；2021 年全港最低收入家庭的入息中位数是 5250 元，与全港最富有家庭相差近 15 倍。④ 香港自由贸易

---

① 王春新：《香港经济转型与两地经济合作》，广东经济出版社 2019 年版，第 12 页。

② 《粤港澳大湾区统计数字》，载香港贸易发展局经贸研究处网 2024 年 4 月 30 日，https://research.hktdc.com/sc/article/MzYzMDE5NzQ5。

③ 倪外：《香港经济转型研究》，中国财政经济出版社 2021 年版，第 43 页。

④ 《2020 年香港贫穷情况报告》，载香港特别行政区政府统计处网，https://www.censtatd.gov.hk/sc/EIndexbySubject.html? pcode = B9XX0005&scode = 461。

港 2011 年和 2016 年的基尼系数分别是 0.537 和 0.539,远超于警戒水平(0.4)。[①] 另一方面,南北地区发展失衡。香港经济整体布局存在"重南轻北"的结构,南部的维多利亚港附近集聚了金融服务、贸易及物流、地产等诸多高增值性产业,以至于香港自由贸易港南部地区经济实力雄厚,而北部地区经济并未充分发展,南北间经济差异性日益剧增。这不仅意味着经济发展的成果并未合理有效地配置至香港自由贸易港的各个领域,也意味着香港自由贸易港在与内地、国际互联互通的过程中,存在基础不稳定的结构性问题。

2. 法治政府的积极作为

(1)合理运用宏观调控,妥善分配社会资源

香港自由贸易港在多年的经济建设中同样意识到了自由市场所带来的问题与障碍。一方面,分配正义是人类社会永恒的价值追求。香港特区政府积极"在高质量发展不断做大'蛋糕'的前提下,评估各种分配机制利弊与可行性,分阶段、分步骤地逐步构建协调各方利益的配套分配制度,努力缩小分配不公平和贫富差距"[②]。尤其是要扩大按劳取酬在初次分配中的比重,保障在港劳动者多劳多得,缩小收入差距,实现共同富裕。据香港特区政府统计处统计,2011 年以来,香港劳动者每小时工资中位数持续上升,其间整体劳动者的每小时工资中位数增长了 47.6%,平均年增长率为 3.6%。[③]

---

① 陈广汉:《香港回归 20 年经济发展的回顾与展望》,载《亚太经济》2017 年第 4 期;《香港贫富悬殊之坚尼系数》,载香港特别行政区劳工及福利局 2021 年 8 月 8 日,https://www.lwb.gov.hk/sc/blog/post_08082021.html。但是根据香港特区政府统计处数据,2021 香港所有家庭的基尼系数为 0.397。这说明香港贫富差距水平虽有所缩小,但问题仍然严峻。《主题性报告:香港的住户收入分布》,载香港特别行政区政府统计处网,https://www.censtatd.gov.hk/sc/EIndexbySubject.html?pcode=B1120108&scode=600。

② 王春新、林志军:《香港收入分配制度缺陷及其社会影响与对策建议》,载《港澳研究》2022 年第 3 期。

③ 《2011 年至 2022 年每小时工资趋势》,载香港特别行政区政府统计处网,https://www.censtatd.gov.hk/sc/EIndexbySubject.html?pcode=FA100288&scode=210。

另一方面,香港特区政府也主动运用财政政策协调自由市场经济所带来的弊病与缺陷。例如,为缓解创新动力不足的问题,香港特区政府加强创新领域的资金投入。香港创新科技署于2023—2024财政年度共拨款52.61亿港元支持应用研发及创新活动,创新研发总开支常年占香港本地生产总值的1%。①

(2)积极参与"一带一路"倡议

香港特区政府积极响应共建"一带一路"倡议,努力以自身所长服务国家所需,成为"一带一路"倡议的积极参与者、贡献者、受益者。其主要措施有:①推动成立"香港国际法律人才培训学院",善用香港中英双语普通法制度和国际化格局,定期举办法律实务课程、研讨会和国际交流活动等,推动"一带一路"沿线地区的人才交流,为国家提供人才培训。②扩大"一带一路"奖学金,2023年,受惠于香港"一带一路"奖学金政策的国际学生共计2500余名。香港特区政府计划在2024—2025财政年度继续加大"一带一路"奖学金投入,吸引更多杰出人才赴港就学或科研。③香港投资推广署贸易发展局预计在2024—2025年度于"一带一路"沿线增设两间顾问办事处,以便加强区域合作。② 未来,香港特区政府在引领和服务"一带一路"建设的过程中,势必将发挥更加重要的作用。例如,可以考虑建设"一带一路"投融资平台,充分利用香港稳健且繁荣的金融服务业基础;与"一带一路"共建国家联合培养优秀人才,发挥香港自由贸易港人才集聚效应;构建"一带一路"一站式信息网络平台,汇集金融、会计、法律、贸易、税制等多方面信息,加强"一带一路"国家和地区间的交流与联系。③

(3)积极融入粤港澳大湾区经济一体化建设

粤港澳大湾区承载着国家区域发展战略,在区域一体化发展方面具有重要意义。世界银行相关数据统计,全球约60%的经济规模集中在入海口

① 《香港创新活动统计》,载香港特别行政区政府统计处网,https://www.censtatd.gov.hk/sc/wbr.html?ecode=B11100102022AN22&scode=580。

② 《行政长官2023年施政报告》,载https://www.policyaddress.gov.hk/2023/sc/policy.html。

③ 倪外:《香港经济转型研究》,中国财政经济出版社2021年版,第153~158页。

区域,[1]湾区经济成为世界经济增长的新引擎。香港自由贸易港正积极融入粤港澳大湾区经济一体化建设。第一,香港、市政府着力推进粤港澳大湾区创新科技互联互通,预计 2024 年成立"香港微电子研发院",利用粤港澳大湾区内完备的制造业产业链和庞大的内地市场,促进微电子研发。[2] 第二,香港特区政府与内地政府合作,正在尝试简化内地个人数据流动到香港的合规安排,便利粤港澳大湾区内包括金融、法律、医疗等跨境服务的提供,促进内地数据在粤港澳大湾区内跨境安全流动。第三,香港同样重视物流领域的互联互通。预计 2024 年在洪水桥、厦村新发展区建设现代物流圈,并于 2025 年公布规划研究结果,顺应智慧物流的大趋势,促进本地物流数据联通,推动粤港澳大湾区内货物及信息的流动。[3] 第四,探索粤港澳大湾区法律制度一体化。香港自由贸易港与深圳前海积极合作,探索"港资港法港仲裁"新型商事解纷模式,增强香港自由贸易港经济建设在国际领域的竞争力。

三、中国香港自由贸易港以法治保障特色产业发展的方式

如果将产业发展比作果,那么良好的营商环境便是因。为营造良好的营商环境,使得香港自由贸易港产业得以蓬勃发展,在法律层面上,香港以诸多法治的手段来建设良好的自由贸易港营商环境。习近平总书记提到

---

① 倪外:《香港经济转型研究》,中国财政经济出版社 2021 年版,第 231 页。

② 香港创新科技署在"创新及科技基金"下开设"香港微电子研发院"的新分目,并已于 2024 年 9 月成立"香港微电子研发院"("微电子研发院")。微电子研发院由政府全资拥有,目标是引领和促进大学、研发中心和业界在第三代半导体的研发,推动本港微电子的发展,冀该院能成为亚太区内支援微电子发展的领先机构之一。微电子研发院将会在元朗创新园的微电子中心设立两条中试线,做好连接创新研究与量产的桥梁。《立法会工商及创新科技事务委员会创新及科技基金下资助计划的最新进展及注资建议》,载香港特别行政区立法会官网,https://www.legco.gov.hk/yr2024/chinese/panels/ci/papers/ci20241119cb2-1428-5-c.pdf。

③ 《行政长官 2024 年施政报告》,第 13 页,载 https://www.policyaddress.gov.hk/2024/public/pdf/policy/policy-full_tc.pdf。

"法治是最好的营商环境",[①]自香港自由贸易港建立以来,其凭借良好的法治手段,构建起世界一流的营商环境,吸引国内外众多公民、组织前来投资:通过法律的规范和指引作用,减少非法侵害行为发生的可能性,减少纠纷数量;通过法律的保障手段,保护受非法侵害而导致合法权益受损的当事人,有力维护他们的合法权益;通过法律的惩戒作用,建立起威慑机制,惩治违法侵害行为,减少后续再犯可能性。香港除通过法治手段营造良好的营商环境外,还针对其特色产业出台了一系列法律法规来保障其特色产业的蓬勃发展,使这些特色产业成为香港自由贸易港的明亮招牌。通过对香港自由贸易港以法治手段建设良好营商环境、促进特色产业发展的方式进行分析,总结出其中可以供海南自由贸易港参考的经验,为海南自由贸易港特色产业的发展起到一定的帮助。

香港自由贸易港的特色产业,除去传统的金融服务业、旅游业、房地产业等特色产业外,还存在着一些正如在上文"跨区域的自由贸易港"所提到的新兴的特色产业,这些新兴特色产业的出现,改善了以前香港自由贸易港传统产业结构所面临的一些问题,并随着这些特色产业的不断发展使得香港自由贸易港的产业结构更为稳固,产业类型更为完善。2002—2024 年,香港自由贸易港结合不断变化的环境形势和实际需求,逐步形成巩固金融、旅游、贸易及物流和专业服务四大支柱产业,推动文化及创意、创新科技、检测和认证、环保产业、医疗服务、教育服务六大具有明显优势的特色产业发展格局。在"十四五"规划中,提到支持香港提升国际金融、航运、贸易中心和国际航空枢纽地位,强化全球离岸人民币业务枢纽、国际资产管理中心及风险管理中心功能。支持香港建设国际创新科技中心、亚太区国际法律及解决争议服务中心、区域知识产权贸易中心,支持香港服务业向高端高增值方向发展,支持香港发展中外文化艺术交流中心。可见党和国家对于香港自由贸易港特色产业发展的关注程度和支持程度。为促进相关特色产业的发

---

① 《以习近平同志为核心的党中央推进全面依法治国纪实》,载习近平系列重要讲话数据库 2019 年 10 月 22 日,http://jhsjk.people.cn/article/31412470。

展，保持香港自由贸易港对外的吸引力和发展动力，实现党和国家在“十四五”规划中对于香港自由贸易港发展的期望，香港各机关长期以来采取了多项措施，以法治手段为核心，多种方式并进为香港自由贸易港特色产业的发展保驾护航。具体而言，其措施可以概括为以下几个方面。

（一）制定与完善相关特色产业的法律法规

实现法治的前提在于具备健全、完善的法律体系，同时，是否具备健全、完善的法律体系也是衡量法治化营商环境的好与坏的重要指标。[①] 依照前面的表述，我们可以这么认为：如果没有完备的法律作为根基，那么运用法治手段来保障香港自由贸易港特色产业的蓬勃发展，将成为一纸空谈，镜中花水中月。针对香港自由贸易港的特色产业，香港立法司、相关部门设立、修改了相关的法律法规（一般在香港称为“条例”）来规范这些特色产业的发展。因为与香港自由贸易港特色产业有关的法律法规数量较多，所以仅以其金融服务业、房地产业为例来进行说明。

在金融服务业领域，通过对香港自由贸易港相关的条例进行检索，香港金融法律体系按照其规范管理的不同内容可分为以下几个方面：

关于金融机构的法律：《金融机构（处置机制）条例》《香港银行公会条例》《银行业条例》《香港上海汇丰银行有限公司条例》。关于货币的法律：《外汇基金条例》《法定货币纸币发行条例》《硬币条例》《存款保障计划条例》《货币兑换商条例》等。关于证券业和期货管理的法律：《证券及期货条例》《证券及期货事务监察委员会条例》《保障投资者条例》《公司条例》《证券（公开交易）条例》《证券（内幕交易）条例》《商品交易条例》等。[②] 诸多与

---

① 如深圳市把立法规制保障、司法机制健全列为评价该市法治化营商环境评价的一级指标，参见深圳市政府：《我市首次发布法治化营商环境建设评价体系》，载深圳市政府在线网 2024 年 5 月 8 日，https://www.sz.gov.cn/cn/xxgk/zfxxgj/zwdt/content/post_11275967.html。

② 上述部分条例见《条例中文主题索引》第 15（商业法律）、17（财经事务）、18 部分（金融机构），载电子版香港法例网，https://www.elegislation.gov.hk/indexPdfDownload?LANGUAGE=TC&CONTENT=3&TYPE=3&MAIN_REC=Chinese+Subject+Full+Index，最后访问日期：2023 年 12 月 30 日。

金融领域相关的法律构成了香港自由贸易港较为完备的金融法律体系,为香港自由贸易港金融产业发展作出巨大贡献:截至 2022 年,在债券发行上,香港自由贸易港是亚洲国际债券、绿色和可持续性债券的最大枢纽,债券平均每日成交额为 322 亿元人民币,是全球最大离岸人民币基金池。银行体系稳定,具备较强的抗风险能力,即使是受到新冠病毒疫情、俄乌冲突,以及全球各大央行大幅度加息应对通胀等因素影响下,其银行资本、流动性仍保持良好的状态。①

为适应现实情况的需求,结合行业发展的需要,香港特区立法会与时俱进,对香港现行的法律法规、条例不断地进行调整。如在虚拟资产的管控方面,立法司拟将洗钱罪资金来源扩大至虚拟资产,并在《打击洗钱及恐怖分子资金筹集条例》中明确关于虚拟资产的香港定义。② 在数据的管控方面,香港特区政府 2023 年发布促进数据流通及保障数据安全的管理办法,通过规范各主体使用、流通数据等行为来保障数据处理行为的安全性,维护数据所有人的合法权益,促进相关领域的发展。在金融领域方面,受到疫情及其他因素影响,为促进股市繁荣,提振经济的发展,香港特区立法会决定下调股票的印花税,将股票印花税税率下调至 0.1%,以此吸引投资。在金融领域方面,2022 年至 2024 年,香港金融管理局共向立法会提交多份立法建议,涉及银行业、货币交易等领域,促进立法会对相关条例的修改与解释,保障相关条例的规定可以充分地规范相应的行为,确保香港自由贸易港营商环境运行良好、有效,确保当事人合法权益在最大程度上免受不法行为的侵害。

在房地产业领域,随着香港的回归,移居海外的人士开始回流,外资纷纷投向香港,香港自由贸易港房地产业的经济得以回暖。③ 香港的发展规划

---

① 《香港金融年报》,载香港金融管理局网,https://www.hkma.gov.hk/gb_chi/data-publications-and-research/publications/annual-report/。

② 该条例第 615 章《打击洗钱及恐怖分子资金筹集条例》第 53ZRA 条虚拟资产定义,载电子版香港法例网,https://www.elegislation.gov.hk/hk/cap615! zh-Hant-HK.pdf? FROMCAPINDEX=Y,最后访问日期:2023 年 11 月 2 日。

③ 王晓川:《房地产开发的城市规划调控——国际及地区经验比较与借鉴》,载《城市规划》2007 年第 5 期。

分为全港、次区域和地区三个层面,因而形成全港发展策略、次区域发展策略及地区图则三层架构的发展规划系统。香港《城市规划条例》及其修正案是香港规划体系的核心。此外,还有相关的专项法例,如《建筑物条例》、《建筑物(建造)规例》和《古物及古迹条例》等。这些法律法规贯穿房地产业从开始规划到建成的全过程,内容涉及广泛、全面,同时也对当前所提倡的环境保护、可持续发展理念作出回应,与时俱进,适应当前香港自由贸易港发展的实际需求。

(二)完善司法机构设置

党的二十大报告中指出:"公正司法是维护社会公平正义的最后一道防线"。公正司法有助于维护香港居民及前往香港自由贸易港从事活动的各类主体在香港自由贸易港的合法权益,对于建设良好营商环境,推动香港自由贸易港的发展起到重要作用。香港自由贸易重视司法在保障香港自由贸易港发展的作用,通过完善司法机构设置,加强对司法机构的监督等方式来尽可能地保证司法机构在面对纷争时做到司法公正。在审判机构的设置上,香港特区司法机构由法院、司法机构政务处两大机构组成。法院主要职责为案件审判,有终审法院、高等法院(分为上诉法庭及原诉法庭)、区域法院等审判机构,各法院(庭)分工明确,案件处理快速高效。[①] 司法机构政务处由策划及发展部、运行部、政策支援部等部门组成,主要负责司法机构的行政任务以及在法庭执行司法工作及运作方面提供支援。在司法行为上,香港特区司法机构运用科技辅助其作出某些行为,法院广泛运用科技,其建设的电子平台适用于区域法院的人身伤害、税款申索、民事诉讼及雇员补偿案件。在审判流程上,法院积极提供电子存档、在合适情况下于法庭聆讯中更广泛地使用电子文件册、为特定法庭服务引入电子预约系统,以及使用数码证据及证物处理系统,减少审判所需要的时间,减轻诉讼当事人的讼累,

---

① 香港高等法院:《香港司法机构年报》,载香港特别行政区司法机构网,https://www.judiciary.hk/zh/about_us/judchart.html,最后访问日期:2024年2月28日。

为当事人提供极大的便利。在审判方面，香港特区法院注重审判的公平正义。一方面，香港特区法院、司法机构政务处着重对于法官的专业素养进行培养，多次举办培训、交流学习等活动来提升专业能力；另一方面，香港特区法院注重于对审判的监督和救济，纠正错判、误判等导致的审判错误，保障当事人的合法权益。此外，香港在法系上属于普通法法系，存在有数量丰富的判例可以供法院进行参考，法官在审理案件时，在合适的情况下，依照相关的规定可以直接引用相关判例进行判决，以此节省庭审时间。同时，根据《基本法》第 84 条相关规定，香港特区法院可参考其他普通法适用地区的司法判例。并允许香港特区终审法院在一定的条件下，邀请其他同属普通法法系的国家、地区的法官参与审判，来弥补因语言、文化背景等因素给庭审造成的不便，有利于维护当事人的合法权益，保障良好的营商环境。并且，通过参考判例进行判决的方式，可以较为灵活地应对实务案件，在一定程度上弥补成文法过于依赖条文的缺陷。

（三）注重法治人才的培养

法律的生命在于实施，在拥有完备的法律体系基础上，法律如得不到实施，就丧失了其设立的意义，成为一纸空文。法律得以良好实施是以法治保障香港自由贸易港特色产业繁荣发展的必要条件之一，法律的实施离不开法治人才，为保障香港自由贸易港拥有数量充足的法治人才，香港特区政府、律政司、财政司出台了较多人才引进、培养的政策来增加法治人才的数量。具体而言可以分为以下几类措施。

1. 建立多元合作培养机制

为开阔法治人才的视野、提高他们的法治素养，律政司与当地组织机构、跨区域机构、国际机构均开展了不同形式的合作，培养当地法治人才。

在与当地组织机构的合作上，律政司主要的培养对象在当地的律师协会。如律政司司长与香港律师会于 2022 年就法律人才招聘计划（实习律师）签署谅解备忘录，法律人才招聘计划由香港律师会负责管理，包括处理和评估申请，以及安排发放资助。延续之前所签署的人才招聘计划，继续为符合资格的律师事务所开设新的实习律师职位,并为实习律师提供津贴补助,最长为期 12 个月,实习律师职位上限为 130 个。创造更多新的工作机会,确保法律人才的供应稳定充足,与香港特区政府培养法律人才的目标相匹配。

在区域间合作上,香港与内地进行跨域联合培养,林定国与贺荣部长会面期间签署了《司法部与香港特别行政区政府律政司就进一步深化人才培养与法律服务合作的会谈纪要》,加强内地与香港在法治人才培养和法律及争议解决服务的交流合作。该会谈纪要主要内容包括:(1)建立和完善内地与香港法治人才双向培养工作机制,深入落实《司法部与香港特别行政区政府律政司关于法治人才交流培训合作框架安排》,以及共同探索更多形式合作培养法治人才。(2)优化粤港澳大湾区律师和香港居民律师内地执业服务保障,探索扩大取得内地律师执业资质的大湾区律师和香港居民律师的业务范围。(3)支持大湾区争议解决机构合作机制建设。①

在与国际机构的合作上,律政司分别与多个国际组织机构落实借调本地法律专业人才计划。筛选出符合条件的政府工作人员或律师,由律政司与相关的国际组织机构订立协议,派遣他们前往这些机构交流学习,提高涉外纠纷的解决能力。

2. 设立法律基金会

香港特区政府、有关社会组织以定期赞助的方式,资助符合要求的律师及大律师,这种激励的方式,促使经验丰富的律师通过传帮带的形式对年轻律师进行培养,增进年轻律师对于法律的理解与运用。香港特区政府在 2020 年第二轮防疫抗疫基金措施下成立了“法律科技基金”,以每家获最高港币 5 万元资助,协助部分中小型律师事务所及大律师办事处以实报实销方

---

① 《特首晤司法部部长》,载香港特区政府新闻网 2023 年 7 月 19 日,https://sc.news.gov.hk/TuniS/www.news.gov.hk/chi/2023/07/20230719/20230719_182233_393.html#:~:text=%E6%9E%97%E5%AE%9A%E5%9B%BD%E4%B8%8E%E8%B4%BA%E8%8D%A3%E7%AD%BE%E7%BD%B2,%E4%BD%9C%E5%9F%B9%E5%85%BB%E6%B3%95%E6%B2%BB%E4%BA%BA%E6%89%8D%E3%80%82。

式购买或提升资讯科技系统，以及安排员工参加培训，以应对疫情下各种防疫抗疫措施为工作所带来的挑战，至2022年，共收到500家律师事务所及大律师办事处申请。①

同时律政司利用“法律科技基金”的余款约港币1570万元设立“香港法律云端基金”（云端基金），资助符合资格的本地法律及争议解决专业人士（包括律师和大律师）免费享用香港法律云端服务，为期3年，鼓励他们通过这些服务，提高自己的专业素养以及业务能力。

3. 引进法律人才

相较于法律人才的培养而言，直接引进法律人才省去了培养周期，对于应对现实的、紧迫的人才需求起到缓解作用。香港自由贸易港各部门制定了多项人才引进计划，通过详细的规定、良好的待遇引进法律人才为香港自由贸易港的法治建设提供帮助，如香港自由贸易港的高端人才通行计划，通过制定不同类别的人才标准，给予这些人才优厚的待遇，如允许其获得在香港工作的许可，获得一定的补贴等。

4. 培养公民法治意识

健全的法律体系、完善的司法机构、充足的法治人才固然重要，但法治化的营商环境也离不开全体人民的努力，即法治化营商环境也需要做到全民守法，全民守法的前提和根基在于人民对于法律有着一定的认识和尊重，具备一定的法治素养。香港注重对本地居民法治素养的培养，作出许多的尝试，并对政府官员、执业律师、青少年等不同人群开展方式不同的培养。针对政府官员及律师队伍，律政司在2024年设立专门的办公室和专家委员会带头推动成立香港国际法律人才培训学院，依靠香港自由贸易港独特的中英双语通用的普通法制度及背靠内地面向国际的国际化格局，定期开展不同法律间的实务课程、相关的研讨会与交流活动等，促进本地人才、“一带一路”沿线地区的人才交流，旨在为内地及香港提供涉外法治人才培训，培

① 《法律科技基金四月二十八日开始接受申请（附图）》，载香港特别行政区政府律政司网2020年4月27日，https://www.doj.gov.hk/tc/community_engagement/press/20200427_pr1.html。

养熟悉国际法、普通法系和大陆法系国家和地区的法律制度等的自由贸易港法治人才。在对于青少年及老师方面，自违法“占中”等事件风波之后，律政司也注重对于教师、青少年法律意识的培育，在其2020年提出的“愿景2030—聚焦法治”计划中，以小学生、中学生、教师为对象与不同组织、机构合办一连串教育活动，如为小学生而设的互动话剧、普法活动、法律知识竞赛、为中学生而设的法治教育计划、工作坊，以及为教师而设的电子资源和教材，有助于提高教师、青少年对于法律的了解，增强他们爱港爱国的意识。针对除上述主体外的广大群众，律政司、律师事务所积极开展普法活动，通过举办法律周、讲座、演出等形式，深入社区促进法律知识的普及，帮助更多人了解法律，维护自身合法权益。对于群众而言，香港注重以法律普及的方式让群众更多地接触、了解与香港自由贸易港产业相关的法律知识以及应当享有的上诉权等基本权利。通过增强群众的法治意识，可以让其意识到何事可为，何事不可为，有助于规范其行为，防止其不当的行为对于当前秩序的破坏，尤其是针对在香港自由贸易港特色产业内任职的群众，正所谓“聚沙成塔”，如某一行业中其不规范的行为时常频发，该行业的发展将会受到极大的影响，这对于香港自由贸易港特色产业的发展乃至其法治化营商环境的建设也同样适用。

四、中国香港自由贸易港的法治化社会治理

社会治理法治化的目标就是建立法治社会，将社会治理纳入法律框架，实现对社会治理的规则之治。香港自由贸易港具有较为成熟和完善的法律体系，当地民众的法律意识强。就数据而言，香港自由贸易港整体的法治氛围浓厚。根据世界正义工程公布的《2023年法治指数》来看，香港在东亚及太平洋地区排名第6，并在全球142个国家和地区中位列第23名。良好的法治氛围为香港社会治理法治化奠定了良好的基础。“法治化社会治理”这一词由法治化和社会治理两部分结合而成。解释法治化的前提是释明法治一词。习近平总书记从以下方面对“法治”这一词进行

了分析,阐明了法治的含义:

第一,法律之治。习近平总书记指出:“法律是什么? 最形象的说法就是准绳。用法律的准绳去衡量、规范、引导社会生活,这就是法治。”[①]“现代政治文明发展的一个重要成果就是法治,就是用法律来规范各个社会主体的行为。”[②]

第二,良法善治。法律之治是法治的外在表现形式,法治的实质内涵在于“法理之治”,也就是形式法治与实质法治相结合的“良法善治”。[③],通过良法促进发展,保障法律得以善治。“……立法、执法、司法都要体现社会主义道德要求,都要把社会主义核心价值观贯穿其中,使社会主义法治成为良法善治。”[④]

第三,和谐秩序。法律是一种行为规范,行为规范所带来的最终效果便是形成一种秩序,法律亦不例外。通过法律形成的法治在我国既是治国的基本方略,也是依法办事的原则。同时,法治也是一种行为模式,通过约束行为人行为,以达成一种符合社会发展的和谐秩序。这种秩序也是检验法治的终极指标。[⑤]

根据党的十八大报告中提到的社会治理概念来看,我国的社会治理是在“党委领导、政府负责、社会协同、公众参与、法治保障”下运行的中国特色社会主义社会管理。[⑥]

综上,法治化社会治理可以理解为在党委领导、政府负责、社会协同、公众参与、法治保障的总体格局下依照法律去衡量、规范、引导社会生活的一

---

① 中共中央文献研究室:《习近平关于全面依法治国论述摘编》,中央文献出版社 2015 年版,第 8 ~ 9 页。

② 习近平:《干在实处 走在前列——推进浙江新发展的思考与实践》,中共中央党校出版社 2006 年版,第 65 页。

③ 张文显:《习近平法治思想的理论体系》,载《法制与社会发展》2021 年第 1 期。

④ 习近平:《论坚持全面依法治国》,中央文献出版社 2020 年版,第 166 页。

⑤ 哲欣:《建法治安村》,载《浙江日报》2006 年 4 月 28 日,第 1 版。

⑥ 《坚定不移沿着中国特色社会主义道路前进 为全面建成小康社会而奋斗》,载人民网 2012 年 11 月 9 日,http://politics.people.com.cn/n/2012/1109/c1001-19529890.html。

种治理活动,这种治理活动满足法治的含义。

(一)香港社会治理的风险挑战

1. 人员流动规模巨大

作为世界知名的自由贸易港,在经济发展方面,香港自由贸易港产业发达,经济高度繁荣。在人文景观方面,香港拥有维多利亚港、太平山等诸多文明的旅游资源。在出入境便利上,香港自由贸易港允许约172个国家和地区在符合一般规定的条件下免签入境,为外地人前往香港自由贸易港提供极大的便利。基于以上因素,香港自由贸易港吸引了众多外地企业、个人前来香港投资、就业、旅游。2022年,香港境内共有1411个境外母公司、总部,2397个地区办事处和5170个当地办事处。① 出入境人员数量规模庞大,在2019年,出入境旅客总数共约3.01亿人次,即使是在疫情的影响下,2022年出入境人数仍有530万次。② 同时香港本地居民人口数量也较为庞大,香港在2022年约有735万人口,人口密度为每平方公里6740人,③相比之下,海南的人口密度为每平方公里294人。从上述数据中可以对香港自由贸易港当前的人员规模特点有初步的了解,即香港自由贸易港的人员情况具备流动规模大、数量多,人口密集的特点。人口流动规模大,出入境人数较多,加大香港自由贸易港有关机构对人员管控的压力。同时,人口流动过于频繁,对于社会的稳定性而言也提出了一定的挑战。人口的密集分布,对于治安管理等方面提出了挑战。

---

① 香港特别行政区政府统计处:《有香港境外母公司的驻港公司按年统计调查报告》,第2页,载香港特别行政区政府统计处网2023年12月21日,https://www.censtatd.gov.hk/wbr/B1110004/B11100042023AN23/att/sc/B11100042023AN23.pdf。

② 香港特别行政区政府统计处:《香港统计数字一览2020年》,第37页,载香港特别行政区政府统计处网2020年4月,https://www.statistics.gov.hk/pub/B10100062020AN20B0100.pdf。

③ 香港特别行政区政府统计处:《香港统计数字一览2023年》,第4~5页,载香港特别行政区政府统计处网2023年4月,https://www.censtatd.gov.hk/en/data/stat_report/product/B1010006/att/B10100062023AN23B0100.pdf。

2. 部分境外势力干预

香港回归至2024年已有27年，但当前国际上仍存在有部分组织、机构对于香港抱有恶意，企图通过非法的手段破坏香港和谐稳定的秩序，阻碍香港自由贸易港的发展。这些组织、机构通过资助、培训等方式，与香港本地的“港独”分子里应外合，开展一系列破坏香港和平秩序的行为。即使是在《香港国安法》出台、颁布的现在，部分境外势力仍然对香港自由贸易港虎视眈眈，威胁香港自由贸易港的建设与发展。

（二）香港法治化社会治理的方式

基于上文对于“法治化”“社会治理”两层含义的分析，结合香港当地社会治理的相关资料，总结出香港法治化社会治理的方式：在治理依据、行为准则上坚持法治治理，将法律作为保障。在治理的主体上，坚持多元主体共同治理，形成“党委领导、政府负责、社会协同、公众参与”的治理局面。

1. 坚持党的领导

习近平总书记指出：“坚持和完善党的领导，是党和国家的根本所在、命脉所在，是全国各族人民的利益所在、幸福所在。”[①]党的领导是一面旗帜，引领着香港自由贸易港的前进、发展方向，确保立法、行政、司法等权力处于正确的轨道之上，从而保障香港自由贸易港的发展不会偏离方向。同时，坚持党的领导也是一根“定海神针”，在香港自由贸易港建设发展过程中起到“镇海”的作用，使得香港在面对当地原因甚至是外国因素给香港自由贸易港发展所带来的各种社会治理问题时，都有强而有力的支撑，帮助其很好地化解各式各样的社会治理问题。同时，党的领导是中国特色社会主义最本质的特征，是推进全面依法治国的根本保证，香港作为国家的一部分，其法律体系作为中国特色社会主义法律体系的一部分，在依照相关法律法规进行社会治理时，自然而然地也需要坚持党的领导。

---

① 习近平：《在庆祝中国共产党成立95周年大会上的讲话》，载《人民日报》2016年7月2日，第2版。

2. 健全社会治理的法律体系

党的十八大以来,为应对香港错综复杂的局势,恢复香港和谐秩序,确保香港自由贸易港可以稳定发展,全国人民代表大会颁布了一些与香港有关的法律法规。与此同时,香港立法司也对香港的法律体系作出修改和完善。这些改变是富有成效且影响深远的。从社会稳定的方面出发,1997 年至今全国人民代表大会修改、制定了一系列维护香港社会稳定的法律。2020 年,全国人民代表大会制定了《香港国安法》,其中第 1 条明确规定了立法的目的之一是保持香港特别行政区的繁荣和稳定,保障香港特别行政区居民的合法权益。同时,对一些违反法律规定的情形作出列举。《香港国安法》的出台,是香港走出动乱,避免境外分子恶意分裂祖国领土的一部重要法律,是确保香港自由贸易港建设过程中的“定海神针”。也是中央全面管治权和香港特别行政区高度自治权相结合、相统一的典范性法律。[①] 从政治安全角度出发,政治安全是国家安全的根本,也是地区稳定的根本。为防止违法“占中”等乱港现象的再发生。2021 年《基本法》在修订时,加强对候选人资格的审查,并建立资格审查委员会,重点针对候选人的国籍、是否忠于中华人民共和国等方面进行审查,确保选举产生的行政长官、议员等重要职位人员具备正确的政治立场,完善区议会的选举、任人制度,避免在代表香港自由贸易港人民意志、利益的区议会中再出现“港独”议员。[②] 在社会治理方面,修改了《香港社会服务联会法团条例》《社会工作者注册条例》等法律,使香港社会治理行为更为规范化、法治化。

3. 加强依法行政

在法治化社会治理中,政府承担着社会领域活动管理和调节的职责。[③] 社会治理的成效,与政府社会治理职能的发挥有很大的关联,因而需要充分

---

① 田龙飞:《香港国安法的实施成效、法理正当性与制度前景》,载《中央社会主义学院学报》2023 年第 5 期。

② 《如何看待候选人资格审查委员会的制度设计?》,载《中国新闻网》2021 年 4 月 2 日,https://www.chinanews.com.cn/ga/2021/04-02/9446797.shtml。

③ 王勇等著:《社会治理法治化研究》,中国法制出版社 2019 年版,第 110 页。

发挥政府的主导作用,在行政层面上推动社会治理法治化,即实现依法行政。① 是否贯彻依法行政这一理念和准则,是检验政府法治化程度的一个重要标准,党和国家显然注意到了这一点,党中央在党的十八大报告提出推进依法行政的要求,在党的十九大报告提出到2035年法治国家、法治政府、法治社会基本建成的目标。香港为建设法治政府,贯彻依法行政的理念,对自身建设展开积极的探索,在组织架构方面,在政府内部设立政务司司长为负责人的地区治理领导委员会,领导地区治理整体策略、政策和措施。其职权大致可以分为以下三方面:第一,制定地区治理的总体方针、具体政策措施以及工作优次;第二,确保区内实施的政策与措施畅通无阻,配合顺利;第三,负责审核地区治理的工作成效审视,根据成果及实施情况等对政策措施的实施、资源调配等工作提供指导性的意见。将政务司副司长主持的地区事项统筹工作组在功能、称呼上重新定位,将其改名为地区治理专案组,负责统筹和指挥各政策局和部门的地区工作。取代当前设立的地方行政督导委员会和地区事项统筹工作组。就地区环境卫生和市容问题作出督导和统筹。在新的地区治理架构下,通过整合原有的督导委员会和统筹工作组,成立地区治理专案组,从全局观和更宏观的角度考虑各种地区问题。同时,加强对政府工作的监督,倡导政府成员监督其行政行为。在机构协作方面,香港特区行政长官李家超强调,区议会要重回《基本法》第97条下非政权性咨询组织的定位,使其去政治化,减少泛政治化现象的产生,特别行政区政府会优化区议会的咨询和服务职能。重塑后的区议会将担当配合特别行政区政府的角色,协助特别行政区政府掌握地区脉搏,令特别行政区政府能更有效地策划地区服务。在成员任职方面,引入宣誓制度,要求部分公职人员上任时必须宣誓拥护《基本法》、效忠中华人民共和国香港特别行政区。完善选举制度,避免泛政治化的现象再次出现。此外,特别行政区政府引入区议员履职监察制度,以确保区议员依法履行其应有职责。

---

① 张一:《创新社会治理体制要充分发挥政府主导作用》,载《光明日报》2015年3月17日,第7版。

4. 鼓励社会群众协同治理

国家与社会的现实关系在很大程度上反映着一个国家的治理水平，正确认识国家与社会之间的关系是加强和创新社会治理的首要前提。① 社会协同在治理过程中：一方面可以充分发挥政府在社会管理过程中的主导作用，就像党的十八大报告中提到的社会治理需要社会组织参与其中。另一方面也可以发挥社会自治的功能和作用。对于香港而言，正确认识到社会组织参与当地社会治理的作用，将有助于保障香港社会秩序的稳定，为香港自由贸易港的建设发展提供帮助。

香港的社会组织提供社会服务的时间较早，一开始是为需要的人提供慈善服务。在19世纪中后期，香港出现了具备一些社会组织形态的社会团体，如东华三院、仁爱堂等，这些团体实际上发挥了现代社会组织的一些作用，在救济穷困人群方面发挥了积极作用。② 20世纪40年代，出于避难等原因，大量人口涌向香港，为解决人口增加给香港治理带来的压力，许多社会组织开始在这个时候诞生，到了20世纪70年代，香港的社会组织进一步发展，开始出现专业化、多元化的形态，它们除了一开始提供慈善服务的功能外，还提供老年服务、婴儿照顾、街道清扫、社区服务等带有公益性质的服务。同一时期，为鼓励这些社会组织参与到社会事务的管理上，香港特区政府开始实行津贴制度，给予这些组织适当的补贴。20世纪80年代之后，伴随香港出台的一系列法律法规（如1984年颁布的《社会服务令条例》等）以及社会、经济发展的需要，香港的社会服务变得更为成熟，也更加的制度化、系统化。在这个阶段，社会组织开始转型，倾向于提供专业化的社会服务以参与社会治理，解决香港社会问题、香港自由贸易港建设问题，如律师事务所提供免费法律服务、爱国社团举办爱国宣讲活动等。为保证社会组织有序地帮助政府进行社会治理，香港采取了以下的措施：第一，规定成立社会

① 燕继荣：《社会协同治理：社会管理的创新之道——基于国家与社会关系的理论思考》，载《中国行政管理》2013年第2期。

② 马玉丽、李坤轩：《社会组织参与社会治理的经验与启示——以美国、台湾地区、香港特区为例》，载《临沂大学学报》2020年第4期。

组织的条件，并以立法的形式加以确定。通过法律的强制力保障允许设立的社会组织在一定程度上保证了其服务的质量，有效地为香港、国家提供社会服务。同时，要求这些依法成立的社会组织受到政府、公众的监督，确保社会组织依照法律运行，若这些社会组织行为违法，则会受到严厉的处罚。第二，监管的形式多元，监管程度适当。香港特区政府重视社会组织提供服务行为的合法性与质量，在法律上对社会组织的行为作出限制。在政策方面，基于对服务过程、质量的重视，香港特区政府制定相关的制度、文件来对两者进行监管。如 2000 年提出"服务素质标准"，明确服务素质评判的依据，以此来判断社会组织是否具备提供福利服务所应当具备的标准。2010 年推出《非政府机构的管治及内部管控》，进一步对非政府机构的行为进行管控，提高其规范性。① 第三，政府与社会组织合作。香港特区政府与社会组织的合作更多体现在香港特区政府提供一定的资金扶持，社会组织获得资金提供社会服务，相较于上文提到的补贴而言，这里的资金扶持指香港特区政府向社会组织购买社会服务。政府通过资金扶持项目，以招投标、设立基金等方式，吸引社会组织承担社会治理的责任，为香港自由贸易港建设奉献力量。

5. 倡导公众参与

党的十六届四中全会明确提出公众参与是社会管理格局的一部分；党的十八大明确公众参与是社会管理体制的重要组成部分；党的十八届三中全会进一步明确，社会治理方式的改进，需要鼓励和支持社会各方面参与；党的十九大报告明确建设平安中国，加强和创新社会治理，人民平等参与。公众参与社会治理能否依法进行，决定了公众参与法治化社会治理的质量和影响力。一方面，公众参与是社会治理体制的重要组成部分，从社会治理的角度来看，公共参与是公民个体通过一定的渠道对社会治理事务表达意见，参与并影响社会治理的决策和实施行为；另一方面，公众参与体现了创新社会治理体制的内在要求，党的十八大提出了充分发挥群众参与社会治

① 汪文来：《新加坡、中国香港培育发展社会组织的启示》，载《特区实践与理论》2011 年第 6 期。

理的基础作用，党的十九大报告强调要求以人民为中心，这些主张都体现了公众参与是社会治理体制的一部分，也体现着人民的切身利益和根本诉求。

香港公民参与社会治理的大致分为以下两个方面：一方面，参与政治活动，参与政治活动的权利是《宪法》所赋予的，每个公民均可享有的权利，香港公民可以通过参与政治活动来表达自己的诉求，如按照宪法和基本法的规定，港澳居民作为中国公民可通过成为人大代表的方式参与国家事务管理。① 另一方面，参与各项社会活动，这是香港公众最常见的参与社会治理的形式。香港特区政府、社团会举办一些有关社会治理的活动，如路政署在2023年8月至12月举办的公共道路设施美化计划，将路政署的公共道路设施预留出来，允许当地年轻人自由发挥，对公共道路设施进行美化。爱国社团定期举办爱国宣传活动等。为保障社会活动的有效进行，香港特区立法司及相关部门都有对公众参与的社会活动进行规范的法例。②

五、中国香港自由贸易港多元化纠纷解决机制发展变革考察

纠纷是不同社会主体基于自身利益最大化的考虑而衍生出的对抗与冲突。尽管有研究表明，低强度、高频率的社会冲突有助于社会整合和促进社会变迁。但从法学的视角出发，无论是何种程度的纠纷，都意味着对既存社会状态的侵害和背离，“严重的社会纠纷威胁着统治秩序或法律秩序的稳定”③。因此，一个运行良好的社会必须演化出社会纠纷的自我消化系统，促使纠纷主体放弃对抗行为，回归正常的法律秩序。这种系统即为社会的纠纷解决机制。一般认为，诉讼是最典型的纠纷解决机制，在现代法治社会中具有举足轻重的地位。然而，囿于诉讼程序的烦琐、诉讼费用的高昂等固有缺陷，诉讼越发难以成为现代社会纠纷解决的首选方案。调解、仲裁等非诉

---

① 冯泽华：《中国籍港澳居民适用宪法权利义务规范研究》，载《哈尔滨工业大学学报（社会科学版）》2019年第5期。

② 香港法例第245章《公安条例》第8条、第13A条。

③ 顾培东：《社会冲突与诉讼机制》（第1版），四川人民出版社1991年版，第20页。

讼纠纷解决方式(Alternative Dispute Resolution)以其简便、快捷等特点成为人们解决纠纷的新选择。

习近平总书记指出,回归祖国后……香港积极融入国家发展大局、对接国家发展战略,继续保持高度自由开放、同国际规则顺畅衔接的优势,在构建我国更大范围、更宽领域、更深层次对外开放新格局中发挥着重要作用。[①]但是,高度繁荣的经济发展水平同时也意味着极为复杂的社会纠纷形式。香港在面对复杂社会纠纷时的态度以及多元化纠纷解决方式,无疑能为海南自由贸易港建设提供有益方案。

(一)香港自由贸易港多元化纠纷解决机制的发展历史

香港自由贸易港多元化纠纷解决机制的发展历史大致可以分为三个阶段。第一个阶段是 1841 年香港受英国殖民统治至 1997 年香港回归祖国。第二个阶段是 2000 年至 2009 年李国能法官主持下的民事司法制度改革。第三阶段是 2009 年至今。

1. 港英政府时期的多元化纠纷解决机制

这一时期香港的纠纷解决方式体现出两重特征,一方面,英国政府在香港逐步设立现代化的解纷机构,并在制度运作上与国际接轨;另一方面,重视运用中国传统社会的解纷经验处理纠纷。1844 年,香港通过《建立最高法院条例》,并于同年设立最高法院[②],这标志着香港现代化司法机构体系的开始形成,最高法院由原讼法庭和上诉法庭构成。1953 年,设立香港地方法院,行使最高法院原讼法庭的简易审判权,主要处理简单诉讼案件。[③] 20 世纪 70 年代,香港仿照英国行政裁判庭的形式,设立劳资审裁处、土地审裁处、小额钱债审裁处等准司法性质的纠纷解决机构。由此,香港的司法纠纷解

---

① 《习近平在庆祝香港回归祖国 25 周年大会暨香港特别行政区第六届政府就职典礼上的讲话》,载新华网 2022 年 7 月 1 日,http://www.news.cn/2022-07/01/c_1128797423.htm。

② 顾敏康、徐永康、林来梵:《香港司法文化的过去、现在与未来——兼与内地司法文化比较》,载《华东政法学院学报》2001 年第 6 期。

③ 赵秉志主编:《香港法律制度》,中国人民公安大学出版社 1997 年版,第 642 页。

决机制正式建立。

在司法机构建制之外,英国政府同时在香港自由贸易港探索不同形式的管制措施,例如保甲制度。1841 年,英军占领香港后,英国政府注意到香港社会中坊间耆老在化解纠纷方面极具优势,于是让他们与开埠之前即存在的地保一起调处乡间纠纷,管理村中事务。1844 年,香港出台《华侨保甲条例》,保留中国传统的保甲制度,在乡间村落设置华人安保人员,协助督察办理案件。[①] 事实证明,耆老与地保协力办公,保甲制度便易于推行。1853 年,香港颁行《华侨地保例》,规定地保有权会同坊间长老乡绅等有声誉者共同处理民事诉讼。"地保的职责是排难解纷,假如问题未获解决,地保应讯问原告及被告肯否接受地保及评审员之裁决,可在太平绅士监督下签署协议书,地保可在评审员的协助下裁决案件,或呈交法庭由法官审理。"[②]除官方的解纷机制外,由香港人组成的社会组织也在化解社会纠纷,缓解矛盾中起到重要作用。例如,文武庙由民间活动中心逐渐发展为一种非正式自治组织,设有由商人推举的值理会仲裁纠纷。[③]

英国殖民统治时期的香港,其纠纷解决模式既有官方主导的色彩,也蕴含在港华人自我管理、自我服务、自我治理的成分。但是随着香港法治建设不断完善,中华人民共和国赢得革命胜利,香港多元化解纷方式逐步向科学化、现代化、法治化靠拢。

2. 香港回归后的司法制度改革

21 世纪初,社会转型和科技进步使得各种交易的数量激增,并且交易的类型更为复杂;与此同时,法律条文和诉讼案件更是越发频繁,世界各国民事司法制度压力日益剧增。传统司法制度逐渐无法满足多元化纠纷解决的需要,尤其是在应对复杂社会纠纷和冲突的问题上更是捉襟见肘。香港亦

---

① 苏亦工:《殖民统治时期香港二元化法制之确立》,载《法律文化研究》2016 年第 0 期。

② 丁新豹:《历史的转折:殖民体系的建立和演进》(第 1 版),载王赓武编:《香港史新编》上册,三联书店(香港)有限公司。

③ 高马克:《香港简史——从殖民地至特别行政区》(第 2 版),林立伟译,中华书局(香港)有限公司 2013 年版,第 54 ~ 56 页。

无法置身事外。据香港特区司法机构调查，香港特区民事司法制度具有诉讼费用畸高、诉讼迟延、诉讼程序复杂烦琐、当事人缺少律师帮助等弊病。因此，民事司法改革势在必行。

2000 年 2 月，时任香港特别行政区终审法院首席法官的李国能委派民事司法改革工作小组（以下简称工作小组），检讨和反思高等法院的民事诉讼规则和程序。工作小组于 2001 年 11 月发布民事司法制度改革中期报告，并于 2004 年发布民事司法制度改革最后报告①。改革的主要目的在于提高香港民事司法制度的成本效益、简化民事诉讼的程序以及减少诉讼迟延的情况；同时，所有改革必须坚守"程序公证"和"实质结果正义"的基本要求。为达成这一目标，工作小组采取了以下措施：

第一，简化并改善民事司法程序，主要包括：(1)起诉方式。司法制度改革以前，当事人可以选择通过四种不同的方式向法院提起诉讼，即令状、原诉传票、原诉动议和申请书。工作小组认为，应当将起诉的方式限定为令状和原诉传票两种形式。凡涉及实质事实争议的可能性较大的案件，适用令状方式开展诉讼程序；而当事人之间仅就法律适用问题产生争议的案件，应当通过原诉传票的方式起诉。(2)"失责判决"程序。被告人可以在接受失责判决时一并提出还款条件，例如还款时间以及是否分期付款等要求，原告无须到庭参加诉讼，因此可以节省时间与讼费。(3)简化非正审申请程序。在诉讼过程中进行非正审申请，往往会增加讼费和延误。工作小组认为，应当鼓励诉讼各方以合作和合理的态度处理关于程序问题的争议，若一方当事人采取不合理态度，则法庭有权力适用讼费罚则。如果法庭认为确有必要颁发与程序有关的暂准命令，而且又不大可能引起争议时，那么可以无须听取双方当事人的意见而自行作出决定。(4)通过简易程序评定讼费。简易程序评定讼费，是指法庭在聆讯一宗非正审申请后，有权立即评定一方当事人应当向另一方给付讼费的数额，并要求讼费必须在一定期限内给付，不

① 报告内容见民事司法制度改革网，https://www.civiljustice.hk/smp/archives.html，最后访问日期：2024 年 12 月 20 日。

待诉讼程序完结。(5)上诉许可。在考察其他国家司法实践的基础上,工作小组认为,针对原讼法庭法官的非正审判决向上诉法庭提出上诉,必须获得上诉许可。上诉法庭只有在上诉申请"有合理的成功机会"或者有其他充分理由时,才可以给予上诉许可。如果上诉法庭拒绝给予许可,那么申请人无权向终审法院申请上诉许可。

第二,减少诉讼当事人之间的对抗性,鼓励并且积极促成和解,主要包括:(1)诉讼前文件披露。诉讼前文件披露是指,在开展法律程序之前,当事人必须根据时间表相互交换关于申索和抗辩的材料,否则法庭有权以讼费令或者其他命令进行处罚。这一规则旨在确保当事人能够在充分掌握资料的基础上进行协商。(2)附带条款的和解提议。为解决当事人之间的纠纷,一方当事人可以向对方提出和解或者向法院缴纳部分钱款,如果对方当事人不接纳和解,且诉讼最终结果并未优于按照前一方当事人提出的和解方案所得之结果,那么即使后一方当事人胜诉,也将面对不利的讼费、利息等处罚。附带条款的和解实质上是通过不利的诉费倒逼双方当事人认真考虑庭外和解的可能性,并且实施这一制度有助于避免诉讼过分迟延。(3)在状书中明确争议点。在过去的司法实践中,状书的适用情况并不理想:一方面,状书中的事实、抗辩理由等内容并不明确,导致法庭难以掌握实质的争议焦点;另一方面,不明确的状书往往需要当事人提供更为详细的资料,以进一步修改完善,造成诉讼拖延。鉴于此,工作小组试图做出改变,状书所包含的内容应当能够清楚界定与讼各方的案情,并足以协助当事人达成和解或者做好审讯准备;在清晰表达之余,应当避免状书过分冗长。同时,为确保状书内容属实,当事人应当签署"事实确认书",若当事人并非真诚地相信状书所载事实,则可能受到法庭处罚。(4)鼓励调解。对于自愿接受调停的当事人,法庭应当提供有关调停的资料和设备。同时,将不配合调解的行为与不利后果挂钩。如果任何当事人在收到对方送达的要求调解通知书后,或者在法庭上主动提议调解或应对方申请而提议调解时,无理由拒绝接受调解,那么法庭在综合考虑有关情况后有权做出不利于该诉讼人的讼费令。

第三,赋予法庭更加广泛和更具弹性的案件管理权力,推进诉讼程序进行,使司法资源得到最优分配。传统对抗制诉讼模式要求法官居中裁判,处于消极被动的地位,而主要由两造当事人承担程序推进的任务。然而,由于法官对程序缺乏控制权,当事人及律师又常常实施复杂的策略以拖延诉讼,导致程序过分迟延,诉讼成本陡增。因此改革的又一大着力点在于扩大法官的权力,使其能合理安排诉讼进程,减少无谓的成本损耗。民事司法制度改革在此方面的举措如下:(1)设定时间表。改革以前,诉讼进度由当事人所控制,法庭只有等到所有非正审程序终结并且当事人准备充分后,方可指定聆讯日期。由此便存在当事人借尚未充分准备而故意拖延诉讼。工作小组认为,应当赋予法庭在诉讼之初即可决定案件进度时间表的权力。诉讼各方应当在提交状书后 28 日内向法庭提交关于设定时间表的问卷,并尽可能就诉讼进度安排达成协议。若诉讼各方无法达成协议,法庭应审度各方情况,决定最终诉讼时间表。(2)对无理缠绕的程序限制。工作小组指出,《高等法院条例》中关于处理当事人无正当理由缠绕诉讼的程序过于烦琐,且欠缺灵活性。因此应当运用法庭的固有权力,不准任何人开展可能构成法庭程序滥用的民事诉讼。2008 年修订后的《高等法院条例》第 27 条规定,法庭可以应律政司司长或者受影响之人的申请,命令被申请人不得提起或者继续进行诉讼程序。受影响之人既包括是或者曾经是任何无理缠绕的法律程序的当事人,也包括曾经因某一法律程序而受到不利影响的人。①

3. 改革后至今日的蓬勃发展

2009 年 4 月,香港民事司法制度改革正式推行,标志着香港进入了一个后司法制度改革时代(Post-CJR Period)。一方面,法律的生命在于实施,法律的权威也在于实施。民事司法制度改革之成果是否为人们所遵守、是否为人们所信仰,需要在实践中加以考察。实践表明,香港的民事司法改革正在有条不紊地进行之中,新的民事司法体制运作良好。② 据相关数据统计,

---

① 《报告摘要》,载民事司法制度改革网 2020 年 5 月 25 日,https://www.civiljustice.hk/fr/documents/cjr_final_report_summary_tc.pdf。

② 齐树洁:《香港地区民事司法改革及其启示》,载《河南省政法管理干部学院学报》2010 年第 4 期。

调解案件的数量呈现稳定增长趋势。在2011年至2018年进行的调解案件中,最终达成和解的比例在38%至51%。[①] 这体现出诉讼文化已经由仅重视通过诉讼方式解决纠纷转变为更注意低成本、高效率、更适宜的多元化解纷机制化解矛盾。另一方面,党的十八大开启了中国特色社会主义新时代,在新的历史条件下,香港民事司法制度面临着新的机遇和新的挑战。特别是国家构建新发展格局、推动共建"一带一路"、深化粤港澳大湾区建设、实施"十四五"规划和2035年远景目标纲要,为香港民事司法制度发展提供了更多可能,多元化解纷机制的蓬勃发展具备了坚实土壤。

纵观上述多元化解纷机制的发展历史,不难发现,香港自由贸易港已经形成并逐步发展出一套独具特色的多元化纠纷解决文化。这一多元解纷文化具有以下几方面的特点:第一,在诉讼解纷机制之余,仲裁、调解等替代性纠纷解决机制的正当性和法律地位不断提升,并且功能和适用范围不断扩大。第二,香港自由贸易港多元纠纷解决文化的形成与发展具有自上而下的唯理性和建构主义的特征。[②] 第三,随着"一国两制"实践的纵深开展,香港自由贸易港与内地就多元纠纷解决文化的沟通与互动不断紧密,形式与内容日趋丰富。

(二)香港多元化纠纷解决的具体方式

1. 诉讼纠纷解决

诉讼是最为典型的纠纷解决机制,在现代法治社会中具有最高的权威性。[③] 根据《基本法》规定,香港特区法院体系包括终审法院、高等法院、区域法院、裁判署法庭和其他专门法庭。其中,裁判司署又称为裁判官法院或裁

---

① Statistics on Ten Years' Implementation of the Civil Justice Reform from 2 April 2009 to 31 March 2019,载民事司法制度改革网2019年6月12日,https://www.civiljustice.hk/eng/implement/CJR_Ten_Year_Implementation.pdf。

② 顾敏康、徐永康、林来梵:《香港司法文化的过去、现在与未来——兼与内地司法文化比较》,载《华东政法学院学报》2001年第6期。

③ 王琦主编:《非诉讼纠纷解决机制原理与实务》,法律出版社2014年版,第15页。

判司法庭，是香港的初级刑事法院，主要受理较为轻微的刑事案件。裁判司法庭的民事管辖权十分有限：下令强制执行民事债务以及依《未成年人监护条例》和《分居及赡养条例》下达的关于某些家庭纠纷方面的命令等。[①] 同时，香港设有审裁处，负责部分案件的专属管辖，作为民事裁判的补充。[②]

香港特区区域法院的前身是香港地方法院，后者的管辖权最初仅限于最高法院原讼法庭行使的简易审判权以及处理较小金额的民事案件，后来随着时间推移而不断扩大。区域法院仅具有刑事和民事案件管辖权。区域法院受理民事纠纷的范围主要包括：(1)涉及合约、准合约及侵权中的纠纷。(2)收回土地的纠纷。(3)衡平法司法管辖权。此类管辖权项下之民事纠纷，涉及当事人之间并无合约规定或法律规定，但又急需法律给予救济的情形。[③] (4)只追讨欠租的申索。此类申索可以采用"扣押"的特别程序，有法庭颁发命令，扣押租客的财物。(5)离婚纠纷。(6)其他纠纷。[④] 区域法院还有权管辖本属于高等法院原讼法庭受理，但原讼法庭主动或者经一方当事人申请而移交给区域法庭的案件，以及本属于原讼法庭受理，但双方当事人均同意由区域法庭受理的案件。[⑤] 就刑事司法管辖权而言，区域法院处理由裁判法院移交的公诉罪行。公诉罪行是可循公诉程序审讯的刑事罪行，由法官单独或会同陪审团审理。区域法院法官则在没有陪审团的情况下单独进行审讯。区域法院可审理除谋杀、误杀和强奸外的所有严重刑事案件，可判处的最长监禁刑期是七年。[⑥]

高等法院由上诉法庭及原讼法庭组成，具有上诉及原讼司法管辖权，可以审理上诉及初审案件。原讼法庭具有上诉及原讼司法管辖权，涵盖范围

---

① 赵秉志主编：《香港法律制度》，中国人民公安大学出版社 1997 年版，第 643 ~ 644 页。

② 梁子驯：《香港的司法制度（中）》，载《法学》1985 年第 7 期。

③ 齐树洁主编：《港澳民事诉讼法》，厦门大学出版社 2014 年版，第 52 页。

④ 《区域法院》，载香港司法机构网，https://www.judiciary.hk/zh_cn/court_services_facilities/dc.html，最后访问日期：2024 年 12 月 20 日。

⑤ 《区域法院》，载香港司法机构网，https://www.judiciary.hk/zh_cn/court_services_facilities/dc.htm，最后访问日期：2024 年 12 月 21 日。

⑥ 《区域法院条例》第 43 条、第 44 条。

包括刑事及民事案件。就原讼法庭的刑事司法管辖权而言,原讼法庭审理最严重的刑事罪行,例如谋杀、误杀、强奸、持械行劫、贩运大量危险药物及复杂的商业诈骗等。这些案件大多在裁判法院完成交付审判程序后移交原讼法庭。而原讼法庭的民事司法管辖权则并无限制,可处理所有民事事宜,通常包括下列事项:海事、破产、违约、侵权、公司清盘、建造仲裁、婚姻法律程序中的子女管养权及附属济助、租购、禁制令等。高等法院上诉法庭审理的刑事及民事上诉案件则主要源自原讼法庭、竞争事务审裁处、区域法院、土地审裁处及由有关条例所指定的审裁处和法定团体。① 根据《高等法院条例》第13(4)条和第13(5)条,高等法院上诉法庭还享有两类案件的司法管辖权:一类是为向上诉法庭提出的任何上诉的聆讯及裁定,以及应该上诉作出的任何判决或命令的修订、执行及强制执行的目的及其附带事宜的案件。另一类是依据《高等法院条例》或其他条例的授权或规定,采取步骤以执行或强制执行上诉法庭的判决或命令。

终审法院于1997年7月1日设立,是香港的最高司法机关,根据《基本法》和《香港终审法院条例》行使司法终审权。《香港终审法院条例》第21条规定,香港特区终审法院的民事司法管辖权包含处理根据本条例以及根据其他法律提出的上诉。就此而言,香港特区终审法院仅受理上诉案件,而并不受理任何初审案件。2014年以前,香港特区终审法院的司法管辖权包括两个部分,一是当然权利之上诉案件,二是酌情处理的上诉案件。② 但是香港特区立法会经审议认为,仅以申索款额为标准受理当然权利上诉之案件欠缺公允,并且会额外损耗司法资源,因此于2014年修订《香港终审法院条例》,将终审法院的管辖范围限定为酌情处理的上诉案件,即终审法院认为当事人所上诉所涉及的问题具有重大广泛的或关乎公众的重要性,或因其他理由,以致应交由终审法院裁决的,则上诉法庭或终审法院须酌情决定终审法院是否受理该上诉。

---

① 《法庭服务及设施》,载香港特别行政区司法机构网,https://www.judiciary.hk/zh_cn/court_services_facilities/hc.html#6,最后访问日期:2024年12月21日。

② 齐树洁主编:《港澳台民事诉讼制度》(第1版),厦门大学出版社2014年版,第228页。

香港审裁处是参照英国行政裁判庭的形式设立的准司法性质的审裁机构,目的在于分类解决一些较为简易的案件。[①] 审裁处较法院之特点在于,其能够通过更为简易的程序、宽松的证据制度以及更为低廉的讼费解决民事纠纷。香港受理民事案件的审裁处主要为土地审裁处、劳资审裁处以及小额钱债审裁处。

土地审裁处。根据《土地审裁处条例》第 8 条的规定,土地审裁处具有司法管辖权,可以审理和判定下列几大类案件:(1)征地补偿类案件。土地审裁处有权受理涉及政府或有人代表政府就强制性征用土地或任何土地权益、终绝或更改附属于土地的任何权利、设立任何土地的地役权或其上或其下的地役权或者批准对任何土地或任何土地的权益的业务产生影响而引起的申索。(2)上诉案件。审裁处有权根据《土地审裁处条例》附表内指明的任何条例而呈交审裁处裁定的上诉作出裁定。(3)收回管辖权的案件。(4)土地审裁处有权根据《小额钱债审裁处条例》(第 338 章)第 7 条或第 10 条而移交审裁处的任何申索、反申索或债务抵销兼反申索,作出裁定。土地审裁处在行使司法管辖权时,具有与高等法院原讼法庭相同的权力,可以基于衡平法或普通法而为当事人提供救济。

劳资审裁处。劳资审裁处具有查讯、聆讯及裁定《劳资审裁处条例》附表内指明的申索的司法管辖权,主要包括:(1)因违反雇佣合约的条款、违反学徒训练合约的条款或者违反《雇佣条例》、《最低工资条例》或《学徒制度条例》的条文而提起的申索。(2)共同诉讼人败诉并履行裁定后,即有权在审裁处向其他有共同法律责任的人追讨后者所应分担的款项。(3)根据《小额薪酬索偿处理条例》第 8 条第 3 款而受理的案件。在聆讯任何申索前,审裁官应当对申索进行调停,如果一方或多于一方拒绝参与调停、曾试图调停但未能达成和解、相当可能经调停而达成和解,或者调停可能对某一方的权益有所损害的,当事人在提交调停证明书后,审裁官方可进行聆讯,即调解是聆讯的必经程序。如果当事人不服审裁处的决定,可以于 7 日内申请复

① 徐静琳:《演进中的香港法》(第 1 版),上海大学出版社 2002 年版,第 301 页。

核,审裁处也有权主动复核案件。若当事人不满审裁处的裁断、命令或裁定,且认为审裁处适用法律存在错误或者存在越权管辖情形的,则可以在文书送达后7日内向高等法院原讼法庭提出上诉;当事人也可以在高等法院司法常务官许可的延长期限内提出上诉,原讼法庭可予以批准①。原讼法庭聆讯上诉及作出决定后,如任何一方仍不满该决定,可于决定作出的日期后7天内向上诉法庭申请上诉许可;上诉法庭如认为所拟提出的上诉涉及对公众有普遍重要性的法律问题,可批予许可。上诉法庭拒绝批予上诉许可的决定,是最终的决定。

小额钱债审裁处。小额钱债审裁处设立于1976年,旨在处理小额钱债民事纠纷。② 根据《小额钱债审裁处条例》,审裁处具有聆讯及裁定附表内指明的申索的司法管辖权,即任何基于合约、准合约或侵权行为而提出的,申索款额不超过港币7.5万元的金钱申索。与劳资审裁处处理纠纷的程序类似,如果当事人不服小额钱债审裁处的裁断及命令,审裁官可以依职权或者依据当事人申请,于裁断或命令作出之日起14日内进行复核。如任何一方不服审裁处的决定,且认为审裁处法律适用错误或申索超越审裁处的司法管辖权范围,则可向原讼法庭申请上诉许可。如果任何一方仍对原讼法庭的决定存在异议,可于决定作出之日起7日内向上诉法庭申请上诉许可;上诉法庭如认为所拟提出的上诉涉及对公众有普遍重要性的法律问题,可以许可其提起上诉。

2. 仲裁纠纷解决

仲裁是指根据当事人之合意,通过书面形式,将所涉争议交由除法院外的第三方进行裁决的纠纷解决方法。仲裁较诉讼之优势在于:仲裁程序更加尊重当事人的意思自治,非基于公共利益的考虑,任何人不得限制当事人之间就如何解决争议的自由,法院也不得在无法律规定的情况下干预争议的仲裁;当事人在委派仲裁员时具有更多选择,而不必受限于法院委派的法

---

① 《劳资审裁处条例》第32条。

② 徐静琳:《演进中的香港法》,上海大学出版社2002年版,第302页。

官；仲裁程序以保密的方式进行；可以通过更为快捷且更具成本效益优势的方式解决纠纷；并且能够在多个司法管辖区进行强制执行。

香港仲裁制度主要由法律文本以及仲裁机构两个部分构成。前者包括2011年正式实施的《仲裁条例》及相关修正草案，香港与内地签署的一系列区际司法协助的安排。而仲裁机构则是指解决民商事纠纷的非行政机构。过去10年，越来越多著名的国际法律及争议解决机构选择在香港设立办事处，例如2019年设立华南（香港）国际仲裁院（SCIAHK）、2021年设立亚洲—非洲法律协商组织（AALCO）。香港律政司承诺会继续吸引更多的国际法律及争议解决服务机构落户香港，[①]支持香港建设亚太区国际法律及争议解决服务中心，不断提升香港多元化解纷能力。下面是香港自由贸易港仲裁一些流程介绍。

（1）仲裁协议

根据《仲裁条例》，若当事人希望将纠纷诉诸仲裁裁决，则必须具有合法有效的仲裁协议。仲裁协议应当以书面形式或者以其他任何能够记录下来的形式订立。除非当事人之间另有约定，否则仲裁协议并不会因一方当事人死亡而解除；仲裁协议可由该方的遗产代理人强制执行，或可针对该遗产代理人而强制执行。

（2）仲裁员的委任

当事人将纠纷诉至仲裁庭后，需选任仲裁员。各方可以就仲裁员人数的确定，达成协议；若未达成协议，则由香港国际仲裁中心在个别案中决定，仲裁员人数须为1名或3名。当事人可以通过协议选择确定仲裁员的程序；未达成此种协议，在仲裁员为3名的仲裁案件中，各方当事人分别有权指定1名仲裁员，再由各方当事人选任的仲裁员指定第三名仲裁员。同时，为防止一方当事人利用规则漏洞选任多名支持己方的仲裁员，《仲裁条例》第11条规定一方当事人在收到对方当事人提出指定仲裁员的要求后30日内未指

---

① 《2022年〈施政报告〉—律政司的政策措施》，载香港特别行政区立法会官网2022年11月4日，https://www.legco.gov.hk/yr2022/chinese/panels/ajls/papers/ajls20221024cb4-888-3-c.pdf。

定仲裁员的,或两名仲裁员在被指定后30日内未就第3名仲裁员达成协议的,经一方当事人请求,由该条例第6条规定的法院或其他机构加以指定。

(3)仲裁程序的进行

在进行仲裁时,当事人享有程序选择权,但所约定适用之程序不得与《仲裁条例》相抵触;在没有法律规定或者当事人约定的情况下,仲裁庭也可以选择其认为合适的程序进行仲裁。此外,仲裁庭在进行仲裁程序时,不受证据规则所约束,并可收集该仲裁庭认为与仲裁程序有关的任何证据,但对于在该仲裁程序中援引的证据,该仲裁庭须给予它认为适当的分量。当事人也可以自由约定仲裁程序中拟使用的语文,若未达成此种约定,则由仲裁庭确定拟使用的语文。在仲裁程序中,当事人可以就争议达成和解;此时,仲裁庭应当终止仲裁程序,经各方当事人提出请求而仲裁庭又无异议的,还应当按和解的条件以仲裁裁决的形式记录和解。和解协议可以作为强制执行的依据。

(4)仲裁程序的终结

仲裁庭应当根据当事人选择的适用于争议实体的法律规则作出最终决定。仲裁庭依据仲裁协议作出的裁决,属最终裁决,对各方当事人以及透过或借着任何一方提出申索的任何人均具约束力。但是如果当事人不服仲裁裁决,且有证据证明:仲裁协议的当事人属于无行为能力情形、根据法律仲裁协议无效或者裁决处理的争议不是提交仲裁意图裁定的事项或不在提交仲裁的范围之列等情形之一的,则一方当事人可以申请法院撤销仲裁裁决。法院认定根据本国的法律,争议事项不能通过仲裁解决,或者该裁决与本国的公共政策相抵触的,也可以主动撤销仲裁裁决。

(5)与结果有关的收费架构

"与结果有关的收费架构"由《2022年仲裁及法律执业者法例(与仲裁结果有关的收费架构)(修订)条例》所确立,是指律师与当事人订立的,律师就争讼诉讼和仲裁程序提供意见,并在该等法律程序获得该协议所指的成功时收取财务利益的协议,包括按条件收费协议、按损害赔偿收费协议以及混合式按损害赔偿收费协议。[①] 在按条件收费协议中,只有在当事人在仲裁事宜中取得“成果”的情况下,律师方可就该事宜收取成功收费。订立按条件收费协议的各方(当事人和律师),一般经商议后会采用“不成功、不收费”或“不成功、低收费”的安排。在损害赔偿收费协议中,律师与当事人约定,只有在当事人在仲裁事宜中取得财务利益的情况下,律师方可就该事宜收取费用。该笔费用称为按损害赔偿收费协议(DBA)费用。协议必须述明财务利益及 DBA 费用的计算基准。按损害赔偿收费协议是一种“不成功、不收费”的安排。在混合式按损害赔偿收费协议中,律师会就仲裁事宜收取以下费用:在当事人在该事宜中取得财务利益的情况下,律师会收取参照该财务利益而计算的费用(DBA 费用);以及在任何情况下,律师都会收取在该事宜期间为当事人所提供法律服务的费用,不论该费用是否按折扣计算。有别于纯按损害赔偿收费协议,即使当事人在该事宜中未能取得任何财务利益,律师仍可收取在该事宜期间所提供法律服务的部分费用。“与结果有关的收费框架”有助于当事人不会因为缺乏资金而无法提出极有可能胜诉的申索,维护公益,并且能够有效提高香港作为主要仲裁中心的竞争力。

3. 调解纠纷解决

调解作为一种非诉讼纠纷处理方式,具有悠久的历史,在各大法系的形成、发展过程中都能见到调解制度的身影。在香港,调解制度具有以下三个特点:第一,香港特区法院仅鼓励当事人之间进行调解,而不会主动命令当事人进行调解;第二,与仲裁程序相同,调解程序以保密的方式进行;第三,居中调解者并非法院或者法院的雇员,而是在调解各方同意的条件下选任的第三方。[②]

(1)调解制度立法框架

香港现行调解制度的立法框架主要由《调解条例》以及《道歉条例》构成。《调解条例》于 2013 年 1 月 1 日起正式实施,旨在提倡、鼓励和促进以

---

① 《仲裁》,载香港特别行政区政府律政司网,https://www.doj.gov.hk/sc/legal_dispute/arbitration.html,最后访问日期:2024 年 12 月 20 日。

② 朱芬龄:《香港另类排解程序的近况和展望》,载《法律适用》2019 年第 19 期。

调解方式解决争议及使调解通讯得以保密。调解程序原则上应当予以保密,除法律另有规定外,任何人不得披露调解通讯。同时,在任何程序中,只有在获得法院许可的情况下,调解通讯方可以作为证据使用。此外,在《实务指示 31》中也存在类似规定,法庭在所有的情况下,包括在行使酌情权裁定讼费时,均不可强迫各方披露任何依法受保密权所保护的资料。在调解过程中发生的事情,也受保密权所保护。①

为进一步化解社会矛盾,营造和谐社会,鼓励和促进当事人以和平方式解决争议,香港特区立法会于 2017 年通过《道歉条例》。同时,为使调解各方在调解程序中真诚道歉,坦诚和解,《道歉条例》第 8 条规定,某人就某争议进行道歉的证据不得在适用程序中,作为认定此人具有过失、法律责任或者任何其他争议事项及其他不利于该人的证据。但如果出现特殊情况,如没有其他证据以裁断争议,裁断者可以行使酌情权将道歉的事实陈述作为证据予以采纳,但必须顾及公众利益或者公义原则,且属于公平公正之举。

(2)"调解为先"承诺书运动

为鼓励和促进通过调解方式解决纠纷,香港特区政府于 2009 年开展"调解为先"承诺书运动。"调解为先"承诺书是没有法律约束力的声明,在面对争议时,承诺人承诺率先使用调解方法解纷,然后才使用其他纠纷解决方式,如诉讼。截至 2021 年,共有 700 名承诺人签署计划书,其中 34 名承诺人获得"调解为先"承诺书星徽,积极考虑以调解方法处理纠纷。

4. 纠纷解决方式的区际衔接

香港是中国唯一的普通法司法管辖区。在"一国两制"的大背景下,多元化纠纷解决方法应当以区际衔接的方式,发挥香港法律制度在推进中国式法治现代化进程中的重要作用,巩固香港在多元化解纷方面的竞争优势,更好融入国家发展大局。

---

① 载法律参考系统网,https://legalref.judiciary.hk/lrs/common/pd/Practice_Directions.jsp#31,最后访问日期:2024 年 12 月 20 日。

(1)相互认可和执行判决

自香港回归祖国以来,两地司法往来日益密切,互助与合作程度不断加深。在中央的牵头下,最高人民法院和香港特别行政区政府律政司先后签署了《关于内地与香港特别行政区法院相互认可和执行当事人协议管辖的民商事案件判决的安排》①、《关于内地与香港特别行政区法院相互认可和执行婚姻家庭民事案件判决的安排》(以下简称《婚姻家庭安排》)以及《关于内地与香港特别行政区法院相互认可和执行民商事案件判决的安排》(以下简称《民商事安排》)。《婚姻家庭安排》与《民商事安排》分别于 2022 年和 2024 年正式实施。

《婚姻家庭安排》与《民商事安排》对两地相互认可和执行婚姻家庭及民商事案件判决的范围和判项内容、申请认可和执行的程序和方式、对原审法院管辖权的审查、不予认可和执行的情形、救济途径等作出了规定,有助于最大限度地减轻两地当事人重复诉讼之累,并且能够进一步节省两地司法成本,为两地经济社会发展提供更高质量的司法保障。

(2)共商投资争端解决机制

2017 年 6 月 28 日,香港特区政府与商务部在《内地与香港关于建立更紧密经贸关系的安排》的框架下公布了《〈内地与香港关于建立更紧密经贸关系的安排〉投资协议》(以下简称《投资协议》),以促进和保护两地之间的投资。《投资协议》订明投资争端调解机制,处理一方投资者指称另一方因违反《投资协议》中实体性义务而导致其蒙受损失的投资争端。②《投资协议》第 19 条和第 20 条规定,香港与内地的投资纠纷可以交由香港或者内地的调解机构通过调解方式解决。2018 年 1 月 1 日,《投资协议》正式实施,投资争端调解机制正式建立。③ 这一制度鼓励内地投资者以香港调解服务解

① 该规定于 2024 年 1 月 29 日正式废止。

② 《调解》,载香港特别行政区政府律政司网,https://www.doj.gov.hk/sc/legal_dispute/mediation.html,最后访问日期:2024 年 12 月 20 日。

③ 《关于建立更紧密经贸关系的安排》,载香港特别行政区政府律政司网,https://www.doj.gov.hk/sc/mainland_and_macao/cepa.html,最后访问日期:2024 年 12 月 20 日。

决跨境投资纠纷,有利于推动更广泛使用调解解决跨境争议,培育调解文化,扩大香港调解制度的国际竞争力。

(3)粤港澳大湾区多元解纷机制协同发展

2019 年,中共中央、国务院印发《粤港澳大湾区发展规划纲要》。该纲要明确指出,要加强粤港澳司法交流与协作,推动建立共商、共建、共享的多元化纠纷解决机制……加快推进深圳前海等重大平台开发建设,充分发挥其在进一步深化改革、扩大开放、促进合作中的试验示范作用。基于此,深圳市人大常委会于 2020 年正式颁布《深圳经济特区前海深港现代服务业合作区条例》(以下简称《前海条例》)。《前海条例》在优化前海合作区法治环境,提供国际化一流的法治保障方面,起到至关重要的作用。

首先,“港资港法港仲裁”。根据《前海条例》第 57 条相关规定,在前海合作区注册的港资企业,可以协议选择合同适用的法律。这一规定变通了《涉外民事关系法律适用法》的有关规定,赋予港资企业自由选择所适用法律的权利。其次,探索国际化多元解纷机制。支持人民法院、仲裁机构加强国际合作,共同构建调解、仲裁、诉讼有机衔接的解纷平台,完善国际化的多元化解纷机制。最后,允许香港律师在深圳执业。《前海条例》第 61 条规定,探索允许在前海合作区律师事务所登记执业的港澳律师在前海合作区代理涉外民商事案件。

六、中国香港自由贸易港的特色财税制度与人才吸收机制

在“一国两制”的背景下,香港自由贸易港在经济自由度和竞争力方面始终处于世界前列。[①] 根据《基本法》第 108 条、第 114 条、第 116 条规定,香港自由贸易港是单独的关税区,并且始终保持自由港身份,不另设立关税,也没有为保护本地产业而设置的非关税壁垒。同时,香港实行独立的税收

① 《香港营商环境》,香港特别行政区政府香港经济近况,https://www.hkeconomy.gov.hk/chs/environment/index.htm,最后访问日期:2024 年 12 月 20 日。

政策，自开埠以来便保持简单、低税等特点。在“一国两制”框架下，香港自由贸易港发展出了一套独具特色的财税制度与人才吸收制度。本部分将对香港自由贸易港特色财税制度与人才吸收制度进行考察，以期对海南自由贸易港的建设有所裨益。

（一）香港自由贸易港特色税收制度

香港是世界上自由度最高的经济体之一。香港自由贸易港优越的营商环境和稳健的金融体系得到许多世界组织的赞誉，这得益于香港自由贸易港“背靠祖国、面向世界”的经济定位。一方面，在“一国两制”的背景下，《基本法》赋予香港在财政方面的高度自治权。根据《基本法》第106条的规定，香港保持财政独立，其财政收入全部用于自身需要，而不上缴中央人民政府，中央人民政府不在香港征收赋税；香港的财政预算应当遵守量入为出的基本原则，力求收支平衡，避免赤字，并与本地生产总值的增长率相适应。另一方面，香港自由贸易港始终保持开放、包容的姿态，在积极投身于全球经济的同时，自身也逐渐发展成国际金融、贸易中心。

但是香港也面临着新的挑战。现时国际形势仍然严峻，风云变幻。俄乌冲突、巴以冲突推高国际能源和商品价格，环球通胀严重，主要央行大力收紧货币政策，拖累先进经济体的表现。① 中国的经济增长也因环球经济疲弱和疫情反复而放缓。不仅如此，在BEPS2.0框架下，世界经济合作与发展组织（OECD）和欧盟对低税管辖区的政治施压，也迫使香港特区政府在财税方面做出相应调整。

香港自由贸易港现行税收制度基本架构。香港第一部税法是“二战”时期港英政府颁布的《战时税务条例》，其主要具有两个方面的特点：在课税对象方面，仅就物业租金所得、受雇所得和利润所得分别课征物业税、薪俸税和利得税；在适用范围上，采取属地原则，仅就产生于香港境内的所得征收

---

① 《二零二三至二四财政年度政府财政预算案》，载香港特别行政区政府网，https://www.budget.gov.hk/2023/sim/pdf/c_budget_speech_2023-24.pdf。

相应赋税，而不论纳税人是否具有香港居民身份。1997 年香港回归以后，在“一国两制”的原则下，中国政府并未对香港税制进行大规模的调整。《基本法》第 108 条规定：“香港特别行政区实行独立的税收制度。香港特别行政区参照原在香港实行的低税政策，自行立法规定税种、税率、税收宽免和其他税务事项。”

香港现行税收制度主要由《税务条例》以及其附属的《税务规则》调整，主要税（费）包括薪俸税、利得税、物业税、差饷、印花税、博彩税、应课税品、酒店房租税、飞机乘客离境税、车辆首次登记税、商业登记费，共计 11 种。[①]其中，征收的直接税包括利得税、薪俸税以及物业税。

1. 利得税

根据《税务条例》第 14 条的规定，除本条例另有规定外，凡任何人在香港经营任何行业、专业或业务，而从该行业、专业或业务获得按照本部被确定的其在有关年度于香港产生或得自香港的应评税利润（售卖资本资产所得的利润除外），则须向该人就其上述利润，征收其在每个课税年度的利得税。课税对象并无香港居民或非香港居民之别。因此，非香港居民在香港所得利润必须进行纳税，而香港居民海外所得利润在满足相关实体要件的情况下则无须向香港特区政府缴纳税款。

利得税以每个课税年度内的应评税利润为计税依据。在有关课税年度内，纳税人需要根据上一年度评定的利润缴纳一项暂缴税。暂缴税将用于抵消下一年度应缴纳的利得税，若还有剩余，则继续抵消此后课税年度的利得税。

香港特区政府同时实施税费减免政策。一般而言，所有由纳税人为赚取应评税利润的各项开支，如为赚取利润而支付的借款利息或者房屋租金等，都应排除在应评税利润之外。不仅如此，为扩大香港自由贸易港在税务领域的国际竞争优势，香港特区政府在部分领域还给予纳税人以税务上的

---

① 《中国内地居民赴香港特别行政区投资税收指南》，载 https://www.chinatax.gov.cn/chinatax//n810219/n810744/n1671176/n1671206/c2069874/5116154/files/2dae03733fd0428f9283b1ca5e0dd6c7.pdf，最后访问日期：2024 年 12 月 20 日。

优惠。根据《税务条例》第14A条至第14ZZC条，纳税人可以享受在符合资格的债务票据、合资格保险业务及保险经纪业务、合资格企业财资中心、飞机租赁、船舶租赁等多个领域的税收优惠政策。

若纳税人于某一课税年度产生经营亏损，则此亏损可以用于抵扣下一课税年度的应评税利润。但是对于跨行业、专业或者业务的纳税人，其可以将某一行业内的亏损抵扣其他行业的应评税利润。

同时，香港特区政府实行两级制利得税率。对于法团纳税人而言，自2018年4月1日开始，若课税年度内所获得的应评税利润不超过200万元港币，则以8.25%的税率征收利得税；若超过200万元港币，则在超过部分按照16.5%的利率征收利得税。而对于非法团的纳税人而言，其在香港经营所得若不超过200万元港币，则以7.5%的税率计算利得税；若超过200万元港币的，则在超过范围内按照15%的利率征收利得税。①

2. 薪俸税

薪俸税类似于内地的个人所得税。在每个课税年度内，香港特区政府对凡因任何有收益的职位、受雇工作以及任何退休金，而获得于香港产生或者得自香港的入息，都必须予以征收薪俸税。

薪俸税的缴纳以每个课税年度内的应课税入息计算，同样实行暂缴税制度。在计算薪俸税时，纳税人可以申请扣除减免税项目并且申请扣除相应的免税额。免税额制度可适用于薪俸税和个人入息课税，纳税人除享有基本免税额外，还能够根据实际情况申请伤残人士免税额、伤残受养人免税额、已婚人士免税额、供养父母及供养祖父母或者外祖父母免税额、供养兄弟姊妹免税额、子女免税额、单亲免税额。同时，根据《2023—2024税务局所课征的税项指南》，子女免税额已经由2022—2023年度的12万元港币提升至13万元港币。②

根据《税务条例》第13条，薪俸税采取累进税率或标准税率的计算模

① 《税务条例》附表8A和附表8B。

② 《2023—2024税务局所课征的税项指南》，载 https://www.ird.gov.hk/chs/pdf/2024/BriefGuide20232024.pdf，最后访问日期：2024年12月20日。

式,并采取孰低原则确定最终纳税额。[①] 累进税率计算模式是指应课税入息在扣除减免税项目以及免税额后,按照累进税率标准计算应缴纳的薪俸税。标准税率计算模式是仅将应课税入息扣除减免税项目后,按照标准税率计算薪俸税。纳税人应当在二者之间进行比较,按照较低的纳税额缴纳税款。

3. 物业税

物业税是指向香港土地或者建筑物或土地连建筑物的拥有人所征收的税项。若某一土地的拥有人并非该土地上建筑物的拥有人,则土地和建筑物必须分别评税。

物业税须按该土地或建筑物的应评税净值,以标准税率计算。应评税净值是物业税的计税依据,是将应评税值扣除拥有人所缴付之差饷后,再扣除其中的20%作为法定修葺及支出方面的免税额。香港物业税的税率以标准税率计算,自2008—2009课税年度开始,标准税率即为15%。

(二)香港自由贸易港税收制度的风险挑战及应对

1. "支柱二"方案对香港自由贸易港的影响

为打击国际范围内的税基侵蚀和利润转移,OECD进行了漫长的探索与努力。2021年,G20与OECD就税基侵蚀和利润转移行动计划[②]发布《关于应对经济数字化税收挑战双支柱方案的声明》,共136个国家或地区认可该声明,并就其中重大关切问题达成一致。"支柱二"是根据这一声明所做的重大税制改革。

"支柱二"主要包括两方面的内容。一是全球反税基侵蚀规则(Global Anti-Base Erosion Proposal),由两项子规则构成,分别是收入纳入规则

---

① 《税务条例》第13条。另,详细情形请参考《计算薪俸税及个人入息课税》,载香港政府一站通,https://www.gov.hk/sc/residents/taxes/etax/services/tax_computation.htm,最后访问日期:2024年12月20日。

② 2013年,OECD于2月发布《应对税基侵蚀和利润转移》报告,并于7月发布《税基侵蚀和利润转移行动计划》,以应对跨国公司的国际避税问题。2019年,OECD在原税基侵蚀和利润转移行动计划的基础上,提出了"双支柱"方案。

(Income Inclusion Rule)和低税支付规则(Undertaxed Profits Rule)。二是应税规则(Subject-to-Tax Rule),允许来源国对适用税率低于最低税率的某些特定关联支付有限征税。“支柱二”的主要运作机理是当某一国家或地区的实际税率低于该声明所规定的最低税率,即15%时,则触发相应的补足税机制,跨国企业不得不进行额外的税款缴纳。这一方面会使得某一国家或地区的税收优惠政策的效果大打折扣,从而使得该国家或地区丧失对跨国企业的吸引力;另一方面,在全球最低税率的大环境下,若该国家或地区选择墨守成规而不进行税制改革,则会减少相应的财政收入,不利于后疫情时代的经济恢复与重建。

2. 欧盟“观察名单”与离岸被动收入征税制度

香港税制始终秉持属地原则,按照地域来源征收税款,非源自香港的收入一般无须在香港课税。就此而言,纳税人的离岸被动收入在香港一般获豁免征税。但是香港自由贸易港对离岸被动收入豁免征税(Foreign-sourced Income Exemption,FSIE)制度受到欧盟的关注与不满。2021年10月,欧盟认为香港既不向离岸被动收入征收税款,也未要求取得离岸被动收入的法团在香港具有实质经济活动,此举可能导致双重不征税的风险,因此将香港纳入“观察名单”①。若香港不对其税制作出适当调整,则会被欧盟列入“黑名单”,不仅香港企业会遭受来自欧盟成员国的税务抵制措施,而且将有损于香港自由贸易港的国际声誉。

香港特区政府积极回应欧盟的关注。在被纳入“观察名单”的同日,香港特区政府即对外宣称将在2022年底前优化FSIE机制。2023年1月,经优化后的FSIE机制正式生效,改革成果见于《税务条例》第15H条至第15S条。香港FSIE机制改革的主要内容在于:对股息、利息、知识产权收入以及处置收益等四类离岸被动收入,若该跨国企业集团成员实体就此收入收于香港,且不符合相应的条件,则需要向香港特区政府支付利得税(见图2-1)。

---

① “观察名单”,俗称“灰名单”,是尚未遵守所有国际税收标准但已承诺实施改革的司法管辖区的名单列表。而“黑名单”则是不与欧盟合作或尚未完全履行其承诺的司法管辖区名单列表。

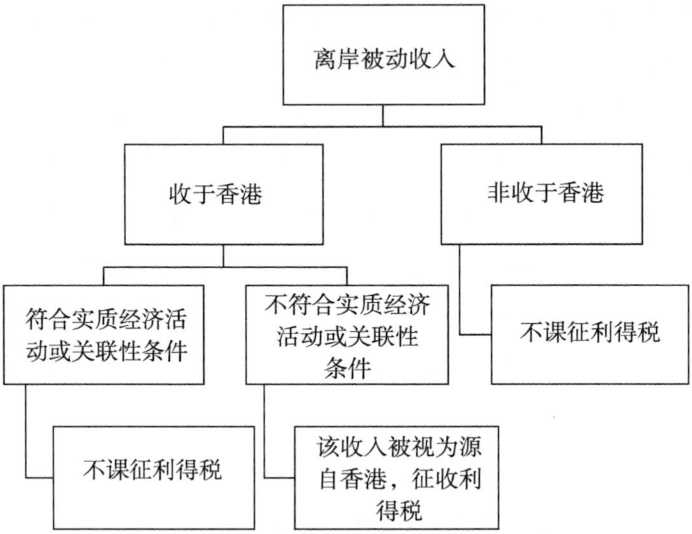

图 2－1　香港特区离岸被动收入豁免征税机制

(1)对股息、利息以及处置收益引入实质经济活动要求。香港 FSIE 改制对股息、利息以及处置收益引入实质经济活动要求。如果跨国企业实体在香港进行实质经济活动，将获得税收优惠，免缴利得税。实质经济活动的要求因跨国企业实体的业务范围而有所不同。对于非纯控股公司，实质经济活动包括做出必要的策略决定，以及管理和承担其名下资产的主要风险；而对于纯控股公司，实质经济活动的要求有所降低，只要求持有和管理股权持有人，以及遵循香港公司法的存档规定即可。同时，跨国企业实体需要通过"充足水平测试"，这要求跨国企业实体在香港聘用一定数量的雇员以及支付足够的运营开支。①

(2)对知识产权收入引入关联性要求。香港 FSIE 改制主要根据合格研发开支与知识产权研发总开支二者间的比例来处理离岸知识产权被动收入。对于离岸知识产权所得：首先，只有专利和软件版权两项合格知识产权

① Refinements to Hong Kong's Foreign Source Income Exemption Regime for Passive Income，载香港特区立法会网，https://www.legco.gov.hk/yr2022/english/panels/fa/papers/fa20220704cb1-411-2-e.pdf。

资产才适用关联性要求，进而获得税收优惠。其次，需判断是否存在在香港境内发生的合格研发开支。合格研发开支只包括与合格知识产权资产直接相关联的开支，非直接相关的开支，如收购知识产权的开支则被排除在外。最后，跨国企业实体即可根据合格研发开支在为开发知识产权资产而招致的研发总开支中的比例，以计算出减免税额度。①

（3）对股息和处置收益适用持股免税安排。在香港 FSIE 改制下，股息或处置收益如果不符合实质经济活动的要求，则将被视为源自香港所得，缴纳利得税。然而该股息或处置收益很可能被其他税务管辖区纳入课税范围，进而出现双重征税的现象。为避免此种情形，香港特区立法会引入持股免税制度，该制度规定，香港居民或者在香港设有常设机构的非香港居民名下的投资公司，持有获投资公司 5% 以上的股权或股份，并且离岸股息或处置收益所得以及获投资的公司所得在最低税率不低于 15% 其他的税务管辖区缴纳税款，则可以享受免税优惠政策。②

诚然，囿于欧盟“观察名单”的压力，香港特区政府修改了其离岸免税制度，增加了跨国企业实体来港经营的成本，并在一定程度上减少了香港低税制度的吸引力，但是这并不会降低香港税制的国际竞争力。一方面，香港税制仍坚持属地原则。在香港 FSIE 改制下，离岸被动收入征税的首要条件就是该所得收取自香港。同时就实质经济活动而言，其核心在于要求跨国企业实体在香港拥有“成员 + 实体”的组合配置，知识产权资产的关联性规则也是实质经济活动的替代物，以确保获得税务优惠的收入与在香港境内发生的总开支之间存在关联。种种举措都试图强化离岸被动收入与香港的关联。这意味着香港税制的属地原则并没有受到根本性的动摇。另一方面，FSIE 改制要求跨国企业在香港聘用雇员并设立组织机构，这能够为香港带

---

① 励贺林、陈新月：《离岸所得税改与地域征税原则——基于香港税制国际竞争力的分析》，载《财会月刊》2022 年第 20 期。

② Refinements to Hong Kong’s Foreign Source Income Exemption Regime for Passive Income，载香港特别行政区立法会网 2022 年 6 月 4 日，https://www.legco.gov.hk/yr2022/english/panels/fa/papers/fa20220704cb1-411-2-e.pdf。

来更多资金、就业、人才，助力于香港经济恢复。

（三）香港自由贸易港人才吸纳机制

培养大批符合时代要求、推动社会发展的智识人才，是国家和民族长远发展之大计。香港自由贸易港实行自由竞争的经济理念，在人才吸纳领域积极作为，广泛招揽全球智识人才，提高了香港自由贸易港的国际竞争力，助力香港在后疫情时代经济状况稳健恢复与发展。

1. 香港自由贸易港人才吸纳机制的现实基础

香港特区政府尤其重视照顾市民福祉。根据香港《2023～24 财政预算报告》，2023—2024 财政年度政府经常性开支将提升至 5602 亿元港币，其中对医疗卫生、社会福利和教育方面的投入体量仍然庞大，合计达 3294 亿元港币，占政府经常性开支的 59%。[①]

在教育方面，2024—2025 学年起，香港特区政府资助的专上院校[②]将提升非本地学生限额，并扩大“高端人才通行证计划”大学名单，吸引更多外国或者内地学生来港升学；教育局亦承诺逐步增加“一带一路奖学金”“香港博士研究生奖学金计划”名额，吸引海内外高等智识人才来港深造；同时，持续推行“香港卓越奖学金计划”，资助香港本地优秀学生升读境外知名大学，扩大本地学生的环球视野。

在社会福利方面，香港特区政府着力于照顾老人和小孩。把“长者社区照顾服务券试验计划”恒常化，并逐步增加可受惠人数；分阶段增设 10 所资助独立幼儿园，额外提供近 900 个日间幼儿照顾服务名额；并自 2024 年 4 月起，将在职家庭津贴计划下的住户和儿童津贴金额提高 15%。

在医疗卫生方面，增设医院病床、手术室及内窥镜检查技术；加强临床服务，如眼科、放射学、病理学、临床药剂和非临床支援服务；通过应用先进

---

① 《2023～24 财政预算报告》，第 3 页，载香港特别行政区政府网，https://www.budget.gov.hk/2023/sim/pdf/2023-24_Media_Sheets.pdf，最后访问日期：2023 年 12 月 27 日。

② 详见香港特别行政区政府教育局网，https://www.edb.gov.hk/sc/edu-system/postsecondary/index.html。

技术和发展智慧医院,发展个人化护理,改善病人体验、作业流程、手术成效,并加强病人安全等。

2. 香港自由贸易港人才吸收机制的未来展望

国以才立,业以才兴。香港自由贸易港主要通过两种方式吸引国内外智识人才。一种方式是通过税收、补贴等技术性政策措施聚集人才。这种方式的优点在于措施效能显著,能够在短时间内吸引大批高端人才。但其缺点也是显而易见的,当政策优惠不足以支撑人才引进的规模,或者其他国家或地区的人才吸收政策更加优惠时,将降低香港自由贸易港的人才吸引力。另一种方式是通过医疗、社会福利等方面的建设,改善社会整体的人才吸纳容量,这种方式能够纾解技术型人才引进政策的弊端,但是制度运行的成效需要较长时间方可显现。

未来,香港自由贸易港一方面需要利用技术性政策措施吸纳人才,构建"聚天下英才而用之"的政策体系;①另一方面则需要加强社会建设,从整体上提升香港自由贸易港的人才吸纳容量。

七、中国香港自由贸易港法治发展经验镜鉴

(一)香港自由贸易港发展建设历程的经验镜鉴

通过梳理香港自由贸易港大致的发展历史,分析总结出其发展过程中对其发展起到作用的因素来为海南自由贸易港的建设提供具备可行性的参考,以期为海南自由贸易港的建设提供帮助。

1. 充分利用地理优势

前文对于香港自由贸易港的地理环境做了一定的介绍,此处不再赘述。从香港自由贸易港发展过程中看,其很好地利用其地理位置为其发展提供动力:在香港自由贸易港建设的初期,其利用其背靠内地的优势,以内地市

① 孙锐:《进得来、留得住、用得好、流得动 如何切实提升我国高层次人才集聚水平》,载《人民论坛》2020 年 S1 期。

场为主要的商业目标,与内地建立起联系密切的经济关系,纵观其作为转口贸易港阶段的发展,其转口贸易的主要目标为内地,通过与内地的贸易往来,使其积累了大量的资本,为其工业化、国际化打下基础。在香港自由贸易港工业化、国际化建设过程中,由于背靠内地,其可以从内地获取成本较低的原材料、人力资源等对于香港而言较为缺少且必需的资源,有利于降低其工业化的成本。也有助于其转移一些低产值的产业至内地,为其产业的优化升级让出空间。在香港回归中国后,得益于"一国两制"制度,香港作为对外开放的一个窗口,其紧邻太平洋、印度洋,介于纽约和伦敦之间,该地理优势有利于国际贸易的发展,也是香港自由贸易港可以成为国际枢纽的重要基础。这是香港具备地理优势所带来的收益,当其失去地理优势时,造成的损失是惨重的:在英美实施禁运政策期间,香港对内地的贸易遭到严重打击,1938 年香港与内地的贸易占香港贸易总额达 40%,在禁运政策实施之后,1952 年的贸易份额急跌至只有 20%,政府数据显示,相较 1951 年,1952 年总出入口数字下降了 28.2%。①

海南的地理条件较之于香港有诸多相似之处,海南位于亚洲、太平洋的交接带,居于日本至新加坡的中段,是沟通太平洋、印度洋两大水系的海上交通要道,②紧邻我国香港特区、台湾地区以及菲律宾、马来西亚等国家,具备良好的地理环境。在建设海南自由贸易港过程中,海南应当充分利用好其地理优势,建设国际化的自由贸易港。

2. 制定适合其发展的政策

从香港自由贸易港的发展历程中可以看出,在长达 183 年的发展历程中,香港根据遇到的困难和机遇适当作出调整性的政策以适应不同形式下的变化来推动香港自由贸易港的建设,促进香港经济的繁荣。在香港发展初期,由于受人口、经济等因素的限制,其不具备工业化的基础,在此阶段

---

① 丁新豹:《香港港口与海事处历史》第六章第一节,载海事处网,https://www.mardep.gov.hk/theme/port_hk/sc/p1ch6_1.html,最后访问日期:2023 年 10 月 10 日。

② 海南省人民政府:《独特区位优势》,载海南省人民政府网 2018 年 6 月 11 日,http://www.casted.org.cn/channel/newsinfo/7433。

下，香港大力发展转口贸易行业，扮演转口贸易港的角色，将主要贸易目标定为内地，随着英国殖民统治区域不断扩大，香港及时作出扩大船政局、修缮港口设施、制定法律法规等行为来确保其转口贸易顺利进行。至新中国成立后，受禁运政策影响，香港转口贸易受到极大影响，为扭转这种影响及满足自由贸易港发展的需要，香港开始工业化转型，减少转口贸易的比重。同时，对内地的依赖性减少之后，香港也不得不开始其国际化之路的探索。通过不断的政策调整，在不同时期制定适合香港自由贸易港建设的政策，使得香港自由贸易港从一开始的转口贸易港逐步发展成为世界文明的自由贸易港。

自习近平总书记"4·13"讲话宣告成立海南自由贸易港至今已过六年，在这六年期间，海南自由贸易港发展迅速，取得了较为明显的成绩。作为我国首个中国特色社会主义自由贸易港，海南自由贸易港在建设的过程中应当充分利用国家给予的特别立法权、先行试点等权利，结合海南本身独特的产业优势，如旅游、育种、航天等特色产业。同时也要兼顾考虑当前海南建设自由贸易港所应当面对的一些问题，如经济基础还不够扎实、配套的基础设施仍需完善等。在综合考量之后制定符合海南自由贸易港当前建设的发展政策，逐步建成世界一流的自由贸易港，向世界展示中国特色社会主义自由贸易港的优势，成为一张亮眼的中国名片。

3. 保障自由贸易港的基本政策稳定

自由的经济体制以及完备但宽松的政府管理是香港自由贸易港的底色，无论是港英政府时期对香港所实行的自由放任政策还是香港回归中国后所实施的"一国两制"制度，都给予了香港在经济制度和行政制度方面极大的自由度。在经济制度方面的自由主要体现在生产要素的流通及税收制度上，香港货物进出较为自由，对于一般货物的出口、进口监控力度较小。对于资本的流通限制较少，力求投资自由，采取较为宽松的外汇管控制度。在税收制度上，香港采取简税制，取消各种间接税，课税科目较少，税率较低，是世界上课税科目较少、税率最低的自由贸易港。在政府管理上，香港特区政府职能较为完备，设有众多专门的机构管理自由贸易港事务，但其对于市场采取较为宽松的管制,市场主体准入门槛较低,行政流程较为便捷,鼓励市场的在合法的情况下自由发展。这是香港自由贸易港长久繁荣的必要保障。

基于此,海南自由贸易港在建设过程中也可参照香港自由贸易港的部分制度,保障海南自由贸易港的货物自由、贸易自由、投资自由,通过宽松的管理模式,简政放权,以吸引世界各地的人、资本前来投资。当然,必须说明的是,所谓的自由经济体制及宽松的政府管理,并非绝对的自由,海南自由贸易港的建设仍需坚持党的领导,贯彻“一本三基四梁八柱”战略框架,凸显中国特色社会主义自由贸易港的特点。

(二)法治保障香港自由贸易港产业发展的经验镜鉴

从上述所提的措施来看,海南自由贸易港可以借鉴部分香港自由贸易港的一些法治手段,来为海南自由贸易港构建良好的营商环境,为海南自由贸易港的发展提供法治保障。

1. 充分利用自由贸易港立法权

以法治化手段促进自由贸易港特色产业发展的前提在于拥有良好的法律体系,对于海南自由贸易港而言,现在及未来要做到立法先行,以建设世界一流法治化的营商环境,促进海南自由贸易港特色产业发展为目标导向。为此,海南省要利用好国家所给予的“三重立法权”的优势,即充分发挥“自由贸易港立法权”“经济特区立法权”“地方立法权”所赋予的立法权限,结合海南自由贸易港发展的实际需要和国家战略的需要,在综合考量之后制定相适应的法律法规,保障海南自由贸易港产业的发展。具体而言,海南自由贸易港在进行相应立法时应充分体现先行先试的作用,解放思想,大胆创新。“解放思想,大胆创新”是中共中央、国务院《关于支持海南全面深化改革开放的指导意见》以及《海南自由贸易港建设总体方案》所提出的指导思想。

“解放思想”这一词并不陌生,四十多年前,在党中央提出要进行改革开放时,就已经提到了这一词语。“解放思想”要求人民打破以往一些相对保守的观念，不遵循常规，在思想层面上进一步地去寻求新的观点和思路，找到发展生产力的方向。四十多年来，改革开放所取得的伟大成就证明了“解放思想”对于发展生产力的作用。海南自由贸易港当下亦需要“解放思想”，在于打破以往一些僵化的思维和模式，大胆地去思考发展的方向。作为我国第一个中国特色社会主义自由贸易港，其在建设过程中亦面临着与当初党和国家决定实施改革开放时的类似困境——在建设的过程中毫无相同先例可循，处于一种探索的状态，党和国家赋予其先试先行的作用，这也代表着期盼海南自由贸易港在建设发展过程中能做出不一样的思想改变。当然，这种改变并非空想，也并非妄想，而是一种基于实事求是的判断，对不符合实际的思想、观念进行主动的变革，使现存的思想、观念与实际相符，做到主客观相符合。[①] 脱离客观实际的思想只能是唯心主义的主观臆造。[②]

大胆创新是基于“解放思想”的前提下做出的尝试，其核心在于对海南自由贸易港现有的制度做大胆的尝试与变革，即制度创新，通过制度的创新来探索海南自由贸易港的建设模式，建立起实际可行的制度，为国家其他自由贸易区的建设提供海南模板与经验，发挥出海南自由贸易港先行先试的作用。之所以以制度创新为核心，是因为基于制度变革已经成为新时期经济追求高质量发展背景下全面深化改革的主要内容，而推动经济高质量发展的根本动力则是制度动力。如在税制改革方面，通过立法对当前的税种、税率进行调整，取消间接税，征收直接税，降低税率，吸引外商投资。在外汇管制方面，可以效仿香港自由贸易港，减少对外汇的管制，提高自由度。在解纷机制方面，健全和完善临时仲裁制度、引入友好仲裁制度以提高海南国际商事仲裁的吸引力等。

2. 着重对法治人才队伍的培养

海南自由贸易港是面向国际的、高水平的贸易港，在这样的定位下可以预见的是，随着海南自由贸易港建设的深入推进，将来的海南自由贸易港将

---

① 夏东民：《解放思想是推进改革开放和促进科学发展必须坚持的思想路线》，载《毛泽东邓小平理论研究》2008 年第 1 期。

② 倪素香、邓婕林：《论改革开放精神的核心要义》，载《学习与实践》2008 年第 8 期。

会迎来大量外来资本、人员。一方面,大量资本、人员的流入将会给海南自由贸易港带来繁荣的契机;另一方面,大量资本、人员的流入也可能导致矛盾纠纷的数量大幅度增加。不同法域间对于同一事物的规定可能存在有一定的差异,由于不了解差异的存在,有时双方当事人往往可能产生纠纷,如因两国间度量不一样,导致合同无法适当履行所引发的纷争。纠纷得到妥善解决也是良好的法治化营商环境中的应有之义,如纠纷得不到良好解决,当事人的合法权益无法得到充分的保护,那海南自由贸易港的吸引力也将大打折扣,其建设发展也就无从谈起。纠纷得以妥善离不开完善的涉外法律法规体系、良好的司法体制以及专业的涉外法律工作人员的共同合力。因而在提倡建设法治化营商环境的今天,海南自由贸易港需要建立一套完备的、行之有效的法律法规体系和规模庞大的法治人才队伍。在立法环节,设立海南自由贸易港相关的法律法规、规章制度等规范时,需要有精通立法的人才参与其中,为海南自由贸易港立法工作提供可行的、具备国际视野的立法建议,使得海南自由贸易港的法律法规体系更为全面、更为国际化。在司法环节,面对日渐增多的涉外纠纷,也需要提高海南自由贸易港关于纠纷审理的能力,尤其是涉外纠纷的案件审理能力以及面对日渐增多且日渐复杂的涉外纠纷案件,做到公正司法,践行维护经济安全和发展利益、加强企业公民权益保护的任务。在法律服务供给方面,海南自由贸易港的涉外法治人才数量无法满足当前人们的需求,这主要体现为律师数量不足。根据司法部统计的数据显示,我国 2022 年每万人拥有律师的数量为 4.4 人,海南为 4.15 人,人均律师未达到全国平均水平,而涉外律师数量更为稀缺。律师作为提供法律服务最广泛的群体,律师在维护当事人合法权利,构建良好的法治化营商环境的过程中发挥着重要作用。因而在法律服务的供给上,海南自由贸易港仍需扩大律师人数的规模,尤其是涉外律师的数量。

推进海南自由贸易港法治人才队伍建设:一方面可以通过推进法治教育、法治宣传、人才引进等方式,来增加法治人才的数量。充足的法治人才数量是确保当事人可以获得及时、全面获取法律资源的基础,无论是立法、司法还是法律服务供给，都需要足够的法治人才，如在司法审判环节法官数量不足，对于当事人而言，会使得案件审理周期过长，其合法权益迟迟得不到救济，对于法院而言，法官数量不足，导致法官人均承办案件数量增加，法官疲于应付大量案件，可能产生错判、漏判的疏忽，影响司法公正。从香港自由贸易港对于法治人才队伍建设的情况经验来看，在司法机构建设方面，海南自由贸易港可以做出大胆尝试，在审理涉外案件时，在遇到疑难复杂的案件，法官难以作出判决时，可以援引国外相似的判例作为辅助判决的依据，或者是以香港特区终审法院为模板，设立精通外国法的中国籍非常任法官和外国籍非常任法官，海南省高级人民法院在面对复杂的涉外上诉案件或涉外案件第一审时，可以邀请非常任法官参与审判，来帮助中国籍法官作出审判，实现更有效率的司法裁判。但因《法官法》第 12 条的限制，我国人民法院法官只能由中国籍公民担任，如果当前无法对规定进行突破，那么可以尝试引入港澳地区的公民担任法官，或者通过扩大当前海南涉外民商事法庭专家委员会人数来弥补当前司法机构对于涉外司法审判方面人数不足的情况。在法律服务供给方面，应当进一步扩大当前律师队伍的规模，优化律师队伍的结构，发展公职律师、公司律师和党政机关、企事业单位、村（居）法律顾问队伍。① 为此，海南自由贸易港可以通过完善律师执业权利保障制度、规范法律服务市场、给予一定优惠政策待遇等方式来增加其对于律师的吸引力，让更多的律师、律师事务所定居于海南贸易港，同时也要加强政府对律师队伍的引导，防止律师队伍结构出现较大的偏差。

另一方面是加强对法治人才的培养，提高法治人才的质量。如在涉外法治培养方面，有学者提出，加强涉外法治人才的培养，应从五个方面入手：一是完善法学学科体系，将国际法学确立为法学学科门类下的一级学科，恢复国际法本科专业；二是优化涉外法治人才培养方案；三是强化涉外法律实

---

① 《中共中央印发法治中国建设规划（2020—2025 年）》，载《人民日报》2021 年 1 月 11 日，第 1 ~ 2 版。

践教育;四是加强涉外法治工作队伍的在职培训;五是走突出特色的差异化发展道路。① 这些也正是海南自由贸易港当前正在做的事情,在政府的主导下来对涉外法治人才进行培养,但往往这样的行为所持续的效果并不持久,而且这种模式所提供的名额往往是有限的,不易满足当前海南自由贸易港对于涉外法治人才的需求,有学者指出,在社会主义市场经济的体制下,法治人才的培养不可能脱离市场。② 可以在政府的引导下,发挥市场的作用,加强对法治人才的培养。

(三)香港社会治理法治化的镜鉴

1.强化多元社会治理的功效

香港的地区社会治理方式表明,社会治理模式应当由多元主体共同治理,这种模式下,政府、公民、社会组织都承担着一部分的社会治理职责,是管理者也是被管理者。这与我国传统的社会模式有所区别,在传统的社会治理模式中,政府包揽责任,其他社会力量既无责任,也无义务,社会治理的重任全归责于政府,难免会存在职能失灵,无法顾及周全的情况。虽然近些年有所改变,社会团体、公众均可参与社会治理,但仍存在改进的空间。让政府成为政府,让民间成为民间,是加强社会治理的必然选择。政府应管好自己该管的事情,而把属于社会管的事情交给社会。③ 为实现这一目的,政府应当对自身所承担的社会治理职能有明确的认识,将一些可以由公民、社会组织负责的社会治理责任交予他们,将政府、社会组织、公民间社会治理的关系理顺。同时,通过制定法律法规,明确的政策来规范其他主体参与社

---

① 陈辉、孔爽:《涉外法治人才培养机制探索与实践——〈法学教育研究〉第五届专题研讨会综述》,载范九利主编:《法学教育研究》第38卷,法律出版社2022年版。

② 车丕照:《涉外法治人才培养要重视市场的作用》,载《中国社会科学院大学学报》2024年第2期。

③ 孙志铠:《香港社会治理模式的特点和借鉴意义》,载《中共珠海市委党校珠海市行政学院学报》2013年第6期。

会治理的行为,构建社会组织依法治理机制,促进社会组织依法参与社会治理,[①]做到社会治理与法治紧密联系,即法治化的社会治理。

2. 健全社会治理的法律规范体系

社会治理法治化的核心支点是“法治化”。社会治理法治化需要坚持德治、法治、自治三者有机融合。因此,社会治理法治化中所依据的法这一规范体系,应作广义上的理解,即“法”除了应当包含法律法规这一规范外,还应当包括如党内法规、乡规民约等其他规范在内。一方面,海南应当建立完备的有关社会治理的法律法规,在不违背宪法及其他法律规定的情况下,利用自由贸易港的立法权,结合海南自由贸易港的实际,因时制宜地针对当前重点治理的领域进行立法工作,如网络数据安全治理、社会治安治理、产业规范化治理等,如海南制定的《海南省综合行政执法条例(试行)》便是一个很好的尝试。另一方面,海南省人大、政府等机构可以优化当前海南的社会规范体系,使得村规民约、公司章程、行业规定、风俗习惯等社会规范符合宪法以及其他法律的规定,这是社会治理法治化过程对于社会规范的必然要求。与此同时,在优化社会规范的过程中,亦可将社会规范有利的一面吸收到法律中,以此构筑法律规范与社会规范的良性互动格局。

(四)香港自由贸易港多元化解纷机制的经验镜鉴

第一,应当运用系统思维,加强多元化解纷机制的顶层设计和制度创新,自上而下形成改革动力,由内而外激发创造活力。纵观香港自由贸易港多元解纷机制的历史变革,可以发现其带有较强的唯理性和建构主义的特点。在港英政府时期,这一特点集中表现为香港自由贸易港受外在因素影响的范围广、程度深。而自香港回归祖国以来,这一唯理性的特点逐步转换为在党中央的集中统一领导下,香港特区政府根据《宪法》和《基本法》对多元化解纷机制进行的修改与重塑。因此,海南自由贸易港在构建和完善多

① 张炜达、郭朔宁:《社会治理法治化:生成逻辑、价值意蕴与中国方案》,载《西北大学学报(哲学社会科学版)》2022 年第 3 期。

元化解纷机制的同时，可以借鉴香港自由贸易港的有益经验，发挥政府的积极能动作用，统筹协调各种解纷要素，实现解纷资源的优化配置，培育多元化解纷新动能。

第二，逐步深化多元化解纷机制的国际交流与合作。应当进一步与国际各大权威调解、仲裁机构建立和完善合作关系，增强纠纷解决的国际影响力和公信力，不断提高多元化纠纷解决机制的国际竞争力。

第三，培育新型的纠纷解决文化。只有当社会主体真正形成了理性协商、自律、宽容、和谐、责任、诚信的纠纷解决文化，才能迎来多元化纠纷解决机制发展的新时代。①

① 范愉：《当代世界多元化纠纷解决机制的发展与启示》，载《中国应用法学》2017 年第 3 期。

第三章

新加坡自由贸易港法治发展趋势的考察

一、新加坡自由贸易港法治环境的总体建设历程

与中国相比,国土面积仅有 735.2 平方公里①的新加坡是一个典型的“袖珍国家”。新加坡也是世界上罕有的,以自由贸易港建设作为立国之本的国家,其法治发展的经验对我国的自由贸易港制度建设具有重要的参考意义。新加坡不是老牌的资本主义发达国家,而是典型的亚洲后发国家,且有国土小、人口少、资源匮乏等多重天然的地缘劣势。1956 年其人均 GDP 不过 516 美元,但建国不到 40 年,新加坡就跻身所谓的“亚洲四小龙”之一,经济发展水平和法治营商环境在亚太地区乃至全球都名列前茅。截至 2023 年,其人均 GDP 已突破 8.3 万美元,根据国外财经网站 Insider Monkey 以各国 2023 年人均国内生产毛额为基础,发布全世界最富裕 20 国排行榜,新加坡以 167,355 美元(约 225,512 新元)夺冠,且其已跻身全球最有竞争力、最廉洁的国家之一。如今的新加坡有“花园城市”“亚洲奇迹”“都市国家”的美誉,更兼具新兴工业国、世界第三大港口、国际金融中心和旅游胜地等多重国际盛名,可谓法治建设促进经济成功的典型。因此,新加坡被看作世界

---

① Statistics on the Environment (2024), https://www.singstat.gov.sg/find-data/search-by-theme/society/environment/latest-data (last visited on April 30, 2024).

范围内自由贸易港法治建设的成功范例与典型代表。[①] 新加坡前任总理李光耀曾将新加坡成功的关键总结为“严格但包容的法治社会”[②]。作为地处马六甲海峡这样世界关键区位的小国，新加坡的法治一直发展受到区际政治的复杂影响。也因此，其经济发展和法治建设的历程是漫长而艰辛的。新加坡法治建设的历程可以分为以下几个重要的阶段。

（一）第一阶段：从英国殖民地到马来西亚联邦（1819—1963 年）

1819 年，英国东印度公司的托马斯·拉弗尔斯爵士在新加坡建立了一个贸易站，并与当地的马来统治者签订了条约，将新加坡纳入其东南亚的殖民体系版图，确立了英国在新加坡的立法及司法权力。在整个 19 世纪上半叶，英国在印度南部、澳大利亚、马来半岛以及东南亚地区等殖民地建成了数十个大型的“露天囚笼”。各国的罪犯被流放到新加坡，因而其在建立伊始就成为一座“罪恶之城”。这一时期的新加坡被英国历史学家康斯坦丝·玛丽形容为“挤满全东南亚人渣的公共下水道”。[③] 各类恶性犯罪在新加坡层出不穷，经济发展环境极其恶劣。1824 年，英国与荷兰签订了《伦敦条约》，两国商定将马来群岛分为两个势力范围，其中新加坡归属于英国。由于英国殖民地的缩小和世界贸易在亚洲地区的进一步兴盛，马六甲海峡的国际海运重要地位日益凸显，新加坡也逐渐成为英国在东南亚最为重要的军事和商业基地之一。1826 年，新加坡、槟城和马六甲一起组成了英属海峡殖民地，由印度总督直接管辖。1826 年 11 月 27 日，《第二宪章》在英国议会获得通过，远在万里之外的海峡殖民地也实行了英国法律和制度，包括设立了法院、警察、监狱等机构，以及颁布了各种法令和条例，规范了社会秩序和经济活动。1867 年，海峡殖民地从印度总督的管辖下脱离，直接由英国殖民地部负责。这标志着新加坡在政治上的地位提升，也促进了其在法治方

---

① 张新平、周艺晨、杨帆：《数字法治政府建设：新加坡政府经验及其启示》，载《行政管理改革》2023 年第 3 期。

② 邹平学：《新加坡法治的制度、理念和特色》，载《法学评论》2002 年第 5 期。

③ 张戈跃：《新加坡反腐法治化建设及启示》，载《甘肃广播电视大学学报》2020 年第 4 期。

面的发展。例如,海峡殖民地议会成立,负责审议和通过法案;海峡殖民地律师协会成立,负责监督和规范律师行业;海峡殖民地司法委员会成立,负责审理上诉案件等。①

1942 年至 1945 年,“二战”中的太平洋战场热战频发,新加坡也被战火裹挟其中。在“二战”中,新加坡被日本占领,英国法律和制度被暂停或废除,取而代之的是日本军政府的法令和规章。日本军政府实行了严厉的管制和镇压,剥夺了人民的基本权利和自由。这一时期是新加坡法治史上最黑暗的时期。1945 年,日本投降后,新加坡恢复为英国的殖民地。英国政府试图恢复和改革旧有的法律和制度,以适应战后的新形势。例如,设立了战争罪行法庭,审判了一些涉嫌犯下战争罪行的日本人;颁布了《1948 年海峡殖民地宪法》,赋予了海峡殖民地议会更多的权力和代表性;1953 年,新加坡人民自治组织成立了里德委员会,研究并提出了进一步扩大自治权的建议等。1955 年,根据 1954 年里德委员会报告,新加坡实行了新的宪法,并首次举行了普选。李光耀领导的人民行动党赢得了多数席位,组成了内阁。人民行动党致力于推动新加坡的独立和自主,并与英国政府进行了多轮的谈判。同时,人民行动党也推动了法治方面的改革和创新。例如,于 1956 年设立了国家反贪污局,有效地打击了自殖民统治时代开始泛滥的官僚腐败现象;于 1959 年颁布了《1959 年国家徽章、国旗和国歌法案》,确立了新加坡的国家象征,从法的角度奠立了新加坡的国格;1961 年,李光耀内阁牵头成立了司法委员会,相当于其立法机构的“常委会”,负责在立法机构休会期间审查和修改法律,以符合新加坡的实际情况和需要。②

20 世纪 60 年代,世界民族解放运动风起云涌,全世界各地都掀起了推翻殖民统治、建立民族政府的革命浪潮。1963 年,新加坡与马来西亚、沙巴和砂拉越组成了马来西亚联邦,结束了英国的殖民统治。《联邦宪法》规定:

---

① 陈巧燕:《新加坡人民行动党的种族融合政策及启示》,载《重庆社会主义学院学报》2009 年第 6 期。

② 马平、马腾飞:《从法治视角看新加坡的多元种族与宗教治理》,载《南亚东南亚研究》2021 年第 6 期。

新加坡在联邦内享有高度的自治权,可以进行独立的普选和立法,但仍要受到马来西亚联邦政府的多种政治制约。[①] 例如,新加坡必须遵守《联邦宪法》,接受联邦最高法院的管辖以及参与联邦议会的选举和立法等。这一时期是新加坡法治建设历程中的一个重要转折点,为其后的独立和发展奠定了基础。

(二)第二阶段:从马来西亚联邦到独立国家(1963—1965 年)

20 世纪 60 年代初,新加坡与马来西亚、沙巴和砂拉越组成了马来西亚联邦,成为一个自治州。新加坡 1959 年取得了有限自治权,得以保留自己的司法、立法和行政机构,但也必须遵守《联邦宪法》和联邦法律。新加坡的司法机构增设了联邦最高法院作为最高上诉机关,取消了上诉至英国枢密院的渠道。[②] 新加坡的立法机构改为由全国人民直接选举产生的立法议会,其立法权扩大了一些范围,但仍受到联邦宪法和联邦政府的制约。新加坡的行政机构改为由总理领导的内阁,其行政权也增强了一些程度,但仍受到联邦政府和君主制度的影响。这一阶段,新加坡的法治建设主要面临着政治动荡、族群冲突和经济困境的困扰。

1963 年至 1965 年是新加坡正处于从英国殖民地向独立国家过渡的关键阶段。1963 年,新加坡参与组成了马来西亚联邦,但这一联合并不持久。在这段时间里,新加坡政府着手建立自己的法律体系。这包括了对现有的英国法律进行本地化调整,以及制定新的法律来适应国家的需要。1965 年,新加坡从马来西亚联邦中脱离出来,成了一个完全独立的国家。这一年也成为新加坡法治建设的一个重要转折点。独立后,新加坡政府加大了对法治建设的投入,确保法律体系能够支撑国家的稳定和发展。在这个时期,新加坡的整个法治体系依然完全遵循英国立法,但也偶有自我的法治规则建

---

① 李路曲:《后发展国家法治社会构建的政治生态分析——以新加坡为例》,载《比较政治学研究》2015 年第 2 期。

② 范姣艳:《新加坡多元文化背景下的民族法治之借鉴》,载《湖北民族学院学报(哲学社会科学版)》2016 年第 6 期。

设,如其于1965年颁布的《解释法》规定,为达到立法目的,司法机关还可以对立法条文作出解释,具体而言,在《解释法》第1章第9A节法律条文概述的立法准则是:通过查阅外部材料,特别是法案的解释性陈述和议会辩论记录并加以解释,来促进成文法编写与修改。《解释法》让英国法令在新加坡本土得到了批判性的继承,新加坡政府在此基础上还推进了一系列本土化的配套改革措施,包括改革司法系统,以高薪养廉加严刑峻法来确保司法的独立和公正;制定严格的反腐法律;推行各种堪称强硬的社会秩序维护措施来保证社会安定。总体而言,1963年至1965年的法治建设对新加坡后续的发展起到了基础性的作用。通过建立稳固和有效的法律体系,新加坡为自己的繁荣和稳定奠定了坚实的基础。①

(三)第三阶段:从独立国家到现代化城市(1965年至今)

1965年,新加坡脱离马来西亚独立建国,成为一个在宪法意义上能够进行独立自主法治建设的主权国家。新加坡于同年制定了自己的宪法,建立了以总统为国家元首,以总理为最高行政长官的资产阶级民主共和制度,也确立了三权分立和相互制衡的基本原则。新加坡基本法治框架沿用了英国的设计,其司法机构由最高法院和下级法院组成,最高法院包括了上诉庭和高等法庭,下级法院包括了地区法院、裁判法院和其他特别法院。② 新加坡的立法机构是新加坡国会(Parliament of Singapore),同时也是国家的最高监督机关,执掌立法事务。在独立之后,新加坡失去了马来西亚这个天然的国内市场,于是新加坡政府决定调整经济发展方向,开始主动承接西方产业转移。逐步取消所有的关税和外汇管制,并完全放开了进出口渠道,全面转向外向型经济,计划走“港口、产业和城市相结合”的发展道路。新加坡还从制度的底层设计开始,为“自由贸易港”的建设铺平基础。

---

① 方军祥、李波:《种族和谐的新加坡》,载《当代世界》2004年第7期。

② Teo, Evelyn Ai Lin & Ajibade Ayodeji Aibinu, *Legal Framework for Alternative Dispute Resolution, Examination of the Singapore National Legal System for Arbitration*, Journal of Professional Issues in Engineering Education and Practice, Vol. 133:2, p. 148 – 157(2007).

早在独立前,1959 年前后,为了解决国内资源匮乏、失业率居高不下的困境,新加坡就开始尝试用法治建设为其经济保驾护航。1961 年,新加坡政府建立了国内首个"自由产业园区"——裕廊工业园区,为国外投资提供政治保证的同时,开始推进自由贸易相关的法治建设。1966 年新加坡颁布了《自由贸易区条例》,1967 年颁布《经济拓展奖励(豁免所得税)法案》鼓励出口工业,并于 1969 年在裕廊港码头设立了第一个自由贸易区。新加坡政府还在继承英国殖民统治时期法律制度的基础上,进行了一系列本土化的法律改革,以适应新加坡自由贸易港发展的法治需要。这些改革包括废除刑事司法制度中的陪审团制度,设立工业法庭和具有国际仲裁员参与的仲裁法庭,以及建立独立的律师公会。在这个阶段,对于其自由贸易港建设最重要的立法无疑就是 1965 年颁布的《自由贸易区法》,该法令规定了新加坡作为一个自由贸易港城市的管理模式、优惠制度以及监管创新等内容。1969 年,新加坡政府在《自由贸易区条例》的基础上修订出台了《自由贸易区法》,对于前法没有详细规定的安保事宜、税费事宜以及人员出入规则等方面做了详尽的补充。①

1981 年至 1990 年,新加坡政府继续推动法律制度的现代化和国际化,并以"去行政管理化"为目标,推进了一系列相关立法,但依旧还是建立了《公司法》《合同法》《海关法》《劳动法》等规范对市场主体进行基本的法制监督管理。1991 年至 2000 年,为了适应全球化和市场化的趋势,提高新加坡作为国际金融中心和商业枢纽的竞争力,②新加坡政府在进一步完善法律制度的同时,开始注重提高司法效率和公正性。这些措施包括设立小额钱债审裁处、家事法庭、消费者保护局等,以简化诉讼程序,降低诉讼成本,保护弱势群体的权益。2001 年以来,新加坡政府在保持法律制度的优势和特色的同时,开始积极参与国际合作和对话。这些行动包括签署《中国—东盟

① Silverstein & Gordon, *Singapore, the Exception that Proves Rules Matter*, Rule by Law, the Politics of Courts in Authoritarian Regimes, Vol. 73:1, p. 123(2008).

② Yip & Man, *The Resolution of Disputes Before the Singapore International Commercial Court*, International & Comparative Law Quarterly, Vol. 66:2, p. 439 – 473(2016).

自由贸易区协定》《跨太平洋伙伴关系协定》等,以促进区域一体化和经济互利;加入《国际刑事法院罗马规约》《联合国反腐败公约》等,以履行国际义务和责任;举办了新加坡国际商事仲裁论坛和新加坡国际调解中心开幕式等,以展示新加坡作为一个中立、公正、高效的争端解决平台。

二、新加坡自由贸易港法治化多元族群治理

(一)新加坡多元族群的发展历史与构成

自19世纪初英国东印度公司莱佛士爵士到达新加坡,商谈建立自由贸易区开始,新加坡对劳工的需求缺口就一直是巨大的,这也导致邻近各国的移民源源不断地涌入新加坡。[①] 随着大量劳工进入新加坡本土,新加坡本土出现越来越复杂的族群构成。1965年新加坡独立时,其经济发展低迷,人均GDP约为500美元,与墨西哥和南非处于同一水平。[②] 在这种极度贫困的情况下,族裔之间为了竞争生存资源,摩擦和矛盾不断激化,而矛盾得不到及时解决就进一步影响居民对新加坡的国家认同感和归属感。[③]

马来人、华人和印度人三个族群逐渐成为新加坡主要的人口。1824年,华人占新加坡总人口的31%,马来人占总人口的60.2%,印度人占总人口的7.1%,其他族裔占总人口的1.7%。1836年,华人已经超过马来人,成为多数人口族群;1867年,华人占到总人口的65%,成为绝对多数;到20世纪30年代,华人占比超过75%,此后各族群所占人口比例基本维持在一个相对固定的范围内。[④] 现在,根据新加坡政府的定义,其主要族群为华人、马来人、

---

① 马平、马腾飞:《从法治视角看新加坡的多元种族与宗教治理》,载《南亚东南亚研究》2021年第6期。

② Sreehari, I. M. & Akanksha Tharman, *Challenges Faced by Singapore Economy in the Future*, International Journal for Advance Research and Development, Vol. 33:1, p. 205(2018).

③ Vasil, R. K & Governing Singapore, *Democracy and National Development*, St Leonards, NSW. Allen & Unwin, 2016, p. 236.

④ 赵泽琳:《"多元"族群与"一体"公民——新加坡多元族群治理与公民意识塑造》,载《中央社会主义学院学报》2020年第4期。

印度人、其他人,四个族群称谓都是统称、泛称,主要以国籍来源和种族为识别标准。据2023年的人口统计,新加坡华人占总人口的74.3%,马来人占13.4%,印度人占9.1%,其他人占3.2%,主要族群分布情况如下。

1. 马来族

“马来人亦自苏门答腊和马来半岛等地区迁入新加坡,1860年少于一万两千人,迅速增加到1881年的二万二千人。”①在伊斯兰教和马来语的凝聚下,他们极易相互认同和通婚。由于华人人口增长迅速,到1830年马来人的地位被华人取代,成为新加坡的第二大族群。② 马来族虽然不是新加坡最大的族群,但由于新加坡临近的两个国家——印尼和马来西亚都是以马来族为主体的国家,而且新加坡独立前夕,华人和马来人曾经爆发过两次较为严重的族群冲突。所以新加坡独立后,新加坡政府对马来人采取了较为优待的政策,享有较高的、象征性的地位。国语和国歌以马来语为主,第一任国家元首由马来族政治人物尤索夫·宾·伊萨克出任。③ 在殖民地时期,马来人主要以农业、渔业为主业,如种植椰子、橡胶、胡椒、甘蔗等,并出海捕鱼,过着比较传统的生活,很少受到现代化的冲击。这体现在马来人在经济和政治领域的表现不如其他两大族群。在政府机构和商业机构中,马来人所占比例明显不如华族和印族。

2. 印度族

印度人对新加坡的发展也作出了很大的贡献。19世纪初印度是英国的殖民地。莱佛士初到新加坡时,船舰上的军队和水手主要都是由印度人担任的。后来由于垦殖和建设的需要,温驯耐劳的南印度人也成为殖民者大量引进的劳动力目标。在新加坡,维持地方治安的雇佣兵多数由印度人担任,他们也从事修筑公路、建设港口等工作。如今,在新加坡主要的三大族群中,印度族裔人口最少,根据2023年的人口调查,有338,000人左右,约占

---

① 李美贤:《新加坡简史》,暨南国际大学东南亚研究中心2003年版,第18页。

② 李志东:《新加坡国家认同研究(1965—2000)》,中国人民大学出版2014年版,第24页。

③ 洪镰德:《评析新加坡多元族群的和睦相处》,载《北京大学学报(哲学社会科学版)》1992年第5期。

全国总人口7.5%。但是隶属于这个族群名下的次级种族，数目繁多，而且复杂多样，宗教信仰、语言风俗也不尽相同。在新加坡独立以前，甚至独立初期，印度族裔的国家认同基本上指向其母国或对其母国进行殖民统治的英国。印度族裔内部都缺乏认同，认同只存在于各个亚族群之中，这对于建构更高层次的国家认同提出了很大的挑战。

3. 华族

新加坡把来自中国的移民称为华人、华族，华人泛称炎黄子孙，是种族、文化范畴的称谓。新加坡开埠以后，也吸引了大批来自马六甲和槟榔屿的华人劳工前来拓荒，再加上华南新移入的华人劳工，逐渐形成了一个华人社群。华人是新加坡最大的族群，同东南亚各国的绝大多数移民一样，大多数华人早期都有"侨居做客"的思想，国家认同和国家忠诚总是指向母国——中国。但是在这个大认同之下，华族的同质性远远没有看上去那么强。华人社会内部分化非常细密复杂，基本上与新加坡印度族群毫无二致。在新加坡还出现了三种主要的华人华侨的传统会馆组织，即地缘性的会馆、血缘性的宗祠和业缘性的公所（同行组织）。华人社会呈现严重的分裂局面，实际上，在独立以前，新加坡社会的主要矛盾并不是马来人和华人之间的矛盾，而是福建人和潮州人的冲突。

（二）新加坡多元族群治理结构

社会学意义上的多元社会是指一个社会的组成部分沿着民族、宗教、意识形态、语言、地域、文化等因素而分裂。[①] 新加坡各族群拥有不同的宗教信仰、文化传统和语言，在经济社会发展水平方面存在差异，加上各种族的"母国"之间存在十分微妙的关系，因此，一些族群成员容易将对自己族群的认同提升到与其他族群不能相容的地步，并以某种方式付诸行动，危及社会稳定。[②]

---

① Arend Ersson et al., (2013). *Democracy, A Comparative Approach*, Routledge, p. 4(2022).

② 李文、徐理群：《新加坡：多元社会条件下的国家认同构建》，载《中央社会主义学院学报》2020年第4期。

在多元族群社会中,族群与国家是一对共存却又相互影响的变量,其双重属性对国家的民族政策与体制构建提出了严峻的挑战。一个国家可以选择人口最多的民族,或者是最强势的民族,实施同化政策;也可以利用公权力的引导与推进,重新塑造能够被各民族所认可的新的上位认同,从而建立一个多元融合的民族利益共同体。[①] 此类政策中,如何在国家及多族群之间寻求平衡以促进稳定及发展,是对新加坡治理能力与治理体系的巨大考验。独立后,新加坡通过软性的宏观政策引领推动了族群和谐的实现,并依托硬性的具体制度保障塑造了多元共融的治理模式。在宏观政策设计方面,新加坡政府从独立伊始就在语言、教育、宗教、就业、人才等多个领域确立了多元平等的族群政策。

族群和谐是新加坡人追求的目标之一。[②] 而以平等、多元为本的民族政策是促进新加坡社会中各民族和谐共处的重要因素。但是,各民族之间发展的不均衡现象仍在继续,跨族群互动也不理想,国家共同体的认同基础甚至有些脆弱。为此,政府通过强制规定保障来强化更加稳固的治理模式,通过一系列精准的制度设计,保障少数族群在国家与社会发展中的地位,维系和推动不同族群之间的利益均衡、规范协同和认同共融。

在国族概念建构的各种类型当中,“或国家在先,或有民族在先”的二选一理念是现代新兴国家的普遍选择。[③] 例如,德国通过族群精英的联合推动首先确立起德意志民族认同,然后通过王朝战争建立起现代民族国家。而新加坡在这一点上模仿英美国家的做法,其计划是先建立现代国家,然后借助国家的力量,通过国家法律和族际治理的有力整合,将不同的族群统一到国家民族架构下。但无论是哪一种形式,统一的国家和民族的形成都离不开对所属领土范围内多元族群的整合,并最终在此基础上实现民族国家建

---

① 范磊、杨晓青:《族群与国家的互动:认同视角下的新加坡族群多层治理路径》,载孙晓萌主编:《亚非研究》总第9辑,社会科学文献出版社2016年版。

② 范姣艳:《新加坡多元文化背景下的民族法治之借鉴》,载《湖北民族学院学报(哲学社会科学版)》2016年第6期。

③ [德]尤尔根·哈贝马斯:《包容他者》,曹卫东译,上海人民出版社2002年版,第125页。

构。从细处来看,新加坡的族群治理充满了国家法治主义的色彩,国家利用行政力量固定团结族群的法律成果以保障各民族的平等发展和维系全国的族群关系安定。这一治理结构和发展历程,对于我国这样的多民族国家和海南自由贸易港这样的民族杂居程度较高的地区的社会治理具有借鉴意义。总体而言,新加坡在族群治理方面采取了独特且多层次的策略,旨在通过法律和行政力量实现族群之间的和谐与统一。其治理结构主要包括以下几个方面。

第一,政府主导的治理模式。新加坡的族群治理以政府为中心,国家在这一过程中发挥主导作用。政府通过一系列政策和法律框架,确保各族群在社会发展中的平等地位。以政府为主导的治理模式强调行政力量在协调族群关系和促进社会稳定中的重要性。

第二,多元共融的社会基础。新加坡致力于打造一个多元共融的社会,通过推动不同族群的互动和融合,形成一个具有共同认同的民族共同体。国家通过教育、文化交流和社区活动等多种途径,促进各族群之间的理解和合作,逐步建立起平等多元的社会结构。

第三,多层次的治理路径。新加坡的族群治理涉及国家、族群和社区三个层面。这种多层次的治理模式确保在各个层面上都有明确的政策和行动计划,以实现利益协调、规范统一和认同共融。国家通过综合性的政策设计,推动各族群在经济、政治和文化等方面的均衡发展。

第四,均衡发展的保障机制。实现各族群的均衡发展是新加坡多元族群社会和谐发展的基础。政府通过在教育、就业、住房等领域的具体措施,确保各族群在资源分配和发展机会上的公平,防止任何一个族群在社会经济发展中被边缘化。

第五,包容且有力的政治与社会结构。新加坡的族群治理还依赖于包容且强有力的政治与社会结构。政府通过制定包容性的政策和实施有效的制度安排,确保各族群在国家结构下的制度规范认同、观念价值认同和语言文化认同。这样的政治与社会结构不仅维持了族群间的和谐,也推动了国家整体的社会稳定和发展。

总之,新加坡的族群治理结构在很大程度上依赖于政府的强力主导和系统化的政策设计。通过“法治”与行政手段相结合,新加坡成功构建了一个多元共融且充满活力的民族国家,这一经验对其他多民族国家具有重要的借鉴意义。[①]

(三)新加坡多元族群治理政策

新加坡族群治理主要采取多元一体治理政策。[②] 多元主义,是一种具有极强包容性的社会政治哲学,强调没有哪一种文化优于其他文化,也没有哪一种文化占据支配地位,各种文化在价值上都是一样的,并不存在高下之分。对新加坡来说,“多元”意味着保证新加坡各族人民,不论其族裔如何,都能享有独立和平等的权利。所谓的“独立”,是指政府尽管鼓励三个主要民族通婚,并在同一个社会中生活,但并不打算强制变更其文化、语言和宗教,而是让其保留自身语言、文化、宗教和生活习俗。至于平等,则强调在法律适用以及政治、经济、社会、文化等方面发展机会的均等,没有任何种族可以享有政治经济特权。新加坡绝对不允许人数占优势的华族一家独大,也不会给予本地出生的马来人任何特权,避免留给其他族群生存与发展的机会不均。“一体”就是在新加坡建立国族认同,而不只是种族身份认同。韦红教授认为,民族整合,就是在政治、经济和文化等方面,各个族群都有一致的认同,从而国家和民族的意识就会重合,构建成为一个新的民族——新加坡人。[③] 新加坡的这些政策不仅强调文化和价值的平等,更注重通过法治建设来保障各族群的和谐与统一。具体来说,新加坡的多元族群治理政策体现了以下几个方面。

---

① 马平、马腾飞:《从法治视角看新加坡的多元种族与宗教治理》,载《南亚东南亚研究》2021 年第 6 期。

② 梁永佳、阿嘎佐诗:《在种族与国族之间:新加坡多元种族主义政策》,载《西北民族研究》2013 年第 2 期。

③ 朱大伟、吴湘莲:《多元一体:新加坡民族问题治理的路径与成效》,载《赣南师范大学学报》2022 年第 2 期。

多元主义的社会哲学。新加坡的多元主义是一种社会政治哲学,强调没有哪一种文化优于其他文化,各种文化和价值在社会中具有同等的地位。新加坡政府保证各族群不论其族裔如何,都能享有独立和平等的权利。政府鼓励各族群在一个社会中共同生活,但不强制改变其文化、语言和宗教,而是尊重和保留各族群的文化特性。

平等发展的法律保障。新加坡注重在法律适用以及政治、经济、社会、文化等方面实现发展机会的均等。法律禁止任何种族享有政治经济特权,确保各族群在国家中的平等地位。通过立法和制定政策,新加坡防止了任何族群的优势地位,避免了其他族群生存与发展机会的不均。

种族配额制度。新加坡实行种族配额制度,规定不同种族必须混合居住,以促进族群之间的相互适应和理解。通过这种制度,不同族群的居民在日常生活中频繁接触,减少了族群隔阂,增进了社会和谐。

国民融合理事会:新加坡国民融合理事会(National Integration Council,NIC)是新加坡政府成立的官方机构,旨在促进种族和谐与社会团结。该理事会成立于1996年,由不同种族背景的成员组成,包括政府官员、社区领袖、企业家、媒体代表和学术界人士等。NIC的主要职责是制定和实施国民融合政策,促进不同种族之间的交流与合作。这些政策包括加强跨文化交流、促进多元种族主义、推动宗教和谐、加强国民团结等。NIC还负责监督和评估政府在国民融合方面的政策和计划,并提供建议和意见。

新加坡公民之旅:新加坡政府在2011年开启了针对新公民的“新加坡公民之旅”,公民之旅分为三个重要部分:第一,电子之旅,申请者通过网络视频等电子渠道了解关于新加坡作为一个国家的历史和发展的信息,主要的国家政策,以及新加坡在构建一个有凝聚力的和谐社会方面所做的努力。第二,体验之旅,申请者将到新加坡的重要历史地标和国家机构参观。在这个体验之旅中,申请者可以了解更多关于新加坡历史的资料,以及这个国家如何克服城市规划、交通、水资源、安全和国防等领域的挑战。第三,社区分享会,申请者和来自他们自己各自选区的居民和基层领导见面。让新公民反思他们的公民身份之旅,分享他们对新加坡的希望和愿望,并与其他新公民会面,了解如何积极参与社区活动,与此同时,每个社区的基层领导将通过分享他们的经验,提供有价值的信息,帮助这些新公民更好地融入新加坡。

鼓励推动非营利社团建立和交流:新加坡政府不断组织各类民间社团的参与者进行跨域、跨类的交流活动,因此政府一直鼓励社会基层建立各类非营利社团以此促进各族群间交流。为促进族群融合,化解族群间矛盾起到重要作用。

非营利社团为不同族群提供了一个交流和融合的平台。在新加坡,由于历史和地理等原因,不同族群之间存在着差异和隔阂。而非营利社团正是通过各种活动和项目,让不同族群之间有了更多的交流机会,促进了彼此之间的了解和融合。例如,一些社区组织会组织各种文化活动、庆祝节日、开展社区建设等,让不同族群的人们能够共同参与,增进彼此之间的了解和友谊。非营利社团在解决社会问题方面发挥着重要作用。新加坡是一个多元化社会,不同族群之间存在着各种社会问题,如教育、就业、医疗等。而非营利社团通过各种方式为解决这些问题提供了帮助和支持。例如,一些教育机构会为不同族群的贫困学生提供奖学金和教育援助,帮助他们获得更好的教育机会。一些就业机构则会为不同族群的就业者提供职业培训和就业援助,帮助他们获得更好的就业机会。此外,非营利社团还在维护少数族群的权益方面发挥着重要作用。在一些情况下,少数族群可能会遭受不公平待遇或歧视。而非营利社团则会为他们提供支持和帮助,维护他们的合法权益。例如,一些少数族群的社团组织会为遭受歧视的少数族群提供法律援助和支持,帮助他们维护自己的权益。

总体来看,新加坡的多元族群治理政策通过法治建设和多元主义社会哲学相结合,成功地促进了族群之间的和谐与统一。这些政策不仅为新加坡的社会稳定和经济发展奠定了坚实基础,也为其他多族群社会提供了有益的借鉴。

三、新加坡自由贸易港的犯罪控制及社会治安治理

新加坡作为全球商贸活动和人口流动最为活跃的自由贸易港之一，以其高效的物流和经济体系闻名。然而，自由贸易港的开放性和高流动性也带来了犯罪和社会治安问题。但新加坡却一直以其卓越的社会治安和有效的犯罪控制而闻名，且其社会治安水平在全球范围内名列前茅。新加坡的经济发展为社会治安治理提供了坚实的物质基础，经济的繁荣带来了更多的就业机会和社会福利，提高了人民的生活水平，减少了贫困和不满引发的犯罪行为，形成社会治理的良性循环。新加坡优秀的社会治安水平与良好的营商环境与其严密有效的犯罪控制和社会治安治理体系密不可分。

（一）新加坡的社会治安治理体系

新加坡以英国的刑法和刑事诉讼法为蓝本，建立了健全且独立于英美法系的犯罪防治体系。从政治体制、经济管理到日常公共卫生，法律对各个方面都有详细的规定，让所有行为都有法可依。新加坡的法律体系是其社会治安治理的基石。新加坡的法律严格而全面，涵盖了从轻微的违法行为到严重的刑事犯罪。政府对法律的执行力度非常严格，确保了法律的威慑力。例如，新加坡对毒品犯罪采取零容忍政策，对贩毒者实行死刑。对于破坏社会环境的轻度犯罪，新加坡甚至保留了在大多数国家都已经被废除的肉刑。新加坡的警务工作也比较高效而专业。警察部队训练有素，装备精良，能够快速响应各种治安事件。此外，学校在日常的教育中也强调法治精神和公民责任，社区组织则定期举办法律知识讲座和安全教育活动，这些措施有助于从源头上减少犯罪行为的发生。此外，新加坡的多元文化社会也对社会治安治理产生了积极影响。政府鼓励不同种族和宗教群体之间的和谐共处，通过法律保护少数群体的权益，减少社会矛盾和冲突。这种包容性

的社会环境有助于维护社会稳定,降低犯罪率。[①]

1. 治安法律框架

新加坡拥有完善的法律体系来应对自由贸易港的犯罪问题。新加坡的治安治理法律框架是其社会治安得以有效维护的关键。新加坡的法律体系以其严格性和全面性著称,特别是在治安治理方面,其法律框架涵盖了从治安维护到刑事制裁的各个方面。新加坡治安治理的法律基础首先是《刑事法典》(Penal Code),该法典规定了各种犯罪行为的定义和相应的刑罚。此外,新加坡还有《公共秩序法》(Public Order Act),旨在维护公共秩序和安全,防止社会骚乱和非法集会。

在治安管理方面,《警察法》(Police Force Act)赋予了警察广泛的权力,以执行法律、维护公共安全和秩序。警察有权进行逮捕、搜查和扣押,以确保法律得到执行。同时,《刑事诉讼法》(Criminal Procedure Code)规定了刑事案件的程序,包括逮捕、起诉、审判和判决等环节。为了应对特定类型的犯罪,新加坡还制定了专门追回腐败官员财产的法律,如《腐败、毒品和其他严重罪行(没收财产)法案》(Corrupt Practices Investigation Bureau Act),旨在打击腐败和毒品犯罪,通过没收犯罪所得财产来剥夺犯罪分子的经济利益。[②] 在技术层面,新加坡也采用了先进的监控和数据分析手段,如《电子监控法案》(Casino Control Act)对赌场等特定场所进行监管,以及《网络安全法》(Cybersecurity Act)来应对网络犯罪和保护关键信息基础设施。

新加坡的治安治理法律框架还特别强调预防犯罪和社区参与。《社区参与法》(Community Involvement Programme)鼓励公民参与社区服务和犯罪预防活动,通过教育和社区参与来减少犯罪。总的来说,新加坡的治安治理法律框架是一个综合性的体系,它通过明确规定犯罪行为和相应的法律后果,赋予执法机关必要的权力,同时采用技术手段和社区参与来预防犯

① 唐勇、井维维、韩国柱:《新加坡辅警惩戒法律制度及其启示》,载《中国人民警察大学学报》2023年第7期。

② Quah & Jon ST, *Crime Prevention Singapore Style*, Asian Journal of Public Administration, Vol. 14: 2, p. 149 - 185(1992).

罪，共同构建了一个安全、有序的社会环境。通过这些法案和机构的共同努力，新加坡自由贸易港不仅巩固了其作为国际贸易中心的地位，而且在全球治理中发挥了重要作用，丰富了全球治理的形式，实现了国家治理与港区治理、地区治理和全球治理的联动共进。

2. 治安机构设置

新加坡的治安机构设置是其社会治安治理体系的重要组成部分，其作用和成果在国际上广受认可。新加坡警察部队(Singapore Police Force)是治安机构的核心，担负着打击犯罪、管理交通、维护新加坡水域及海上设施安全等任务。警察部队的正规警员都经过新加坡警察学院的专业训练，掌握各种专业知识并熟悉武器的使用，有良好的心理素质并忠于职守，他们是警察部队的骨干力量。为了长效地维护治安、保持秩序，新加坡设有多个专门的执法机构，如新加坡警察部队、海关和移民局、中央肃毒局和金融管理局。这些机构各司其职，通过合作和信息共享，形成了打击犯罪的强大网络。例如，中央肃毒局专门负责打击毒品犯罪，而海关和移民局则负责边境安全和海关检查。①

新加坡警察部队实行三级管理体制，即警署、邻里警局和邻里警岗。警署类似于我国的城市公安分局，一般设立规划、行动训练、人力资源、刑事调查等部门；邻里警局类似于我国公安派出所，主要负责巡逻防范和做群众工作，直接对警署指挥官负责；邻里警岗则类似于社区警务室，一般由两人组成，实行“两班倒”工作制度，主要职责是开展各类便民服务。②

新加坡警察部队注重正规化、精细化、社会化、国际化和权威化。正规化体现在警察来源、警务训练、装备配备和工作模式上；精细化体现在服务流程、警用装备配备和盘查过程中；社会化体现在建立社区巡逻制度、成立

---

① Ganapathy & Narayanan, *Conceptualising Community Policing*, *Crime Prevention and Criminology*, *A Singapore Perspective*, Australian & New Zealand Journal of Criminology, Vol. 33:3, p. 266 – 286 (2000).

② 金益锋、马忠红：《从刑事科学技术到法证科学与技术——基于术语学理论的反思与重构》，载《证据科学》2022 年第 5 期。

罪案防范理事会、校园安全和交通安全教育上;国际化体现在警务模式的形成上,通过学习国际先进经验,结合本国实际,形成了一套高效的警务模式;权威化则体现在法律的严厉和警察执法的绝对权威上。此外,新加坡还注重警民联防,鼓励社区设立24小时的警务点,大部分小区都会设置各种安保小组,协助警察保卫社区安全。居民委员会作为社区的第三层次组织,承担治安、环卫工作,组织本小区内的居民活动。在这些治安机构的共同努力下,新加坡社会治安良好,已成为世界上罪案发生率最低的国家之一。警察部队的高效服务得到了社会的好评,2002年,新加坡警察部队被授予国家素质奖,是第一个获得此项国家荣誉的公共部门。在全球竞争力排名中,新加坡警察的公共服务水准名列世界第一。① 将维护社会治安和秩序以服务业的形态运行也是新加坡的独有特色。

3. 智慧治安管理系统

新加坡在犯罪控制中广泛应用先进科技,包括智能监控系统、大数据分析和人工智能。港口和边境地区安装了大量监控摄像头和传感器,实时监控人员和货物的流动。大数据分析则帮助执法机构识别潜在的犯罪活动和高风险区域,提高了打击犯罪的精准度。新加坡构建了一个综合性的治安防控网络。新加坡的监控摄像头网络是其高科技治安管理系统的重要组成部分。这些摄像头不仅数量众多,覆盖广泛,而且采用了先进的超红外激光感应技术进行包括行窃、破坏公物、交通违规等模式化违法行为的侦测。②这样的系统能够实时监控并迅速响应各种治安事件,有效提升了犯罪预防和打击的效率。另外,新加坡正在稳步推进智慧国家2025计划(作为其"智慧城市2015"的升级版本),通过部署大量的传感器和摄像头,结合物联网技术,实现了对城市各个方面的智能监控和管理。这一计划不仅提高了城市管理的智能化水平,也增强了对潜在犯罪活动的预警能力。新加坡还于

---

① Austin & W. Timothy, *Crime and Custom in an Orderly Society, The Singapore Prototype*, Criminology Vol. 25:2, p. 279 – 294(1987).

② Yeoh, Brenda SA & Pei Lin Yeow, *Where Women Fear to Tread, Images of Danger and the Effects of Fear of Crime in Singapore*, GeoJournal Vol. 43:1, p. 273 – 286(1997).

2017年通过了《国家网络安全法案》,以加强对网络安全的管理,确保关键基础设施的安全,以及对网络安全事故的快速响应。这表明新加坡在网络空间的安全治理上也采取了高科技手段,以保障国家和公民的安全。

2023年,新加坡立法会授权政府当局监管建立"临时网络安全关注系统",这些系统在有限的时间内面临网络攻击的风险较高,如果遭到破坏,将对新加坡的国家利益构成威胁。该系统在实际上赋予新加坡网络安全局监督网络安全特别关注实体的权力,如果这些实体遭到破坏,可能会对国防、外交关系、经济、公共卫生、安全或秩序造成重大不利影响。为防止无意中将ESCIs识别为目标,其具体身份将不会公开披露。拟议的法案还将增加新的实体类别,当局将对其数字防御系统进行审计,其中包括可能持有敏感数据或履行重要职能的自主大学。此外,如果支持海外基本服务的公司所有者位于新加坡,新加坡网络安全局可以对这些公司进行监管,该法案旨在应对网络安全形势的变化和新加坡网络安全局在运营中面临的挑战。

这些智慧型的治安管理系统以及与之相配套的各类法案的作用在于,它们提高了新加坡治安管理的效率和响应速度,降低了犯罪率,增强了民众的安全感。成果方面,新加坡连续多年在全球法治指数中名列前茅,显示出其治安管理系统的高度有效性。这些系统不仅保障了新加坡社会的稳定和安全,也为我国的社会治安管理提供了可借鉴的经验。

(二)犯罪预防与社区安全治理体系

新加坡拥有严格的法律框架来打击各类犯罪。例如,《刑法》涵盖了广泛的犯罪行为及其相应的处罚标准,为执法提供了法律依据。《滥用毒品法》严厉打击毒品相关犯罪,通过强制检测和严厉的处罚来遏制毒品的滥用和贩卖。《反洗钱法》则防范金融犯罪,确保金融系统的安全与稳定。这些法律的严格执行,不仅有效震慑了犯罪分子,也增强了公众的安全感。在执法机构方面,新加坡警察部队是主要的治安力量,负责日常的治安管理和犯罪调查。中央肃毒局专门打击毒品犯罪,通过情报搜集和突击行动来打击毒品网络。新加坡警察部队负责边境安全,防止非法入境和走私活动。金融管理局则监管金融机构,防范洗钱和金融诈骗。① 这些机构各司其职,通过紧密合作和信息共享,形成了强大的执法网络。新加坡的犯罪管理系统是一个综合性的高科技治安管理体系,它通过多个层面和机构的协同工作,确保了社会的安全与秩序。新加坡的监控摄像头网络是治安管理的重要组成部分,这些摄像头遍布全岛,尤其在住宅区底层等关键区域,构成了一个庞大的监控网络,有效预防和减少了犯罪行为。新加坡还采用了高科技手段,如闭路电视监控系统和智能分析技术,提高了犯罪预防和打击的效率。新加坡的社会治理策略注重预防和教育。政府通过社区参与和公民教育,提高公众的法律意识和社会责任感。例如,拥有高密度的监控摄像头。这些摄像头覆盖了绝大多数的大街小巷,有效减少了犯罪行为并起到威慑作用。由于国土面积不大,新加坡的警务部门得以通过部署具有夜视功能传感器和摄像头,结合物联网技术,实现了对城市各个方面的智能监控和管理。

新加坡注重社区在治安治理中的作用,通过各种社区计划和志愿者项目提高居民的治安意识。例如,社区警务计划鼓励居民参与社区治安,定期与警察沟通,共同解决治安问题。这种社区参与模式不仅增强了居民的安全感,也提高了社会对犯罪活动的警觉性。另外,教育和宣传对于治安的长效治理也非常重要。新加坡政府通过教育和宣传活动,提高公众对犯罪预防和社会治安的认识。② 学校和社区中心定期举办讲座和活动,宣传法治观念和犯罪预防知识。政府还通过媒体和社交平台发布安全提示和警示信息,帮助公众及时了解和应对潜在的治安威胁。此外,新加坡政府还免费提供各种预防犯罪的社会服务,如心理辅导、就业培训和家庭支持,以帮助避免高风险人群走上犯罪道路。针对青少年的计划,如青年关怀中心和辅导计划,帮助有潜在犯罪倾向的青少年重回正轨。这些服务从根本上减少了

---

① Jiow & Hee Jhee, *Cyber Crime in Singapore*, *An Analysis of Regulation Based on Lessig's Four Modalities of Constraint*, International Journal of Cyber Criminology, Vol. 32:5, p. 225(2013).

② Jiow & Hee Jhee, *Cyber Crime in Singapore*, *An Analysis of Regulation Based on Lessig's Four Modalities of Constraint*, International Journal of Cyber Criminology, Vol. 7:1, p. 135(2013).

犯罪的发生,促进了社会的和谐与稳定。

科技应用是新加坡治安治理的一大特色。港口、机场和边境地区安装了大量的监控摄像头和传感器,形成了覆盖全境的监控网络。新加坡还利用大数据分析和人工智能技术,提高犯罪预防和侦查的效率。例如,通过分析海量数据,执法机构可以识别高风险区域和可疑行为,提前部署警力,防范潜在的犯罪活动。网络安全法的实施也大大提升了新加坡应对网络犯罪的能力,保护了国家的数字基础设施。在社会治理方面,新加坡注重社区的参与和教育。社区警务计划鼓励居民参与治安管理,通过定期的沟通和合作,共同维护社区的安全。政府还通过学校和社区中心开展广泛的法治教育和宣传活动,提高公众的法律意识和安全防范能力。① 针对高风险人群,政府提供各种社会服务,如心理辅导、就业培训和家庭支持,帮助他们远离犯罪道路。

这些措施的综合实施,取得了显著的成效。根据新加坡警察部队的统计数据,新加坡的犯罪率长期保持在低水平,尤其是严重暴力犯罪和毒品犯罪的发生率大幅下降。高效的法律执行和执法机构的紧密合作,使得新加坡成为全球治安最好的国家之一。科技的广泛应用,提高了新加坡治安管理的效率和响应速度,降低了犯罪率,增强了民众的安全感。成果方面,新加坡连续多年在全球法治指数中名列前茅,例如,2020 年盖洛普发布的《全球法治》报告中,新加坡整体法治指数与土库曼斯坦并列全球第一,达到 97 分,显示出其治安管理系统的高度有效性。这些系统不仅保障了新加坡社会的稳定和安全,也为全球治安管理提供了可借鉴的经验。

新加坡的犯罪控制和社会治安治理措施取得了显著成效。根据新加坡警察部队的统计数据,新加坡的犯罪率持续保持在较低水平。严格的法律执行和高效的执法机构使得新加坡成为全球治安最好的国家之一。然而,新加坡仍面临一些挑战。随着全球化和科技的发展,犯罪活动变得更加复

---

① Lee et al. , *Fear of Crime is Associated With Loneliness Among Older Adults in Singapore*, *Gender and Ethnic Differences*, Health & Social Care in the Community, Vol. 29 :5 , p. 1339 – 1348(2021).

杂和隐蔽,特别是网络犯罪的增加,对执法机构提出了新的要求。新加坡需要不断优化和创新其治理模式,加强国际合作和信息共享,以应对新型犯罪和跨国犯罪的威胁。总的来说,新加坡通过完善的法律体系、高效的执法机构、先进的科技应用和社区参与,形成了一个综合性的犯罪预防与治理体系。这些措施不仅有效维护了社会的稳定和安全,也为其他国家和地区提供了宝贵的经验和借鉴。

四、新加坡自由贸易港的国际司法协作体系

新加坡完善的国际司法协作体系,是其法治建设的重要成就和国际化法治水平的集中体现。这一世界性的体系由多项法案和机构构成,确保了在保护国际商业发展、打击跨国犯罪和维护国际法治方面的高效运作。

(一)刑事司法协作

1. 反腐败与罪犯引渡

《引渡法》(Extradition Act)和《刑事事宜相互法律协助法》(Mutual Assistance in Criminal Matters Act)是新加坡刑事司法协作的法律基础。这些法案规定了新加坡与其他国家在引渡嫌犯、提供法律援助和分享情报方面的合作机制,确保了跨国犯罪能够得到及时有效的处理。[①] 新加坡自由贸易港的国际司法协作体系由多个机构构成,其中包括新加坡海事和港口管理局(the Maritime and Port Authority of Singapore),它负责港口的运营和安全,以及与国际海事组织(International Maritime Organization)的合作,确保国际航运的安全和高效。此外,新加坡国际港务集团(PSA International Pte Ltd)和裕廊镇管理公司等专营企业也参与到自由贸易港的管理和运营中,它们通过提供高效的物流服务,促进了国际贸易的便利化。另外,新加坡与

---

① Ganapathy & Narayanan, *Critical Realist Reflections on Crime and Social Control in Singapore*, Transnational and Comparative Criminology, Routledge-Cavendish, Vol. 23:6, p. 157(2013).

美国、英国、澳大利亚等国家签署了引渡条约，使得跨国嫌犯能够迅速被引渡归案。通过这一体系，新加坡在打击跨国犯罪方面取得了显著成果。例如，新加坡与澳大利亚合作破获了一起大型毒品走私案件，成功逮捕并引渡了多名嫌犯。此外，通过与美国合作，新加坡在打击跨国金融诈骗和洗钱活动方面也取得了显著进展，有效遏制了犯罪分子利用新加坡的跨国金融系统进行非法活动的企图。

新加坡的刑事司法协作体系主要由新加坡司法部和新加坡警察部队主导。司法部负责处理引渡请求和法律援助事宜，确保这些程序符合国际法和双边协议。警察部队则通过国际刑警组织（Interpol）等平台，与其他国家的执法机构合作，进行跨国调查和情报共享。在国际刑事司法合作方面，新加坡通过《国际刑事司法协助法》等法律，加强了与其他国家在反腐败等国际刑事司法案件中的合作，提升了新加坡在国际合作和追逃追赃工作中的法治水平。新加坡金融管理局也在防范金融犯罪和洗钱方面发挥重要作用，通过国际金融监管合作，确保金融系统的安全与稳定。新加坡还通过《打击贪污贿赂法》（Prevention of Corruption Act）和《反洗钱与反恐融资法》（Anti-Money Laundering and Countering the Financing of Terrorism Act）等法律，增强了对腐败和金融犯罪的打击力度。这些法案不仅适用于国内，还为国际合作提供了法律依据，使新加坡在全球打击腐败和金融犯罪方面成为领先者。

新加坡反腐败和罪犯引渡的法律基础主要包括《反贪污法》和《引渡法》。其中，《反贪污法》对贪污行为进行严格界定和惩罚，设立了高额罚款和长期监禁的刑罚，以强有力的法律手段震慑潜在的腐败行为。《引渡法》依据《联合国反腐败公约》和双边引渡条约，规范了罪犯引渡的程序和条件，确保新加坡能够有效地与其他国家合作，引渡逃犯。新加坡贪污调查局和新加坡警察部队是反腐败和罪犯引渡的主要执法机构。① 新加坡贪污调查

① PAKIAM, JAMES E. & M. Lim, *Temporal Patterns of Crime in Singapore*, International Journal of Comparative and Applied Criminal Justice, Vol. 7:12, p. 159 (1983).

局专门负责调查和打击贪污行为,其调查权限涵盖政府官员和私营部门,确保无论职位高低,任何涉及贪污的人都会受到法律制裁。新加坡警察部队则负责处理包括罪犯引渡在内的广泛刑事案件,与国际刑警组织和其他国家的执法机构合作,追捕跨国罪犯。

在实际操作中,新加坡通过国际合作和信息共享,强化了反腐败和引渡的执行力。例如,新加坡贪污调查局与国际反贪机构合作,通过共同调查和情报交流,成功破获多起跨国贪污案件。新加坡警察部队则通过国际刑警组织的红色通缉令系统,追捕逃往国外的罪犯,并与其他国家的执法机构协调引渡事宜。①

科技在新加坡反腐败和罪犯引渡中发挥了关键作用。新加坡采用先进的数据分析和监控技术,提升了调查和执法的效率。新加坡贪污调查局利用数据挖掘技术,从大量的金融交易和通讯记录中识别异常行为,及时发现和调查潜在的腐败案件。新加坡警察部队则通过电子档案系统和国际刑警数据库,快速获取和共享罪犯信息,提高了引渡操作的精准度和速度。新加坡的电子法院系统也在反腐败和引渡案件中发挥了重要作用。通过这一系统,执法机构和司法部门可以在线提交和处理文件,实时跟踪案件进展,确保程序的透明和高效。电子法院系统还支持远程听证,使得引渡程序更加灵活,尤其在跨国案件中,显著提高了效率。新加坡在反腐败和罪犯引渡方面的国际协作取得了显著成果。例如,2019 年,新加坡与马来西亚合作,引渡了一名涉及数百万美元贪污案件的高官。通过新加坡贪污调查局和马来西亚反贪委员会的联合调查,以及新加坡警察部队和马来西亚警方的合作,这名逃犯最终被成功引渡回新加坡接受审判。这一案件不仅彰显了新加坡在国际反腐败合作中的强大能力,也显示了其司法体系的公正性和高效性。新加坡的反腐败工作也取得了显著成效。根据国际透明组织的腐败感知指数,新加坡连续多年在全球排名前五,反映了其在打击腐败方面的卓越表现

---

① Greener, Joe & Laura Naegler, *Between Containment and Crackdown in Geylang, Singapore, Urban Crime Control as the Statecrafting of Migrant Exclusion*, Urban Studies, Vol. 59:12, p. 2565 – 2581 (2022).

和国际认可。2018年,新加坡贪污调查局处理的贪污投诉数量创历史新低,显示了其有效的预防和打击策略。[①] 新加坡通过《反贪污法》和《引渡法》等法律框架,依托新加坡贪污调查局和新加坡警察部队等专业机构,辅以先进的信息技术和国际合作,在反腐败和罪犯引渡的国际协作方面取得了卓越成就。其成功的实例和数据不仅展示了新加坡在这一领域的领先地位,也为全球反腐败和司法合作提供了有力支持。新加坡的经验表明,一个完善的法律体系、强大的专业机构和先进的科技应用,是确保高效、公正地打击腐败和跨国犯罪的关键因素。

从地域上来看,新加坡的国际刑事司法协作体系辐射甚广。一共与82个国家和地区签署了双边和多边的刑事司法合作协议。这些协议涵盖了引渡、法律援助、刑事情报交换等多个领域,确保了跨国司法合作的顺利进行。

2. 打击恐怖主义与贩毒、走私、贩卖人口等跨国犯罪

新加坡作为全球金融和交通枢纽,面对打击恐怖主义、贩毒、走私、贩卖人口等跨国犯罪的挑战,建立了一套高效、综合的国际协作方法和系统,涵盖多个机构、法案和科技应用。这些举措不仅提升了新加坡的国内安全,也为全球反恐和打击跨国犯罪提供了示范。

新加坡的法律框架为打击跨国犯罪提供了坚实的基础。《恐怖主义(防止资助)法》《滥用毒品法》《贩卖人口(惩治)法》《海关法》是主要的法律工具。这些法案涵盖了从恐怖融资、毒品交易、人口贩运到走私等各类跨国犯罪,提供了严厉的刑罚和明确的执法权限。例如,《恐怖主义(防止资助)法》规定了对恐怖组织资助的重罚,包括长期监禁和高额罚款,显著震慑潜在的资助者。新加坡警察部队、新加坡海关和中央肃毒局是打击跨国犯罪的主要执法机构。新加坡警察部队的刑事侦查局专门负责调查重大刑事案件,包括恐怖主义和贩卖人口。新加坡海关在打击走私方面发挥关键作用,负责监控和检查进出口货物,防止非法物品进入市场。中央肃毒局则专注于打击毒品交易,通过情报收集和执法行动,打击国内外毒品网

① 刘慧:《新加坡通过新法案加强网络治理》,载《人民日报》2023年8月3日,第17版。

络。新加坡自由贸易港还与多个安全机构如新加坡海事和港口管理局、海关和移民局、新加坡警察部队等紧密合作，共同推广 3R 的安保方法（Recognize，Report，Resolve），以重点打击国际走私、人口贩卖及互联网犯罪等新兴的跨境犯罪，促进安全可靠的东南亚法治链条以及全球打击犯罪网络的形成。①

在国际合作方面，新加坡与多个国家和国际组织建立了紧密的合作关系。新加坡是国际刑警组织、东盟国家警察首脑会议和联合国毒品和犯罪问题办公室的成员。这些国际组织为新加坡提供了重要的情报资源和协作平台。例如，通过国际刑警组织，新加坡能够迅速获取全球犯罪信息，并与其他国家的执法机构协调行动。科技在新加坡打击跨国犯罪中扮演着至关重要的角色。新加坡采用先进的数据分析和监控技术，提升了情报收集和分析的效率。新加坡警察部队和中央肃毒局使用的数据挖掘技术能够从大量的通讯记录和金融交易中识别异常行为，及时发现和调查潜在的犯罪活动。新加坡海关则使用高科技设备如 X 光扫描仪和化学分析仪，对进出口货物进行高效检查，防止走私。

新加坡还建立了综合情报与安全指挥中心，该中心整合了来自不同执法机构和国际合作伙伴的情报，通过先进的信息系统进行分析和共享。这一中心的建立大大提高了跨国犯罪打击的协同性和响应速度。具体的实例展示了新加坡在打击跨国犯罪中的成效。2019 年，新加坡警方与马来西亚、泰国和国际刑警组织合作，破获了一起跨国贩毒案件，缴获了价值数百万美元的毒品。通过跨国情报共享和联合执法行动，涉案的多名主要嫌疑人被捕，这一行动显著削弱了该地区的毒品网络。

在反恐方面，新加坡自 2001 年以来成功挫败了多起恐怖袭击阴谋。通过国际合作和情报共享，新加坡警方侦破了一系列由区域恐怖组织策划的袭击计划。例如，2016 年，新加坡警方根据来自印尼和马来西亚的情报，逮捕了一批企图袭击新加坡关键设施的恐怖分子，成功避免了一场潜

① 王雷：《国际警务合作研究》，中共中央党校 2021 年博士学位论文，第 14～15 页。

在的灾难。①

在打击人口贩运方面，新加坡也取得了显著成果。根据《贩卖人口（惩治）法》，新加坡不仅严厉惩治人口贩运行为，还通过国际合作解救受害者并将其安全送回原籍国。2018 年，新加坡与邻国合作，破获了一起跨国人口贩运案件，解救了多名被贩卖的女性，并将主要嫌疑人绳之以法。新加坡通过《恐怖主义（防止资助）法》《滥用毒品法》《贩卖人口（惩治）法》《海关法》等法律框架，依托新加坡警察部队、中央肃毒局和新加坡海关等专业机构，辅以先进的信息技术和广泛的国际合作，在打击恐怖主义、贩毒、走私和贩卖人口等跨国犯罪方面取得了卓越成就。其成功的实例和数据不仅展示了新加坡在这一领域的卓越表现，也为全球反恐和打击跨国犯罪提供了有力支持。在强有力的跨国合作与多边支持下，新加坡在国际刑事司法协作方面取得了显著成果。通过《相互法律援助刑事事项法》，新加坡曾成功冻结并没收了多个跨国洗钱案件中的巨额资产。例如，在 2013 年与美国联邦调查局针对一起盘踞在东南亚的国际犯罪集团的合作打击中，新加坡协助调查并冻结了一起涉及超过 5 亿美元的国际洗钱案件的资产，最终成功将涉案资金返还给菲律宾、马来西亚、泰国、缅甸等数十个受害国的数百名受害人。新加坡还积极参与全球反恐怖主义和反贩毒行动。通过与东盟国家和其他国际伙伴的合作，新加坡成功摧毁了多个跨国贩毒网络，查获了大量毒品，并逮捕了多名涉案人员。这些行动不仅维护了新加坡的国家安全，也为全球反毒品斗争作出了贡献。

总体而言，新加坡自由贸易港的国际司法协作体系由《引渡法》和《刑事事宜相互法律协助法》等法案以及新加坡司法部、新加坡警察部队和新加坡金融管理局等机构构成。通过这些法案和机构的共同努力，不仅巩固了新加坡在国际贸易中的关键地位，而且在全球治理中发挥了重要作用，丰富了全球治理的形式，实现了国家治理与港区治理、地区治理和全球治理的联动

---

① 王杏芝：《全球恐怖主义治理：恐怖分子“去极端化”改造的视角》，外交学院 2018 年博士学位论文，第 24～35 页。

共进这一体系通过引渡、法律援助、情报共享等多种方式,确保了跨国犯罪能够得到及时有效的处理。新加坡在国际司法协作方面取得的显著成果,不仅维护了本国的治安和法治,也为全球打击跨国犯罪提供了宝贵的经验和合作模板。新加坡的经验表明,完善的法律体系、强大的执法机构和先进的科技应用,是确保高效、公正地打击跨国犯罪的关键因素。

(二)民事司法协作

新加坡广泛的商事合作使得其在民事司法协作方面具有天然的规则优势。新加坡在国际民事司法协作方面建立了完善的体系,在国际范围内都享有极高的口碑和良好的声誉。其司法协作体系涵盖司法文书送达、裁判和仲裁的承认与执行、证据调取等多个方面。

1. 司法文书送达

新加坡的国际民事司法协作体系首先在司法文书送达方面表现得很出色。《民事诉讼规则》(Rules of Court)和《国际民事合作法》(International Civil Cooperation Act)为司法文书的送达提供了法律依据和操作规范。根据这些法律,新加坡的法院可以通过外交途径或直接向对方国家的司法机构提出司法文书送达请求。① 作为国际贸易和法律服务的重要枢纽,新加坡的司法文书送达的关键词是"效率"和"广泛",这两点分别体现于新加坡司法文书送达的准点专业速度与跨越全球范围的民事司法、仲裁调解合作国家与地区。通过完善的法律框架和高效的机制,新加坡确保司法文书送达的准确性和及时性,维护司法程序的顺利进行和公正性。新加坡的司法文书送达主要依据《民事诉讼规则》和《国际民事合作法》。《民事诉讼规则》作为新加坡司法体系的基础文件,详细规定了司法文书的送达程序,包括送达方式、时间要求和送达证明等。其最新版本于2014年进行了全面修订,以适应现代司法需求。《国际民事合作法》于2000年颁布,专门处理跨国司法协

---

① Yip & Man, *The Singapore International Commercial Court*, *The Future of Litigation*, Erasmus L. Rev, p. 82(2019).

作事宜，包括司法文书的送达、证据调取和执行外国裁决等。《国际民事合作法》的实施确保新加坡在国际司法协作中具备法律基础，能够高效处理来自其他国家的司法协作请求。此外，新加坡积极参与国际司法协作，是《海牙送达公约》(Hague Service Convention)的缔约国，这使得新加坡能够高效地处理国际司法文书的送达问题，确保司法程序的顺利进行。根据这些法律和国际公约，新加坡法院可以通过外交途径或直接向对方国家的司法机构提出司法文书送达请求。在实践中，新加坡司法机构与国际司法合作组织和其他国家司法机构密切合作，确保司法文书的有效送达。新加坡国际仲裁中心(Singapore International Arbitration Centre)和新加坡国际调解中心(Singapore International Mediation Centre)也在文书送达过程中发挥了重要作用，确保了相关文书在国际商事仲裁和调解中的及时传递。[①]

这些措施和机制不仅提升了新加坡在国际司法协作中的地位，也增强了国际社会对新加坡司法体系的信任。新加坡的司法文书送达体系通过法律框架、国际公约和高效机制的有机结合，为全球商界提供了一个安全、公正和高效的司法环境，进一步巩固了新加坡作为全球贸易和法律枢纽的地位。

2. 裁判和仲裁的承认与执行

新加坡在民事裁判与民商事仲裁的承认与执行方面建立了一个健全的法律和制度体系，以确保公正、高效地处理跨境争议并执行裁决。《新加坡国际仲裁法》(International Arbitration Act)和《新加坡仲裁法》(Arbitration Act)为国内和国际仲裁裁决的承认与执行提供了法律依据。新加坡是《纽约公约》(New York Convention)的缔约国，这意味着新加坡法院能够承认和执行其他缔约国作出的仲裁裁决，反之亦然。新加坡高等法院和新加坡国际仲裁中心在这方面发挥了关键作用，通过快速和公正的司法程序确保仲裁裁决的执行。新加坡国际仲裁中心和新加坡国际调解中心是新加坡在国

---

① Bell & G. F, *The New International Commercial Courts-Competing With Arbitration-The Example of the Singapore International Commercial Court*, Contemp. Asia Arb. J, Vol. 11:1, p. 193(2018).

际仲裁和调解领域的两大支柱机构。新加坡国际仲裁中心提供中立的仲裁服务,其仲裁裁决在新加坡法律框架下具有强制力。新加坡国际调解中心通过调解方式解决国际商业争端,并受益于《新加坡调解公约》(Singapore Convention on Mediation),该公约确保了调解协议在国际范围内的执行。这些机构通过其专业性和公正性,增强了国际商业社会对新加坡司法体系的信任。在民事裁判方面,新加坡法院在国内外法律的承认和执行上享有广泛的权威。根据《民事诉讼法》和其他相关法律,新加坡法院能够审理和判决国内外的民事案件,包括合同纠纷、侵权行为、婚姻家庭事务等。法院通过公正、透明的审理程序,保障当事人的合法权益,并依法执行判决和裁定。在法律技术方面,新加坡借助先进的科技手段来增强法律服务的效率和质量。例如,电子诉讼系统和电子证据管理系统使得诉讼过程更加便捷和透明。此外,新加坡国际仲裁中心也采用数字化仲裁平台,支持在线听证和文件提交,提升了仲裁效率和全球可访问性。这些法律和技术措施共同构成了新加坡在民事裁判和仲裁承认与执行方面的系统。它们的存在和运作,不仅促进了跨境贸易的发展和投资安全,也提升了新加坡作为国际商业和仲裁中心的地位。通过确保裁决的迅速执行和效力,新加坡增强了国际社会对其法律体系的信任度,由此吸引了更多国际争议的解决和仲裁选择新加坡。

3. 民事取证协作

在民事案件的证据调取方面,新加坡的法律体系同样完善。《国际民事合作法》和《民事证据法》(Evidence Act)为跨国证据调取提供了法律基础。根据这些法律,新加坡法院可以应外国法院的请求,采取证据调取措施。这些措施包括传唤证人、搜集书面证据和进行专家证人听证。新加坡也是《海牙取证公约》(Hague Evidence Convention)的成员国,使得其能够在国际司法协作中顺利进行证据调取工作。新加坡作为国际法律和商业中心,其民事取证国际协作的方法、系统、法案和科技应用都是高度发达的。新加坡通过多个法律框架和国际条约,以及先进的科技手段,确保在跨国民事案件中的高效取证和司法协助。

新加坡在民事取证国际协作方面,主要依赖《海牙取证公约》和《新加坡证据法》。新加坡是《海牙取证公约》的缔约国,该公约旨在为跨国民事和商事案件中的取证提供一个简化且统一的程序。根据《海牙取证公约》,新加坡法院可以接受来自外国法院的取证请求,并在不违反新加坡法律和公共政策的前提下,协助进行取证。这种国际法律框架确保了取证程序的标准化和可预期性,提高了跨国案件处理的效率。《新加坡证据法》为国内和国际取证提供了详细的法律指导。该法案规定了证据的收集、保存和提交程序,确保所有取证活动符合法律标准,并在司法程序中具有可接受性。此外,新加坡证据法允许法院接受电子证据和电子文件,这在现代商业环境中尤为重要,因为大量商业交易和沟通都是通过数字化手段进行的。

在具体操作层面,新加坡的司法系统和执法机构如新加坡最高法院和新加坡警察部队在国际民事取证协作中扮演着关键角色。新加坡最高法院负责处理外国法院的司法协助请求,并根据国内法和国际条约进行相应的取证行动。例如,法院可以命令有关个人或实体提供文件、证词或其他证据。此外,新加坡警察部队在涉及跨国犯罪或需要国际司法协助的案件中,负责执行取证命令并与国际执法机构合作。

科技在新加坡民事取证国际协作中也发挥了重要作用。新加坡法院系统采用了电子法院系统,使律师和当事人能够在线提交文件、查看案件进展和进行听证。这一系统不仅提高了国内案件处理的效率,也使得国际司法协助请求的处理更加快捷和透明。电子证据的管理和存储也依赖于先进的科技手段,新加坡政府和法院采用高安全性的数字存储和传输技术,确保证据的完整性和保密性。一个具体的实例是新加坡在一起跨国商业纠纷中的成功取证和司法协助。该案件涉及一家新加坡公司和一家美国公司,双方在合同履行中发生争议。美国公司通过《海牙取证公约》向新加坡法院请求获取关键商业文件和证人证词。新加坡最高法院根据相关法律程序,迅速发出了取证命令,并安排相关人员进行证词录取和文件收集。通过电子法院系统,所有相关证据在短时间内得以提交并保存在高安全性的数字平台上。最终,这些证据在美国法院的诉讼中发挥了关键作用,帮助美国公司成功维权。新加坡在国际民事取证协作中的高效和成功也反映在其司法统计数据上。根据新加坡司法部门的数据显示,每年处理的国际司法协助请求数量稳步增加,处理时间不断缩短。例如,2019 年新加坡法院处理的国际取证请求比前一年增长了 20%,平均处理时间缩短至 45 天。这些数据展示了新加坡在全球司法协作中的重要地位和高效运作。

综上所述,新加坡通过《海牙取证公约》和《新加坡证据法》等法律框架,依托高效的司法系统和先进的科技手段,在民事取证国际协作中取得了显著成就。其成功的实例和数据不仅展示了新加坡在这一领域的卓越表现,也为全球司法协作树立了典范。新加坡的经验表明,一个完善的法律体系、强大的执法机构和先进的科技应用,是确保跨国民事取证高效和公正的关键因素。

4. 商事解纷的国际协作

新加坡作为全球商业中心,以其高效、公正的商事纠纷解决机制闻名于世。新加坡在商事解纷的国际协作方面,依靠先进的法律框架、专业的仲裁和调解机构、科技应用和国际合作,构建了一个多层次、全方位的纠纷解决体系。下面是新加坡在这一领域的具体方法、系统、机构、法案及其成效。

新加坡国际商业法院(Singapore International Commercial Court, SICC)在处理跨国商业纠纷方面具有特别优势。SICC 的设立旨在处理复杂的国际商业案件,其独立于新加坡国内法院体系,拥有专门的程序规则和国际化的审判标准。《新加坡国际商业法院规则》(Singapore International Commercial Court Rules)为新加坡国际商业法院提供了详细的操作指引,确保其判决的权威性和国际可执行性。新加坡国际商业法院吸引了来自全球的法律专家作为法官,他们的专业知识和国际视野确保了高质量的司法裁决,增强了国际社会对新加坡司法体系的信任。新加坡的国际民事司法协作体系不仅依赖于法律框架和机构的运作,还得益于其在全球范围内的广泛合作。新加坡积极参与国际法律组织,如国际私法协会(International Institute for the Unification of Private Law)和海牙国际私法会议(Hague Conference on

Private International Law),推动全球司法协作和法律统一化。通过参与这些国际组织和签署相关国际公约,新加坡不断加强与其他国家在司法协作方面的联系和合作。这些措施和机制使新加坡在国际民事司法协作中取得了显著成果。新加坡法院在处理跨国商业纠纷方面表现出色,得到了国际商界的广泛认可。新加坡的仲裁和调解机构以其高效和公正的服务赢得了全球客户的信任。此外,新加坡在司法文书送达、裁判和仲裁的承认与执行、证据调取等方面的高效机制,确保了司法程序的顺利进行,维护了司法的公正性和透明度。

新加坡的商事解纷系统首先依托于《新加坡国际仲裁法》和《调解法》。《新加坡国际仲裁法》依据《纽约公约》进行修订,确保新加坡仲裁裁决在全球范围内具有可执行性。《调解法》则为国内外商事调解提供法律基础,并基于《新加坡调解公约》促进国际调解协议的执行。《新加坡调解公约》于2019 年通过,使得国际调解协议在签署国间具有强制执行力,这是全球商事调解领域的重大进展。新加坡国际仲裁中心和新加坡国际调解中心是两大主要的商事解纷机构。新加坡国际仲裁中心以其专业的仲裁服务和高效的管理著称,负责处理国内外的商事仲裁案件。其仲裁规则与国际标准接轨,允许快速处理案件,并通过初步审查和紧急仲裁员机制等方式,提供灵活和及时的纠纷解决手段。新加坡国际调解中心则专注于商事调解,通过专业调解员团队和完善的调解程序,帮助各方达成和解。

在具体操作层面,新加坡国际仲裁中心和新加坡国际调解中心通过密切合作,形成了“仲裁—调解—仲裁”的混合解纷模式。这一模式允许当事人在仲裁过程中转向调解,若调解未能成功,则继续进行仲裁程序。这种灵活的解纷机制不仅节省了时间和成本,还增加了各方达成协议的机会。例如,在一起跨国并购纠纷中,新加坡国际仲裁中心和新加坡国际调解中心成功运用了这一混合模式,使双方在短短几个月内达成了和解,避免了长时间的仲裁程序。

科技在新加坡商事解纷中也扮演了重要角色。新加坡法院系统和仲裁中心均采用了先进的信息技术,提升了纠纷解决的效率和透明度。电子法院系统使得律师和当事人能够在线提交文件、查看案件进展和进行听证。新加坡国际仲裁中心和新加坡国际调解中心也采用了在线仲裁和调解平台,允许远程听证和文件提交,特别是在全球疫情期间,确保了仲裁和调解程序的连续性和效率。

新加坡法律体系在国际合作方面也非常活跃。通过与其他司法管辖区的合作,新加坡法院和仲裁机构参与了多项跨国司法协助项目。例如,新加坡与中国香港签署了《仲裁裁决相互执行协议》,确保两地仲裁裁决的互认和执行。新加坡与欧盟国家也建立了广泛的司法合作关系,通过共同培训和信息共享,提升跨国商事纠纷的解决能力。新加坡在商事解纷领域的成就显著。根据新加坡国际仲裁中心的年度报告,2019 年受理的新案件数量达到 479 件,涉及金额超过 85 亿美元,其中超过 80% 的案件为国际仲裁。新加坡国际调解中心在调解领域也取得了显著进展,其调解协议的成功率超过 70% 。这些数据不仅展示了新加坡在商事解纷中的主导地位,也反映了国际社会对新加坡解纷机制的信任。

一个典型的成功案例是 2018 年的一起美国跨国能源公司与东南亚一家国家石油公司之间的合同纠纷。该案件由新加坡国际仲裁中心处理,涉及金额高达 10 亿美元。通过新加坡国际仲裁中心的高效仲裁程序和新加坡国际调解中心的调解机制,双方在一年内达成了和解协议,避免了长期的法律诉讼和潜在的商业损失。这一案例展示了新加坡商事解纷机制的高效性和灵活性。新加坡通过《新加坡国际仲裁法》和《调解法》等法律框架,依托新加坡国际仲裁中心和新加坡国际调解中心等专业机构,以及先进的信息技术和国际合作,在商事解纷的国际协作方面取得了卓越成就。其成功的实例和数据不仅展示了新加坡在这一领域的卓越表现,也为全球商事纠纷的公平、高效解决提供了有力支持。新加坡的经验表明,一个完善的法律体系、强大的专业机构和先进的科技应用,是确保跨国商事纠纷高效、公正解决的关键因素。

总之,新加坡自由贸易港的国际民事司法协作体系以其完善的法律框架、高效的机构运作和广泛的国际合作,建立了良好的声誉。这一体系不仅有效维护了新加坡作为全球贸易枢纽的地位,也为其他国家和地区在建立和完善国际司法协作机制方面提供了宝贵的经验和借鉴。新加坡通过持续优化其法律和机构设置,不断加强国际司法协作,为全球商界提供了一个安全、公正和高效的司法环境。

五、新加坡自由贸易港的保障生态法治体系

新加坡自由贸易港的生态法治保障体系展现了其在立法、制度和生态保护方面的全面发展。通过联邦法令和地方立法的上位法保障,自由贸易港确立了坚实的法律基础,在生态保护体系方面,新加坡实施了严格的生态保护法令和执法体系,并通过清洁能源和循环经济战略推动了生态文明的发展。这一全方位的法治保障体系不仅促进了自由贸易港的经济繁荣,还实现了环境的可持续发展,为其他国家和地区提供了宝贵的经验。[①] 接下来,本文将探讨新加坡自由贸易港生态法治保障体系的具体实践和效果,以及其对全球自由贸易区发展的启示。

(一)立法保障体系

1. 上位法保障——立体化全方位的保护立法

新加坡自由贸易港的成功不仅在于其经济策略和地理位置,还在于其对环境保护和可持续发展的承诺。这一承诺在其立法体系中得到了明确体现,特别是在联邦法令和地方立法中。新加坡政府认识到,一个健康的生态环境是自由贸易港长期繁荣的关键,因此在其法律框架中融入了环境保护元素。其对法治建设和可持续发展进行坚定承诺,这一承诺体现在其完善的联邦法令和地方立法中,为新加坡的环境保护和经济发展提供了坚实的法律基础。比如以下立法:

《环境保护与管理法》(Environmental Protection and Management Act)是

---

① 张雅丽、黄建昌:《日本、新加坡生态环境政策对我国的启示》,载《兰州学刊》2008 年第 2 期。

新加坡环保立法的基石。该法律通过一系列严格的措施控制工业排放和噪音污染,以确保自由贸易港区域的环境质量。例如,该法令规定了严格的废水处理和废气排放标准,要求企业采用先进的污染控制技术。这不仅保护了新加坡的空气和水质,还提升了企业的环保意识和技术创新能力。此外,《环境保护与管理法》还设立了环境影响评估制度,要求所有重大建设项目在开始前进行环境影响评估。这一制度确保了在规划和实施项目时,充分考虑环境因素,避免对生态环境造成不可逆转的损害。通过严格执行这一法律,新加坡成功维护了其自由贸易港的生态环境,向国际投资者展示了其对可持续发展的坚定承诺。

《公园和树木法》(Parks and Trees Act)专注于城市绿地的保护和管理。这一法律规定了城市绿地和树木的保护措施,禁止未经许可砍伐树木,并要求开发商在建设项目中保留一定比例的绿地。通过这些措施,新加坡不仅保持了城市的美观,还在改善空气质量、降低城市热岛效应方面发挥了重要作用。值得额外注意的是,在自由贸易港区域,《公园和树木法》的实施确保了绿色空间的保护和增加,为居民和企业提供了一个更宜居的环境。这不仅提升了居民的生活质量,也为企业营造了良好的营商环境,吸引了更多国际投资者。

《清洁空气法》(Clean Air Act)致力于减少空气污染,特别是在工业和交通领域。该法律通过设定严格的排放标准和限制某些污染物的排放,保护了新加坡自由贸易港的空气质量。例如,法律规定了工业设施和车辆的排放限值,要求使用清洁能源和环保技术。这些法律的制定和实施,不仅展示了新加坡政府对环境保护的承诺,也为自由贸易港的可持续发展提供了坚实的法律基础。通过这些法律,新加坡自由贸易港能够在保护环境的同时,继续吸引全球投资者和企业,持续证明其"花园城市"的美誉。

新加坡通过联邦法令和地方立法的双重保障,建立了一个坚实的法律框架,确保了自由贸易港的环境保护和可持续发展。这一全方位的法治保障体系,不仅促进了新加坡自由贸易港的经济繁荣,也为全球其他自贸区提供了有益的借鉴。①

2. 多元解纷机制中的环境保护实践

新加坡作为国际知名的“解纷之都”，建立了完善的商事争端解决机制以激活其“发展环境”，包括仲裁中心和调解中心。新加坡国际仲裁中心是亚洲乃至全球最重要的仲裁机构之一，其成立旨在为商业纠纷提供高效、公正的解决方案。新加坡国际仲裁中心的仲裁规则结合了国际最佳实践，确保仲裁过程的透明、公平和效率。新加坡国际仲裁中心是环境保护类纠纷仲裁的先驱，至今已经处理过超过百起的跨国环境保护相关的争议纠纷。新加坡国际仲裁中心通过专业平台和专家参与，达成了既保护环境又考虑商业利益的解决方案。新加坡自由贸易港的商事争端解决机制，尤其是仲裁中心和调解中心，不仅为商业纠纷提供了高效的解决途径，而且在处理环境保护相关的案件中也显示出其重要性。这些机构通过提供替代性纠纷解决服务，在环境保护领域发挥着积极作用。

环境保护对新加坡而言是深刻入骨的治理主题。因此在新加坡的仲裁实践中，也可以看到诸多将环境保护纳入考虑的裁判。特别是新加坡国际仲裁中心的仲裁员，在处理跨国商业纠纷方面展现了其卓越的专业性和灵活性。例如，在阿姆科亚洲公司与印尼爪哇市政府的涉及环境保护许可的商业纠纷中，新加坡国际仲裁中心通过邀请环境保护和法律领域的专家参与仲裁，确保了在解决商业纠纷的同时，充分考虑了环境保护的重要性。通过这种多学科的协作方式，新加坡国际仲裁中心不仅加快了纠纷的解决，还提升了决策的专业性和权威性。

而与新加坡国际仲裁中心相比，新加坡国际调解中心提供了一种更为灵活和友好的纠纷解决方式。调解作为一种非对抗性的解决途径，强调双方的沟通和合作，以达成双方都能接受的解决方案。新加坡国际调解中心在国际商业调解中占据重要地位，其调解规则和流程设计旨在快速、高效地

① 钟鸣长：《新加坡 FinTech 生态系统建设及其启示》，载《电子科技大学学报(社科版)》2016 年第 6 期。

解决纠纷。例如，新加坡国际调解中心曾成功调解过美国明雷尼公司与菲律宾的马尼拉云尚商业公司争议长达十年的地产纠纷，这是一起涉及多方利益的复杂商业纠纷，由于争议的长期持续，马尼拉相关的地段长期废置而导致了土地污染。在菲律宾政府的介入下，通过新加坡国际调解中心的有效调解和主动提出协作环境保护的动议，纠纷各方在保持商业关系的同时，史无前例地达成了在纠纷解决前双方携手处理环境保护问题的壮举。这一案例也充分展示了新加坡国际调解中心在维护环境保护方面的能动性和促进国际相关合作方面的独特优势。

新加坡还积极探索调解与仲裁相结合的混合争端解决机制。在这一机制中，争端首先通过调解进行尝试解决，如果调解失败，案件将转入仲裁程序。这种混合机制既利用了调解的灵活性，又确保了仲裁的最终解决效力。对于环境保护问题而言，这种混合解决机制比行政手段具有更为长效和更为彻底地解决能力。本地商户、矿业公司与当地社区和政府也因此更愿意通过调解和仲裁来解决环保争端。例如，某些矿业公司在项目开发过程中，通过环境调解和仲裁机制解决了土地使用、水资源管理和生物多样性保护等方面的问题。

综上所述，新加坡的商业调解和仲裁成为解决环保问题的重要工具，尤其是在涉及多方利益和复杂法律问题的情况下。这些机制能够提供更快速、成本效益更高的解决方案，同时也有助于推动企业和其他利益相关方更好地承担环境责任。

（二）制度保障体系

1. 环境影响评估制度和绿色建筑标准

新加坡自由贸易港区域内的发展项目必须遵循严格的环境影响评估制度。这一制度要求项目开发者在项目规划和实施阶段考虑环境保护因素，确保项目对生态环境的影响最小化。环境影响评估的实施涵盖了对生物多样性、水资源、空气质量和噪音污染等方面的评估。这不仅有助于提前识别和缓解潜在的环境风险，还促进了可持续发展理念在商业活动中的融入。

此外，新加坡还推行了绿色建筑标准，如新加坡建设局绿色建筑认证（BCA Green Mark）计划，鼓励建筑项目采用节能设计和可持续建筑材料。这些措施共同促进了自由贸易港区域内建筑环境的可持续性，减少了对自然资源的消耗，同时提高了能源效率。①

2. 环境保护立法和清洁能源政策

新加坡自由贸易港严格执行各项环境保护法令，以确保商业活动不损害环境质量。例如，《环境保护与管理法》规定了对工业排放的严格控制，包括废水处理和废气排放标准。新加坡作为以环境保护为基本国策的花园城市国家，在环保立法方面也有一系列健全的法律和法规，以确保可持续发展和环境保护。例如《环境公共卫生法》，这部法律主要关注公共卫生与环境卫生，旨在确保废物管理、公共清洁和卫生条件的标准，包括对垃圾处理、清洁服务、噪音控制以及病媒控制等方面的规定。这些环境保护法律共同构成了新加坡全面的环境保护体系，确保了环境资源的可持续管理和利用，同时促进了生态保护和公共卫生的提高。这些法律的实施帮助新加坡在全球范围内树立了绿色和可持续发展的榜样。

这些法令、政策和法律的实施有助于减少工业活动对空气和水质的影响，保护自由贸易港区域的生态环境。此外，新加坡政府还积极推动清洁能源的使用，减少对化石燃料的依赖。政府通过提供资金支持和税收优惠，鼓励企业采用太阳能、风能等可再生能源。这些政策不仅有助于减少温室气体排放，还促进了能源结构的优化和能源安全。通过这些综合措施，新加坡自由贸易港在保护环境的同时，也为企业提供了清洁、高效的能源解决方案，支持了经济的绿色增长。②

3. 生态保护法令和执法体系

新加坡自由贸易港的生态法治保障体系，是指在新加坡自由贸易港的

① Low et al., *Future-ready Project and Facility Management Graduates in Singapore for Industry* 4.0, *Transforming Mindsets and Competencies*, Engineering, Construction and Architectural Management, Vol. 28:1, p. 270 - 290(2021).

② 丁雨田：《新加坡：启动建设生态智慧新城》，载《城市开发》2021 年第 8 期。

建设和运营过程中,通过制定和实施一系列的法律法令、政策措施和管理机制,实现经济、社会和生态的协调发展。新加坡自由贸易港的生态法治保障体系不仅注重经济效益和社会效益,也十分重视生态环境的保护和可持续发展。新加坡实施严格的生态保护制度,对环境违法行为进行重罚。例如《水资源保护法》(Water Pollution Control and Drainage Act)旨在保护水资源,防止水体污染,并确保水资源的可持续管理,包括对废水排放的控制、雨水管理以及河流和水库的保护等措施。《保护区和自然保护区法》(Parks and Trees Act),该法律旨在保护新加坡的绿色空间、自然保护区和生物多样性,规定了对公园、树木和自然保护区的保护措施,以及在这些区域内进行开发和建设活动的限制。《能源保护法》(Energy Conservation Act),该法律旨在提高能源使用效率,减少能源消耗和碳排放,要求高能耗企业定期进行能源审计,制定能源管理计划,并逐步实施节能措施。新加坡还建立了环境警察和专门法庭,加大对生态法令的执法力度。这些严密的生态保护法令和执法体系,有力遏制了生态破坏行为。

4. 清洁能源、循环经济等生态法治保障

新加坡积极推动清洁能源使用,发展循环经济,以减少自由贸易港建设对环境的影响。例如鼓励企业使用清洁燃料,开展废物回收再利用,推进绿色建筑发展等。例如《资源可持续发展法》(Resource Sustainability Act),这部法律通过促进循环经济和资源的可持续利用来减少浪费,推动了电子废弃物、食品废弃物和包装废弃物的回收和再利用,也规定了生产者责任延伸制度,要求生产者对其产品生命周期结束后的废弃物负责。《废弃物管理法》(Waste Management Act),该法主要关注废弃物的收集、运输、处理和处置,确保废弃物管理过程中的环境保护和公共卫生,对废弃物处理设施的运营和管理提出了详细要求,并规定了相应的许可证制度。这些以生态发展战略为立法宗旨的法律不仅降低了温室气体排放,也产生了经济效益,实现了生态效益与经济效益的统一。新加坡全面、全局和全方位的生态法治保障为其他自由贸易港提供了可借鉴的模式。

(三)新加坡自由贸易港生态法治保障体系的启示

新加坡自由贸易港的生态法治保障体系为全球自由贸易港的建设提供了宝贵的经验。新加坡成功地将环境保护法治融入自由贸易港的发展策略中,展示了经济增长与环境保护可以有效协调的可能性。[①] 新加坡自由贸易港的实践证明,环境保护法治不仅是一种法律责任,还是推动可持续发展的重要工具。

在新加坡自由贸易港的建设和运营中,环境保护法治的前瞻性规划起到了关键作用。从规划阶段开始,环境保护目标和法律框架就被明确设定,确保环境保护成为发展的一个不可或缺的部分。这种策略有助于从源头上预防环境问题,而不是在问题发生后才采取行动。新加坡自由贸易港通过制定和执行旨在保护环境的法律,同时鼓励经济增长,实现了环境保护与商业繁荣的平衡。例如,通过实施严格的排放标准和鼓励使用清洁能源,新加坡自由贸易港在促进经济发展的同时,也保护了环境。[②]

新加坡自由贸易港在环境保护法治方面的持续创新也值得关注。为适应全球环境和市场的变化,新加坡不断更新环境保护法令,引入新技术和管理方法,并鼓励公私部门合作。这种持续的创新确保了新加坡自由贸易港的环境保护法治体系能够有效应对新的环境挑战。同时,新加坡政府还强调公众参与和环境保护意识的提升。通过教育、公众咨询和社区参与项目,新加坡提高了公众对环境保护问题的认识,并鼓励他们积极参与环境保护活动。

新加坡自由贸易港的生态法治保障体系的成功在于其将环境保护法治视为可持续发展的关键组成部分。这一体系不仅保护了自然环境,也为经

---

① Kerdlap et al., *Zero Waste Manufacturing, A Framework and Review of Technology, Research, and Implementation Barriers for Enabling A Circular Economy Transition in Singapore*, Resources, Conservation and Recycling, Vol. 15:1, p. 38(2019).

② 孙景峰:《新加坡人民行动党执政的社会生态研究》,载《河南师范大学学报(哲学社会科学版)》2005 年第 1 期。

济发展提供了稳定的法治环境。其他国家和地区在建设自由贸易港时,可以借鉴新加坡的经验,将环境保护法治作为发展策略的核心,以实现经济增长与环境保护的和谐共生。新加坡自由贸易港的实践为全球自由贸易港的生态法治建设提供了一个模范范例,展示了如何通过法治手段有效地实现经济和环境的双重目标。

六、新加坡自由贸易港以法治保障特色产业发展的经验

(一)新加坡自由贸易港特色产业发展

1. 物流业

新加坡物流业作为新加坡国际商业中心的主导产业群之主体力量的组成部分,在国际竞争中第二产业与第三产业范围内相比于其他国家拥有较高的竞争优势。新加坡之所以能彰显亚太地区物流中心之一的定位,得益于该特色物流产业的发展,其实质上是全球货物互通的交通枢纽中心。新加坡的国际物流链主要包括亚历山大、巴西班让和岌巴三大主要物流园区,拥有500多条航线与世界600多个港口相连接。据标准普尔(Standard & Poors)调查,近20年来,新加坡的全球集装箱吞吐量稳居世界前十。新加坡处理了全球1/7的集装箱转运吞吐量,是世界上最大的转运枢纽的重要角色。根据世界银行公布的全球物流绩效指数中(International Logistics Performance Index),新加坡自2007年至2023年在亚洲地区始终位居榜首。[①] 新加坡作为亚太地区的物流枢纽,物流业的发展离不开健全的法治环境。新加坡制定了《国际贸易法》和《航运法》等法令,确保物流业的合法、有序运行。这些法律规范了物流企业的注册、运营和监管,提供了明确的法律框架,保障了物流活动的顺利进行。

新加坡物流业的成功还得益于其高效的纠纷解决机制。新加坡国际仲

---

① 葛秋彤、席桂桂:《重庆与新加坡开展第三方市场合作研究》,载《国际公关》2024年第2期。

裁中心和新加坡国际调解中心为物流企业提供了快速、专业的争端解决途径,确保物流活动中的纠纷能够得到及时、公正的解决。这不仅提高了物流业的效率,还增强了国际物流企业对新加坡的信任和依赖。

2. 教育产业

新加坡自由贸易港的战略定位与发展方向在基于自身国情的基础上进行科学的战略调整,新加坡从开国之初就推出"人才立国、人才强国"的培养人才的定位,事实证明新加坡高等教育国际化、品牌化的培养方式效果显著,在 2022 年发布的全球人才竞争力指数排名中,新加坡位居第二。[①] 新加坡政府在精准定位自身国情基础上,实施了许多人才强国政策。新加坡通过发现人才、培养人才、吸引人才、留住人才的高等国际人才策略,为新加坡自由贸易港的发展宏图又增添浓墨重彩的一笔。在 20 世纪初,新加坡将新加坡国立大学和南洋理工大学的学习环境对标哈佛大学、麻省理工学院,打造成远近闻名的具备高素质学术研习环境的"科研圣地",是新加坡创造的一个人才绿洲、一个知识中心、一个思想交流的汇合点和一个"印丘巴托人的灵感源泉"。[②] 1998 年起,新加坡政府推出"双翼齐飞"战略:一翼是"前十计划",即达到花费 10 年时间引进 10 所世界一流高校与新加坡高校合作办学的目标。另一翼是全球校园学习计划,目的是将本国铸造成全球顶尖的教育平台,以引进其他国家人才进行学术交流,从而提升本国国力。随后也继续颁布一系列政策,如教学和学术研究人才计划(Singapore Teaching and Academic Research Talent)、《研究、创新与企业计划 2020》和就职授予补助津贴等,以一系列优惠措施换取回国工作若干年的条件,吸引了一批高精尖国际生源以及研究人员,进而达到塑造以新加坡人才为主体力量的学术研究专业团队的目标。通过多渠道发现人才、招揽人才、灵活运用,实现大学治理现代化。新加坡还对来新劳务的外籍人员实行管理并颁布完善的移民

① Global Talent Competitiveness Index 2022. https://www.edb.gov.sg/en/business-insights/market-and-industry-reports/global-talent-competitiveness-index-2022(last visited on April 30, 2024).

② 董静媚:《新加坡产业政策对海南自贸港建设的借鉴及启示》,载《中国经贸导刊》2023 年第 11 期。

政策。早在20世纪60年代就开始引进外籍人员的劳务资源,现已形成一套娴熟的管理经验,新加坡主要通过《移民法案》《就业法案》《外国人力雇佣法》《职业安全与健康法》等专门法律来管理劳务市场,为新加坡自由贸易港的规划建设提供源源不断的高素质、全方位发展的人才。与此同时,自由贸易港的快速发展也为吸引众多外资企业与公司、境外高质量管理与技术人才奠定了基础,形成经济效益与教育高质量的双向良性循环。①

3. 石化产业

新加坡是世界第三大炼油中心和石油贸易枢纽之一,也是亚洲石油产品定价中心。新加坡独有而又特殊的地理位置打破了资源短缺的限制,摇身一变成为世界交通航运要道,既有利于该国与世界主要资源国发展石油贸易往来,也有利于它利用该资源建设自身的独立炼油基地以壮大自身的石化产业,将成品油输送至其他国家。虽然新加坡由于自身资源缺乏的问题不能产油,但并不会动摇其为唯一拥有金融中心与炼油中心双重功能的世界地位。新加坡拥有世界三大炼油厂之一的新加坡石油公司,其地位可见一斑。在新加坡推出许多优惠政策的前提下,世界许多著名石化公司被吸引前来投资,如美国的埃克森美孚公司、荷兰的壳牌公司、法国的雪佛龙—德士古石油公司以及中国的中石油和中石化等。不仅如此,2014 年裕廊岛上每天提炼的原油数量为 150 万桶,使新加坡成为亚洲前十强炼油产品出口国;2015 年能源与化工产业对新加坡总产值的贡献为 810 亿新币(约 4050 亿人民币),占新加坡制造业总产值约 1/3;2016 年投入新加坡化工行业的固定资产投资额达到 13 亿新币(约 65 亿人民币);2020 世界贸易统计年鉴发布的 2019 年化学品最大出口国排名中,新加坡位列第八。新加坡的化工与能源产业也在全球名列前十。② 其中最著名的是位于新加坡西南海滨的裕廊岛,之所以成为世界级炼油与乙烯生产基地,主要得益于法律策略

① 张磊、邹文慧:《推动携手前进和产业转型升级——新加坡 2022 年回顾与 2023 年展望》,载《东南亚纵横》2023 年第 2 期。

② 朱兰、邱爽、吴紫薇:《发展思路、产业结构变迁与经济增长:以新加坡和中国香港为例》,载《当代财经》2022 年第 3 期。

的定位。该基地的建成其实是新加坡国家战略规划的其中一小步，由新加坡经济发展局（Economic Development Board）和裕廊管理局（Jurong Town Corporation）联合主持。裕廊管理局负责政策法律方面的咨询事宜，新加坡经济发展局则负责招商引资工作，通过《经济扩展奖励法案》制定其他相关投资优惠政策，其中规定化学品无进口关税，政府允许外资企业对本地工厂拥有100%的所有权，并完全返还利润。由此提高化工产业各方面在国际贸易中的地位和分位，实现产业结构优化与升级。[①] 新加坡石化产业的发展同样依赖于严格的法律监管和政策支持。新加坡政府通过《环境保护与管理法》和《安全管理条例》等法令，对石化产业的环境保护和安全进行严格控制，确保石化企业在环境保护和安全方面的合规性。

此外，新加坡还实施了一系列优惠政策，如税收减免和投资激励，吸引国际石化巨头在新加坡投资设厂。新加坡通过与国际环境保护组织和其他国家合作，积极参与国际环境保护公约，进一步提升了石化产业的可持续发展能力。这些措施不仅促进了石化产业的发展，还提升了新加坡在全球石化行业的地位。

4. 电子与信息技术工业

电子工业的领导者在规划着新加坡的未来，作为新加坡的传统支柱产业的组成部分，其优势也是远超其他国家。新加坡每年培养超过13,000名工程师与技术人员，确保电子产业人才稳定增长。新加坡经济发展局和企业通过各种平台合作，颁发许多立足于人才的针对性政策，如新加坡工业奖学金（Singapore Industry Scholarship）、工业研究生计划（Industry Postgraduate Programme）、新加坡经济发展局与英伟达的未来人才计划等，培育下一代的代工厂工程师、芯片设计工程师和人工智能人才。新加坡具备多元化的生产中心，从半导体到存储记忆产品再到微机电系统，在新加坡的生产商都具备高精尖的设备材料与电子产业服务行业供应商的前提下，绘画着智慧城

---

① *ENGIE to Explore Energy Efficiency Solutions for Industrial Buildings in Singapore*, M2 Presswire, Vol. 14:3, p. 122 (2019).

市的蓝图。① 新加坡经济发展局以电子工业发展为拥有世界地位的电子和精密工程基地为目标,谋求制造业在全球市场中的份额。信息通信技术产业是新加坡自由贸易港的重要支柱产业之一。新加坡通过《个人数据保护法》和《网络安全法》等法律,保护个人隐私和数据安全,营造了安全可靠的信息通信环境。这些法律不仅保护了消费者的权益,还增强了企业对信息通信技术的信任,促进了信息通信技术产业的健康发展。新加坡还积极推动智慧城市建设,通过立法和政策支持,鼓励信息通信技术企业创新发展。例如,新加坡政府实施了一系列支持创业和技术创新的政策,包括研发税收优惠和创业资金支持,吸引了大量科技企业和人才在新加坡发展。

通过这些法治建设的举措,新加坡自由贸易港在物流、石化、金融服务和信息通信技术等特色产业上取得了显著的发展成果。这些法律法令和政策措施不仅为各产业的发展提供了坚实的法律保障,也为新加坡在国际市场中的竞争力提供了重要支撑。

5. 生物医药工程

新加坡经济发展局将生物医药行业列在颁布的21世纪工业发展规划之2023制造业愿景范围内,将其定位为四大支柱制造业的其中之一。新加坡经济发展局称新加坡政府一直都支持生物医药工程的发展。新加坡贸易及工业部部长陈振声曾发表声明:“以因美娜公司为例,它既吸引了全球各地的人才又培养本地人才,进一步推动我国研发生态系统。这于我国建立的强大的人才队伍,与全球顶尖人才竞争大有裨益。”除此以外,全球医药头部公司、世界排名前十的医药公司在新加坡均有设厂。且2016年,生物制药领域为全球市场生产了价值超过160亿新元的产品,按全球收入来计算,十大药品中有4种在新加坡生产。该行业与不断扩大的亚洲市场形成相辅相成的互助模式。② 新加坡已经形成与医疗制药相关的三大园区,即以医院为中心的诺维娜健康城(Health city Novena)、以科研为中心的唯一科技城(one-

① 张秋梦:《新加坡对中国双循环发展的启示》,载《北方经贸》2023年第1期。

② 王勤:《新加坡的产业转型和创新驱动及其启示》,载《创新》2021年第1期。

north)和以医药制造企业为中心的大士生物医药园,覆盖临床需求、研发转化、生产制造三个环节。企业可根据不同的需求和定位进驻园区,享受到一流的基础设施、完善的产业链条和专业的服务支持,帮助生物医药企业降低研发成本,缩短研发时间。新加坡以提高该产业在国际领域中的竞争优势,创建了由政府、教育机构、科学研究院、有关专业部门等多方面的专业权威专家协同合作的共同体。首先,由生物医药工程产业执行委员会负责计划的统筹、协调推进的总体指导工作;其次,由生物医药工程国际顶尖科学家组成国际咨询理事会,负责为执行委员会提供咨询以及战略决策;最后,新加坡政府以更进一步推进医药产业发展为导向,创建了科技发展局的生物医药研究理事会、经济发展局的生物医药科学领导小组以及卫生部门的医学研究会等机构,形成上下联动、密切合作的动态协调模式。新加坡为继续开拓新兴生物医药市场不仅吸引境外知名医药公司落户,更是为其推出一系列财政援助计划如国家总部计划、综合投资激励计划、土地集约免税计划、先锋企业鼓励计划等。①

6. 海事工程业

明晰商业贸易在新加坡具有重要市场地位的政府推出的商事方针将该国变成国际领先的战略海运中心。海运贸易为新加坡的经济命脉,新加坡计划到2024年在海事工程行业投入200亿新元(约合149亿美元)。新加坡交通部高级部长徐芳达表示,新增投资将增加海事法律、仲裁、船舶管理和海事保险等领域的就业机会,还计划到2025年将PIER71支持的海事科技初创企业数量增加两倍以上,从30家增至100家。② 在海事法治方面,随着国际航运系统的起步到发达,新加坡为之打造完备且与之相匹配的航运与海事领域的服务法律体系,为装载货物的船舶之交通过境往来提供强有力的法治支撑。新加坡政府对作为支柱型产业的海事服务给予高度重视,从

---

① Annerstedt, Reviewed by Jan. *From Silicon Valley to Singapore, Location and Competitive Advantage in the Hard Disk Drive Industry*, 2003, p. 409.

② Ofori & George, *Construction Industry and Economic Growth in Singapore*, Construction Management and Economics, Vol. 6:1, p. 57 – 70(2018).

长远规划眼光来谋发展。新加坡海事和港口管理局(MPA)提出的“2030年下一代港口”(NGP 2030)的愿景,描绘了新加坡港的未来图景。有关部门先后提出成立国际海事中心2030咨询委员会、编制国际海事中心2030战略、发布海事转型发展规划路线等为海事产业提供法治保障。除此以外,新加坡还参与一系列国际海事公约及配套法律法令,从1997年至2004年多达20几种。此外,《新加坡海事和港务局法》涵盖了海洋保护区的职能、职责和权力及海员的雇用、港口监管流程和操作许可等;《商船法》主要规制船舶事务范围、人员配置、船舶注册等。其完善的海事法律法令体系与及时解决海事纠纷的法律服务生态系统,将新加坡的海事工程业抬到高水平层面,成为自由贸易港法治保障的一大特色。①

7. 金融服务行业

新加坡在2023年9月发布的最新全球金融中心指数排名(The Global Financial Centres Index)中位列第三,新加坡自由贸易港的快速发展使得其金融业突飞猛进,金融贸易市场高度自由开放,新加坡银行业被普遍认为是最具有安全性、权威性的银行体系之一。为了跟上金融行业日益重要的功能需要,新加坡制定许多法律法令,如《证券与期货法》《支付体系监督法》《银行法》等。新加坡还抓住金融业强大潜力的特点,颁布一系列财政税收优惠政策,吸引外商投资。又于1968年开创亚洲美元市场,1978年全面取消外汇管制并开展离岸金融业务,在投资监督管控领域推出“负面清单”与“正面清单”相结合的投资管理模式。新加坡的金融服务业在自由贸易港中占据重要地位,其发展的关键在于完善的金融法律体系和监管机制。新加坡对金融市场的运作和金融机构的行为进行严格监管。这些法律为金融服务业提供了明确的操作规范,其法治系统有效防范了金融风险,确保了市场的稳定和透明。

此外,新加坡还建立了独立的金融监管机构,如新加坡金融管理局,负责监督和管理金融市场,维护金融体系的稳定。通过这些法律和机构,新加

① 闫蕊:《新加坡海事服务业经验借鉴》,载《珠江水运》2022年第15期。

坡成功吸引了大量国际金融机构和投资者,成为亚洲和全球重要的金融中心。

(二)新加坡特色产业发展的主要措施

1. 设置双层级管理模式

从 1965 年至今,新加坡作为自由贸易港建设的成功案例,已经拥有 7 个自由贸易园出口加工区、30 余个具备关税减免条件的工业园区以及 70 余个保税仓库。1965 年建成的裕廊码头是新加坡自由贸易港的第一个工业自贸区。该国政府在该自由贸易港建立初始,便通过《自由贸易区法》多角度、全覆盖、宽领域地规定自由贸易港的功能定位、管理形式、福利政策及运作制度。裕廊港区能有最大的工业园区以及最大的散装货运港的地位,得益于该法案的科学拟定。港区内配备完善的现代化公路设施,还有铁路通深水码头和海港这个靠近国际航道的深水港,便利输入原料和输出成品。新加坡自由贸易港的行政管理模式主要包括两部分:新加坡政府财政部门与承担具体管理职能的自由贸易港主管机构进行协同规划。新加坡政府财政部进行宏观角度上的规划、领导作用。新加坡国际港务集团有限公司,作为承担具体管理职能的具体机构,现在是作为全球第一大集装箱码头运营商,发挥着自由贸易港的后续生产营运的功能。① 此种管理模式有利于打破因循守旧、管理效率低下、经济发展质量低的桎梏,破除体制机制障碍,进一步让政府简政放权,以便在最大范围内实现市场革新、高质量经济发展、优化营商环境。

2. 政府成功转型

(1)公司注册准入门槛宽松

新加坡政府针对自身国情进行有针对性的探索,对症下药,适当地简政放权,减少政府对市场的过度干预。本质上实施的是行政管理与具体运营

---

① Isabelle et al., *Antioxidant Activity and Profiles of Common Vegetables in Singapore*, Food Chemistry, Vol. 12:4, p. 993 – 1003(2010).

相分离的管理模式。只要是年满18周岁及以上的完全民事行为能力人,无论任何国籍,提供新加坡注册地址,委用新加坡董事和一名当地秘书,最后将欲注册公司文件向新加坡商业登记机构即新加坡会计与企业管理局(Accounting and Corporate Regulatory Authority)递交申请,即可在3个工作日内注册成功。① 所有公司向新加坡会计与企业管理局申请注册并等待审核批准是注册成功的前提条件,审批通过后即可开展业务。新加坡公司法令定设立公司注册资本最低是10万元新币,缴足资本则是新币1元起且实行认缴制,只要在新加坡会计与企业管理局填写表格与缴纳费用即可。

(2)设立专门的国际商业法庭

新加坡最高法院首席大法官梅达顺于2013年提出设立新加坡国际商业法庭。新加坡司法部委用的委员会成员以在最大范围内减轻当事人烦琐诉讼的程序、填补仲裁存在的漏洞为目标,就该法庭组成可行性以及制度设计等问题进行了多次商讨。该委员会的成员不仅包含本国专家,还涵盖了来自中国、美国、英国、印度的司法领域的成员。② 随后,有许多国家间的商业纠纷都在新加坡国际商会(Singapore International Chamber of Commerce,SICC)得到公平合理的判决,该商会也成了亚太地区较为重要的商业纠纷解决地,这些都得益于SICC调解员以最高法院的资深法官团队为主体力量,为新加坡成为与中国香港、日本等亚洲知名地区齐名的仲裁纠纷解决地奠定了基础。

新加坡的法院系统包括最高法院和下级法院。两者有权对该国国内的所有刑事以及民事诉讼进行管辖,但婚姻财产方面的诉讼除外。而新加坡商事法院是最高法院的组成部分,直属于最高法院中的高等法庭。此设置目的是该庭的判决具有最高效力,最大范围内保障该判决得以承认并执行,排除他人干预,具有权威、强制、便捷、高效等特点。

---

① Kose et al., *Global Business Cycles, Convergence or Decoupling?*, International Economic Review, Vol. 53:2, p. 511 - 538(2012).

② Suluk & Seher, *The Relationship between Population Growth and Economic Growth, The Case of Singapore*, International Journal of Academic Research in Business and Social Sciences, Vol. 11:12, p. 2385 - 2400(2021).

3. 外商投资自由

(1)外商投资条件简洁

习近平总书记曾强调过,金融是国民经济的血脉,是国家核心竞争力的重要组成部分。金融的地位对于新加坡同样如此。

早在1968年,为取得市场优势,新加坡政府废除了非本国居民的利息预扣税,美洲银行新加坡分行想在新加坡设立一个亚洲货币单位的设想被新加坡政府审批通过后,新加坡的离岸金融市场便茁壮成长。承担离岸金融中心角色的亚洲美元市场就这么被新加坡政府通过结合国情、审时度势开辟了。除一系列鼓励政策外,该市场的外汇管制也被取消。[①] 该举措不仅增强了新加坡的国力,提升了新加坡在国际市场上的影响力,还让新加坡"摇身一变"成为国际货币市场与国际金融市场。20世纪80年代中期,新加坡政府仍将境外市场与境内市场进行严格管控区分,这也使得1997年的东南亚金融危机的风并未席卷至新加坡。之后为了进一步开拓离岸市场,新加坡政府再一次审时度势,以毒辣的眼光针对当下国情颁布了更加具有针对性的政策方针。新加坡在1999年取消银行股双轨制,提高贷款额上限,提高资金流动性,增强金融市场的活力。与此同时,新加坡政府努力吸引外资,鼓励外国公司来本国投资、发行股票与债券,加大融资开放力度,实施完全自由的外汇制度,不再进行严格管控。[②] 从区分监管制度向一体化监管制度过渡,实行一体化风险管理。与此同时,新加坡政府对境内公司的经营种类管控标准逐渐放低,公司可根据自身发展前景与市场变更形势自行决定变更的经营范围,且不用向政府递交变更说明。[③]

(2)贸易主体自由

新加坡自由贸易港企业欲开展进出口贸易与转运业务,只需向新加坡

---

① 王熔熔:《国外成熟自贸区营商和投资环境研究——以新加坡、巴拿马和迪拜的自贸区为例》,载《商展经济》2023年第8期。

② Schlegelmilch & Bodo B, *Why Business Schools Need Radical Innovations, Drivers and Development Trajectories*, Journal of Marketing Education, Vol. 42:2, p. 93 – 107(2020).

③ 朱文龙:《新加坡投资协定的发展与实践》,载《广西社会科学》2023年第8期。

会计与企业管理局注册并经审批通过,同时向新加坡关税局提出中央注册码的免费申请便可。该申请会经过贸易交换网系统,企业只需在该系统上递交申请即可开展业务。这种做法不仅简化了烦琐的备案流程与申请手续,各个政府部门以及相关企业通过大数据来上下联动、彼此互通电子贸易数据与情报信息,还可以更加促进自由贸易港内的商业交易往来、提升经济增速。

(3)贸易结算自由

进行商品交易的企业能否在最大限度内自主决定结算货币的种类,直接影响到公司在进行贸易过程中降低风险指数、增加利润。新加坡自由贸易港已经废除外汇管制,资金流动性较强,企业可自由选择结算货币的种类,主要有新元、港币、美元、欧元等。

4. 先进的监管模式

对新加坡的金融系统进行直接管理的行政主体为新加坡金融管理局,其职能主要包括金融调控与金融监管两大组成部分。新加坡金融管理局的金融机构监管部门负责具体的金融监管工作。该部门下设银行署、保险署、证券署、市场风险顾问署、监管政策署、法律服务署。每个部门各司其职,银行署、保险署、证券署负责银行的检查工作,监管政策署、法律服务署负责提供具有针对性的法律与政策的研究服务工作,市场风险顾问署在许多时候会与银行署、保险署、证券署联合办公,主要负责对电子金融衍生与创新产品进行风险评估与管控。此外,新加坡金融管理局对症下药,减轻了监管的严格程度并且将监管的范围转移至对银行风险的重视上,有针对性地设置相关部门并引进专业领域的人才对市场风险、流动性风险、科技风险进行监督和管控。新加坡金融管理局还通过颁发不同种类的许可证、将新元账户与非新元账户相分离、使用电子支付程序、取消外国银行持股限制等方式来保证银行业的稳定和提高资本充足率。以上做法都是新加坡对于金融系统的监管理念的集中体现,而进行监管的目的是发展高质量经济,增强货币的信用以及稳定性,使得金融结构追上时代的脚步,具备现代化特征。

5. 优惠的赋税制度

（1）海关关税优惠

新加坡是全球税率最低的几个国家其中之一，除酒精、烟草（包括香烟）、石油和机动车辆外，新加坡免征所有进口商品的关税。早在20世纪60年代，新加坡政府以保护国内民族产业为目的对少数产品开始征收关税时，尽管如此也仍然将税率尽量控制在比周边港口低，更不必说现在成为发达自由贸易港的新加坡。只要与运输业相关的服务以及与进出口有关的货物装车作业、卸货作业、搬移运输工作等服务都可纳入零税率范围。①

（2）企业税赋优惠

新加坡对于境内境外企业适用统一的企业所得税标准，国内国外企业，一律适用税率为17%的企业所得税（2010年起）。除此之外，还根据不同情况适用不同程度的税率减免政策，所有企业都有权对前300,000新元的应税收入享受部分免税：一般企业前10,000新元的75%和最后290,000新元的50%，符合条件的企业对前100,000新元免税，对后200,000新元免征50%的税，并且新注册的公司还可以享受免除印花税的待遇。②

6. 人才制度健全

新加坡政府不仅投入资金支持新加坡国立大学与美国佐治亚理工大学合作开办亚太物流学院以此培育有关供应链与物流运输方面的高素质人才，而且还与商会、物流协会协同定期开展物流交流研讨，以促进该领域间的技术互通与知识交流。新加坡国立大学与南洋理工大学均设有物流专业相关硕士、博士学位点，不仅如此，新加坡政府也以政策来激励私立教育机构开设物流专业课程，上述举措都为自由贸易港建设运输了物流操作方面的高精尖人才，显示出对港口物流的高素质人才的重视。新加坡政府除吸引外国企业驻新牵动境外人才与境内人才资源流动外，还成立科学技术研究局提供政策与技术支持。

---

① 蓝相洁、李迪：《新加坡税制改革的成效、经验及其启示》，载《税务研究》2019年第4期。

② 马伟、赵新、杨牧：《从新加坡家庭课税制看我国个人所得税改革》，载《税务研究》2016年第10期。

（三）新加坡自由贸易港发展特色产业对我国的启示

新加坡探索自由贸易港建设的经验表明，要根据自身国情适当将“主导型”政府功能转变为“服务型”政府，这并不意味着全权放开，旨在简政放权，增强市场自由度，放宽外汇限制，发挥市场对资源的有效利用，对政府有关自由贸易港方面的经济职能部门进行有效的企业改制。海南自由贸易港建设模式探索过程中可以借鉴该做法，由专门从事该领域的开发公司负责自由贸易港事宜，由政府颁布优惠政策、加大扶持力度，由自由贸易港管理委员会从事相关行政工作，做到各司其职、各尽其责、分工明确。政府还应当制定激励海南自由贸易港发展相关的法律法令，如境外投资、公司注册、税收优惠、人才激励、劳工管理方面，创建高效、权威、安全的金融监管体系，实施“负面清单”制度，提高货物转运效率，同时要发展自身的支柱型产业以此提高同领域内与别国产业的竞争优势。海南还可以成立物流港口动态信息战略研究中心，建立大数据以全面掌握国内外港口更新状态、航运海运状况以及周边国家港口竞争能力与格局，为海南自由贸易港建设规划提供新战略、新角度、新方法。

七、新加坡自由贸易港的法治手段与社会治安

（一）新加坡自由贸易港的法治环境

1. 法律体系与司法独立性

新加坡的法律体系深受英国法系影响，且覆盖各个领域，包括商业、贸易、税务、环境保护等，这意味着法律的执行和判决基于案例法的原则，并以先前的法院判决为指导。这样的体系为商业活动提供了一致性和预见性，使企业能够在明确和可预测的环境中运营。此外，司法独立性保证了法律的公正执行，确保了所有商业活动都受到公平对待，而不考虑公司的规模、国籍或行业。法律的公正性和公平性在国际社会中得到了广泛的认可，这

为自由贸易港的运营提供了强大的法律保障。此外,新加坡的司法机构具有独立性,这确保了法律的公正执行,维护了商业环境的公平性,并打击了不法行为。

2. 自由贸易港管理与政务流程信息化

新加坡设有专门的自由贸易港管理局,负责制定和执行自由贸易港的政策、法令和标准,监督和协调自由贸易港的运营和发展,为自由贸易港的企业和用户提供高效和便利的服务。此外,新加坡推行电子化的贸易和海关管理系统,实现了自由贸易港的信息透明化和数据共享,简化了报关、报检、税收、许可等手续,降低了贸易成本和风险。不仅如此,新加坡的电子化操作也包括法律服务。① 例如,新加坡的法院已经实现了信息化案件管理和审理,使法律程序更加高效。此外,新加坡也推行电子化的法律咨询和教育服务,使公众可以更方便地获取法律知识和服务。这种网络法律服务,不仅提高了法律服务的效率,还使得法律更加接近公众。

3. 国际协定与合作

新加坡与包括我国在内的许多国家和地区签订了自由贸易协定、双边投资协定、互认协定和海关合作协定。这些协定扩大了新加坡自由贸易港的市场准入和优惠待遇,促进和提高了自由贸易港的国际合作和竞争力。新加坡不仅与其他国家和地区进行广泛的经济和贸易合作,还在法律和司法领域进行了深入的国际交流和合作。新加坡是许多国际法律和司法组织的成员,如联合国、国际商会等,并积极参与其中的工作。② 这种国际合作使新加坡能够及时了解和引入国际最新的法律思想和实践,进一步提高其法律体系的完善性和适应性。法治环境为其经济活动提供了强有力的保障,也是其吸引国际投资、保障经济稳定发展的重要因素。新加坡的法律体系、

---

① Majid, Shaheen & Ai Tee Tan, *Usage of Information Resources by Computer Engineering Students, A Case Study of Nanyang Technological University, Singapore*, Online Information Review, Vol. 26:5, p. 318 - 325(2022).

② Lee, Jungwon & H. N. Win, *Technology Transfer between University Research Centers and Industry in Singapore*, Technovation, Vol. 24:5, p. 433 - 442(2004).

自由贸易港的管理方式,以及与国际社会的合作协议,都充分展示了新加坡自由贸易港的法治环境对其成功作出的重要贡献。

(二)新加坡自由贸易港的社会治安

1. 严密的治安体系

新加坡自由贸易港的社会治安优良,这在很大程度上归功于新加坡严密的治安体系。新加坡警察部队是全国范围内的主要执法机构,负责维护公共安全和秩序,预防和侦查犯罪,保护生命和财产的安全。此外,新加坡还设有中央麻醉品局、新加坡民防部队等专门机构,专责打击各种特定类型的犯罪。

新加坡警察部队实施严格的警务管理和人员培训,确保警力的专业性和执法的公正性。同时,新加坡警察部队也大力推行社区警务,积极与社区合作,提高防范意识,减少犯罪机会。

2. 严格的边境管理

新加坡自由贸易港实行"一线放开、二线管住"的管理模式。对外开放的"一线"非常自由,而对内的"二线"管理则非常严格。[①] 自由贸易港的边界由海关严密把控,对人员、车辆、货物的进出都进行全面检查,确保社会治安。新加坡的法院系统独立,审判公正,严惩犯罪,保障了法律的尊严和权威。新加坡的法律执行效率高,犯罪案件的侦破率和判决执行率都很高。同时,新加坡的法律执行也注重人权保护,确保了判决的公正和合法。

3. 公众参与和社区合作

新加坡的社会治安也得益于公众的积极参与和社区的广泛合作。新加坡政府鼓励公众参与社区治安的管理,通过各种社区活动,增强公众的法律意识和防范意识。新加坡的社区安全小组、社区警务中心等机构,通过与社区居民的紧密合作,有效地预防和减少了社区犯罪。同时,这些机构也为社

---

① Meyer-Ohle & Hendrik, *Two Asian Malls*, *Urban Shopping Centre Development in Singapore and Japan*, Asia Pacific Business Review, Vol. 15:1, p. 123 – 135(2009).

区居民提供了举报犯罪、请求援助的渠道,增强了社区的安全感。新加坡自由贸易港的社会治安优良,得益于新加坡严密的治安体系、高效的法律执行,以及公众的积极参与和社区的广泛合作。这不仅为自由贸易港的经济活动提供了安全的环境,还为居民和游客提供了高品质的生活体验。

(三)法治与社会治安在新加坡自由贸易港成功中的角色

1. 创建稳定且公正的商业环境

《新加坡自由贸易区法》与《新加坡进出口商品管理法》奠定了新加坡自由贸易港的法治基础,新加坡自由贸易港的成功在很大程度上依赖于法治环境,尤其是《新加坡自由贸易区法》的落成,为自由贸易港的设立、经营和管理提供了基本的法律框架,确保了自由贸易港的运行有据可依,运作规范。[①] 同时《新加坡进出口商品管理法》更是规定了进出口商品的标准、质量、安全等方面的规定,确保进出口商品质量的可控和安全性,这对于增强新加坡自由贸易港的竞争力,保持其在全球贸易中的地位具有重要的意义。这种明确的法令为商业活动提供了必要的确定性和稳定性,有利于吸引外商投资。新加坡健全的法律体系是保障企业投资和经营的关键因素,不仅为商业活动提供了明确的规则和保障,而且法律体系特点中的公正性和公平性吸引了大量国内外企业在新加坡设立业务和投资,主要包括公司法、合同法、知识产权法等,为企业开展投资活动提供了营商环境中必需的法律保障。

2. 提供安全的生活和工作环境

新加坡自由贸易港的社会治安优良,这对于吸引外国投资和人才,保障自由贸易港的正常运营具有重要意义。良好的社会治安可以降低企业和个人的经营和生活风险,提高他们的安全感,从而吸引更多的人来新加坡工作和生活。同时,新加坡的严格执法也有效地打击了犯罪,保护了个人和企业的权益。

---

① Salmon et al. , *Big Data*, *Information Technology as Control Over the Profession of Medicine*, The Corporatization of American Health Care, The Rise of Corporate Hegemony and the Loss of Professional Autonomy, 2021, p. 181 – 254.

3. 建立国际信誉和地位

新加坡的法治环境和社会治安不仅对内保障了稳定和安全,而且对外也塑造了新加坡的国际形象。新加坡的法律体系和司法公正被国际社会广泛认可,新加坡也被国际社会誉为“最安全的城市”之一。这些都增强了新加坡在国际社会的信誉和地位,有利于新加坡与其他国家和地区加强深入交流和合作,促进了新加坡自由贸易港的国际化发展。法治和社会治安对于新加坡自由贸易港的成功起到关键作用。新加坡的法治环境为自由贸易港的运营提供了清晰的规则和保障,社会治安为自由贸易港提供了安全的环境,两者共同构成了新加坡自由贸易港成功的基础。

新加坡自由贸易港的成功在很大程度上可以归功于其健全和公正的法治环境。社会治安优良是新加坡自由贸易港吸引国内外人才和投资的重要因素。新加坡的严格执法、有效的犯罪预防和高效的救援系统,共同构建了一个安全、和谐的生活和工作环境。在这个环境中,商业活动按照清晰、公正的法律规则进行,企业和个人的权益得到了有效保障。法治环境为企业提供了稳定的营商环境,为投资者提供了安心的投资环境,为创新者提供了保护。同样,营商环境的自由便利、纠纷解决机制完善、政府具有政策支持等优势也不是与生俱来的,都离不开全方位、多层次、高位阶的顶层法律设计,以及以国家针对性立法为前提的结构合理、层级分明、内容全面、适用统一的自由贸易试验区法治体系。这一切都使新加坡自由贸易港成为全球企业和投资者的首选之地。这种环境不仅吸引了海内外的人才和投资,也为自由贸易港的运营提供了稳定的社会环境。

(四)新加坡自由贸易港商贸投资风险防控的实践经验

1. 法律法令规范完备

新加坡自由贸易港在投资法律法令方面的规定主要包括企业注册法、公司法、合伙企业法、合同法、国内货物买卖法、进出口管理法、竞争法等。这些法律为投资者提供了必要的指导和规范,以降低投资风险。

例如,企业注册法规定了企业在新加坡注册的程序和要求,公司法则规范了公司的组织和运营行为,合伙企业法规定了合伙企业的权利和义务,合同法规定了合同的基本要素和履行方式,国内货物买卖法规定了货物买卖的基本规则和保障措施,进出口管理法规定了进出口的程序和要求,竞争法则防止了不正当竞争行为的发生。

除此之外,新加坡还与其他国家缔结了避免双重征税协定、投资保护协定及多项自由贸易协议,这些协议为投资者提供了更多的法律保障。例如,《关于促进和保护投资协定》规定了投资保护的原则和规则,《避免双重征税和防止漏税协定》则避免了双重征税的问题,《中华人民共和国政府和新加坡共和国政府自由贸易协定》等协定则促进了双边贸易和投资合作。

2. 意外风险防控体系

新加坡自由贸易港的风险防控体系建立在严格的法律和高效的管理机制之上,为企业提供了全面的风险管理方案,保障了自由贸易港的平稳运行。新加坡的风险防控体系主要由以下几种管控渠道构成:

(1)全面风险管理:新加坡自由贸易港实施全面风险管理策略,通过对货物、人员和资金流动的全面评估和监控,及时发现并解决潜在的风险问题。例如,新加坡制定了详细的《风险管理指南》,规定了企业在自由贸易港内运营所需遵守的风险管理流程和标准。这种全面的风险管理体系,不仅保障了企业运营的安全性,还提升了自由贸易港的整体竞争力。

(2)信息化风险管理:新加坡自由贸易港依托先进的信息技术进行风险管理,建立了完善的信息系统,可以实现货物、人员和资金流动的实时监控和数据分析。这种信息化管理方式可以提高风险管理的效率和准确性。

(3)联合风险管理:新加坡依托先进的信息技术,新加坡自由贸易港建立了完善的信息化风险管理系统。这一系统利用大数据和实时监控技术,实现对货物、人员和资金流动的实时监控和数据分析。例如,新加坡采用了基于区块链技术的货物流转监控系统,确保每一笔交易的透明性和安全性。这种信息化管理方式,提高了风险管理的效率和准确性,减少了人为干预所带来的风险。

(4)内部控制与应急预案制度:新加坡自由贸易港建立了严格的内部控

制制度和应急预案制度。内部控制制度包括对企业内部流程的严格监管，如财务审计、合规检查和内部审查等。应急预案制度则涵盖了突发事件的预先规划和应对准备，例如针对自然灾害和突发安全事件的详细应急处理方案。这些制度确保了企业能够迅速应对各种突发风险，保障了运营的连续性和稳定性。

3. 中介服务体系

新加坡中介服务体系主要包括律师事务所、会计事务所、投行和销售、移民和签证申请、物流、金融咨询和保险等领域的服务。这些中介机构在新加坡经济发展中扮演着重要的角色，它们通过专业的服务和广泛的资源，帮助解决各种问题和需求，为企业的顺利运营提供全方位的支持，尽可能减少投资风险发生。新加坡的中介服务体系主要由以下几种服务组成：

（1）律师事务所服务：新加坡在国际法律服务领域享有极高的声誉，是世界上法律服务最便利、最开放，也是最具有国际性的国家之一，提供包括仲裁、调解和诉讼在内的全方位国际商业争端解决服务。在 2020 年发布的《全球司法与报告》中，新加坡的整体法治指数在全球排名第 17 位，连续两年榜上有名。新加坡拥有多家享誉国际的律师事务所，如 Donaldson & Burkinshaw、Allen & Gledhill、Drew & Napier、Rajah & Tann 和 Wong Partnership 等，这些事务所在公司法、商法、知识产权、仲裁和争议解决等多个领域都有出色的表现，并且在国际法律服务市场中占据领先地位。

（2）会计师事务所：新加坡的国际会计师事务所在全球范围内也享有很高的声誉。它们提供广泛的服务，包括审计、税务、咨询和企业管理等。新加坡的会计师事务所因其高质量的服务、专业的团队以及对复杂国际财务问题的处理能力而受到认可。根据《国际会计公报》（International Accounting Bulletin）2022 年 7 月发布的新加坡会计师事务所排名调查报告，利安达新加坡会计师事务所在新加坡名列第 21 位。这显示了新加坡会计师事务所在国际上的竞争力和专业水平。此外，新加坡的“四大”会计师事务所（普华永道、德勤、安永和毕马威）也在当地市场中占据重要地位。它们不仅在新加坡，而且在全球范围内都可提供高标准的会计和咨询服务。新加坡的四大会计师事务所因其在审计、税务和咨询服务方面的专业性和广泛的国际客源网络而备受推崇。

（3）投资金融：新加坡作为东亚重要的国际金融中心，拥有稳定的政治经济环境、高效廉洁的政府，也拥有良好的金融管理系统。这些都是吸引外国直接投资的重要因素。新加坡的金融市场具有高度的开放性和透明度，这对于投资银行业务的发展至关重要。新加坡政府鼓励金融创新，至2020年，新加坡国际金融中心成为全球第三大外汇交易中心、第四大国际金融中心，约75%的在管资产来自海外。此外，新加坡的投资银行能够提供包括并购、资本市场、财务顾问、资产管理等多元化的金融服务。它们在处理复杂的跨国交易和资本运作方面拥有丰富的经验和专业能力。新加坡的投资银行也因其高效的服务、专业的团队以及对国际市场的深刻理解而受到客户的高度评价。

（4）知识产权代理机构：新加坡的国际知识产权代理体系被认为是全球最完善和执行力度最强的知识产权制度之一。根据世界经济论坛2019年的报告，新加坡在知识产权保护方面排名世界第四，亚洲第一。此外，新加坡也是《专利合作条约》下国际检索机构和国际初步审查机构的成员之一，显示了其在知识产权领域的国际地位。新加坡的知识产权代理机构提供全面的服务，包括专利、商标、外观设计和版权等。这些机构在帮助企业和个人注册和保护知识产权方面拥有丰富的经验。例如，米兰达亚洲知识产权服务中心（Mirandah Asia）是新加坡规模较大的知识产权代理机构之一，以其专业的服务和高效的办事效率著称。新加坡知识产权局也推荐了一些专业的知识产权代理事务所，它们为客户提供包括申请确权、法律诉讼、预警分析、运营管理等高质量知识产权服务。新加坡的国际知识产权代理机构不仅在本地，也在国际上提供高标准的服务，得到了广泛的认可和好评。这些机构的专业能力和服务质量，使新加坡成为企业和创新者注册知识产权的首选目的地。

（5）物流服务提供商：新加坡不仅是亚洲最佳物流枢纽，而且在全球范围内也被认为是提供一流物流服务的地区。新加坡的物流业发展得益于其优越的地理位置、先进的基础设施、高效的通关程序和强大的政府支持。据2020年统计,新加坡的樟宜机场是世界第四大货运机场,每周有4000航班连接57个国家的182个城市。① 新加坡自由贸易港则是世界最大的转运集装箱港口之一,与全球600多个港口相连。这些设施的高效运作,加上新加坡政府对物流业的大力支持和投资,使得新加坡成为一个主要的国际物流和供应链管理中心。新加坡物流企业在提供定制化物流解决方案方面具有丰富经验,能够满足不同客户的需求。同时,新加坡也在物流科技创新和应用方面走在前列,进一步提升了其物流服务的水平和效率。

总的来说,新加坡的国际物流服务提供商不仅在亚洲,而且在全球范围内都是领先者,能够为客户提供安全、高效、专业的物流服务。这使得新加坡成为许多国际企业在亚洲设立区域总部和物流中心的首选地点。

(6)商业咨询服务:新加坡的国际商业咨询服务在全球范围内享有很高的声誉,以专业水平高、效率高著称。新加坡的咨询行业吸引了许多世界顶级的咨询公司,如麦肯锡、波士顿咨询集团、贝恩咨询、德勤等,这些公司在战略、财务、运营和技术咨询等多个领域提供专业服务。咨询机构拥有经验丰富的专业团队,熟悉本地法律法令和国际商业惯例,能够为企业提供一站式的服务。这些服务包括市场进入策略、业务流程优化、人力资源管理、财务咨询、风险管理等。新加坡的企业服务平台也为企业提供了一站式的商业服务,包括快速注册、便捷管理、法律支持和知识产权保护等,这些优势使得新加坡成为全球企业在亚洲的首选扩展地。

总体而言,新加坡的国际商业咨询服务不仅在亚洲,而且在全球范围内都可以说是居于领军地位,能够为全球客户提供高质量、高效率的专业咨询服务。

4. 金融配套服务体系

新加坡拥有多家知名的金融机构和发达的金融市场,这些机构和市场为企业提供多样化的金融服务和投资渠道,确保企业在融资和投资方面的便利和安全。《新加坡银行法》和《证券交易法》为这些金融活动提供了法律

---

① 谭韵涵:《新加坡樟宜机场商业成就探讨》,载《中外企业家》2019年第2期。

保障,确保市场运作的透明和规范。此外,新加坡自由贸易港的金融配套服务体系也非常完善,可以为企业提供各种金融服务,包括贸易融资、国际结算、外汇兑换等。

(1)金融机构:新加坡拥有多家知名的金融机构,如新加坡星展银行、新加坡华侨银行等,这些机构可以为企业提供各种金融服务,包括贸易融资、投资理财、风险管理等。

(2)金融市场:新加坡的金融市场非常发达,拥有多个交易市场和金融产品,如新加坡交易所、新加坡国际金融交易所等。这些市场可以为企业提供股票、债券、基金等多种投资渠道和融资平台。

(3)金融科技:新加坡自由贸易港积极推动金融科技创新,通过大数据、人工智能等技术手段提升金融服务的效率和便捷性。例如,《新加坡金融科技法》支持和规范金融科技企业的发展,为企业提供更先进的金融解决方案。这不仅提高了金融服务的质量,还增强了新加坡在全球金融科技领域的竞争力,为金融服务提供更高效、更便捷的解决方案。

(4)金融监管:新加坡的金融监管机构非常严格和规范,可以保障企业的资金安全和合法权益。这些监管机构对金融机构的运营、风险管理等方面进行全面监督和管理,确保金融市场的稳定和健康发展。

(5)金融人才培养:新加坡自由贸易港注重金融人才的培养和引进,通过设立多所知名大学和培训机构培养金融专业人才。这些人才为金融服务行业提供了强有力的人才支持。

5. 政企分离的运营模式

新加坡自由贸易港的政企分离的运营模式是指政府和企业各自扮演不同的角色,政府负责宏观规划、指导和监督,企业则负责具体的运营和管理。这种模式可以降低政府对港区直接管理产生的信息不对称、服务目标不统一、部门协调不一致等弊端,赋予公司灵活机动的自主权,在开放自由的环境里能够快速灵活地作出应对,从而保障自由贸易港的平稳运行。

6. 建立完善的信用体系

新加坡自由贸易港建立了完善的信用体系,通过加强对企业信用的监管和评估，确保企业的信誉度和透明度，从而降低投资风险。

在完善的信用体系下，新加坡自由贸易港对企业进行严格的信用评估，包括企业的财务状况、经营能力、市场表现等方面。企业必须通过信用评估才能在新加坡自由贸易港注册并开展业务。此外，新加坡自由贸易港还设立了专门的信用管理机构，负责对企业进行信用评级和监管，确保企业的信誉度和透明度。

通过完善的信用体系，新加坡自由贸易港可以有效地降低投资风险，保障投资者的合法权益。投资者可以通过查询企业的信用评级和了解企业的信用状况，作出更加明智的投资决策。同时，新加坡自由贸易港还可以对不良信用企业进行惩罚和制裁，维护市场的公平和秩序。

7. 建立风险准备金

风险准备金是新加坡自由贸易港为了应对潜在的风险和危机而设立的专项基金。该基金的来源可以是政府财政拨款、企业缴纳的费用或者其他资金来源。风险准备金主要用于应对自由贸易港可能出现的各种风险和危机，包括自然灾害、市场波动、贸易摩擦等。

通过建立风险准备金，新加坡自由贸易港可以为企业提供更加稳定的经营环境，降低投资风险。当风险发生时，企业可以获得及时的资金支持，减轻经济压力，并尽快恢复正常运营。同时，风险准备金还可以提高企业的抗风险能力，保护企业的资金安全，增强市场稳定性。

8. 完备的离岸税收制度

新加坡作为全球最具活力、经济前景被持续看好的经济体之一，新加坡的税收制度、税收管理水平和投资环境在世界范围内都首屈一指。新加坡吸引各国投资者的优势在于其优越的地理位置、稳定高效的政府组织、健全的法律体系、完善的基础设施及覆盖领域广泛的商业投融资网络。新加坡对外资实行国民待遇，外资企业与内资企业一样享受同等减免优惠。[①] 其境内自由贸易港的主要目的在于鼓励转口交易，促进海外货物利用自由贸易

① 陈颖君：《新加坡自由贸易港的发展经验及教训》，载《中国经贸导刊（中）》2021 年第 6 期。

港临时停放，无须报关手续，也无须缴纳关税、货物税或消费税。①

（1）离岸贸易政策先行

为加快自由贸易港离岸贸易发展，新加坡监管局始终坚持政策先行，为离岸贸易的高速发展提供良好制度环境。首先，早在1966年，新加坡设立第一个自由贸易港的前3年就颁布《自由贸易区条例》用以降低传统关税保护对离岸贸易的影响。据悉，此条例从自由贸易港离岸贸易税收政策发展功能、税收监管体制、运行模式等方面进行系统规定，搭建出较为完整的离岸贸易税收政策框架。其次，自20世纪80年代开始，新加坡重点发展技术、资本密集型产业。事实上，70年代末新加坡为支撑产业转型便出台相应离岸贸易税收优惠政策。例如，企业所得税税率由此前的40%降至33%；新兴产业投资所得税只征10%。并且，为打造新加坡自由贸易港的持续吸引力，新加坡当局表示为加快自由贸易港离岸贸易发展，新加坡监管局始终坚持政策先行，为新型离岸贸易的高速发展提供良好制度环境，将执行持续性离岸贸易减税政策，如相关受批准开发或研究的项目，除第一阶段的资本输出直接减税25%外，此后每年将减税3%。最后，新加坡于21世纪初陆续出台并完善此前各项离岸贸易税收的优惠政策。如2020年，企业所得税税率已然降至17%，正常应纳税收入的免税额度高达30万新元。可以看出，新加坡为鼓励自由贸易港离岸贸易快速发展，始终致力于税收政策上的革新优化，确保其能够紧跟时代发展需求。

（2）离岸贸易税制简单

新加坡虽然实体经济发展规模较小，但典型离岸地环境致使其无须担心自由贸易港税收流失问题。因此，新加坡一直采取税制简单且较为宽松的离岸贸易税收政策。目前，新加坡自由贸易港离岸贸易税收体系由《新加坡海关法》《新加坡进出口商品管理法》《自由贸易区法案》构成。其中，《自由贸易区法案》是构成新加坡自由贸易港离岸贸易税收管理的基本法令。

---

① 陈仕清：《新加坡自贸区离岸贸易税收政策的实践经验及启示》，载《对外经贸实务》2021年第8期。

细致来说,新加坡自由贸易港离岸贸易税收主要包括所得税、不动产税、消费税、印花税、房产税及其他税。对于进出口商品,区内免征99%种类货物的关税,仅汽车、烟草、酒类、石油不纳入免征范围。相较他国,新加坡自由贸易港对于进出口商品划分也简单明了。相关商品只要未过关境,即无须缴税;当商品离开关境进入或离开当地市场,进行正常缴税即可。

(3)离岸贸易税率低

《自由贸易区法案》规定,新加坡自由贸易港内的企业遵循《关税法案》进行税务缴纳。并且,为持续确保其国际贸易中心地位,新加坡借助低税负优势,为再出口公司提供相应免税服务。新加坡自由贸易港内,离岸贸易商品(汽车、烟草、酒类、石油除外)的移动、存放、分拣、改装、再出口,免关税、免配额限制和商品及服务税、免港口税。不仅如此,若商品货物需要在新加坡境内不同自由贸易港进行自由迁移,亦免相关税费。对于选择在新加坡自由贸易港落户的企业来说,分层税制模式使其极具国际竞争优势。例如2020课税年度的新加坡企业所得税为17%,但选择落户自由贸易港的企业所得税税率仅5%—10%,且只征收经营利得税,资本利得税并不涉及。以全球平均企业所得税税率24.99%来看,新加坡自由贸易港离岸贸易企业所得税税率处于较低水平。值得注意的是,为避免双重征税、降低预扣税,截至2020年年底,新加坡已与80余个管辖区签署了89个综合规避双重征税协议,确保离岸贸易相关税率在国际上拥有较强竞争力。

八、新加坡自由贸易港的多元解纷机制发展变革经验

纵观新加坡自由贸易港的多元解纷机制的变革和演进历程,对于我国而言,其中主要有三点经验值得参考和吸收。

(一)持续的法治进化:领袖推动肇始与政策持续建设

在新加坡这样的法治建设后发国家,多元解纷机制的长足发展首先依赖于中央政府对于法治建设的重视和推动。法律对于政治具有相对的依附

性，法律是优势政治力量进行利益分配的产物。法律可以是执政者维持旧有利益秩序、保持旧社会形态和关系不变的武器，也可以是推进新利益格局、促进社会改革发展变化的工具。对于一个如新加坡这样的国家而言，法治环境的初期建设非常依赖政治力量的支持。新加坡在政治上取得独立之后，虽然建立起了类似于西方的三权分立制度和民主选举制度，但李光耀仍然是新加坡无可争议的事实奠基者和统治者。他的政治意志和选择对于这个法治建设的后发国家而言，具有决定性的意义。在李光耀数十年的执政历程中，他坚定地推进"三权分立"体制，确保司法机构在整个新加坡政治体制中的独立性和自主性。他主导在沿用英国部分旧有体制的基础上，建立起具有新加坡特色的法律制度，他继续沿用了部分包含了丰富市场试错经验的英国订立的立法，如《公司法》、《合同法》和《保险法》；废除了不合时宜或带有殖民色彩的立法，如《诽谤法》。[①] 他的一系列决策虽然站在三权分立的角度而言，属于行政权干预了立法权，但符合了当时新加坡社会发展的趋势和变化，也为之后新加坡更为高水平的自由贸易港法治环境建设奠定了基础。

新加坡自由贸易港法治环境在中央政府的强势推动之下有一个良好的开始，但其长期建设是无法持续依赖行政命令运行的。其国际化程度、公开透明的程度甚至还会被行政干预的底色影响。因此，新加坡自由贸易港的长期法治建设是制度化的，也是专业化的。新加坡多元解纷机制的长期塑造最终还是要依靠基本法令来实现。为了促进这一目标实现，新加坡修改了《民事诉讼程序法》，于 1998 年颁布了《社区调解中心法令》，还制定了一系列鼓励和促进解纷机构运行的配套制度与措施，并在多年来不断更新迭代。这些长期的立法工作为新加坡多元解纷机制的长远发展打下了坚实基础。[②] 如中国一样，新加坡也是一个拥有强有力中央政府的国家，通过中央政府和权威领袖对于法治建设施加的"元推动力"，只要方向正确，就可以使

① 温先涛：《〈新加坡公约〉与中国商事调解——与〈纽约公约〉〈选择法院协议公约〉相比较》，载《中国法律评论》2019 年第 1 期。

② 郭玉军、陈芝兰：《论国际商事仲裁中的"非国内化"理论》，载《法制与社会发展》2003 年第 1 期。

得国家法治在很长一段时间内保持持续发展和进步的惯性。从这个意义上而言,中国可以对新加坡的决策历程进行参考。

(二)独特的价值基因:西方法治精神与东方伦理文化的结合

新加坡的法治体系源于英国,其自由贸易港的政治体制、立法架构等基础的制度建设也基本沿袭了英国的体制和规则。但新加坡能发展出独特的法治环境和良好的社会风化并不是仅仅依靠法治精神,作为东亚各国的移民聚居地,新加坡格外地重视"德治"的作用,新加坡政府认为法律规则除了保障社会运行的基本秩序,还应重视其"教育"和"指导"作用。因此,新加坡政府推行将东方的伦理价值观融入法治框架当中,促进伦理精神在法治规则的指引下构建和熏陶良性的社会风气。

1991 年,新加坡颁布《共同价值观白皮书》,这份文件是新加坡进行法治文化氛围建设的核心指引和关键指南,文件中确立了"国家至上,社会优先;家庭为根,社会为本;关怀扶持,同舟共济;求同存异,协商共识;种族和谐,宗教宽容"。这是新加坡社会共享、公认的基本原则。以这份白皮书为基础,新加坡对于东方伦理价值观的塑造体现在了立法、执法和司法的方方面面。[①] 例如,新加坡的《婚姻法》被称为《妇女宪章》,以示对于弱势群体的帮扶和关注。又如,早在 1995 年,新加坡即通过《赡养父母法令》,勒令有能力的子女必须充分地赡养其父母,否则可能会面临刑事责任,还于同年 3 月设立了专门审理家事案件的家事法庭。这些法治建设其实都是在打造基于东方伦理基础——"家庭为社会的基本组成单位"的一种价值取向。这样的法治建构的最大优势就是让整个社会秩序的安定程度在无形之中上升了,被动地降低了社会维稳的成本。

新加坡的法治精神建设还体现在其对于"强力而公允的社会管理者"这一形象的极度重视。对于一个国际自由贸易港而言,除了社会治安和交易

---

① Blochlinger & Karen, *Primus Inter Pares, Is the Singapore Judiciary First Among Equals?*, Pac. Rim L. & Pol'y J, Vol. 9:1, p. 591(2000).

秩序的长期稳定，另一大吸引贸易投资和解纷主体的因素就是其政治风气和司法公正的长期清明。而新加坡在政府管理和司法裁决方面做到了有口皆碑。世界正义计划（The world justice project）发布的《2022 年全球正义指数报告》指出，新加坡的法治环境排名居于世界第 17 位，亚洲第 2 位，"政府清廉指数"及"社会治安水平"这两项则名列全球第 3 位。① 如此优越的法治环境离不开新加坡政府对于"清正廉明"这一传统东方政治秩序的规则化谱写。新加坡前总理李光耀曾总结道："与西方社会不同的是……在东方，国家的主要目标是建立一个秩序井然的社会，让每个人都能最大限度地享受他的自由。自由只能存在于有序的状态中，而不能存在于自然的争夺和无政府状态中。"显而易见的是，只有存在开放透明、具有国际公信力的司法机构和仲裁机构，自由贸易港的多元解纷机制才有推行的土壤和基础。而新加坡独特的东西方融合的法治文化既滋养了多元并治的自由解纷环境，也保护了裁判公允的基本价值秩序。

（三）开放的法治框架：广泛的国际解纷合作与知名解纷品牌打造

新加坡的多元解纷机制建设当中另一大极具特色和参考价值的方面就是其法治规则与法治环境的国际性、品牌性建设。作为一个多元文化的国家，新加坡的法律体系也是综合了不同法律传统的成果，包括英国的普通法、中国的习惯法、伊斯兰教法和印度教法。新加坡的多元解纷机制之所以成功，离不开其对于多元解纷机构和规则的国际化塑造，更离不开其多元解纷机制的品牌化效应。新加坡在国际法治建设中历来注重国际性建设，通过参与国际组织、签署国际条约、推动国际合作等方式，提升新加坡在国际社会中的地位和影响力，同时也借鉴和吸收国际上的先进经验和做法，完善和改进自身的法律制度和司法机构。

首先，新加坡致力于积极地参与各种国际多元解纷组织与条约。新加坡是联合国、东盟、亚太经合组织等多个重要国际组织的成员方，积极参与

---

① *Public Interest Litigation in Asia. Routledge*，2011，p. 91.

和促成成员间国际商事主体的解纷进程。新加坡国际商会组织也使新加坡成为亚洲区域枢纽:在国际商事仲裁案件数量方面,新加坡在亚洲排名第一,世界排名第五。每年在新加坡有超过800例的案件,而中国正是当事方数量最多的国家之一。新加坡国际仲裁中心已成为亚洲领先的国际仲裁中心,吸引了许多与亚洲有关的案件,其中大部分来自中国和印度。另外,新加坡也与伦敦仲裁院、美国仲裁协会及中国海南国际仲裁院等多个国际解纷机构建立了良好的协作关系,尊重并执行这些机构作出的判决和裁决。①

其次,新加坡广泛参与了多项多元解纷的国际条约、国际协约,包括《联合国海洋法公约》《联合国贸易法委员会示范法》《纽约仲裁公约》等。这些条约涵盖了海洋权益、跨境商事、仲裁裁决承认与执行等多个领域。其中最为典型的就是2018年6月的《新加坡调解公约》,联合国贸易法委员会第五十一届会议审议并通过了《联合国关于调解所产生的国际和解协议公约》,由于新加坡在第五十一届会议上倡议为公约举行一个签约仪式并由新加坡承担签约仪式的相关费用,会议遂建议将该公约简称为《新加坡调解公约》。②

最后,新加坡在多元解纷机制建设中不仅关注自身的发展,也关注其他国家和地区的发展,尤其是邻近地区和发展中国家。新加坡通过双边或多边渠道,与其他国家和地区开展了广泛而深入的法律合作,包括司法互助、司法培训、司法交流等。例如,新加坡与中国在2021年签署了《中华人民共和国最高人民法院与新加坡共和国最高人民法院关于法律查明问题的合作谅解备忘录》,建立了一个高层司法对话机制,以加强两国在法律制度、司法改革、司法实务等方面的交流与合作。③ 新加坡也通过新加坡国际法院、新加坡国际商事法院、新加坡国际仲裁中心等机构,为国际社会提供了高效、

---

① 孙南翔:《〈新加坡调解公约〉在中国的批准与实施》,载《法学研究》2021年第2期。

② Chong, Adeline & Man Yip, *Singapore as A Centre for International Commercial Litigation, Party Autonomy to the Fore*, Journal of Private International Law, Vol. 15:2, p. 97 – 129(2019).

③ 张亮、杨子希:《第三方资助国际仲裁的披露义务规则研究》,载《武大国际法评论》2019年第2期。

公正、专业的司法服务，赢得了国际社会的信任和赞誉。

新加坡多元解纷机制的根本优势在于其既充分发挥了东亚文化中民众对国家信任和依赖的传统，将国家力量集中起来实现经济现代化，同时也继承了西方法治文明中的竞争精神与市场原则。施行放管结合，将自由海港的市场竞争机制和竞争精神贯彻到其所有解纷渠道当中，实现了真正的“市场化多元解纷机制”的建设。[①] 对于新加坡的成功经验，中国应该认真学习和借鉴，大力推动法律体系的改革和完善，借鉴国际通行的规则和标准，提高中国法律的国际化水平；加强与国际组织和机构的合作，参与国际争端解决规则的制定和完善，提升中国在国际争端解决领域的话语权和影响力；培养一批具有国际视野和专业素养的争端解决人才，提高中国在国际争端解决案件中的代表性和参与度。

---

① 韩秀丽、翟雨萌：《论“一带一路”倡议下中外投资协定中的投资者—国家仲裁机制》，载《国际法研究》2017 年第 5 期。

第四章

迪拜法治发展趋势的考察

作为一个新兴经济体,阿拉伯联合酋长国(以下简称阿联酋)已经成为一个区域战略贸易中心,以其友好的商业环境和快速增长的经济而闻名,阿联酋的贸易政策主要是基于对世界经济开放和与全球贸易伙伴积极互动的理念而制定的。根据世界银行于2020年发布的全球营商环境报告,阿联酋的营商环境便利度在全球190个经济体中排名第16位,而中国排名第31位。中东的一些国家是自由贸易区的早期采用者,叙利亚、埃及和约旦在20世纪60年代和70年代建立了政府经营的贸易区,但就阿联酋而言,迪拜酋长国(以下简称迪拜)与众不同,因为它在20世纪80年代建立第一个自由贸易区之前就已经在国际贸易中享有盛誉。①

迪拜位于阿拉伯湾东南岸,为阿联酋的7个酋长国之一,也是阿联酋最主要的经济支撑之一。迪拜在国际贸易方面的地理位置极佳,地处亚、欧、非三个大洲的交汇点,是连接东西方的重要交通枢纽。迪拜自由贸易区是有限自由港,由港口和一系列高度开放的自由贸易区组成。需要注明的是,迪拜存在自由贸易区与非自由贸易区,因迪拜自由贸易区的最大特色是其

---

① Shayah M. H. & Qifeng Y., *Development of Free Zones in United Arab Emirates*, International Review of Research in Emerging Markets and the Global Economy(IRREM), Vol. 2:1, p. 286 - 294(2015).

拥有不同产业的自由贸易区,本文在探讨迪拜自由贸易区的发展时着重以迪拜的自由贸易区为考察对象。自7世纪以来,迪拜就一直是珍珠的交易所在地。迪拜的许多显赫家族并不是用石油建立起他们的金融帝国,而是依赖与欧洲、中东和南亚的成功贸易。自由贸易区在促进阿联酋经济的生产多样化方面发挥了关键作用,阿联酋拥有遍布全国的46个自由贸易区,而迪拜占了近30个。最引人注目的是,每个自由贸易区都有自己独立的商业法规、劳动法和财产法,每个区域都由独立的监管机构监督。例如,迪拜发展局、迪拜国际金融中心、杰贝阿里自由贸易区和迪拜国际机场自由贸易区适用单独的商业法。阿联酋的行政和商业法规仅适用于迪拜医疗城自由贸易区。迪拜凭借其优越的地理位置、宽松的商业氛围、稳定的政治环境、相对健全的法律制度和成功的自由贸易区战略发展成为中东地区最大的自由贸易中心、商贸中心、货物集散中心和金融中心,同时也是全球金融中心和经济中心之一。因此,在海南建设自由贸易港的过程中,有必要考察迪拜的法治发展趋势和法律制度,借鉴其良好的经验,以助力海南自由贸易港实现高质量发展。

一、迪拜自由贸易区法治体系观察

(一)阿联酋的法治体系演进

阿联酋中的各酋长国曾在公元7世纪隶属阿拉伯帝国。自16世纪开始,葡萄牙、荷兰、法国等殖民主义者相继侵入。19世纪初,英国入侵波斯湾地区,并于1820年强迫当地7个酋长国与其签订"永久休战条约"。此后各酋长国逐步沦为英国的保护国。1971年3月1日,英国宣布同各酋长国签订的条约于年底终止。1971年12月2日,在阿布扎比和迪拜的倡议下,当时6个酋长国通过了《联合宣言》(the Union Declaration),宣布阿联酋成为独立的国家。1972年,哈伊马角酋长国加入阿联酋联邦。因此,阿联酋是一个由7个伊斯兰酋长国组成的联邦,包括阿布扎比(阿联酋的首都)、阿治曼、迪拜、富查伊拉、哈伊马角、沙迦和乌姆盖万酋长国。阿联酋位于阿拉伯半岛东部,北濒波斯湾,西部和南部与沙特阿拉伯交界,东部和东北部与阿曼毗连。该国大部分土地都是沙漠和盐滩,但哈吉尔山脉造成地形各异,哈吉尔山脉从阿曼延伸到阿布扎比南部地区,也延伸到拉斯海玛和富查伊拉附近的东海岸。除了大陆部分外,阿联酋还包括波斯湾的众多小岛,包括阿布扎比北海岸外的达斯岛。阿联酋在波斯湾的地理位置使其成为阿拉伯半岛、南亚和伊朗的贸易和移民中心,这些历史和地理因素对塑造阿联酋的法治体系具有重要影响。

1. 阿联酋的政法体系

1971 年 7 月 18 日,联邦最高委员会通过临时宪法,同年 12 月 2 日宣布临时宪法生效。1972 年 2 月,阿联酋国家议会召开第一次会议,阿布扎比酋长兼阿联酋首任总统谢赫·扎耶德·本·苏丹·阿勒纳哈扬在会上指出,该宪法旨在使阿联酋成为一个独立和拥有主权的联邦国家。联邦是阿拉伯国家的一部分,由宗教、语言、历史和共同命运的纽带联系在一起;联邦的人民是阿拉伯民族的一部分,伊斯兰教是联邦的官方宗教;伊斯兰教法是法律的官方来源;联邦的官方语言是阿拉伯语。[①] 该临时宪法沿用了 25 年,1996 年 12 月,联邦最高委员会通过决议,将临时宪法转变为永久宪法,并确定阿布扎比为阿联酋的永久首都。

每个酋长国都有自己的政府来处理地方事务。每个酋长国的统治者都被授予"sheikh"(阿拉伯语中常见尊称)的荣誉称号,其家族的成员也被称为"sheikh"或"sheikhah"(女性)。

阿联酋是无政党国家。《阿联酋宪法》规定了两种类型的政府:酋长国政府和中央联邦政府。酋长国政府的组织和管理由地方一级负责,受地方成文法或习惯法约束。事实上,在联邦制之前适用的关于酋长国政府组织和管理的法律制度和方法至今仍然有效。然而,中央联邦政府受国家宪法

---

① Kristi Barnwell, *The Formation of the UAE: State-building and Arab Nationalism in the Middle East*, Bloomsbury Publishing, 2024, p. 1.

约束,根据其规定,国家权力在理论上分为三方面不同的权力:行政、立法和司法。[①] 具体而言,联邦当局由以下机构组成:联邦最高委员会(The UAE Supreme Council);阿联酋总统和副总统(The UAE President and Vice President);阿联酋内阁(The UAE Council of Ministers);联邦国民议会(The Federal National Council);联邦司法机构(The Federal Judiciary)。

阿联酋联邦最高委员会由联邦7个酋长国的统治者组成,是阿联酋联邦的最高权力机构。7个酋长国的每位统治者在联邦最高委员会决策中均有一票表决权。联邦最高委员会负责以下工作:(1)制定《阿联酋宪法》以赋予阿联酋所有事务的总体政策,并考虑任何可能实现阿联酋目标和各成员酋长国共同利益的事项;(2)在颁布之前批准各项联邦法律,包括《年度总预算法》和《结账法》;(3)批准《阿联酋宪法》中规定必须由联邦最高委员会批准或核准后才能由阿联酋总统颁布的事项有关的法令;(4)通过法令批准国际条约和公约;(5)根据阿联酋总统的提议,批准阿联酋总理的任命,接受其辞职并将其免职;(6)批准联邦最高法院院长和法官的任命,接受其辞呈,并在《阿联酋宪法》规定的情况下,通过法令将其免职;(7)总体上对阿联酋事务行使高度控制权;(8)宪法或联邦法律规定的任何其他职责。[②] 值得注意的是,联邦最高委员会关于实质性事项的决议应由至少5名成员且须包括阿布扎比统治者和迪拜统治者的多数通过,少数人应服从多数人的意见,关于程序事项的决议则以多数票通过即可。[③]

联邦最高委员会应从其成员中选出一名联邦总统和副总统;如果总统因任何原因缺席,副总统应行使总统的所有职责。阿联酋总统有以下职责:(1)主持联邦最高委员会并指导其开展讨论;(2)根据联邦最高委员会在其章程中确定的议事规则召集和解散联邦最高委员会,如果联邦最高委员会成员提出要求,联邦最高委员会应召开会议;(3)在必要的情况下呼吁联邦

① John Duke Anthony, *Arab States of the Lawer Gulf: People, Politics, Petrolewn*, The Middle East Institute, 1975, p. 99.

② Article 47 of the UAE Constitution.

③ Article 49 of the UAE Constitution.

最高委员会和内阁举行联席会议;(4)签署和颁布联邦最高委员会批准的联邦法律、法令和决议;(5)任命总理,接受其辞呈,并经联邦最高委员会批准解除其职务,并根据阿联酋总理的提议,任命副总理和部长,接受其辞呈,并解除其职务;(6)任命阿联酋驻外国外交代表和除联邦最高法院院长和法官以外的其他民事和军事高级联邦官员,接受他们的辞呈,并在内阁批准后解聘他们,上述任命、接受辞职或解聘应根据联邦法律通过法令进行;(7)签署阿联酋驻外国和组织的外交代表的国书,接受外国驻阿联酋外交领事代表的国书,签署代表的任命和接受国书;(8)通过联邦内阁和主管部长监督联邦法律、法令和决议的执行;(9)在国内、其他国家和所有国际关系中代表阿联酋;(10)根据《阿联酋宪法》和联邦法律的规定,赦免、减刑和批准死刑;(11)根据有关法律授予民事和军事勋章和荣誉勋章;(12)行使联邦最高委员会赋予其的职责,或《阿联酋宪法》及联邦法律规定的职责。①

联邦内阁由总理、副总理和若干部长组成。法律规定了各部委的职责和各部长的权力。第一届联邦内阁由下列12个部委组成:外交部,内政部,国防部,财政、经济和工业部,司法部,教育部,公共卫生部,公共工程和农业部,通信邮政部,劳工和社会事务部,信息部及规划部。② 内阁是阿联酋的行政机构,在联邦最高委员会和阿联酋总统的严格监督下,根据《阿联酋宪法》和联邦法律的规定,负责处理所有联邦内政和外交事务。内阁尤其应履行以下职责:(1)跟进阿联酋政府在国内外发布的总体政策的执行情况;(2)提出联邦法律草案,提交至联邦国民议会审议,而后提交给阿联酋总统且由其转交至联邦最高委员会批准;(3)编制联邦年度总预算和决算草案;(4)编制法令和各种决议草案;(5)颁布执行联邦法律所需的法规,但这些法规不得修改、搁置或禁止某些人执行这些法律;并颁布《阿联酋宪法》和联邦法律规定的管制条例和其他管制公共部门和行政管理的条例;根据法律的特别规定或内阁决定,可以指派主管的联邦部长或任何其他行政当局发布其中一

---

① Article 54 of the UAE Constitution.

② Article 58 of the UAE Constitution.

些条例;(6)通过阿联酋的所有相关当局监督联邦法律、法令、决议和法规的执行情况;(7)监督联邦法院判决的执行以及阿联酋缔结的国际条约和公约的执行;(8)根据法律规定任命和解雇联邦雇员,但这种任命和解雇不需要通过法令进行;(9)监督联邦公共部门和行政部门的活动表现以及联邦雇员的一般行为和纪律;(10)法律赋予内阁或联邦最高委员会在《阿联酋宪法》范围内确定的任何其他职责。① 内阁会议应秘密进行,内阁决议应由内阁成员多数票通过。如出现票数相等的情况,总理有权投决定票。少数应服从多数的意见。在任职期间,总理、副总理或阿联酋任何部长不得从事任何专业、商业或金融活动,不得与阿联酋联邦政府或各酋长国政府进行任何商业交易,除担任其职务外,不得在酋长国政府担任任何公职。

阿联酋联邦国民议会由 40 名成员组成,阿布扎比和迪拜各占了 8 名成员,沙迦和哈伊马角各占了 6 名成员,阿治曼、乌姆盖万和富查伊拉各占 4 个成员。阿联酋联邦国民议会议员应代表阿联酋全体人民,而不仅仅是其在联邦国民议会中代表的酋长国。任何人不得同时担任联邦国民议会议员和阿联酋联邦公职,包括部长级职位。联邦国民议会议员的任期为 4 年,自联邦国民议会举行第一次会议之日起计算。联邦国民议会会议应在阿联酋首都举行,但可例外地经成员多数票通过决议,并经内阁会议批准,在阿联酋其他任何地方举行会议。联邦国民议会有权决定其成员的任期是否有效,如果成员不具备任何一项必要条件,联邦国民议会有权决定取消其成员资格。如果全体成员中多数同意,并经 5 人提议,联邦国民议会有权接受成员的辞呈,自联邦国民议会接受之日起视为最终辞呈。各酋长国可以自由决定其在联邦国民议会中的代表的遴选方法。联邦国民议会成员应满足以下条件:(1)是阿联酋的公民,并永久居住在联邦国民议会所代表的酋长国;(2)当选时年龄不小于 25 周岁;(3)具有民事行为能力,举止得体,名声显赫,之前未被判犯有荣誉罪,除非已被依法恢复名誉;(4)具备足够的读写能力。联邦国民议会成员对其在联邦国民议会履行职务时表达的任何意见或

① Article 60 of the UAE Constitution.

观点不承担责任。除现行犯罪外,未经联邦国民议会许可,联邦国民议会开会期间不得对其成员提起刑事诉讼。在联邦国民议会休会期间提起此类诉讼时,必须通知联邦国民议会。联邦国民议会的职责如下:(1)在不违反《阿联酋宪法》第110条规定的情况下,联邦法律草案(包括金融法律草案)应提交联邦国民议会审议,然后送交阿联酋总统,后者应将其转交联邦最高委员会批准。联邦国民议会应讨论提交的法律草案,并可批准、修改或否决。(2)联邦国民议会在其常会期间应按照《阿联酋宪法》第八部分的规定审查联邦年度总预算草案和最终决算草案。(3)联邦政府应将政府与其他国家或不同国际组织缔结的国际条约和公约连同适当的说明通知联邦国民议会。(4)联邦国民议会可讨论与阿联酋事务有关的任何一般性问题,除非内阁提出讨论此类问题违反阿联酋的最高利益。联邦国民议会可提出建议并确定其应讨论的问题。若内阁不批准该建议,则应将不批准的理由通知联邦国民议会。(5)阿联酋政府由总理或副总理,或至少由联邦政府成员代表参加联邦国民议会会议。总理、副总理或主管部长应根据联邦国民议会条例规定的程序,回答联邦国民议会任何成员要求解释其管辖范围内的任何事项的问题。①

阿联酋联邦法院具有三级结构。初审法院是法律诉讼系统的初始阶段。当事人可在上诉法院对这些法院作出的判决提出质疑,上诉法院可在原判决引起争议的情况下对案件进行复审。上诉法院是阿联酋联邦法院等级制度中的第二级法院。上诉法院的目的是确保上一级判决正确适用法律和程序。这种做法可以纠正可能出现的错误,增强人们对司法系统的信心。联邦最高法院位于阿联酋联邦司法系统的顶端,只审理针对上诉法院判决的撤销原判上诉,侧重于案件的法律方面,而不是审查事实情况。这一级法院在法律的发展和解释方面发挥着至关重要的作用,能够为其他法院树立先例。联邦最高法院由首席大法官和最多5名法官组成,法官由阿联酋总统在联邦最高委员会批准后颁布法令任命。联邦最高法院首席大法官和法官

---

① Chapter Four of the UAE Constitution.

在执行司法程序期间不得被免职。除了死亡、辞职、合同期满或借调期满、退休、健康原因、法律规定的原因和程序被纪律处分或经其同意为其分配其他职位的,联邦最高法院的首席大法官和法官的任期不得终止。联邦最高法院负责裁决下列事项:(1)若应任何相关方的要求将争议提交法院,则对阿联酋成员酋长国之间或任何一个或多个酋长国与联邦政府之间的不同争议作出裁决。(2)若一个或多个酋长国以联邦法律与《阿联酋宪法》相抵触为由提出上诉,则法院将审议联邦法律的合宪性。若联邦当局以酋长国制定的立法与《阿联酋宪法》或联邦法律相抵触为由提出上诉,则法院还将审议该立法的合宪性。(3)在审理相关诉讼时,若国内任何法院提出要求,则应当考虑法律、立法和规章的合宪性。有关法院应遵守联邦最高法院就此作出的裁决。(4)若任何联邦当局或任何酋长国政府提出要求,则解释《阿联酋宪法》的规定。任何此类解释在阿联酋具有普适性。(5)根据联邦最高委员会的要求并依照相关法律,对通过法令任命的阿联酋部长和高级官员在履行公务时的行为进行审查。(6)裁决直接影响阿联酋利益的犯罪,如与阿联酋内部或外部安全有关的犯罪、伪造联邦当局的官方记录或印章以及伪造货币。(7)审理联邦法院与酋长国地方法院之间管辖权冲突的诉讼。(8)审理一个酋长国法院与另一个酋长国法院之间管辖权冲突的诉讼。管辖这些诉讼的规则应由联邦法律规定。(9)《阿联酋宪法》规定的或联邦法律赋予联邦最高法院的任何其他职责。① 联邦最高法院的判决为终局判决。阿联酋应在其永久首都或其酋长国首都城市设一个或多个联邦初审法院。联邦初审法院在其管辖范围内有权审理以下案件:(1)阿联酋与个人之间的民事、商业和行政纠纷,无论阿联酋是原告还是被告;(2)在阿联酋永久首都范围内发生的犯罪,但《阿联酋宪法》第 99 条规定由联邦最高法院审理的事项除外;(3)在阿联酋永久首都发生的个人身份索赔、民事和商业索赔以及个人之间的其他索赔。联邦司法机关判处的最终死刑,须经阿联酋总统批

① Article 99 of the UAE Constitution.

准后方可执行。[①] 阿联酋总统可以根据联邦司法部长的提议,并经由部长组成和主持的委员会批准,赦免被定罪者在执行判决之前或服刑期间执行联邦司法当局作出的判决或减刑。为此目的而成立的委员会应由联邦内阁选出的6名成员组成,任期为3年,可续任。委员会成员从以明智判断和高效著称的公民中选出。[②] 此外,阿联酋的司法系统分为联邦和酋长国两级,反映了该国的联邦制结构。各酋长国的地方司法当局对《阿联酋宪法》未指定给阿联酋联邦法院的所有司法事务拥有管辖权。

阿联酋联邦法院的三级体系促进了高效、公正的司法,确保每个阶段都在执法中发挥特定作用。这种组织结构使阿联酋司法管辖区的司法程序具有最大的透明度和明确的问责机制,增强了司法的权威性和公信力。7个酋长国都有自己的法院系统处理当地案件。迪拜和哈伊马角有自己的法院体系,不受联邦管辖。此外,迪拜国际金融中心和阿布扎比全球市场还设立了专门法院。迪拜国际金融中心拥有自己的基于英国普通法原则的法院系统,包括初审法院和上诉法院。迪拜国际金融中心法院(以下简称迪拜中心法院)审理与迪拜国际金融中心内的金融交易和与公司协议有关的民事和商业纠纷。阿布扎比全球市场也拥有独立的司法系统,其法院根据英国法律运作。阿布扎比全球市场法院专门审理其管辖范围内的商业和民事案件。与迪拜国际金融中心一样,阿布扎比全球市场法院结构也包括初审法院和上诉法院。专门法院为国际商业提供了独特的法律平台,在英美司法模式下提供更可预测和透明的执行。这些法院能够以英语进行诉讼,并采用国际公认的司法程序标准,因此大量国际纠纷涌入专门法院。

2. 阿联酋的法律制度演进

对任何一种法律制度的理解,在很大程度上取决于对其历史背景和启示的认识,对阿联酋的法律制度的理解尤其如此,其法律体系有着悠久而丰富的历史,可以追溯到前伊斯兰时期。在此期间,该地区受当地领导人制定

① Article 102 of the UAE Constitution.

② Article 107 of the UAE Constitution.

和执行的部落法律和习俗体系约束。20世纪中期,走向现代政府体系和法律西化的运动使西方法律与传统伊斯兰教法之间的冲突成为焦点。在现行法律制度存在之前,阿联酋的法律和司法制度的发展经历了两个不同的阶段:在发展的第一阶段,阿联酋的法律和司法制度大部分是由部落制度和部落习惯法结合伊斯兰教法的应用形成的。酋长国的法律体系主要由部落结构形成并以部落法律为基础。酋长国部落在种族、语言、宗教、生活方式、政治和社会条件方面非常相似,即在这一阶段,酋长国的法律体系是单一的。20世纪初,当酋长国统治者在沿海城镇建立沙里亚法院时,情况开始发生了变化。尽管部落制度及其法律在南部地区仍然盛行,但在沿海城镇建立伊斯兰教法法院并适用普适的伊斯兰教规则可以被视为整个酋长国法律和司法制度的重大发展。这些法院的设立是使法律和司法制度制度化的第一步,使其明确成为义务而不是自愿行为。英国在该地区建立司法管辖权可以看作另一个这样的步骤。一方面,它巩固了法律和司法制度的制度化,另一方面,它为政府参与法律制定和政府机构组织的进一步发展奠定了坚实的基础。政府的参与预示着第二阶段的开始,其形式是颁布成文法典和法规,建立法院,并由接受过西方模式培训的法官组成。第二阶段是由传统制度向现代制度转变的过程。阿联酋法律体系的现代化进程始于20世纪60年代初,主要涉及用西方的法律和制度取代传统的法律和司法体系(实际上是由伊斯兰教法管理的)。此外,除了传统的伊斯兰教法法院(适用伊斯兰教法并由伊斯兰教法官主持)之外,现代化进程还建立了由西方法官主持的世俗法院,也被称为民事法院。因此,到1971年,阿联酋拥有了双重法律体系,伊斯兰教法法院适用传统的伊斯兰教法,而民事法院则适用源自西方的法律法规。这种二分法甚至一直持续到今天,这可以用现代化要求与传统主义要求之间的持续冲突来进行解释。①

阿曼是阿拉伯半岛最古老的国家之一,公元7世纪成为阿拉伯帝国的一

---

① Al-Muhairi & Butti Sultan Butti Ali, *The Development of the UAE Legal System and Unification with the Judicial System*, Arab Law Quarterly, Vol. 11, p. 116 – 160(1996).

部分，11 世纪末独立。第一批在阿曼定居的阿拉伯人是阿兹德部落（Azide），他们在公元 2 世纪从也门移民过来并统治了该地区。随后的阿拉伯移民带来了阿拉伯半岛北部的人民在该地区定居，他们是亚拿尼的后裔，是阿拉伯人家谱二支中的第二支。阿拉伯人家谱的这两个分支之间的区别在半岛之外有些传说，但对部落成员自己来说，这种区别是至关重要的。因为它在这两个部落之间造成了非常现实的政治冲突，并塑造了阿曼的历史，导致了之后的奴役，目前该地区的土著居民主要来自这两个部落。伊斯兰教在阿拉伯半岛东部出现后，在先知穆罕默德的时代，阿曼人像大多数阿拉伯人一样成为穆斯林。从那时起，伊斯兰教就成为影响该地区政治和社会生活的两个最重要的因素之一。另一个重要的影响因素是部落制度，虽然这两者在根本上是不一致的，但它们在一系列事件中相互作用，构建了该地区的历史。

15 世纪 90 年代末，瓦斯科·达·伽马刚发现通往印度的航线，葡萄牙就把目光投向了海湾地区，那里控制着通往远东的贸易航线。到 16 世纪初，葡萄牙派出武装部队建立军事堡垒，在此过程中镇压了偶尔发生的公民叛乱。在 17 世纪初，多因素结合导致葡萄牙在该地区的统治减弱，其中一个因素是 1600 年 12 月东印度公司成立后英国人的到来。

到 19 世纪初，奥马西海岸的阿拉伯部落重新集结。其中一支主要力量是卡瓦西姆人（Qawasim），他们是生活在哈伊马角和伊斯兰教法酋长国的海上民族。另一个主要的部落力量是巴尼亚斯联盟，他们在海湾下游地区持续传播影响力，并控制了从今天的迪拜到阿布扎比之间的地区。19 世纪初，这两个部落和英国人之间发生了冲突，英国人很快就部署了海军。在漫长而血腥的冲突之后，英国成功地迫使该地区的酋长们接受了《大不列颠与波斯湾各阿拉伯部落总和平条约》（General Treaty between Great Britain and the Arab Tribes of the Persian Gulf）（1820）。1853 年，英国与各酋长国的统治者签订了《海上永久休战协定》（The Perpetual Maritime Truce of 1853），自此它们就被称为停战诸国。1892 年，海湾地区的英国政治居民与停战诸国的统治者签署了《独家条约》（Exclusive Agreement）。根据该条约，英国处理阿联酋的对外事务，由停战诸国统治者处理国内事务。由此，停战诸国失去了独立性，被置于英国的保护之下。1971 年，英国最终从该地区撤出，阿联酋宣布独立。

由所有海湾酋长国组成的联邦国家的建立是由阿布扎比和迪拜的统治者发起的。1968 年 2 月 18 日，两位统治者同意将其酋长国组成联邦，并邀请其他海湾酋长国的统治者加入联邦。今天组成阿联酋的 7 个酋长国的统治者以及巴林和卡塔尔的统治者于 1968 年 2 月 28 日会面并签署了《联邦协定》(The Federation Agreement)。但是，1969 年 10 月举行的联邦最高委员会(由这些酋长国的统治者组成)会议未能就实际设立联邦国家达成协议，因此谈判暂停，等待进一步协商。此时英国已宣布计划在 1971 年年底撤出该地区。联邦最高委员会于 1970 年 6 月 13 日再次召开会议，讨论独立后的安排。巴林和卡塔尔酋长国宣布它们不会加入联邦。阿联酋于 1971 年 12 月加入阿拉伯国家联盟，于 1972 年加入联合国。

在 19 世纪初，阿联酋沦为英国的保护国，法律体系主要基于英国普通法。1971 年，阿联酋独立后，在伊斯兰法律、部落习俗和外国法律体系(包括埃及和印度的法律体系)的基础上建立了自己的法律体系。阿联酋第一个正式的法律体系是 20 世纪 70 年代在阿联酋首任总统的领导下建立的，第一部法典——1972 年第 1 号联邦法律，为该国的法律体系建立了法律框架，并概述了联邦政府的权力和责任。

阿联酋的法律体系架构为联邦和地方双重法律体系。从法系划分角度来看，阿联酋是混合法系的典型代表，其法律制度受到大陆法系、伊斯兰法系、英美法系和习惯法等多种法系和法律制度的影响。[①] 在普通法和大陆法加入之前，每个酋长国仅受伊斯兰教法的约束。《阿联酋宪法》第 7 条规定，伊斯兰教是阿联酋的官方国教，伊斯兰教法是国家法律的主要来源。现今，阿联酋更多的是采用法国民法而非英国普通法，阿联酋法律的法国式形式是早期遵从埃及宪法的结果。但是，普通法在迪拜和阿布扎比适用较多，从

① 马悦：《阿联酋近期法律改革及其影响评析》，载《区域观察》2021 年总第 5 期。

历史上看这是19世纪和20世纪英国法律在域外适用于停战诸国的结果。与通过埃及接受法国法律类似，海湾地区接受普通法也是通过第三国，海湾地区的商业习俗受到印度贸易实践的强烈影响。在英国占领印度期间（1858—1947年），海湾酋长国是英国的保护国。1858年以后，印度的商业习俗受到英国商法的影响，因此阿联酋法律的常见条款来自英国。

尽管植根于传统法律体系，但阿联酋的法律体系已经接受了现代法律原则和实践，并且不断地适应和发展，以满足该国不断变化的需求，呈现出由传统走向现代化、国际化的规律。随着阿联酋的发展，阿联酋原有法律制度中一些深受传统伊斯兰教法影响的规定已经无法适应其国际化发展的要求。2020年11月，阿联酋通讯社宣布总统批准对《个人身份法》、《民事交易法》、《刑法》和《刑事诉讼法》的修正案，标志着阿联酋法律改革的全面启动。2021年11月底，在阿联酋迎来建国50周年国庆之际，阿联酋总统批准对本国法律体系进行广泛改革，该改革旨在与阿联酋的发展成就保持同步，加强经济、投资和商业机会，此外最大限度地实现社会稳定、安全并确保个人和机构的权利。本次改革涉及40多项法律，涉及社会和人身安全、投资、工业产权的监管和保护、版权、商标、商业登记、电子交易、信托服务等诸多方面，包括《犯罪和惩罚法》、《网络安全法》以及规范麻醉品和精神药物的生产、销售和使用的法律。本次法律制度改革使阿联酋的社会和经济运行规则进一步与国际接轨，从而进一步巩固阿联酋在海合会地区的“最优”投资市场地位。①

（二）迪拜的法律渊源

1. 阿联酋成立之前

从19世纪初开始，英国在整个海湾地区就具有重要影响力。1820年，

---

① 刘冬：《阿联酋建国以来最大规模司法改革的背景与目的》，载中国社会科学网，http://iwaas.cass.cn/xslt/zdlt/202203/t20220316_5398975.shtml#:~:text=2021%E5%B9%B411%E6%9C%88,%E6%9B%B4%E6%94%B9%E5%92%8C%E6%96%B0%E5%A2%9E%E5%86%85%E5%AE%B9%E3%80%82。

英国与迪拜、阿布扎比和其他沿海国家达成休战协定。1892 年，迪拜成为英国的受保护国。根据 1959 年的休战国家枢密院令，在整个海湾酋长国建立了英国法院，这些法院被指示对外国人（主要是英国侨民）适用英国法律。随后，在阿拉伯各酋长国发展了一种双重法庭制度。英国法院基本上对外国人适用英国法律，而沙里亚法院则对当地居民和某些不属于休战国家枢密院令范围的民族适用未经编纂的伊斯兰教法。① 在 1971 年将管辖权移交给各酋长法庭之前，英国政府很少将法律（翻译成阿拉伯语后）移交给各酋长颁布。就迪拜而言，该时期有两项重要立法，一是《1970 年迪拜法院设立法》（Formation of the Dubai Courts Law of 1970），根据该法，迪拜设立了沙里亚法院和民事法院（包括一审法院和上诉法院）；二是《1971 年迪拜合同法》（Dubai Law of Contracts 1971），这是 1961 年《休战国合同法条例》的阿拉伯语翻译版本。

2. 阿联酋成立之后

1971 年，迪拜脱离英国，与阿布扎比、沙迦、阿治曼、乌姆盖万和富查伊拉组成阿联酋，哈伊马角于 1972 年加入。除了根据《阿联酋宪法》保留给联邦的法律领域以外，迪拜的主要立法由迪拜统治者以法令和条例的形式颁布，二级法例由有关政府部门根据这些法令和条例来制定。此外，迪拜的司法系统是独立的，不与阿联酋联邦系统整合。迪拜的一审法院和上诉法院不是联邦法院的一部分，它们的判决是以迪拜统治者的名义而不是以联邦总统的名义发布的。根据 1992 年第 3 号迪拜法，迪拜法院按以下顺序适用法律：（1）适用于迪拜的联邦法律；（2）迪拜法律；（3）伊斯兰教法（宗教）原则；（4）自然正义、公平和良心原则。由于迪拜的法律体系相对年轻，法院在 1971 年之前才成立，它们所适用的法律通常是基于埃及和约旦等法律体系较为古老的阿拉伯国家法律，其很少采用除适用于迪拜的联邦法和国内法、埃及、约旦以及伊斯兰教法原则以外的任何来源法律，而大多数争端实际上

---

① Barahim & Fuad A., *Brief Legal History and Sources of Dubai Law*, University of Durham Student Law Journal, Vol. 6, p. 47 (1992).

都可以参照伊斯兰教法原则解决。因此,联邦一成立就以埃及或约旦法律为蓝本制定了一系列法律。

(三)迪拜的法治体系观察

1. 创新的"一体两制"法治体系

迪拜是中东地区的第一大自由贸易区城市,设有近30个自由贸易区,分别涵盖国民经济的众多领域。作为世界上国际化程度最高的城市之一,全球化商业安排模式的转变需要一个跨越国内、国际和跨国法律制度和文化的法律生态系统,迪拜国际金融中心(Dubai International Financial Centre, DIFC)给出了生动的案例。

迪拜建立迪拜国际金融中心被认为是21世纪最重要的政策创新。[①] 该自由贸易区的成立是通过对《阿联酋宪法》第121条的修正案实现的,该修正案涉及联邦和个别阿联酋政府之间的权力分工,允许联邦制定金融自由贸易区法,反过来又允许每个酋长国的政府,如迪拜,在其酋长国内创建一个金融自由贸易区。随后,2004年3月27日在阿联酋公报上公布了2004年第8号联邦法令——《金融自由区法》。根据这项法律,金融自由贸易区可以通过联邦法令在阿联酋的任何酋长国建立。2004年第35号联邦法令明确将迪拜国际金融中心确立为迪拜的金融自由贸易区。此外,2004年第9号迪拜法案设立了迪拜国际金融中心日常运作所必需的各种机构,它还指示成立迪拜中心法院,并由迪拜酋长任命迪拜国际金融中心主席,并规定豁免适用于迪拜的规则或条例。2004年第12号迪拜法案确立了迪拜中心法院及其管辖权。

迪拜国际金融中心位于迪拜市中心,但其目标是像离岸一样运营。其建立的目的是吸引外国投资,并使迪拜成为商业和金融交易的国际中心。迪拜国际金融中心主要由迪拜国际金融中心纠纷解决管理局、迪拜国际金

---

① Strong, Michael & Robert Himber, *The Legal Autonomy of the Dubai International Financial Centre: A Scalable Strategy for Global Free-Market Reforms*, Economic Affairs, Vol. 29, p. 36 - 41(2009).

融中心管理局(作为执行机构)和迪拜金融服务管理局(管理银行和金融)(以下简称迪拜金管局)进行监管和运行。尽管在地理位置上位于迪拜市中心,但其根据《阿联酋宪法》拥有独立的管辖权,拥有自己的民法和商法,主要基于普通法,但它仍然受阿联酋刑法的约束。迪拜中心法院是争议解决机构的一个分支机构,其程序精简,以技术为基础,以客户服务为导向。该法院使用英语,而不是迪拜国内法院(以下简称迪拜法院)使用的标准阿拉伯语。[①] 英国法官在区内执行英国普通法,在区外则适用阿联酋法律,这是迪拜在创建迪拜国际金融中心时的特点。迪拜设立普通法自由贸易区实际上是一个深思熟虑的决定,通过法律规定在迪拜主权酋长国内创建一个新的法律实体。选择普通法,而不是在整个中东地区广泛使用的民法编纂制度,原因不在于殖民时期英国法律理论的任何影响,而在于普通法作为国际商业交易法能够使外国投资者更加自信和舒适,以及普通法给予法官的自由裁量权有助于快速发展日益复杂的国际实践所需的灵活的法律体系。[②]

2. 有限度的独立司法制度

2004 年 3 月 14 日阿联酋政府颁布了关于金融自由贸易区的《金融自由区法》,它允许通过联邦法令在阿联酋的任何酋长国建立金融自由贸易区。该法第 3 条规定,金融自由贸易区不受联邦民事和商业法律的约束。[③] 第 7.3 条允许金融自由贸易区创建自己的法律和监管框架,涵盖所有民事和商业事项,但必须遵守阿联酋作为缔约方的国际条约。但是,在发展迪拜国际金融中心司法系统的独立性方面也存在一些限制,如在国际金融中心内外执行国际金融中心法院作出的判决、裁定和裁决,若符合最终性要求、被翻译成阿拉伯语并被认为“适合执行”的,则外部执行应由迪拜法院的执行法

---

① Kingsley, Jeremy J. & Melinda Heap, *Dubai: Creating a Global Legal Platform?*, Mel-bourne Journal of International Law, Vol. 20, p. 277 - 291(2019).

② Carballo & Alejandro, *The Law of the Dubai International Financial Centre: Common Law Oasis or Mirage Within the UAE?*, Arab Law Quarterly Vol. 21, p. 91 - 104(2007).

③ 《金融自由区法》第 3 条规定:“(1)金融自由区及在该区域内进行的所有经营活动均应遵守关于将洗钱定为刑事犯罪的 2004 年第 4 号联邦法。(2)联邦的所有法律均适用于金融自由区及该区域的金融活动,但联邦的民法和商法除外。”

官(无权审查案情)进行。这一要求是模棱两可的,当寻求外部强制执行时,为控制迪拜国际金融中心的判决留下了可能性。

二、迪拜自由贸易区金融法治保障

整个20世纪60年代,迪拜满足了印度对黄金的巨大需求。1968年,迪拜从贝鲁特、伦敦和苏黎世进口了580吨黄金,进口量达到顶峰。同时,在此期间,迪拜还充当了走私和再出口贸易计划(所谓的往返贸易)的商业中心,涉及一系列商品。此外,迪拜利用该地区的冲突,尤其是黎巴嫩的冲突,接收流离失所的企业和贸易流动。迪拜将自己定位为接管黎巴嫩,成为该地区的金融中心,并成为印度和巴基斯坦商人可以会面的中立区。迪拜宽松的监管环境助长了非法金融和商业活动,尤其是通过酋长国的许多自由贸易区进行的贸易洗钱活动。酋长国对不受监管的金融交易和非法贸易的矛盾心理由来已久,而且根深蒂固。到了20世纪80年代,迪拜对金融透明度的放任态度为一些国际通缉犯打开了大门,让他们的活动和财富不受约束地发展。迪拜的治理架构以统治王室的深远影响力为基础,领导人家族成员可以直接被任命为迪拜金管局的董事会成员,这种控制结构存在极大风险,当国家领导人控制监管机构时,这会增加他们参与非法金融活动的风险,并降低监管机构在没有国家批准的情况下履行职能的能力。① 迪拜之所以成为非法资金流动的极具吸引力的目的地,是因为它拥有多个自由贸易区,而阿联酋联邦的许多法律并不适用于这些自由贸易区。为保持迪拜经济的强劲发展,这些自由贸易区拥有独特的监管制度,既为贸易便利化和投资提供了快捷途径,也为各种非法活动提供了适宜的环境,包括黄金走私和武器贩运等。

早期的监管失败经验给阿联酋带来了惨痛的教训,因此,为了成为全球

---

① Kumar L., *Dubai: Free Trade or Free-For-All? Dubai's Role in Facilitating Corruption and Global Illicit Financial Flows*, Carnegie Endowment for International Peace, 2020, p. 24.

金融中心以及资本和投资的区域门户，阿联酋采取了创新措施，在迪拜市中心建立了一个独立的司法管辖区，该司法管辖区受益于由金融中心制定的经最佳国际实践所启发的主要法律和监管框架。结果就是迪拜国际金融中心成为一个金融自由贸易区，拥有自己的法院和以英格兰和威尔士普通法为蓝本的法律框架。迪拜国际金融中心旨在成为世界一流的全方位服务金融中心，为其注册实体提供全方位的金融服务以及法律、会计、咨询服务等辅助支持服务。迪拜国际金融中心专注于以下金融服务领域：银行和经纪服务、资本市场、资产管理和基金注册、保险和再保险以及伊斯兰金融。对于公司而言，在迪拜国际金融中心注册的财务优势包括免征收入和利润税、不受外汇交易限制以及100%外资所有权的可能性。截至2024年，迪拜国际金融中心内拥有逾600家企业从事金融服务业务，其中包括29家全球系统性重要银行中的27家，以及4家中资银行。① 其金融业高度发展离不开完备的法律制度保障和个性化的金融监管支持。

（一）完备的法律制度保障

1. 阿联酋的金融法律制度

阿联酋在金融法律、银行业法律及税法方面建立了较为完善的法律体系。在金融法律制度方面，联邦政府自2006年至2024年建立了36项法律制度，规范了联邦公共机构与私营部门之间的伙伴关系、职责分离、联邦政府内部审计、外籍人员子女教育费用、非本国雇员统一保险政策等方面。阿联酋实施《海外账户税收合规法案》和《共同申报准则》，这两项制度要求不同司法管辖区的主管当局根据国际协议在国内法中实施自动信息交换，以配合全球努力实现税收透明度。《海外账户税收合规法案》和《共同申报准则》要求阿联酋申报金融机构每年向阿联酋财政部报告应申报账户持有人和/或控制人持有的某些金融账户的信息，以强化金融监管。在经济活动方

① 朱丽娜：《香港金融监管水平全球领先　迪拜拟放宽虚拟资产监管》，载《21世纪经济报道》2024年3月5日，第7版。

面，联邦政府颁布了5项法令规范跨国公司提交报告及联邦公共机构与私营部门之间伙伴关系等方面。在规制破产方面，联邦政府颁布了6项法令，其中规定了对从事金融商业活动的机构进行监督、控制、监管和许可的监管机构，如何应对紧急金融危机及破产相关事项。在打击金融犯罪方面，联邦政府自2010年至2024年颁布了7项法令，对打击洗钱犯罪、资助恐怖主义和资助非法组织及规范金融机构和金融活动等方面进行了规定。值得关注的是，联邦政府很重视税务管理，在该领域颁布了56项法令进行规制，其中仅在2023年就颁布了32项法令，对计税方式、税务减免、利息减免、纳税主体等方面进行了规定。2022年12月9日，阿联酋颁布了2022年第47号联邦法令——《关于公司和企业征税》（以下简称《公司税法》），自2023年6月1日或之后开始的财政年度起生效。《公司税法》加速了阿联酋未来50年的繁荣，其旨在帮助阿联酋实现其战略目标并加速其发展和转型，纳入了国际知名和接受的原则，符合国际标准的竞争性公司税制，加上阿联酋广泛的双重税收条约，将巩固阿联酋作为商业和投资领先管辖区的地位。《公司税法》规定了公司税的定义和范围、缴纳和免缴公司税的主体范围、居民和非居民的界定、免税的收入、费用扣除范围、税率及申报程序等，其内容彰显了该税收抵免制度主要基于国际最佳实践，且相对于国际上其他制度对于企业合规的负担最小，为外来企业投资构建了友好的税务环境。

2. 迪拜国际金融中心的金融法律制度

迪拜国际金融中心成立于2004年，旨在弥合世界主要金融中心之间的差距。对于迪拜国际金融中心授予的特别立法权加之不受联邦民商事法律以及迪拜法律的规制，赋予了迪拜金融自由贸易区极大的立法独立性，使其成为“法治特区”，[①]拥有自己的一套法律法规，以及自己的法院和仲裁中心。它不受阿联酋民商法规的约束，但仍受阿联酋刑法的约束。

迪拜国际金融中心独特的法律和监管框架基于国际标准和普通法原

① 前海地方金融监管局课题组：《迪拜国际金融中心金融法治建设经验及对前海的启示》，载田禾、吕艳滨主编：《法治蓝皮书：前海法治发展报告 No.4（2021）》，社会科学文献出版社2021年版。

则，根据该地区的独特需求量身定制，为金融服务和相关行业的发展创造了最佳法治营商环境。全球主要的自由贸易区都是采用普通法系，国际金融市场也都以普通法系为主导，迪拜也不例外。其虽为后发的自由贸易区，迪拜国际金融中心结合自身实际对英国普通法中的部分内容进行编纂，以成文法形式颁布，[①]基本上复制了英国的金融法律体系。[②] 这虽与阿联酋长期奉行的深受伊斯兰教法影响的大陆法系传统相异，但适用普通法系在以美元为主导的国际金融市场中相对于其他法系表现出了较强优势。国际金融机构和企业纷纷涌向迪拜国际金融中心，被迪拜国际金融中心全面的、更关键的、众所周知的法律法规所吸引。

2004 年阿联酋颁布了《金融自由区法》，[③]明确规定允许通过联邦法令在阿联酋的任何酋长国建立金融自由贸易区；使金融自由贸易区和金融活动免受所有联邦民商法的约束，意味着迪拜国际金融中心有自己的监管和法律框架；确认联邦刑法在金融自由贸易区适用，包括《联邦反洗钱法》；禁止迪拜国际金融中心授权公司从事“从国家市场吸收存款和以阿联酋迪拉姆进行交易”的交易；限制迪拜国际金融中心授权保险公司在该地区开展再保险活动等。2004 年第 35 号联邦法令将迪拜国际金融中心创建为迪拜金融自由贸易区，划定了迪拜国际金融中心的地理边界，说明由于迪拜国际金融中心仍在建设中，因此允许中心机构和授权公司在前 4 年内在迪拜国际金融中心以外运营。《2004 年监管法》(Regulatory Law, DIFC Law No. 1 of 2004.)赋予了迪拜金管局作为金融服务监管机构的权力。2004 年第 9 号迪拜法律承认迪拜国际金融中心的财务和行政具有独立性，允许迪拜国际金融中心在某些条件下不受迪拜法律法规的约束，创建了 3 个独立机构以支持

① 马悦：《英国普通法在阿联酋金融自由区的移植——基于法律移植和法律全球化理论的分析》，载《区域国别学》2023 年第 2 期。

② 王方宏：《海南自贸港金融开放研究》，中国金融出版社 2022 年版，第 184 ~ 189 页。

③ 《金融自由区法》第 1 条规定：“金融自由区：在任何酋长国境内建立并进行金融活动的金融自由区。”

第 2 条规定：“金融自由区应当依照联邦法令而建立，具有法人团体资格，其法定代表人为金融自由区董事会主席。金融自由区在开展活动中产生的义务均由金融自由区独自承担。”

该中心业务的增长和发展,分别是迪拜国际金融中心纠纷解决管理局、迪拜金管局和迪拜中心法院。迪拜国际金融中心管理局负责监督迪拜国际金融中心的战略发展、运营管理和规划,以及负责制定和管理与金融服务相关的法律法规。迪拜金管局监督受监管的公司,并监督其遵守适用法律和规则的情况。迪拜中心法院在普通法框架内运作,以确保法律程序和争议解决的最高国际标准。上述法律构成了迪拜国际金融中心的基础性立法。

迪拜国际金融中心先后颁布各项专门立法,如《公司法》《普通合伙法》《运营法》《合同法》《电子交易法》《个人财产法》《劳工法》《数据保护法》等,覆盖公司设立与运作、金融交易、商业运营、产权保护、个人数据保护等各个方面。在金融业务领域还颁布了《集体投资法》《投资信托法》《规范伊斯兰金融业务法》《市场法》等法律,为迪拜国际金融中心金融业的运行构建了相对完备的法律制度保障。根据该自由贸易区的发展需要,各项法律不断地修订完善,在大部分法律之下都制定了相对应的法规或条例以细化规则便于实施。2024 年 3 月,迪拜国际金融中心颁布了全球首部《数字资产法》,旨在确保迪拜国际金融中心法律跟上技术发展推动的国际贸易和金融市场的快速发展,为数字资产的投资者和用户提供了法律确定性。该立法是第一部以物权法全面阐述数字资产作为财产的法律,就如何控制、转让和处理数字资产作出规定,反映了迪拜国际金融中心致力于维持国际最佳实践前沿地位。[①] 值得注意的是,迪拜国际金融中心以英语为官方语言,其法律法规均有完整的英文文本以供查阅,打造符合国际金融发展要求的金融法律体系。

(二)个性化的金融监管保障

1. 独立的金融监管主体

迪拜为了建立和维护迪拜国际金融中心诚信、透明和高效的营商环境,

---

① 《迪拜国际金融中心颁布全球首部〈数字资产法〉》,载中华人民共和国商务部网 2024 年 3 月 15 日,http://dubai.mofcom.gov.cn/jmxw/art/2024/art_58af87e48daa4192b983bb52d305a806.html。

在迪拜国际金融中心设立了迪拜金管局,该局是迪拜国际金融中心的独立金融服务监管机构,致力于促进和维护金融服务的公平、透明、效率、稳定。迪拜金管局根据世界领先金融司法管辖区的最佳实践和法律,在建立清晰灵活的监管框架方面设定了毫不妥协的高标准。迪拜国际金融中心金融监管体系的成功很大程度上取决于其监管机构的独立性,其监管范围包括资产管理、银行和信贷服务、证券、集体投资基金、托管和信托服务、商品期货交易、伊斯兰金融、保险、国际股票交易所和国际商品衍生品交易所。除了监管金融和辅助服务外,迪拜金管局还负责监督和执行适用于迪拜国际金融中心的反洗钱和反恐融资要求。

迪拜金管局具有独立的法人地位,实行独立预算,并且在履职和行权过程中不受其他机构干涉,始终保持独立,同时设立董事会对金融服务管理局的活动进行监督。董事会设立了5个委员会协助其履行职能:立法委员会、治理和提名委员会、审计委员会、风险委员会和薪酬委员会。一些委员会的成员可能不是董事会成员,但具有专业知识的个人可以支持委员会履行职责。《2004年监管法》是迪拜金管局监管权力、职能和目标的基石,赋予迪拜金管局制定规则的权力;列明董事会及行政总裁的权力及职能;设立金融市场审裁处;规定授权公司和个人的标准和程序;规定监督和调查人员以及执行迪拜金管局管理的立法的权力;赋予迪拜金管局施加限制、暂停和制裁的权力,包括经济处罚;规定审计师和指定非金融企业和专业的注册;规定了迪拜金管局在发布某些类型的决定时必须遵循的决策过程等。为了避免迪拜金管局权力膨胀,保证其权力运作合规,《2004年监管法》还要求设立金融市场审裁处(Financial Markets Tribunal)①对迪拜金管局作出的决定予以审查,相关当事人对于迪拜金管局决定存疑时也可申请金融市场审裁处启动监管程序。

2. 审慎的金融监管方式和目标

迪拜金管局是一个基于原则的综合监管机构,对监管目标公司(包括金

---

① 《2004年监管法》第26—33条规定。

融机构、注册审计师和信用评级机构)采取遵循基于风险的方法,具体取决于每家公司的性质、规模、复杂性、规模和情况,以及它对迪拜金管局目标构成的具体风险。迪拜金管局进行审慎的商业监管,不实行“零失败”制度,以避免给金融机构造成过重的监管负担及对金融体系的效率产生不利影响,因此,其根据监管对象的风险大小来部署监管资源以降低失败或不当行为的风险和影响。迪拜金管局的监管目标是促进和维持迪拜国际金融中心金融服务业及相关活动的公平、透明和效率;培养和保持对迪拜国际金融中心金融服务业的信心;促进和维持迪拜国际金融中心金融服务业的金融稳定,包括降低系统性风险;通过制裁等适当手段,预防和限制导致或可能损害迪拜国际金融中心或迪拜国际金融中心金融服务业声誉的行为;保护迪拜国际金融中心金融服务业的直接、间接用户以及潜在用户;促进公众对迪拜国际金融中心金融服务业监管的了解;助推实现迪拜统治者可能根据迪拜国际金融中心法律设定的任何其他目标。

3. 高标准的金融监管体系

迪拜国际金融中心建立的以迪拜金管局为主导的金融监管体系打破阿联酋传统发展模式,开创金融绿洲。为了快速对接国际金融市场,迪拜金管局采用国际公认标准,参考欧美国家等金融管理经验,建立高水平的金融监管体系。① 迪拜金管局的监管范围包括审计监管、网络风险监管、保险监管、运营与技术监管等多个方面。其通过参与行业外联、信息共享、标准制定、国际监管合作;实施风险评估、自我评估、专项审查;监控授权机构②定期报告、媒介分析、市场资讯;制定风险缓解计划、限业停业、采取积极措施化解风险等途径开展金融监管活动。其中,风险评估是迪拜金管局工作的重中之重。其通常从商业模式和公司治理、财务风险、运营风险、商业行为风险以及反洗钱和金融犯罪风险等五个方面对授权机构加以评估,并依据该评估结果决定对授权机构监管的类型。同时,迪拜金管局可以对授权机构进

---

① 兰璇:《自贸试验区推动金融制度创新的国际经验及启示》,载《中国商论》2023 年第 10 期。

② 授权机构:迪拜国际金融中心范围内被授权许可开展金融服务活动(银行、经纪人和经销商、资产管理、企业融资、保险及保险中介等)的公司或市场机构。

行定期访问、现场风险评估、向高级执行官(SEO)发出信函及监管警告,授权机构应当向迪拜金管局定期报告、汇报重大事件及可疑交易等,以保持二者有效沟通,建立开放、透明的合作关系。

(三)对标国际的金融司法保障

1. 独立的司法体系

在20世纪90年代末的这段时间里,外国投资者对迪拜的法律体系感到担忧。这些投资者担心,迪拜的法律体系无法处理复杂的跨境国际商业交易。当地法院以阿拉伯语运作,并遵循民法体系,如果迪拜开始经济自由化进程,就可能遇到不可避免的各种法律问题。值得赞扬的是,政府也意识到了这些缺陷,2004年第9号迪拜法律建立了迪拜中心法院,该法院使用西方普通法和西方法律原则,使用英语语言,以便能够为来自全球的投资者提供服务。

迪拜中心法院是阿联酋司法系统的组成部分,其对与迪拜国际金融中心有关的或者案件当事人同意交由该法院管辖的民商事案件享有专属管辖权。迪拜中心法院由小额诉讼法庭、一审法院和上诉法院组成。它们是根据迪拜2004年第9号和第12号法律设立的普通法法院,采用最高国际标准的法律程序,配置的法官均享有极高的国际声誉,部分法官能够同等运用大陆法和普通法。

首先,迪拜中心法院组织架构完整。根据法律规定,迪拜中心法院分为两级:一审法院和上诉法院,一审法院实行一名法官独任制,上诉法院由至少三名法官组成合议庭,首席法官或资深法官作为审判长,并且两级法院开设均有巡回法庭。2007年,迪拜中心法院设立了小额诉讼法庭(Small Claims Tribunal,SCT),并且规定了适用小额诉讼程序的三种情形,①此上三者构成了迪拜中心法院的基本组织架构。同时,迪拜中心法院任命一名首席法官和一名副首席法官,除履行法官一般职责外,还承担对法院的监督职

---

① (1)诉讼标的不超过500,000迪拉姆;(2)在当事人达成适用小额程序书面协议情形下,诉讼标的超过500,000迪拉姆的劳务纠纷;(3)在当事人达成适用小额程序书面协议情形下,诉讼标的超过100万迪拉姆的非劳务纠纷。

责,享有一定的行政管理权和规则制定权。

其次,迪拜中心法院具有专属管辖权。基于迪拜国际金融中心所解决纠纷的特性,迪拜中心法院有且仅有对于民商事案件的专属管辖权,所有与迪拜国际金融中心因素相关的民商事案件均由其受理,所有刑事案件均移交给其他机关。同时,管辖权扩张是迪拜国际金融中心司法变革的一大亮点。随着《2011 年第 16 号迪拜国际金融中心法律》的通过,只要各方同意,迪拜中心法院可以对任何商业事务(无论国内或国际)行使管辖权。这一规则变更将迪拜中心法院成立之初的秉承传统管辖策略的区域性功能定位转向打造全球纠纷解决中心的愿景。① 除此之外,根据法律规定,允许迪拜国际金融中心内运营主体协议选择迪拜中心法院以外机构管辖,当事人也可以选择适用中心法律以外的其他法律解决争议,充分尊重当事人的选择权。

2. 多元化纠纷解决机制

基于国际金融中心司法案件具有专业性、市场影响性、国际性较强的特点,②为了适应金融自贸区司法保障的需要,2014 年迪拜颁布法律将迪拜国际金融中心司法管理局(DIFC Judicial Authority)变更为迪拜国际金融中心纠纷解决管理局(DIFC Dispute Resolution Authority),进一步突出该机构纠纷解决的功能定位,除了迪拜中心法院外,还包括迪拜国际仲裁中心以及其他依法设立的附属法庭和争议解决机构。

2021 年,迪拜境内统一的仲裁中心——迪拜国际仲裁中心成立,并在迪拜国际金融中心设立分支机构,同时撤销迪拜国际金融中心—伦敦国际仲裁院(DIFC-LCIA)。2022 年,迪拜国际仲裁中心董事会发布《迪拜国际仲裁中心仲裁规则》(The DIAC Arbitration Rules 2022),该仲裁规则致力于推动迪拜国际仲裁中心现代化建设,实现与全球领先仲裁机构的规则对接,在多方面取得革新性突破:规定迪拜国际金融中心仲裁法院对仲裁程序的监管;

① 丁冬:《金融审判竞争视野下的司法供给——迪拜国际金融中心法院建设的启示》,载《金融理论与实践》2019 年第 7 期。

② 程合红:《统筹推进有中国特色的国际金融中心法治建设——国际金融中心建设法治保障机制比较研究》,载《清华金融评论》2021 年第 9 期。

设置迪拜国际金融中心为迪拜国际仲裁中心仲裁的仲裁默认地；允许以电子方式提交和交换仲裁申请、答辩状；允许仲裁员以电子方式签署裁决；首次承认仲裁中的第三方资助等。[①] 迪拜国际仲裁中心的设立统一了迪拜境内的仲裁格局，提高了多元化纠纷解决机制的效率，为迪拜国际金融中心的发展提供强有力的法治保障，同时加强迪拜在区域及全球多元化纠纷解决中的领先地位。

除了仲裁之外，迪拜国际仲裁中心还提供调解和和解服务。迪拜国际仲裁中心董事会于2023年7月发布了《迪拜国际仲裁中心调解规则》(The DIAC Mediation Rules 2023)，其对调解程序的启动、费用、选任调解员、程序进行以及保密性进行了规定，毫无疑问，调解作为一种非对抗性的争议解决方式，为友好高效地解决纠纷提供了更多的可能性。

三、迪拜自由贸易区的绿色发展体系

为了摆脱长期以来倚重石油的单一经济结构以及减少气候变化带来的自然灾害，环境保护是阿联酋可持续发展的基石之一。由于环境可持续性对于实现阿联酋成为全球榜样的目标至关重要，其成为阿联酋2021年和2071年愿景的一个重点关注领域。在环境问题上，根据耶鲁大学2020年发布的环境保护绩效指数，阿联酋得分55.6(满分100)，在180个国家中排名42，其中在空气污染与保护物种栖息地上的表现较为薄弱。因此，在提升阿联酋全球地位的计划中，环境保护和资源可持续性受到特别关注。环境教育已成为该国开发课程的主要内容之一，政府致力于在各个阶段将这些内容纳入学校课程和教科书。各个政府机构、公司和非营利组织也在不断努力，以提高联邦和酋长国对能源和水资源保护、回收利用等问题的认识。阿联酋很早就意识到向绿色经济转型的好处，特别是在食品和能源等软安全问题上，并采取了“阿联酋绿色增长战略”等开创性的战略。

---

① 2022年迪拜国际仲裁中心年报(DIAC Annual Report 2022)。

(一)阿联酋绿色发展制度及政策

在阿联酋,世界气候和绿色能源问题是实现可持续发展战略计划的突出因素。在此背景下,阿联酋启动了各种经济和金融计划,重申其对实现可持续发展的承诺。2010 年 2 月,阿联酋内阁出台《阿联酋愿景 2021》,将可持续发展置于阿联酋未来几十年的发展核心。2015 年 1 月,阿联酋内阁批准实施《2015—2030 年阿联酋绿色议程》,确定了环境、经济、社会在内的 41 个绩效指标。2015 年 3 月,阿联酋修订商业法,强调了公司履行企业社会责任义务。2016 年 4 月,阿联酋正式成为中东首个《巴黎协定》的缔约国。2017 年 3 月,阿布扎比国民银行发行海湾国家首支绿色债券。2019 年 5 月,阿联酋零售公司马希德·弗泰伊姆集团(Majid Al Futtaim)发行了阿联酋首支绿色伊斯兰债券(Green Sukuk),支持可再生能源的开发与应用。2020 年 1 月,阿布扎比能源部宣布了新的绿色债券加速器计划,目标是将阿布扎比建设成为阿联酋及整个中东北非地区的绿色债券与伊斯兰绿色债券中心。① 2024 年 3 月,以迪拜统治者的身份,阿联酋副总统兼总理发布指令,成立迪拜环境与气候变化局,以进一步促进各部门的可持续实践,保护生物多样性,并扩大酋长国的自然保护区和绿色空间。

1. 联邦层面生态法律制度

阿联酋生态环保管理部门主要为气候变化与环境部(Ministry of Climate Change and Environment)以及各酋长国环保监管部门。阿联酋有一系列法律,可作为废物、污染、自然资源以及可持续生产和消费的监管和管理的框架。截至 2024 年,阿联酋发布关于环境保护的联邦法律、部长令、部长决议等规范文件有 80 余部,涉及野生动植物保护、水资源开发、食品安全、农业发展等多个领域,其中最重要的一项环保立法是 1999 年第 24 号联邦法律——《联邦环境发展与保护法》②(以下简称《联邦环境法》),该法旨在保

---

① 李文、周冰星:《ESG 政策法规研究 - 阿联酋篇》,载新浪财经网,https://finance.sina.com/cn/esg/2021-01-21/doc-ikftssan9281191.shtml。

② Federal Law No. (24) of 1999.

护生态环境,维护生态平衡,实现可持续发展,为阿联酋环境保护事业的建设与发展提供了总括性规范,对各酋长国开展环保行动提供总体指南。同时,2021 年,阿联酋启动了为期 7 年的国家议程,该议程将改善空气质量、保护水资源、增加清洁能源的贡献和实施绿色增长计划列为重点,在保护环境的同时确保可持续发展,实现经济和生态发展之间的完美平衡。

2. 地方层面生态法律制度

根据迪拜政府组织架构,环境健康安全机构下设的环境部(Dubai Municipality Environmental Department)是迪拜环境保护的主管部门。迪拜积极响应联邦政府保护、修复、改善环境的战略号召,严格执行以保护生态环境为重点的联邦法律法规,为了落实环境保护与可持续发展政策,迪拜颁布了《迪拜地下水保护法》[①]、《迪拜自然保护区建立法》[②]、《迪拜沿海地区保护法令》[③]、《迪拜环保条例》[④]等规范性文件,构建了相对完备的地方环境生态保护法律体系。在《迪拜政府战略规划(2022—2026)》中,明确以实现迪拜可持续发展为主要任务,通过建立可持续环境生态系统,开发公园、扩大绿地等综合设施,建立实施综合环境卫生和废物管理等措施以实现人民幸福战略目标,致力于将迪拜打造成全球生态保护领先城市。

(二)阿联酋绿色金融市场

二氧化碳排放增加是一个紧迫的全球性问题,世界统计数据显示,1965 年至 2019 年化石燃料的碳排放量增加了 3 倍,即从 111,900 亿吨增加到了 343,560 亿吨。[⑤] 向低碳经济转型是一个重新定义我们生活、工作和与地球互动方式的机会。当今世界,许多国家都致力于实现气候中和与环境可持

---

① Law No.(15) of 2008.

② Law No.(11) of 2003.

③ Decree No.(22) of 2001.

④ Local Order No.(61) of 1991.

⑤ Udeagha, M. C. Ngepah & N, *Dynamic ARDL Simulations Effects of Fiscal Decentralization, Green Technological Innovation, Trade Openness, and Institutional Quality on Environmental Sustainability: Evidence from South Africa*, Sustainability, Vol. 14, p. 10268(2022).

续性。全球范围内的金融和技术进步正在推动能源使用的变化和低碳经济的传播。没有金融创新和绿色融资,转型清洁能源、减少碳排放、减缓气候变化是不可能的。① 某些类型的可再生能源,如太阳能项目,是成本极高的投资,需要很高的初始成本和长期贷款。在这种情况下,金融部门帮助投资者获得贷款资金,这有利于他们扩大生产规模,包括使用更多的设备,从而显著提高能源水平。此外,金融部门通过增强投资者的信心为市场创造投资机会,从而进一步降低资本成本和风险。金融进步增加了跨境投资机会,促进了最新技术节能产品的采用,先进技术使企业更容易为环境友好型业务融资,鼓励企业重新配置资源,并帮助企业实现可持续发展的目标。发展中国家面临许多资金限制,环境绩效评价不佳的可能性较大,因此有必要积极制定有关可再生能源的规定。制定和执行鼓励使用可再生能源的政策属于政府的职权范围,为了确保以可持续和负责任的方式支持环境保护系统,绿色债券等金融机制应运而生。绿色债券是一种固定收益投资形式,发行绿色债券的目的是支持环保行动。② 这些债券通常附带一些税收优惠,目的是提高可再生能源的使用率及缩小可再生能源的差距。由于技术的不确定性和较长的研发周期,创新经常面临资金限制。绿色经济发展可能为绿色技术创新项目、提高能源效率、减少碳排放和减少极端天气事件出现的可能性提供足够的资金。因此,创新和绿色融资在环境保护中的作用日益突出。

世界气候和绿色能源问题已成为影响阿联酋实现可持续发展战略计划的突出因素。在此背景下,阿联酋启动了各种经济和金融计划,通过开发可持续金融市场的方式助推国家绿色经济转型,重申其对实现可持续发展的承诺。阿联酋位于阿拉伯湾的东南部,属于沙漠气候,太阳能是阿联酋富饶

---

① Ben Belgacem S. ,Khatoon G. & Alzuman A. ,*Role of Renewable Energy and Financial Innovation in Environmental Protection*: *Empirical Evidence from UAE and Saudi Arabia*, Sustainability, Vol. 11:15, p. 8684(2023).

② Najam H, *Optimization of Renewable Energy Supply for a Carbon Neutral Society*: *Role of Environmental Regulations, Sustainable Finance, and Financial Innovation through the Lens of Game Theory*, Geol. J. , p. 10(2023).

的可再生能源之一,平均每天有 10 个小时的日照,其有潜力充分利用这一丰富的可再生能源,这些资源显著地维持了阿联酋电力部门的需求。可再生能源作为传统能源的替代能源正在成为一种趋势,因此设计绿色能源战略变得至关重要,因为它与金融发展有着内在的联系,而金融发展决定了一个经济体的实力。2017 年以来,阿联酋可持续金融市场以绿色债券为主,目标侧重可再生能源领域的开发与应用。2017 年,阿联酋制定《2050 能源战略》,计划投资 6000 亿迪拉姆,到 2050 年将清洁能源在能源结构中的占比提高至 50%。2017 年 3 月,阿布扎比国民银行出售价值 5. 87 亿美元的第一批绿色债券用于投资环保项目。2020 年,在阿布扎比国民银行与第一海湾银行合并成阿布扎比第一银行后,阿布扎比第一银行在 2020 年公布了其绿色债券投资领域,主要为太阳能热水装置、绿色建筑、区域供冷系统与废水处理站。2020 年 1 月,在《阿布扎比经济愿景 2030》的基础上,阿布扎比能源部宣布了新的绿色债券加速器计划。该计划由阿布扎比能源部、阿布扎比全球市场与阿布扎比证券交易所联合发起搭建,目标是将阿布扎比建设成为阿联酋及整个中东北非地区的绿色债券与伊斯兰绿色债券中心。2021 年 10 月,阿联酋公布了《2050 年零排放战略倡议》,力争到 2050 年实现温室气体净零排放。为此,阿联酋大力发展绿色金融,加大可再生能源投资。2022 年,阿布扎比国际金融中心宣布将推出世界首个完全受监管的碳信用交易所和清算所。此外,2013 年迪拜政府成立绿色基金,总规模达 1000 亿迪拉姆(约 272. 24 亿美元),投资方包括迪拜机构投资者、私有企业与大型全球金融机构。该基金旨在通过支持太阳能工程、新能源汽车与节能建筑改建的方式帮助迪拜建设绿色城市。2015 年,迪拜绿色基金承诺进一步投资价值 270 亿美元开发清洁能源市场。2020 年 1 月阿布扎比穆巴达拉发展公司的子公司马斯达尔(Masdar)宣布发行阿联酋的第一支绿色房地产投资信托基金,旨在帮助建设低碳的可持续社区。

2022 年全球一些大型银行的绿色债券发行量迅速增加,中国工商银行是最大的绿色债券发行人之一,自 2017 年以来发行了约 75. 4 亿美元,美国银行(Bank of America)以第二高的金额紧随其后,总额达 63. 5 亿美元。

2023 年,阿联酋国家银行(Emirates NBD)发行了 7.5 亿美元绿色债券。根据摩根士丹利(Morgan Stanley)的研究,预计批发银行在未来 3 ~5 年内将增加 150 亿至 200 亿美元的"绿色"收入。世界经济论坛(The World Economic Forum)估计,到 2050 年实现净零排放将需要超过 50 万亿美元的全球增量投资,到 2030 年每年需要 5 万亿美元的资本投资。根据渣打银行 2022 年 4 月发布的一份报告,阿联酋将需要 2.5 万亿迪拉姆(约 6810 亿美元)的投资来为其向净零经济的过渡提供资金。①

阿联酋的银行业在支持该国向绿色经济转型方面发挥着至关重要的作用。与所有金融中心的银行一样,阿联酋的银行目前正在为各种项目提供融资,包括可再生能源、能源效率、可持续交通和绿色建筑。它们还在开发新的可持续金融产品,如绿色贷款、与可持续发展挂钩的债券、混合融资和转型融资,同时利用伊斯兰金融产品支持这种投资,使其能够获得更大的资金池。值得关注是,阿联酋银行联合会在 2023 年 12 月 4 日宣布,金融部门承诺到 2030 年之间调动 1 万亿迪拉姆的可持续融资。绿色债券市场在 2023 年达到前所未有的激增,仅前 6 个月就发行了 3100 亿美元的历史新高,占全球可持续债券市场总量的 59%。阿联酋成为中东地区的领导者,占该地区债券发行总量的 30% 左右,超过了全球标准。当前,中国同阿联酋的绿色金融合作深入开展。自 2015 年成立以来,中国银行迪拜分行在阿联酋积极支持绿色能源、海水淡化、节能减排等多个标志性绿色项目,包括阿布扎比艾尔达芙拉太阳能电站项目、迪拜太阳能公园四期项目等。中国银行在阿联酋提供的绿色融资已带动项目投资额超过 100 亿美元,满足了当地近 100 万户家庭的清洁用水用电需求。②

除了传统债券,伊斯兰债券是在伊斯兰国家盛行的一种新型金融债券。与传统资产担保证券不同,伊斯兰债券在交易过程中必须遵循伊斯兰教宗教与法律,交易成本往往更高。根据迪拜纳斯达克的数据,截至 2024 年,迪

---

① KPMG, *Eco-Financing the Future: The Role of UAE Banks in the Climate Transition* (Apr. 30, 2014), https://kpmg.com/ae/en/home/insights/2024/04/eco-financing-the-future.html.

② 管克江:《阿联酋大力发展绿色金融》,载《人民日报》2023 年 8 月 10 日,第 13 版。

拜是全球最大的伊斯兰债券上市中心。但阿联酋的可持续金融市场整体发展仍较为缓慢,绿色伊斯兰债券的发展潜力仍有待深入挖掘。

(三)迪拜的特色生态环境保护制度

1. 建立自然保护区

迪拜作为一个有着独特的生态环境和丰富野生动植物资源的酋长国,将城市与自然景观融为一体的自然保护区成为迪拜生态建设中一大亮点。《联邦环境法》首次以立法提出建立自然保护区,并提出对保护区内动植物保护要求以及明确保护区内许可的行为与禁止性行为。同时,根据《1991 年迪拜环保条例》及《1998 年迪拜野生动物保护宣言》①等规范文件,迪拜在 2003 年颁布了第 11 号法令②,明确在迪拜境内建立自然保护区并实施统一的规范化管理,对自然保护区的发展目标、监管、政府职责、资金来源、禁止性行为、执法及法律责任予以细化,为迪拜自然保护区的建设发展提供有力的制度保障。

截至 2022 年,迪拜政府建立了 8 个自然保护区,约占迪拜总面积的 31%,涵盖了山脉、沙漠、海岸、海洋等多种生态系统类型。建立自然保护区,不仅保障了区内生态系统良好运行免于破坏,而且促进了迪拜生态旅游发展,同时通过实施一系列的监测、研究、教育举措,如红树林密度调查、保护区水质检测、候鸟禽流感监测、野生动物卫星追踪项目等,充分发掘并发挥自然生态系统带来的更高层次的价值,使受益范围辐射到迪拜乃至整个联邦区域。

2. 环境影响评价制度

环境影响评价制度是指对开发和建设工程项目可能造成的环境影响事先预测、评估、监管,采取预防、缓解措施,以最大可能地实现防止环境污染和生态破坏的制度。根据《联邦环境法》的规定,③阿联酋建立了环境影响评

---

① Local Order No. (2) of 1998.

② Local Order No. (11) of 2003.

③ 《联邦环境法》第 4 条规定:"联邦环境部应当与各酋长国协调,对于要获得许可的项目和机构进行环境影响评价。在获得环境许可前,任何项目和机构都不得启动。"

价制度,对工程项目从策划到执行均提出了环境保护要求。据此,迪拜环境部制定并授权发布了《迪拜开发与建设项目环境许可要求指南》,对迪拜环境影响评价制度作出了系统、明确的规定。首先,该指南明确了环境影响评价的原则、目标及评估范围。其主要针对项目的性质、环境要求、存在的污染源、对客体的影响情况及各阶段的影响程度、缓解措施、监管等进行环境评估。其次,规定了环境影响评价的具体程序。由项目主体向环境局提出申请,一般委托在迪拜环境部注册的专业环境顾问对项目进行撰写环境影响评价文件,该指南根据《联邦环境法》进行环境影响评价项目分类,并依据项目类别和具体的项目内容确定所需要的环境许可文件(环境影响评价报告或环境影响评价摘要),在完成迪拜环境部审查和评估的环境影响评价程序后,由其作出同意或拒绝环境许可的决定。除此之外,事后监测也是环境影响评价中重要环节,在环境许可发出后,主管机关会指派人员负责该项目后续监管。项目主体则需要每半年向迪拜环境部提交环境业绩报告以说明项目期内的环境措施履行情况。同时,该指南对于各类项目的监测方式、评估要求和参考标准均作出了详细规定。

3. 有害物质及废物处理制度

解决好有害物质及废物处理问题是保障生态环境和实现可持续发展的关键举措。《联邦环境法》设专章对有害物质、危险废物及医疗废物的处理作出规定。根据法律,未经主管部门许可,禁止废物处理和建立废物处理设施;对废物运输实施严格管控;最大可能防止废物处理造成环境污染影响;禁止废物入境。基于此,2018 年联邦发布第 12 号法律——《综合废物管理法》[①]对阿联酋废物管理作出总体规定。其包括各类废物的处置和循环利用,规定联合废物管理制度,建立国家废物数据库,明确废物管理责任和违法者的法律责任。

2021 年,迪拜执行委员会批准了《2021—2041 年综合废物管理战略》,该战略旨在鼓励废物管理、回收和能源转换方面的创新,对在环境保护、高

---

① Federal Law No.(12) of 2018.

质量发展、可持续发展等项目作出要求。迪拜设立专门废物与污水处理部门(Waste and Sewerage Agency),下设排污项目部、污水循环系统部、废物处理部等5个部门,对废物处理实施严格的管理制度,颁布了《污水处理法令》①、《医疗废物管理法令》②、《废物处理厂法令》③、《排污费法令》④等十余项法令及修正案。

迪拜在废物管理方面采取的主要措施有:(1)废物回收和运输。迪拜对废物处理有着严格要求和标准,其主管机构发布了获准的危险废品及非危险废品回收及运输业务公司名录信息公告,其他个人或机构不得从事该业务。(2)废物转化能源。以垃圾发电为例,即通过垃圾的初级处理以产生电能或热能等形式能源。迪拜在阿尔瓦桑(AI Warsan)地区建立了中东最大的固体废物转化能源工厂,大大降低了垃圾填埋率,保护环境免受垃圾填埋排放的甲烷气体的影响。(3)电子废物管理。其设立了专门的电子废物回收中心以收集和处理废弃电子产品,确保其中有害物质的安全处理,并对可再利用材料进行回收。(4)法律责任严明。迪拜发布了多项关于废物及污水处理违规行为及处罚、罚款、征收排污费等规定,体现了"污染者付费"和"损害者担责"原则,为环境污染行为规制提供有力的制度保障。

4. 清洁能源的开发与利用

能源问题是当今世界面临的亟须解决问题之一,为了促进社会可持续发展,实现经济与生态的完美平衡,阿联酋努力开拓可再生和清洁能源产业,寻找传统能源的替代能源以减少自然资源的使用。⑤ 迪拜政府于2009年成立了迪拜最高能源委员会,负责监督本酋长国能源发展和利用的各个方面,以推动能源脱碳并确保能源的高效利用。继阿联酋"2071年百年计

---

① Local Order No. (8) of 2002.

② Local Order No. (115) of 1997.

③ Local Order (7) of 2002.

④ Decree No. (1) of 2015.

⑤ Riadh AL-Dabbagh, *Dubai, the Sustainable, Smart City*, Renewable Energy and Environmental Sustainability, Vol. 7, p. 3 (2022).

划"、阿联酋2021年愿景和阿联酋绿色议程后，2015年迪拜清洁能源战略启动，并宣布了以基础设施、立法、资金、人才资源与技术、能源结构构建作为战略五大支柱。该战略的目标是到2050年将清洁能源在能源结构中的占比提高至75%，同时将迪拜打造为全球清洁能源和绿色经济中心。在立法上，旨在鼓励所有建筑业主在建筑上安装太阳能电池板发电，并将其连接迪拜水电局电网以供应剩余电量。通过立法将政府纳入能源管理且对建筑安装光伏板行动进行规制和监管。在基础设施上，其最重要的项目是2012年宣布建立的穆罕默德·本·拉希德·阿勒马克图姆太阳能公园——世界上最大的单站点太阳能公园。2030年，该项目计划的总生产发电能力将达到5000兆瓦，目前该公园已经减少了相当于650万吨二氧化碳含量，且当所有阶段投入运行后，这一数据将继续增加。[①] 在资金上，阿联酋成立了规模达1000亿迪拉姆的迪拜绿色基金项目，为清洁能源项目研发提供资金支持。在人才资源和技术上，不断致力于先进技术的研发，并且通过各种全球培养计划及机构增强人才队伍建设。在能源结构上，迪拜旨在构建一个可持续能源结构，根据该战略，预计在2030年实现由太阳能（25%）、核能（7%）、环保煤炭（7%）、天然气（61%）组成的多元能源结构，在2050年实现以太阳能供应75%迪拜总能源需求的最终战略目标。

5. 实施绿色建设法规

随着阿联酋努力减少对环境的影响并促进更可持续的未来，可持续建筑实践变得越来越重要。阿联酋实施了多项旨在促进可持续建筑实践并减少建筑行业能源消耗的法律法规。Estidama珍珠评级系统是管理阿联酋绿色建筑实践的关键措施之一。该系统由阿布扎比城市规划委员会开发，旨在根据能源效率、节水和建筑材料等多项标准评估建筑物的可持续性。符合Estidama珍珠评级系统要求的建筑物将获得1～5颗珍珠的评级，其中5颗珍珠为最高评级，评级越高表明对绿色建筑实践的承诺越大。阿联酋另

① Khaled Obaideen et al., *On the Contribution of Solar Energy to Sustainable Developments Goals: Case Study on Mohammed Bin Rashid Al Maktoum Solar Park*, International Journal of Thermofluids, Vol. 12, p. 100(2021).

一个受欢迎的绿色建筑认证计划是能源与环境设计领导力认证。该认证由美国绿色建筑委员会制定,是全球公认的评估建筑环境绩效的评级系统。在阿联酋,许多开发商和建筑业主正在寻求该认证,以此来展示他们对可持续发展的承诺并吸引具有环保意识的租户。除了这两个计划之外,阿联酋还有其他几个绿色建筑认证计划,每个计划都有自己的一套标准和要求。这些计划包括迪拜政府制定的绿色建筑法规和规范,以及酒店和度假村的绿色钥匙认证计划。

在相当长的时间里,迪拜已经从沙漠变成了一座拥有最高建筑的先进现代城市。迪拜政府对将可持续原则融入建筑的不同阶段表现出极大的兴趣,一直在努力保持社会经济发展与环境保护的平衡,其目标是打造成为世界上最具可持续性发展的城市。迪拜市政府负责起草颁布大部分建筑法规,其中最重要的法规之一是 2001 年颁布的第 66 号法令,这是阿联酋第一次强制要求使用隔热材料。2011 年,迪拜市政府和迪拜能源和水务局联合发布了《迪拜绿色建筑法规和规范》,标志着迪拜向绿色城市转型的重大推动,并启动了迪拜的绿色经济。该规范要求政府建筑物必须实施绿色建筑规定和规范,而私人建筑物则是自愿的。2014 年,除临时建筑外,所有新建筑都必须采用该标准。绿色建筑法规和规范涉及绿色建筑设计的不同方面,如生态与规划、建筑活力、能源、水、材料和废弃物。① 比较绿色建筑和非绿色建筑的成本,绿色建筑的初始成本大约比非绿色建筑高 2%,但是绿色建筑的低维护成本和运营要求及性能效率使绿色建筑能够通过长期节省过程成本呈现出优势。

四、迪拜自由贸易区商贸投资监管的实践经验

基于优越的地理位置,阿联酋进出口及转口贸易都极为发达。近年来

---

① B. Abu-Hijleh & N. Jaheen, *Energy and Economic Impact of the New Dubai Municipality Green Building Regulations and Potential Upgrades of the Regulations*, Energy Strategy Reviews Vol. 24, p. 52(2019).

为了吸引外商商贸投资，阿联酋加大对经济、社会、安全等领域的治理，多个酋长国被评为世界上最安全的城市。良好的风险防控实践吸引了大量外商投资，为此，迪拜政府部门制定了一系列的监管措施，以防范化解外商贸易往来投资中的重大风险。

（一）阿联酋早期的商业监管

通过观察阿联酋关于商业监管的法律发展可知，早期阿联酋的商业行为监管由联邦和酋长国两级共同负责。但是长期以来，与商业行为有关的联邦立法权力基本上未得到行使，商业监管主要是由7个酋长国的每个统治者及其行政部门独立而自由地开展。大部分此类监管并非基于成文法，因此相当非正式且随意。自那时以来，法律环境经历了非常显著的变化和发展。商业监管的基本趋势是强烈地朝着成文法、更多监管和联邦层面监管而非酋长国层面监管的方向发展。联邦和酋长国法律要求阿联酋国民参与对外贸易，这极大地影响了阿联酋的商业活动。另一个重要的法律趋势始于1981年5月，当时巴林、科威特、阿曼、卡塔尔、沙特阿拉伯和阿联酋达成协议，成立海湾阿拉伯国家合作委员会（以下简称海合会），旨在整合其法律体系和经济活动。目前海合会已经采取了许多措施，包括统一六国的海关法，未来将采取更多措施以实现委员会的目标。1979年之前，阿联酋商业活动最重要的监管是由各酋长国通过各自的商业许可要求和程序进行的。1979年以来，各酋长国继续执行这些许可要求，尽管它已受到联邦政策和已颁布的法律的约束，但是总体商业监管的重要内容仍然由酋长国政府负责，至少是非正式的和实际层面的。酋长国日益增长的实力和独立性限制了联邦从法律层面对商业监管活动进行干预，长期的监管实践发展决定了商业监管的趋势仍朝着酋长国自行监管的方向进行。

在《阿联酋商业公司法》颁布之前，酋长国或联邦层面均无公司法立法。因此，有限责任公司仅通过特别联邦立法或更常见的酋长国统治者法令成立。公司备忘录和章程通常以引用方式被纳入统治者的法令中，因此在个别情况下可部分替代一般公司法立法。[①] 20 世纪中后期,在阿联酋建立的大多数企业为独资企业或合伙企业。尽管在《阿联酋商业公司法》问世之前,阿联酋没有联邦或酋长国层面的合伙企业成文法,但合伙企业作为一种商业行为的形式在伊斯兰法律中得到了认可,而阿联酋合伙企业法的适用在本质上与英国和美国的合伙企业成文法类似。

《阿联酋商业公司法》(1984 年第 8 号法案)于 1985 年 1 月 1 日生效。为进一步加强与完善此法,1988 年 12 月 26 日又通过了 1988 年第 13 号阿联酋联邦法案。此次修法并未对前法做实质性的修改,主要目的是把对各类型公司的建立与监督管理权力从联邦政府下放到各酋长国。阿联酋经济贸易部为了执行《阿联酋商业公司法》而颁布的具体实施细则于 1989 年 9 月 30 日正式生效。它适用于所有在阿联酋成立的公司,以及总部或主要活动在阿联酋的外国公司;规范了现有的外国公司分支机构,并规定了设立新的外国公司分支机构的要求;不适用于独资企业或非商业实体。但《阿联酋商业公司法》曾被阿联酋联邦内阁决定暂停适用,自 1986 年 1 月 1 日起暂停适用一年,理由是《阿联酋商业公司法》被普遍认为对商业行为造成了不必要的限制,为此联邦内阁任命了一个部长委员会来审查《阿联酋商业公司法》,并提出修改其条款的建议和提案。当时《阿联酋商业公司法》的以下规定尤为重要:(1)在阿联酋成立的所有公司必须至少拥有 51% 的阿联酋国民所有权,并采用 7 种形式之一(普通合伙公司、合伙有限公司、合资公司、公开合股公司、不公开合股公司、有限责任公司、股份合伙有限公司);(2)除非外国公司已根据与联邦或酋长国政府达成的协议设立办事处,否则所有外国公司的分支机构都必须拥有国家代理人;(3)所有普通合伙权益必须由阿联酋国民拥有;(4)外国股东可持有有限责任公司高达 49% 的权益,此类公司的创始人可规定由外国股东进行长期管理。但在 2020 年 11 月 23 日,阿联酋总统谢赫哈利法 · 本 · 扎耶德 · 阿勒纳哈扬签署了新修订的《阿联酋商业

---

① Angell & Nicholas B. , *Regulation of Business under the Developing Legal System of the United Arab Emirates*, Arab Law Quarterly, Vol. 1:2, p. 119 – 140(1986).

公司法》(以下简称《新商业公司法》),宣布取消对外国投资者在当地注册公司的持股比例限制,允许外国公司100%持有阿联酋公司的股份。

所有酋长国管理国内外商业活动的基本手段是要求任何在酋长国开展业务的办事处必须获得各酋长国市政当局的适当许可。在阿联酋的许可框架下,商业活动的以下分支通常受到不同的监管,涉及不同类型的许可证,如代表处许可证、贸易许可证、工业许可证、服务许可证、专业执照(如建筑师、工程师、医生、律师等)和施工许可证等。上述每种执照的要求各不相同,同一执照的要求在不同的酋长国也略有不同。除银行和某些工业活动外,大多数企业不受联邦执照要求的约束。此外,通常而言,除非企业在阿联酋有一个永久办事处,否则不需要许可证。

阿联酋在20世纪中期颁布了一系列重要的联邦法律,并准备了更多重要的法律草案,这清晰地表明了阿联酋坚定的商业政策,即为国内和国际商业活动制定可靠的法律框架和营造良好的环境,其中统一执行的公开规则将越来越多地取代传统的自由裁量权来管理事务。与此同时,尽管新法律增加了对商业的法定和行政监管程度,但似乎仍然在维持相对自由的市场经济政策,这也是由于法律趋势有利于阿联酋国民更多地参与商业和金融活动。此外,阿联酋的民族和文化多元性将继续作为影响其法律发展进程的一个重要因素,并且法律发展可能越来越多地受到重申伊斯兰教法重要性的政策、阿联酋与国际商业和金融日益紧密联系的要求以及更多的阿联酋国民作为律师、法官和行政人员参与这一进程的影响。海合会旨在统一、整合和协调六国经济、法律和法律体系的目标和行动,也将对阿联酋法律体系的进一步发展发挥重要作用。

(二)在阿联酋非自由贸易区投资的监管

1. 外商投资行业准入的限制

为更好保障外商投资的可能性,在原由经济部、财政部负责审查投资管理的情况下,于2019年1月,阿联酋内阁批复成立了外国直接投资委员会负责监管外商投资。该委员会主要职能包括:为国家相关外资政策提出建议,规划首要任务、计划方案,并在提交内阁后负责后续落实;建立涵盖外国直接投资项目的综合数据库并定期更新,提交相关部门;简化外国直接投资项目注册及颁布许可手续,进行监管和后续跟踪评估。2023 年 7 月,阿联酋内阁还批准成立了投资部,以支持阿联酋商业目标的实现和投资政策的落实。[①] 多个政府部门分工协作、层层监管,有效防范了对外贸易中的商贸投资风险,保证了阿联酋自身经济发展。

除在自由贸易区适用独立的商业法律规定外,《新商业公司法》适用于所有酋长国。[②] 在该法中,对外国投资者的持股比例进行了扩大化的规定,在石油、天然气、农业及制造业等众多领域都允许外国投资者持有 100% 的股权。但 2021 年第 55 号内阁决议[③]宣布了"具有战略影响"的行业清单,这些行业被排除在外国投资者获得 100% 所有权之外。该清单包括 7 项具有战略影响的活动,其中 6 项须经监管机构批准。针对安全、国防和军事性质的活动,要通过国防部或内政部的批准和要求;从事银行、交易所、金融公司和保险活动及印钞服务须经阿联酋中央银行批准和要求;电信业务须经电讯及数码政府监管局批准及要求;涉及朝觐和副朝觐服务的须经伊斯兰事务和捐赠总局的批准和要求;设立古兰经背诵中心须经伊斯兰事务和捐赠总局的批准和要求;外国投资者不得投资渔业相关服务。迪拜经济部同样公布了外国投资者能够 100% 持有所有权的超过 1000 项商业和工业活动,其中也排除了上述 7 项具有战略影响的行业。[④]

正面准入清单和负面清单的提出使得投资市场更加具有透明性及可预期性,强化了投资者加入市场竞争的积极性,充分发挥市场的能动性,确保

---

① Emirates News Agency, *UAE Cabinet Approves National Energy and Hydrogen Strategies, Establishes UAE Ministry of Investment*(April 29, 2024), https://wam. ae/article/hszrhffj-uae-cabinet-approves-national-energy-and-hydrogen.

② Federal law No. 2 of 2015 of the Commercial Companies Law(2015).

③ Cabinet Resolution No. (55) of 2021.

④ UAE Telecommunications and Digital Government Regulatory Authority, *Full Foreign Ownership of Commercial Companies*, https://u. ae/en/information-and-services/business/full-foreign-ownership-of-commercial-companies(last visited on April 29, 2024).

监管措施松弛有度。但也要注意到,在实践中,负面清单中的行业投资常常难以获得主管部门的批准。比如,对于银行业而言,尽管阿联酋中央银行允许外资银行在阿联酋境内设立代表处、全资子行或分行,并不限制外资银行在阿联酋申请全商业银行牌照,但实践中尚无中资银行在阿联酋非自由贸易区取得全商业银行牌照的先例。

2. 外汇的监管

中央层面对银行业的监管机构为阿联酋中央银行监管部。在阿联酋,外汇可自由流通,地方银行的外汇流通也无须接受中央银行的监管。但在反洗钱工作中也体现了对外汇的监管,2018 年第 20 号阿联酋联邦法案是阿联酋反洗钱和打击恐怖主义融资工作的基本支柱。① 阿联酋中央银行于 2020 年 8 月成立了一个专门部门,负责处理银行监管部之前处理的所有反洗钱和打击恐怖主义融资事务。一般情况下,外资银行在将其利润汇出境外前,须事先获得阿联酋中央银行的同意,并向阿联酋政府缴纳一定税收,此税收总额为其净利润的 20%。当出入境的汇款达到 10 万迪拉姆或等值金额其他国家的货币时,则需要向中央银行进行申报。② 阿联酋中央银行与迪拜金管局密切合作,有效检测和防止迪拜国际金融中心内部的洗钱活动。

3. 虚拟行业的监管

虚拟经济是未来发展的重要方向。虚拟资产将在阿联酋的全球贸易中发挥重要作用,结合新技术的发展,迪拜制定了对 Web 3 的政策支持以及相对透明的监管框架。2022 年,迪拜颁布了《虚拟资产监管法》[Law No. (4) of 2022 Regulating Virtual Assets in the Emirate of Dubai],并设立了虚拟资产监管局(Virtual Asset Regulatory Authority, VARA)对迪拜司法辖区内的虚拟资产及活动进行监管,该机构与迪拜世界贸易中心管理局(DWTCA)挂钩。由此,迪拜成为世界上第一个,也是唯一一个专门设立虚拟资产监管机构的司法辖区。

---

① Decree Federal Law No. (20) of 2018 on Anti-money Laundering and Combating the Financing of Terrorism and Illegal Organisations.

② 中国国家税务总局颁布的《中国居民赴阿联酋投资税收指南》(2020 年版)。

VARA 将虚拟资产定义为:"资产价值的数字表示,可以交易、转移,并用于投资目的。"因此与虚拟资产相关的所有活动都将被纳入监管,包括但不限于虚拟资产交易所、虚拟资产经纪商、虚拟资产托管商、NFTs 相关服务商等。虚拟资产服务提供商受到 VARA 的强监管,VARA 针对虚拟资产业务建立批准和许可制度,未经 VARA 的批准许可,任何人不得在迪拜从事虚拟资产相关工作。VARA 于 2023 年颁布《虚拟资产及相关活动条例》,进一步巩固了迪拜作为虚拟资产业务首选地的地位。该法规为虚拟资产、虚拟资产服务提供商及相关活动的监管提供了全面的框架,增强了企业在迪拜开展虚拟资产商业活动的信心。

4. 有关外商持有土地与房屋所有权的限制

在阿联酋,土地及自然资源属于统治各酋长国的酋长家族。通常来说,除在指定用于外国房地产投资的区域之外,外国个人均不得全部或部分拥有阿联酋的土地。① 阿联酋联邦层面没有关于土地所有权的统一法规,相关事宜由各酋长国负责管理。例如,阿布扎比于 2019 年修订了 2005 年的《土地所有权法》,允许外国自然人或法人在指定的阿布扎比投资区拥有土地和房屋产权。对于外国投资者持有不超过 49% 权益的公共股份公司,还可以在阿布扎比任何地方拥有土地和房屋产权。又如,迪拜于 2006 年颁布的《土地登记法》第 4 条规定,仅阿联酋公民、海合会成员国的公民以及由前述公民全资持有的公司可以在迪拜拥有不动产权。经酋长批准,非公民在迪拜指定区域可拥有不动产的永久业权或不超过 99 年的不动产使用权。

此外,阿联酋大力鼓励外商投资,目前暂无针对外国投资的安全审查相关制度。在阿联酋非自由贸易区投资的主要法律形式包括设立代表处、连带责任公司、有限合伙公司、有限责任公司、公众股份公司、私人股份公司等。外国投资者应基于自身业务特点和各酋长国具体情况选择在岸公司的设立地,或者根据实际运营需求重新设计和调整已有在岸公司的股权和治

① UAE Telecommunications and Digital Government Regulatory Authority, *Expatriates Buying a Property in the UAE*, https://u.ae/en/information-and-services/moving-to-the-uae/expatriates-buying-a-property-in-the-uae(last visited on April 8, 2024).

理架构,对于可能涉及有战略影响力的投资领域及需符合的投资条件预先进行判断和风险识别。因违反持有股份限制或违规处置、发行股份的公司或个人可能面临罚款或被处以刑罚,而相应的主管机关也可以视情况申请解散违反《新商业公司法》相关规则的公司,主管法院应紧急决定是否支持此类请求。

(三)迪拜的监管措施

除联邦层面的阿联酋经济部、外贸部和财政部等政府主管部门对企业的申请准入进行监督之外,外商在迪拜的商贸投资还受到当地主管部门和工商会的监管。工商会是包括迪拜在内的各酋长国均设有的半官方机构,负责实施工商业政策、管理本酋长国私人公司和企业、公司企业登记注册、发放营业执照和工商会会员证书等事务。各酋长国工商会组成阿联酋联邦工商会(FCCI),通过签发证书、调解企业贸易争端、为会员企业提供法律援助、接待国外政商界代表团并组织代表团出访、组织贸易展览和经济论坛、协助会员企业开展行业培训、提供企业信用评估服务、协助企业对接 B2B 洽谈、游说政府部门完善商业法律法规等改善迪拜营商环境。

迪拜存在自由贸易区与非自由贸易区,非自由贸易区的监管措施与联邦保持一致,有效防范了外商投资带来的风险。而在自由贸易区内,政府提供了一种不需要当地赞助商或代理人的商业模式,以及根据行业特定需求量身定制的其他一些独特的监管机制。

1. 外商投资行业限制的规定

迪拜杰贝阿里自由贸易区是迪拜最受外国投资者欢迎的自由贸易区之一,以其为例,该自由贸易区遵循了迪拜经济部公布的一系列商业活动清单,对外国投资者可在自由贸易区内从事的具体行业进行了清单式的说明,涵盖贸易、工业、服务业、农业等领域常见的经济活动。此外,迪拜杰贝阿里自由贸易区特别要求,针对设立在自由贸易区内的离岸公司不得从事以下活动:(1)在阿联酋直接开展任何商业活动;(2)享有位于阿联酋不动产的租约;(3)开展银行业务;(4)开展任何保险或再保险、保险代理或保险经纪人类型的业务;(5)其他可能不时被禁止的业务。[①]

2. 有关外商持有土地与房屋所有权的规定

就迪拜杰贝阿里自由贸易区而言,仅离岸公司可以在迪拜或阿联酋指定的永久业权地区拥有不动产。根据《JAFZA 离岸公司条例(2018)》(JAFZA Offshore Companies Regulations 2018)第 14.2 条、第 31.2 条的规定,在迪拜杰贝阿里自由贸易区注册的离岸公司在满足条件下可以在迪拜购买不动产,也可以在指定的阿联酋区域内持有不动产。

3. 金融监管措施

(1)金融服务管理局的监管

以迪拜国际金融中心为例,在该自由贸易区内实施零税收政策、允许100%外资控股,资本项目完全开放,采用国际化监管准则。[②] 迪拜国际金融中心设立的迪拜金管局相当于金融监管机构,并享有部分立法权。迪拜金管局是独立的风险管理机构,负责颁发经营许可证并管理迪拜国际金融中心内部各类金融机构的活动。迪拜金管局还获得了迪拜国际金融中心公司注册处的授权,以调查迪拜国际金融中心公司和合伙企业涉嫌严重违反迪拜国际金融中心公司法的情况,并寻求适用于注册处的执法补救措施。迪拜金管局采用国际公认标准,并借鉴欧美等国金融监管实践,制定了一整套适合迪拜国际金融中心的监管制度。迪拜金管局定期举办外展会议,在公开论坛上讨论具体的监管问题。

近年来,迪拜金管局监管的主要变化趋势为:加大对商业经营的管控力度,减少监管政策中的"灰色领域";监督和执行适用于迪拜国际金融中心的反洗钱和反恐怖融资要求,进一步强化反洗钱相关规定和政策;加强对金融机构的投资政策管控,尤其是对外国基金的投资政策管控;强化各金融机构对迪拜金管局的汇报机制;鼓励金融科技发展;调查涉及违反迪拜国际金融中心公司法和重大违法的行为,并向注册服务商提供执行补救措施。

---

① JAFZA Offshore Companies Regulations 2018, Article 14.1.

② 刘衍、韩立岩、张金清:《迪拜和阿布扎比金融发展对横琴的启示》,载《国际金融》2021 年第 7 期。

(2)投资银行业的监管

针对银行的监管,迪拜金融机构为其设定了三类牌照分别监管:第一类是全牌照,该类银行主要是其他银行在迪拜设立的分支机构;第二类是有限牌照,该类银行不能接受居民存款;第三类是投资银行牌照,该类银行业务集中于投资领域。对银行业的分区监管更好地区分了投资经营活动,使监管更加精细化。

4. 海关税收监管

2003 年 1 月 1 日开始,海合会建立关税同盟,作为海合会成员,阿联酋的一般商品关税调整为 5%。阿联酋以往没有增值税和消费税,没有联邦税务部门。近年来为了与海合会制度接轨,阿联酋于 2017 年初建立了联邦税务局,开始征收消费税(2017 年 10 月 1 日开始)与增值税(2018 年 1 月 1 日开始)。2018 年 1 月 10 日,阿联酋内阁通过了 2017 年第 59 号决议,公布了 20 个指定区域(Designated Zones),享受免征增值税待遇,其中包括杰贝阿里自由贸易区等 7 个位于迪拜的自由贸易区。消费税征收对象包括烟草、能量饮料和碳酸饮料,在机场和自由贸易区销售应税商品需要缴纳消费税。阿联酋没有个人所得税,各酋长国颁布自己的企业所得税法。在很多自由贸易区内,企业所得税和关税都可以免除。①

迪拜以宽松优越的投资环境吸引外来和本地直接投资,在自由贸易区内实行零税收的奖励政策。受这一政策影响,除石油企业和海外银行的分支征收 20% 的企业所得税外,其他企业均执行免税优惠政策,免税期限最长可达 50 年,在结束后免税期也可在期满后延长 15 年。同时,迪拜还会分类减免企业资本利得,对于税后利润汇出境外的正收益所得税不再进行预提扣税。

对于行业的分类监管,迪拜自由贸易区实行了聚焦目标产业,顶层设计优惠宽松的税制安排,这既能有效控制特定产业的税收状况,又能稳保支柱

① 国家税务总局国际税务司国别投资税收指南课题组:《中国居民赴阿联酋投资税收指南》(2018 年版)。

产业、维护国家安全;同时简化税种,降低税率,优惠周期长,便于打造优越的营商环境,便于释放自由贸易区自主、自由、开放的内在特性,有效提高自由贸易区管理效率。

5. 新兴经济、数字经济监管

迪拜国际金融中心创设了自己的虚拟财产监管体系,不受 VARA 的监管限制。在迪拜国际金融中心的主要虚拟资产的监管机构同为迪拜金管局,其创设了针对虚拟产业监管的《加密代币制度》(Crypto Token Regime),监管提供与虚拟货币有关的产品和服务的产业。同时,迪拜金管局严格限定了能够接受虚拟货币的种类,只有被接受的虚拟货币(Accepted Crypto Token)才能被纳入监管,并在迪拜国际金融中心使用流通,以减轻虚拟资产高风险对现有金融市场的冲击。基于这些规定,目前可以被接受并实行监管的虚拟货币仅包括比特币、以太坊和莱特币。

以迪拜杰贝阿里自由贸易区为例,根据《2016 年迪拜杰贝阿里自由贸易区公司补充条例》(JAFZA Companies Implementing Regulation 2016)及《迪拜杰贝阿里自由贸易区投资者指南》(JAFZA Investor Guide)的规定,迪拜杰贝阿里自由贸易区不设置公司税、所得税,且允许所有资本流回国内。迪拜杰贝阿里自由贸易区允许外国投资者采取的法律实体形式包括设立分公司、自由贸易区独资公司、自由贸易区公司、公开上市公司及离岸公司。值得注意的是,不过,并非迪拜所有的自由贸易区均可设立离岸公司,目前仅有迪拜杰贝阿里自由贸易区和拉斯海马自由贸易区等少数自由贸易区为外国投资者提供设立离岸公司的便利。

五、迪拜自由贸易区的多元解纷机制发展

(一)阿联酋的早期司法制度

20 世纪初,沙漠居民和其他国家移民的涌入使得阿联酋沿海城镇的人口大幅增加。随之而来的是刑事犯罪、无血缘关系家庭通婚引起的纠纷以

及财产纠纷的增加。因此,阿联酋统治者必须建立伊斯兰教法法院来解决与当地部落没有联系的人们之间的纠纷。这些司法当局的管辖权完全基于普遍接受的伊斯兰教法。伊斯兰教法的实体规则得到适用,但伊斯兰教法法院法官在审判期间不遵循特定的程序规则。这些法庭的法官过去常常运用他们认为最能实现正义的个人程序规则,因此,各个伊斯兰教法法庭的规则各不相同。① 这些法官由酋长国统治者任命,他们的薪水也由酋长国统治者决定,由国家资金支付。每个酋长国可以拥有多名伊斯兰教法法官,但只有酋长国统治者才有权在任何案件中引导诉讼当事人向特定法院审理。这些法院的管辖范围包括刑法、家庭法、财务权利或债务以及与财产有关的事项。然而,在这种制度下,所有当事方都有权拒绝不符合其利益的裁决。如果一方或双方拒绝接受裁决,案件就可以从伊斯兰教法法院提交给酋长国的统治者。在这种情况下,统治者有权将案件交给他自己选定的另一名伊斯兰教法法院的法官,或者双方选定的法官。这位法官可以是酋长国内部的,也可以是外部的。如果新法官居住在酋长国之外,统治者必须写信请求另一个酋长国的统治者允许将该纠纷案件提交给该酋长国。在第二位法官审理案件并作出判决后,案件将再次提交给最初裁决案件的酋长国的统治者。

在英国统治下的法律和司法制度时期还有一个重要的角色——习惯法法官(The Customary Judge),他们通常拥有渊博的知识以及在国内外均有长期的工作经验,精通对外贸易和船运等领域。习惯法法官的权力仅限于他们审理的案件类型,例如,采珠法官不审理涉及对外贸易的案件。但是他们的管辖权不是限于特定的酋长国,而是远远超出了酋长国。诉讼当事人可以将案件从其他酋长国提交给习惯法法官,该法官可以不是诉讼当事人居住的酋长国的居民。习惯法法官的裁决除非得到双方当事人的接受,否则不会生效。这种司法制度一直持续到 20 世纪 40 年代中期。外来移

① Adnan Hamoodah, Nazrahfe Al-Tanzeem Al-Qadaeiwa Al-Tashreeife Emarat Al-Khaleaj Al-Arabi, Damascus: Dar Al-Hayah, 1969, p. 7.

民涌入停战诸国,以及与其他国家联系日益密切,需要制定书面法律规则来约束英国飞机及其乘客和机组人员、英国石油公司、商人和文职官员的运营。这使得停战诸国有必要与英国政府达成协议,正式将对英国臣民和外国人的管辖权移交给英国。1945 年,驻巴林政治代表(该地区英国最高权力机构)致信位于伦敦的英国外交部,提议授权他代表英国政府与停战诸国达成协议,该协议将赋予英国对停战诸国的英国臣民、英国受保护者和非穆斯林外国人的管辖权。英国外交部同意了该提议。同年 7 月,驻巴林政治代表与停战诸国的统治者签署了一项协议,根据该协议,停战诸国的统治者将对英国臣民和所有外国人的管辖权移交给英国政府。根据 1948 年《英国国籍法》的规定,英国的管辖权扩大到所有英国臣民,以及在各酋长国受英国保护的人员。这一管辖权还扩大到英国的财产、船舶和飞机。这样做的结果是,包括伊斯兰教法法院在内的所有地方法院的管辖权都仅限于涉及土著居民的案件。在停战诸国拥有管辖权的英国法院是停战国家法院、波斯湾首席法院和波斯湾合议法院。最后一个法院被视为最高上诉法院,其他两个法院则是一审法院。除这些法院外,还有联合法院和联合上诉法院。它们对涉及受当地法院管辖的人和受英国法院管辖的人的混合案件拥有管辖权。联合法院对所有事项拥有管辖权,无论是刑事还是民事。

英国法院在停战诸国适用的法律主要以 1947 年 8 月在印度实施的相关法律为基础。在制定这些法规时,某些印度立法,特别是在程序领域,被简化或修改。除了这些法典和法规外,英国法院还考虑了当地习俗。英国司法管辖权自 1960 年开始逐渐减弱,并于 1971 年阿联酋成立后正式放弃。至此,阿联酋获得了对本国公民和外国人以及机构的司法管辖权。①

① Husain Muhammad Al-Baharna, Duwal Al-Khaleaj Al-Arabiah Al-Hadeathah, Beirut: Sharik-at Al-Tanmeya wa Al-Tatweer, 1972, p. 129.

(二)迪拜中心法院的发展

1. 迪拜中心法院概况

迪拜中心法院于2006年开始运作,是迪拜的国际英语普通法司法系统,也是阿联酋法律体系的重要组成部分。它的成立旨在使阿联酋的国际社会对酋长国的法律框架更有信心,并进一步加强与迪拜和阿联酋的投资和贸易关系。迪拜中心法院借鉴国际先进经验,实行普通法系规则,但与阿联酋的阿拉伯语言、大陆法系相辅相成。迪拜国际金融中心现行的法院法是2004年颁布的《迪拜国际金融中心法院法》(以下简称《法院法》),根据2004年第9号迪拜法律和2004年第12号迪拜法律的规定,迪拜国际金融中心实行独立司法。《法院法》允许迪拜中心法院任命法官,并将迪拜中心法院的行政事务管理权交给法院首席法官。该法还规定,迪拜中心法院将获得迪拜政府的资助,用于管理迪拜中心法院的行政事务。

迪拜中心法院成立初期仅有8名法官,其中阿联酋法官2名,外籍法官6名。目前,迪拜中心法院有14位法官,阿联酋法官有5人,其余9位法官均来自普通法系国家。迪拜中心法院的法官须在阿联酋高等法院具备履职经历且在普通法系中具备丰富的执业经验。迪拜中心法院设1名首席大法官负责管理行政事务,负责设立巡回法院和分庭,自行决定设立和管理迪拜中心法院的审判庭以及任命审判庭成员。①

迪拜中心法院较为突出的特点是其在阿拉伯语言国家使用英语作为工作语言,这吸引了很多外国金融机构和国际投资人,因为许多外来投资者不使用阿拉伯文,也不习惯阿拉伯的法律和法院,迎合了国际投资者的语言和法律习惯需求。

2. 迪拜中心法院结构梳理

迪拜中心法院在2004年年初创之际,只设置了一审法院(the Court of

---

① 叶湘、屈文生:《迪拜国际金融中心法院法》,载上海市法学会编:《上海法学研究》集刊华东政法大学集2022年第10卷。

First Instance)和上诉法院(the Court of Appeal)以审理民商事案件。2007年,迪拜中心法院为了加快审判节奏,优化司法资源配置,成立了SCT,进而形成了迪拜中心法院一审法院、上诉法院、小额诉讼法庭的法院基本组织形式。随着经济的发展,SCT审理的索赔的金额或价值由100,000迪拉姆增加为不超过500,000迪拉姆。SCT在就业索赔方面应用广泛,在涉及就业索赔、劳动争议方面,SCT的选择性管辖权没有标的额限制。只要标的额不超过100万迪拉姆,并且所有当事方都以书面形式选择由SCT审理,SCT就可以拥有管辖权。

迪拜中心法院采用两审终审制,一审法院由1名法官采取独任审判的方式进行。上诉法院至少由3名法官组成,且由首席法官进行主审。一审法院可以对下列案件具有管辖权:(1)涉及迪拜国际金融中心及任何迪拜国际金融中心中的机构的民事或商业案件和争议;(2)因全部或部分在迪拜国际金融中心履行的合同或进行的交易或在迪拜国际金融中心发生的事件而引起或与之相关的民事或商业案件和争议;(3)根据迪拜国际金融中心的法律法规,对迪拜国际金融中心各机构作出的决定提出异议;(4)根据迪拜国际金融中心的法律法规,法院有权管辖的任何申请;(5)双方书面同意在争议发生之前或之后向其提出的任何民事或商业索赔或诉讼,只要该协议是根据具体、明确和明确的条款达成的。上诉法院对于一审法院的判决和裁决提出的上诉及对由首席大法官许可的、判决过程中的释法具有专属管辖权,上诉法院是迪拜中心法院的终审法院,其作出的裁决或判决具有终局性。

目前,迪拜中心法院设立了民商庭、技术与建筑庭、数字经济庭及仲裁庭4个法庭。随着数字经济的普及,人工智能在司法领域的应用也成为热点问题,人工智能背景下的司法权成为各界讨论的核心问题。[①] 2021年,迪拜中心法院成立了数字经济法庭,负责审理监督与当前和新兴技术相关的复杂国内和跨国争议,该法庭审理案件的范围包括大数据、区块链、人工智能、金融科技和云服务等领域纠纷,以及涉及无人机(UAV)、3D打印和机器人

① 季卫东:《人工智能时代的司法权之变》,载《东方法学》2018年第1期。

技术的争议。数字经济法庭的建立使得迪拜国际金融中心拥有了全球第一个区块链法庭，促进整个法律生态系统以更加高效的方式运作。

3. 迪拜中心法院管辖权发展

迪拜中心法院在成立之初因其独立于阿联酋原有司法体系而形成了其独特的自治权，在迪拜国际金融中心成立之初就规定设立司法管理局负责纠纷解决。2014 年，迪拜国际金融中心司法管理局变更为迪拜国际金融中心纠纷解决管理局，进一步强化了纠纷解决的概念和功能定位，下设迪拜中心法院、仲裁院以及特别法庭。① 经过法律和法令的多次赋权与探索，迪拜中心法院成为世界级的多元化纠纷解决机制中心，处于全球领先地位。

2011 年，迪拜中心法院的管辖权得以扩大，若双方书面同意将争议提交至迪拜中心法院，则迪拜中心法院具有管辖权。自此，迪拜中心法院既可以属地管辖，又可以进行属人管辖，还可以基于当事人之间的申请行使管辖权，也可以基于当事人间的协议受理与迪拜国际金融中心无关的案件，当事人之间的纠纷解决管辖协议条款既可以在纠纷产生前签订，也可以在纠纷发生后签订。这种管辖权的转变使得迪拜中心法院由最初的区域性定位转变为国际性定位。应当注意的是，迪拜国际金融中心法律允许在迪拜国际金融中心内运营的任何机构在签订合同时选择其他的法律管辖区，而不必须是迪拜国际金融中心。但是，如果当事方没有明确表示则默认适用迪拜国际金融中心法律，迪拜中心法院有权管辖。迪拜中心法院仅对民商事案件拥有管辖权，而对刑事案件均没有管辖权。

4. 迪拜中心法院判决的执行

最初，许多国际律师担忧迪拜中心法院的判决在迪拜国际金融中心之外可能无法执行，这种担忧分为三种情况。第一种情况是，一方来自迪拜国际金融中心内部，而另一方不是——尽管该方当事人仍然位于迪拜。假设双方同意将案件提交至迪拜中心法院，并作出不利于非位于迪拜国际金融

① 丁冬：《金融审判竞争格局下的司法供给——迪拜国际金融中心法院建设的启示》，载《人民司法》2019 年第 7 期。

中心一方的判决。如果败诉方的资产位于阿联酋境内(但同样不在迪拜国际金融中心),那么胜诉方将需要在迪拜法院提起强制执行。2009 年以来,迪拜中心法院与迪拜法院签订了一项“执行协议”。2011 年,阿联酋将该协议制定为法律。执行步骤十分简单,胜诉方必须向迪拜中心法院申请一份“执行函”,然后将其发送到迪拜法院。根据该 2011 年规约第 7(2)条,判决书被翻译成阿拉伯文。而后只要迪拜中心法院的法官具体描述了该判决应如何执行,它就可视为迪拜法院的判决,这份判决被认为是最终的和可执行的。第二种情况是,如何在阿联酋境内的其他酋长国执行迪拜中心法院的判决,尤其是在阿布扎比。理论上,需要遵循《阿联酋联邦民法典》第 221 条规定的多步骤程序。迪拜中心法院必须正式将其判决提交给另一个酋长国的当地法院。一旦另一个酋长国的地方法院收到该判决文书,它就有权审查案件的程序缺陷,但不能对实体进行审查。此外,地方法院对涉及程序事项的决定须由该司法管辖区的上诉委员会作出。2011 年迪拜进行司法改革,规定迪拜中心法院的判决“应由迪拜国际金融中心以外具有管辖权的主管实体按照此类实体在这方面采用的程序和规则执行……”,换句话说,其他酋长国的地方法院有义务执行迪拜中心法院的命令。这些措施有效打消了律师对迪拜中心法院的判决能否在阿联酋境内其他酋长国执行的疑虑。然而,鉴于迪拜以外的阿联酋法院很少被要求执行迪拜中心法院的判决,到目前为止,很难确切地知道实施的效果如何。① 第三种情况是,迪拜中心法院作出的判决是否可以在其他国家强制执行,原则上迪拜国际金融中心的司法机构不是迪拜境内的外国实体,而是纳入该国司法系统的平行法院。因此,它仍在事实上属于阿联酋的法院体系,这意味着它们应该享受阿联酋与其他国家签署的条约所带来的好处,因为这些条约与基于商业的司法命令的执行有关。就区际司法协助而言,阿联酋是 1983 年《利雅得阿拉伯司法合作协定》和 1995 年《海湾合作委员会公约》的缔约国。此

---

① Alkarimi A, *Changes to Dubai's Legislation on Arbitration Centres*, Const. L. Int'l, Vol. 17, p. 8 (2022).

外,阿联酋还与突尼斯、印度、中国和法国签订了一系列关于司法执行的双边条约。

(三)非诉途径纠纷解决机制考察

根据国际惯例,解决国际商事争议的方式主要有诉讼、仲裁、调解和协商,诉讼与非诉讼纠纷解决机制都为国际商事纠纷提供了公平且富有效率的解决方式。

1. 阿联酋《联邦仲裁法》

《联邦仲裁法》于 2018 年 5 月通过,以《贸易法委员会 1985 年国际商事仲裁示范法》(以下简称《示范法》)为基础,阿联酋成为第 81 个采用《示范法》为基础的仲裁立法的国家,但是《联邦仲裁法》与《示范法》之间存在一些差异,主要包括:《联邦仲裁法》规定,协议签署人必须经授权方可订立仲裁协议;《联邦仲裁法》中开始仲裁的日期与《示范法》不同;《联邦仲裁法》对在仲裁中使用技术有规定;《仲裁法》明确保护仲裁听证和裁决的保密。[①] 此外,2018 年 10 月,2018 年第 24 号联邦法令删除了《阿联酋刑法》第 257 条,而该条款规定了仲裁员承担刑事责任,这是阿联酋向世界仲裁友好国家迈出的积极一步。

作为联邦法律的《联邦仲裁法》不适用于迪拜国际金融中心和阿布扎比全球市场两个金融自由贸易区。如今,每个酋长国都至少有一个仲裁中心,阿联酋主要的仲裁机构包括迪拜国际仲裁中心、阿布扎比商业、调解和仲裁中心、沙迦国际商事仲裁中心、哈伊马角商业和仲裁中心。

《联邦仲裁法》规定了可分性原则和管辖权原则。该法第 6 条规定,仲裁条款应当作为合同其他条款之外的单独协议处理。有效的仲裁协议本身即使因合同的无效、解除或终止也不受影响。该法第 19 条规定授权仲裁庭对仲裁协议的存在或有效性或争议标的物中包含所提出的任何异议决定其

---

① Javeed A, *Arbitration Law in the UAE: An Overview on Jurisdiction*, Available at SSRN 3991916, (2021).

管辖权，由此，仲裁过程中提出的初步问题可以在不寻求法院干预的情况下迅速解决。《联邦仲裁法》还规定了对仲裁法庭管辖权的限制、对法院管辖权的限制、法院的专属管辖权、请求执行仲裁裁决、请求撤销仲裁裁决及仲裁的时效期间等内容。

2. 迪拜国际仲裁中心

2021 年 9 月 14 日，迪拜政府通过了关于迪拜国际仲裁中心的 2021 年第 34 号法令，废除了原有的迪拜国际金融中心—伦敦国际仲裁院（DIFC-LCIA）和阿联酋海事仲裁中心（EMAC），重新组建迪拜国际仲裁中心（DIAC），使其成为迪拜唯一的主要仲裁机构。[①] 在过渡期内，该法令给仲裁机构和当事人都带来了不同的影响。一方面，该法令的颁布影响了仲裁机构的管辖。管辖除非当事各方另有协议，迪拜国际仲裁中心将有权审议和决定双方同意提交 EMAC 或 DIFC-LCIA 的未来争议。对于正在进行的 EMAC 和 DIFC-LCIA 仲裁，迪拜国际仲裁中心将承担监督角色并根据 EMAC 或 DIFC-LCIA 的规则（如适用）管理这些案件。DIFC-LCIA 和 EMAC 目前不再能够登记新的案件，为了尽量减少对正在进行的仲裁的干扰，迪拜国际仲裁中心和 DIFC-LCIA 可通过定期会议和对话探讨有关未决案件的选择。例如，从 DIFC-LCIA 借调案件管理人员到迪拜国际仲裁中心，直接管理所有正在进行的仲裁，直至仲裁程序结束。另一方面，该法令也可能为仲裁当事人带来拖延程序的机会。短期内，DIFC-LCIA 和 EMAC 的解散可能会带来实践困难。例如，如果当事人选择了 EMAC 或 DIFC-LCIA，而现在又不愿意接受该法令规定的迪拜国际仲裁中心的管辖权，那么现有的仲裁协议可能会无效。当事人还可能采取游击战术来破坏和推迟仲裁程序的开始。此外，迪拜法院和迪拜中心法院受理的反对仲裁庭管辖权的案件数量可能会增加。例如，一方当事人最初进行仲裁，但后来通过向法院提交申请并质疑仲裁庭的管辖权来拖延和破坏仲裁程序。

迪拜国际仲裁中心的建立旨在使迪拜成为最有利于开展国际商业和贸

---

① Decree No. (34) of 2021 Concerning the Dubai International Arbitration Centre.

易的城市之一，并最终使迪拜国际仲裁中心跻身全球五大最友好、最有效和最高效的争议解决中心之列。截至 2024 年，迪拜国际仲裁中心是该地区最大的替代性争议解决中心。作为一个非营利组织，迪拜国际仲裁中心允许来自所有国籍和司法管辖区的各方在法院之外解决商业纠纷。改革后的迪拜国际仲裁中心旨在促进替代性争议解决方式的适用和效率，这将进一步巩固迪拜作为中东和非洲地区国际仲裁中心的地位，进而促进其全球仲裁中心地位的提高。

迪拜国际仲裁中心允许当事人协议选择管辖权及所适用的准据法，如果当事人未就仲裁地达成一致，迪拜国际金融中心将作为任何迪拜国际仲裁中心仲裁的默认仲裁地，仲裁庭庭长由经验丰富的国际仲裁员担任。迪拜国际仲裁中心改革后对仲裁规则进行了创新，《迪拜国际仲裁中心仲裁规则》(2022) 自 2022 年 3 月 21 日起开始生效。① 该仲裁规则与全球领先机构的程序最佳实践保持一致，主要包括关于合并仲裁和加入其他当事人、快速和紧急仲裁、任命仲裁员的替代程序、第三方资助和将律师费纳入仲裁费用的规定。该规则还带来了几项关键进展，包括建立迪拜国际仲裁中心仲裁法院，确保对诉讼和裁决进行适当监管。

在新仲裁规则中，仲裁的形式增加了电子邮件或各方同意的任何其他提供发送记录的电信手段，允许以电子方式提交和交换仲裁请求、答辩状和诉状，也包括远程听证会和虚拟证人证词选项，这为法庭、当事人和证人参与仲裁提供了更大的便利。此外，仲裁员现在可以以电子方式签署裁决。在仲裁期限方面，为了保障程序效率，新规则大幅缩短了时限。最终裁决应在向仲裁庭提交案卷之日起 6 个月内作出，仲裁庭不再有权自行将作出最终裁决的时限再延长 6 个月。速裁仲裁程序也被写入新规，只要争议金额不超过 100 万迪拉姆，或经当事人书面同意，即可适用速裁程序。速裁程序由独任仲裁员进行，通常只进行书面审理，裁决应在卷宗提交独任仲裁员后 3 个月内作出。这些仲裁程序的创新解决了时间、成本和环境问题。此外，新仲

① DIAC Arbitration Rules 2022.

裁规则规范了第三方资助仲裁，切实合理的披露要求使得可靠性增加。

3. 阿联酋的调解

阿联酋没有专门的法律来涵盖商业、家庭或劳动调解的所有必要方面。阿联酋联邦2016年第17号法律——《调解中心法》规定建立民商事纠纷调解和调解中心。《调解中心法》第2条规定，地方司法机关的部长或负责人可以在一审法庭的管辖范围内设立一个或多个调解和解中心。《调解中心法》第3条规定，当事人可以将下列纠纷提交此类常设调解中心：不超过500,000迪拉姆的民事或商业纠纷和价值不明或未估值的民商事纠纷。《调解中心法》第4条规定，下列纠纷不得提交根据本法设立的调解中心：紧急和临时命令和诉讼；政府作为当事方的诉讼；由专门处理租赁纠纷的委员会解决的租金诉讼；劳动诉讼；个人身份诉讼；决定在另一中心、委员会或具有类似权限的实体解决的任何其他诉讼。《调解中心法》还规定了调解员的职责和义务、工作程序、调解和调解程序的终止等。需要注意的是，《调解中心法》第15条规定，调解程序中达成的和解是最终的，监督调解中心的法官有权执行，当事人不得以任何方式对和解提出上诉。

阿联酋1999年第26号联邦法律——《调解委员会法》规定在联邦法院设立调解与和解委员会。《调解委员会法》第1条规定，可以在伊斯兰教法联邦民事初审法院所在地设立一个或多个调解与和解委员会；第2条规定，调解与和解委员会有权解决任何价值的民事、商业和劳资纠纷。《调解委员会法》第3条进一步规定，设立调解委员会的联邦一审法院不得登记任何案件，除非有关当事方提交有关调解与和解委员会出具的无异议证明。此外，《调解委员会法》第7条规定，如果当事方之间达成协议，则该协议应为最终协议，主管法院应具有执行令状的效力，不得对其进行任何进一步的审查或上诉。

4. 迪拜国际金融中心调解及和解

《迪拜国际仲裁中心调解规则》旨在将调解确立为在迪拜首选的争议解决机制。当事人可以根据这些规则将争议提交调解，无论他们是否有预先存在的调解协议。阿联酋是一个大陆法系司法管辖区，普通法原则通常不适用。在不损害调解的基础上进行诉讼可以提升当事人对调解过程的信任,并灌输给当事人所有与调解相关的信息、交流和材料都将保密的信心。《迪拜国际仲裁中心调解规则》第 9 条规定了保密义务,除非当事人另有明确约定,否则下列事项应予以保密:与调解有关的所有信息、双方拥有的所有文件及和解协议的内容。除上述内容外,《迪拜国际仲裁中心调解规则》第 9.3 条还规定,在任何情况下,在调解过程中作出的任何"陈述",无论是书面的还是口头的,都不得在任何司法或仲裁程序中用作证据。《迪拜国际仲裁中心调解规则》还赋予当事人和调解员在初步会议上决定保密程度以及程序的"不损害"性质的空间。迪拜国际仲裁中心调解的收费包括 2500 迪拉姆注册费、调解员总费用及开支的 10% 的中心行政费。

关于迪拜国际金融中心的和解,如果双方当事人能够达成和解,双方将根据《迪拜国际仲裁中心调解规则》附录二第 3 条第 12 款在和解人的协助下签署正式的和解协议。如果和解失败,则根据《迪拜国际仲裁中心调解规则》附录二第 3 条第 13 款,和解人将终止和解程序,但不影响后续程序的正常进行。

(四)多元纠纷解决机制间判决转化

近年来,诉讼、仲裁、调解的广泛应用,使得国际民商事争端解决机制更为完善。借助"一站式"运作、"融合化"理论,3 种解决方式间也逐步打破原有界限,呈现出一体化发展的趋势。① 迪拜中心法院在《迪拜国际金融中心法院 2015 年第 2 号实务指南——将判决付款争议提交仲裁》(以下简称《实务指南》)中允许了法院判决"转换"成仲裁裁决的制度。转换后的仲裁裁决并不会推翻原有的法院判决,原判决的效力和可执行性仍然有效。由于世界上大多数国家是《纽约公约》的成员国,这一制度增加了救济途径,能够确保判决的执行力,使其在成员国间方便、顺利地被执行。

---

① 单文华:《"融解决"国际商事争端解决的中国方案》,载最高人民法院国际商事法庭网 2018 年 11 月 13 日,http://cicc.court.gov.cn/html/1/218/149/156/1117.html。

在这一制度中,双方发生争议时,即使双方事前达成仲裁协议,根据《实务指南》的规定,争议首先也会进入法庭审理并作出终审判决,当法院作出的判决遇到了因域内无可供执行财产而发生支付上的争议时,债权所有方当事人可以将该等争议提交到仲裁中心进行"转换"式仲裁。这种双重救济途径灵活地将诉讼和仲裁进行转化,有利于当事人优先选择迪拜作为审判地。①

六、迪拜自由贸易区发展的经验启示

(一)阿联酋吸引外资的关键因素

2022 年,阿联酋共吸引约 700 个外商直接投资项目,同比上升 16%。阿联酋吸引的外资中的 80% 流向了迪拜,主要集中在软件和信息服务、业务流程外包和金融服务等领域。② 突出的竞争优势、稳定的政治环境、完善的基础设施和良好的营商环境是阿联酋得以持续吸引外资的关键因素。

一是具有健全的法律制度。阿联酋政府早在设立自由贸易区之初,即于联邦和地方层面分别完成了修法、创法工作,将涉及金融、税收等国家层面的立法事项通过授权立法授予地方,同时设立了多元纠纷解决机制,为迪拜自由贸易区的可持续发展打牢了法治根基。此外,阿联酋能够及时修法以有效应对因制度创新空间拓展而产生的法律困境,且注重本地立法、司法与国际通行规则的对接,在自由贸易区内取消保人制度,放松外汇管制,推行税收优惠等制度。③

① 詹欣意:《迪拜国际金融中心法院判决转裁决问题研究》,上海外国语大学 2022 年博士学位论文,第 14 页。

② 《中东非洲地区吸引外资保持增长》,载中华人民共和国商务部网 2023 年 6 月 1 日,http://chinawto.mofcom.gov.cn/article/ap/p/202306/20230603413554.shtml。

③ 中国南海研究课题组:《迪拜、新加坡成功经验的宝贵启示——其"流量"和"腹地"是怎样创造出来的?》,载中国南海研究院网 2019 年 7 月 25 日,http://www.nanhai.org.cn/info-detail/25/8136.html。

二是具有优越的地理位置和高度文化包容性。阿联酋地处欧亚非的交汇点,也是海湾地区贸易中心、物流中心,境内公路、铁路、航空、海运配套成熟,物流畅通无阻,是全球最重要的交通枢纽之一。阿联酋还是一个非常具有包容性、开放性、文化多元的国家,80%的常住人口为外籍人员。

三是在国际社会上具有较高的认可度。阿联酋在国际组织的各项排名中均处于靠前位置,国际认可度较高。阿联酋在世界银行发布的《2020年营商环境报告》中综合排名第16位,营商环境良好;在世界经济论坛发布的《2019年全球竞争力报告》中综合排名第25位,综合竞争力位居全球前列;在世界知识产权组织发布的《2021年全球创新指数报告》中综合排名第33位,创新能力较强。阿联酋在2022年科尔尼外国直接投资(FDI)信心指数排名中排在全球第14位和中东北非地区国家首位,[①]是全球实现排名上升的4个新兴市场之一。[②]

四是出台多项优化营商环境举措。第一,阿联酋政府出台了一系列改革措施以降低企业经营成本,主要包括:(1)减少电力接入成本,取消了高达150千瓦时的商业和工业电力接入的所有费用,从而提高企业获得电力的便利度及降低了相关成本;(2)提高信息透明度,使得财产登记更加便利;(3)建立统一的抵押登记处,进一步加强了借贷双方的合法权益保护。2022年,阿联酋财政部宣布进行一项关于联邦政府服务费用结构的研究,旨在通过逐步降低政府服务费用,持续改善营商环境,吸引外国直接投资。[③] 第二,多领域逐步放开外资股权限制。2018年阿联酋修订《外国直接投资法》,实施"全面开放+负面清单"管理模式,除7个例外行业领域外,允许大部分领域实现100%外国控股。2019年,允许13大经济部门项下122类经济活动实现外资100%控股。2020年修订《阿联酋商业公司法》,取消外国投资者

---

① 科尔尼全球商业政策委员会,https://www.kearney.com/foreign-direct-investment-confidence-index。

② 4个保持排名上升的新兴市场为阿联酋、卡塔尔、中国、巴西。

③ 《阿联酋财政部正研究逐步降低联邦政府服务费用》,载中国驻阿联酋大使馆经济商务处网2022年4月2日,http://ae.mofcom.gov.cn。

在当地注册公司的持股比例限制,且股东责任仅限于股本出资。第三,所有自由贸易区的各类型企业都可以 100% 汇回其资本和利润。一般情况下,外商投资资本和利润回流不受限制。但是,外资银行在将其利润汇出境外前,必须事先获得阿联酋中央银行的同意,并将其纯利润的 20% 作为税收缴纳给阿联酋政府。第四,多举措提高政府服务效率。阿联酋极大简化了企业设立程序。除常规注册方式外,阿联酋政府还推出了综合一体化电子平台,与负责经济活动的各联邦政府部门和地方政府部门连通,投资者可以安全、快速、便捷地进行网络注册,且更容易获得法律、办公室、移民及其他方面的便利。如迪拜经济部门为与阿联酋的其他地方政府机构合作,启动了迪拜虚拟商业区(VCC)计划,企业家和个体经营者即使不在阿联酋居住,也能够在迪拜创办虚拟贸易公司,获得电子营业执照。第五,税收优惠政策利好。阿联酋是一个低税国家,不对个人征收所得税,除油气公司和外国银行外暂不征收公司税,仅对特定商品征收消费税,关税从 0 到 5% 不等,税率相对较低。另外,超过 20 个自由贸易区免征增值税。

五是具备较为完善的基础设施。阿联酋具有完善的公路、铁路、航空、水运、通信、电力等基础设施,在水运方面,阿联酋水运发达,阿布扎比的哈利法港是中东地区自动化程度最高的港口,迪拜杰贝阿里港则是全球最大的人造港和中东地区最大的港口。在电力方面,2020 年阿联酋清洁能源发电量达 2.54GW。在电网方面,2011 年海合会统一输电系统建成,成员国之间可在紧急用电时互送电力。

(二)迪拜发展模式的关键要素

从国家发展的特征层面来看,东亚发展中国家具有几个共同的基本特征,这些特征影响了国家经济干预的深度,包括“强大且经济活跃的国家的历史遗产、社会和政治等级制度的传统以及由文化同质性支撑并受到外部威胁强化的强烈民族主义情绪”。20 世纪 90 年代以来,尤其是新加坡的发展经验是迪拜发展规划者的重要灵感来源。正如迪拜原行政办公室主任 Nabil Ali Alyousuf 所强调的那样,新加坡成为迪拜的参考点,因为两国之间有相似之处——尤其是在愿景和积极主动的领导力方面。迪拜凭借其强大的发展愿景和使用政府力量以及大量资金追求其发展目标的意愿实现了国家快速转型发展。

迪拜表面上的发展成功可以理解为“后发”发展中国家为了赶上“发达世界”而有意识实施政策的结果,[①]也是一系列经济、制度、政治和文化因素相互作用的结果。迪拜目前的发展努力必须被视为20世纪初发生的事件的延续,当时阿勒马克图姆统治者为波斯商人阶层提供了重大激励措施,以说服他们迁往迪拜。这个“关键时刻”建立了一个极其有利于商业的环境,在商业和社会上对外国人持开放态度,并坚信“国家”在经济中发挥积极作用。

从迪拜发展的历史来看,可以发现存在以下八方面的关键要素:政府(统治者)主导的发展、快速决策能力、灵活的劳动力、服务业国际化、供给产生需求(“先行者”)、创造投资机会、通过品牌进行市场定位以及与国际合作伙伴合作发展。

1. 政府(统治者)主导的发展

在迪拜的发展中起主导作用的是政府,而不是私营部门。尽管私营企业家的经济实力雄厚,但他们在政治上却很薄弱。商人阶层在20世纪40年代和50年代被纳入了当时的新世袭制国家结构。谢赫·穆罕默德在2007年至2015年迪拜战略计划的就职演说中明确阐述了政府和私营部门之间目前的角色划分:“事实是,2000年至2005年取得的优异成绩主要是由于政府的领导和倡议。你们在许多领域都有亲身经历,包括公共服务、体制框架、立法、监管和基础设施的发展和现代化;或者通过启动战略项目,如旅游企业、互联网和媒体城市、迪拜国际金融中心、专门区域和其他大型项目。这些举措是推动发展的动力,也是吸引投资者的主要因素。这些主动行为也鼓励了私营部门,增强了他们的信心,并给了他们大量的机会。他们很快跟随政府的领导,成为发展方面的真正伙伴。”

---

① Atul Kohli, *State-Directed Development: Political Power and Industrialization in the Global Periphery*, Cambridge University Press, 2004, p. 2.

迪拜的体制结构高度集中,人们应该将其视为一个两级系统。第一级由传统的政府部门组成,例如迪拜市政当局和参与迪拜日常运作的数10个机构——警察、电力和水务、道路和交通等。第二级是谢赫·穆罕默德统治期间围绕行政办公室建立的新结构,行政办公室是统治者的私人办公室。行政办公室管理所有新开发项目:大型项目、国有企业、外国投资、自由贸易区、港口、投资银行以及特殊主题"城市",如医疗城、物流城、互联网城等。此前主导这些业务的有60多个独立实体,它们于2005年和2006年合并为两大控股公司:迪拜控股和迪拜世界。每个公司都拥有自己的银行、投资机构、国营公司、服务提供商、房地产开发商等。这位统治者任命他最信任的4个人负责关键的经济活动,分别领导迪拜控股、迪拜世界、经济发展部及迪拜市政府,这基本上使他掌管了传统的政府体系。这5个人控制着酋长国经济的很大一部分。但从另一个角度来看,虽然集中化不是民主理想,但它允许快速决策,并能够有效地协调发展活动和投资。

2. 快速决策能力

在决策制定和实施过程中,速度已经成为迪拜的标志。迪拜历任统治者都是快速决策者,均追求快速看到结果,这可能是海湾地区部落之间持续争夺经济霸权的结果。统治者周围的人已经养成了不辜负这些期望的习惯,并得到了精简高效的治理结构的支持。在一次采访中,迪拜干船坞的首席执行官杰夫·泰勒(Geoff Taylor)解释了日常决策的速度有多快:"如果我想花4000万美元扩建干船坞的维修设施,我会把这个要求交给迪拜世界的负责人苏拉耶姆先生,他是谢赫·穆罕默德的直属下属。通常我会在30分钟内得到答案,他们更有前瞻性,更有活力,也更可信。经营企业的人通常更了解业务,因此最能发现商机。"①快速决策既是迪拜制度设置的结果,也是该国规模的结果。快速决策对企业成功至关重要,因为它使企业能够在市场机会出现时抢在竞争对手之前抓住机会。

---

① Hvidt. Martin, *The Dubai Model: An Outline of Key Development-process Elements in Dubai*, International Journal of Middle East Studies, Vol. 41:3, p. 397 - 418(2009).

3. 灵活的劳动力

在阿联酋,特别是在迪拜,国民和外籍人士之间的比例是世界上最不成比例的。在阿联酋,只有20%的人口是公民,大多数观察家估计这个数字在迪拜甚至更低。从发展角度来看,大量外籍人士创造了独特的有利条件。当其他国家在发展的不同阶段努力教育尤其是再教育本国人口时,迪拜基本上是在国际市场上“购买”劳动力以满足其当前发展的需求。例如,来自印度的建筑工人和家庭佣人,来自埃及的护士、医生和教师以及来自欧洲和美国的高学历技术或经济人才。引进工人,然后再把他们送回各自的祖国,使得劳动力的规模和资格都具有极大的灵活性。此外,它还使迪拜能够在新的市场机会出现或新的发展目标制定时做出异常迅速的战略变化。如果领导层想要建立航空公司、航空航天业或信息技术部门,它只需找到具有相关经验的劳动力即可。换句话说,技能已经成为一种完全可交易的商品。最后,大量使用外籍劳动力有助于快速决策和快速实施,因为它消除了机构和劳动力内部的瓶颈。例如,聘请外国顾问来准备大型项目,为当地规划部门增加资源。但是,迪拜也因此被认为在教育支出方面“搭便车”,因为它让其他国家教育它使用的劳动力。

4. 服务业国际化

迪拜战略计划呼吁将现有的优势行业转移到国内和国际的新领域。国内市场如此之小,服务业的任何重大增长都必须包括向国际市场的扩张,因此迪拜在国外进行了从飞机制造商到拉斯维加斯赌场等一系列投资。其中较为著名的一个例子是迪拜环球港务集团于2006年以68亿美元收购了总部位于伦敦的半岛东方轮船公司,由此获得了全球54个港口的管理合同,成为全球第三大港口运营商。通过这种方式,迪拜环球港务集团多年来在运营拉希德港和杰贝阿里港方面积累的专业知识已经实现国际化。服务业国际化的另一个例子是房地产开发,由国有房地产开发公司EMAAR负责。在迪拜运营期间,该公司创造了总体规划生活方式社区的概念,并从2004年开始在国际层面上运用这一概念。EMAAR在数10个国家或地区建设此类社区,沙特阿拉伯的阿卜杜拉国王经济城就是其中一个项目。服务业国际化的最后一个例子是建设世界上最大的机场和物流区——阿勒马克图姆国际机场,该座机场毗邻杰贝阿里港,成为总部位于迪拜的阿联酋航空的枢纽,这项机场计划不仅旨在扩大迪拜作为该地区“唯一”物流枢纽的地位,还旨在将迪拜打造为国际超级长途航线上的三个枢纽之一。

5. 供给产生需求(“先行者”)

所有企业都在努力解决何时投资的问题,通常有两种策略:要么等到对商品或服务的需求出现,要么提供商品或服务并让其产生自己的需求。迪拜开展的许多值得注意的项目都遵循了后一种策略。虽然这种策略比第一种策略风险大得多,但如果需求真的回升,这种策略将带来更高的收益——“先发优势”。迪拜投资政策的经典例子是谢赫·拉希德·本·赛义德·阿勒马克图姆统治时期(1958—1990 年)修建的港口和机场。每个港口和机场的建造都存在严重的产能过剩问题,据称违背了大多数专家的建议。但是如今来看,港口、机场、干船坞、互联网城、媒体城等自建成以来都已扩大了好几倍。毫无疑问,该地区的积极发展(如贸易)发挥了一定作用,但良好的投资规划也发挥了一定作用。

此外,政府对经济的基本参数拥有相当大的控制权,因此它有能力使大多数项目取得成功。例如,在旅游业中,政府不仅控制着酒店和公共关系网络,还控制着运送大多数游客的航空公司。政府控制的公司,而不是私营公司,是第一个也是风险最大的投资,可以调动大量的国家资源来确保公私混合项目取得成功。最后,每个项目都采用“全速”方式实施,这意味着它被分配了使其成功所需的资源。

6. 创造投资机会

20 世纪 80 年代中期以来,迪拜领导层一直致力于吸引外国投资。《迪拜 2010 愿景》中明确指出,增加外国直接投资是进一步发展的先决条件。为了吸引外国直接投资,该国简化了立法并创造了投资机会。作为第一步,杰贝阿里自由贸易区于 1986 年成立,引入了完全由外国拥有的投资,后来扩展到迪拜各地的多个专门自由贸易区,如互联网城、媒体城和迪拜国际金融中心。房地产行业创造了第二种主要的投资机会。这确实是一种创新,因为迪拜和阿联酋其他地区一样,对外国人拥有房产有着习惯性的完全限制。然而,2002 年 3 月,迪拜引入了永久业权,授予外国人对公寓和房屋的完全所有权。棕榈岛上的住宅是根据这种安排出售的第一批住宅之一。后来,政府将城市的部分地区也分配给了此类住宅。

但是,迪拜的繁荣发展也具有天时地利人和的因素。迪拜似乎充分利用了本地区投资资本过剩的独特形势。正如艾哈迈德·坎纳教授所言,20 世纪 90 年代初,投资资本从苏联、印度、非洲各国,尤其是伊拉克和伊朗寻求出路,因为这些国家要么正在崩溃,要么正在重组。[①] 从这个意义上讲,资本"不受束缚",很容易被迪拜的房地产投资机会所吸引。其他投资浪潮也纷纷涌入,如 2002 年以来油价大幅上涨,这些因素为本地区带来了前所未有的经济繁荣,该时期的投资刺激了当时的建筑热潮和造就了迪拜经济的惊人增长率。

7. 通过品牌进行市场定位

迪拜以现成的战略追求发展,无论是在旅游业、服务业还是制造业,它都有意将自己定位于高质量的高端市场。换句话说,它并不打算像早期工业化国家和亚洲模式的追随者那样以数量取胜,而是努力提高质量。它似乎还选择通过为投资者和消费者提供一些全新的产品来发展,而不是复制以前所有人做过的事情。品牌是迪拜发展战略的一个关键要素:迪拜以"质量和创新"为自己打上了品牌。建造了今天世界闻名的标志性建筑,其中包括帆船形状的酒店——阿拉伯塔酒店(Burj Al Arab)、棕榈群岛、三角形的阿联酋大厦等。迪拜还拥有世界第一高楼——哈利法塔,高 828 米,楼层总数 162 层,这也是使迪拜提升国际知名度的重要方式之一。正如有学者阐明了建筑与城市形象之间的联系,认为建筑经常被用作经济和文化转型的战略工具。[②] 建筑品牌化意味着身份的表达,无论是企业还是城市。事实上,纽约、毕尔巴鄂和上海都利用建筑来提升形象、促进经济增长并提升各自在

---

① D Ahmed Kanna, *Dubai in a Jagged World*, http://merip. org/mer/ mer/243/kanna. html (last visited on May 6,2024).

② Anna Klingmann, *Brandscapes: Architecture in the Experience Economy*, MIT Press, 2007, p. 4.

全球的地位。

8. 与国际合作伙伴合作发展

迪拜模式的最后一个因素是国际合作伙伴在发展过程中的积极作用。迪拜的目标是吸引最优秀的专家参与该国的项目。政府部门不仅聘请知名建筑师来建造建筑物,还试图让国际公认的实体作为合作伙伴参与其运营。迪拜医疗城就是其中一个例子,梅奥诊所和哈佛医学院都参与了规划过程,如今也参与医院的日常运营。这种合作形式向潜在消费者发出了关于医疗城治疗质量的强烈信号——它与世界上最好的治疗质量不相上下。在旅游业方面,国有酒店不仅在规划阶段引入希尔顿、喜来登和凯悦等国际连锁酒店,而且在之后的管理阶段也引入了这些酒店。国际合作伙伴和顾问在迪拜的几乎每个领域都有合作。这种模式解决了迪拜这样的发展中国家的一个重大问题,即当地人口缺乏经营高知识含量企业的技能。尽管可以建造建筑物并购买技术,但经营高标准的医院需要大量的教育和与工作相关的培训,而很少有迪拜本地人具备这些条件。因此,迪拜对国际合作伙伴的依赖程度非常高,但这也是其能够快速发展的重要因素。

(三)迪拜经济发展的特色优势

1966 年,迪拜打出第一口油井。石油的发现,彻底改变迪拜经济结构和发展轨迹,可观的石油收入为迪拜初步发展提供了资金,使其能够投资于基础设施和其他关键领域。而后意识到自由贸易区在吸引外国直接投资和促进当地经济方面的潜力,并寻求采取多样化的增长战略来重组经济,使其摆脱对石油的直接依赖,迪拜政府通过建立一些自由贸易区采取了鼓励自由贸易的政策。阿联酋境内设立的自由贸易区主要集中在阿布扎比与迪拜。迪拜根据全球经济发展形势和迪拜自身支柱产业发展需要,兴建了一批独具特色的专业化自由贸易区,涵盖加工、物流、金融、传媒、信息与通信技术、教育、医疗、科技等不同领域,其广阔的自由贸易区体系被认为是区域和全球自由贸易区发展的典范。例如,为了适应互联网经济时代出现的世界经济新动向,2000 年迪拜建立了互联网城。又如,为了大幅提升金融服务业在经济结构当中的地位，参照纽约等国际金融中心模式，创立了迪拜国际金融中心，其他还包括专注于物流运输行业的迪拜机场自由贸易区、专注教育培训的迪拜知识村、致力扶持半导体产业发展的迪拜硅谷、为全球一流媒体提供服务的迪拜媒体城等，这些各具特色的专业产业集群，进一步丰富了迪拜多样化产业结构的内涵。自由贸易区在其领土内拥有完全的权力，这一权力包括对地区的总体规划、管理、制定公司规章制度、注册和发牌、基础设施建设和设施发展、提供服务、租赁和出售建筑物、提供人力资源以及征收适当费用的权利。① 投资者可以根据自身投资实际，结合各自由贸易区设立实体时间、费用、签证、产业性质、技术支持等选择合适的自由贸易区进行投资。

1. 发挥东西方交通枢纽的区位优势

迪拜毗临波斯湾，地处亚非欧三大洲交界的西亚地区中心，地理位置优越。瞄准独特的区位优势，迪拜注重充分发挥交通运输设施的基础性作用，并将港口、机场列为重中之重。杰贝阿里港是阿拉伯联合酋长国迪拜杰贝阿里的深水海港，同时也是世界上最大的人造港口和中东地区最繁忙的港口；迪拜国际机场是目前全球接待国际航班旅客量最大的机场；阿勒马克图姆机场的目标是建成世界上最大的客运和货运枢纽。两个机场之间设有专用保税公路和铁路走廊，双机场协同发展为迪拜快速发展的航空业提供了有力支持。迪拜通过充分整合各类物流资源要素，构筑高效便捷的海陆空联运走廊，形成了一体化多式联运物流平台，货物在海港、机场和自由贸易区范围内可自由流动，无须进行多次报关。物流企业可最大限度实现货物快速流通，辐射范围遍及中东、东南欧、西亚、印度次大陆和非洲等国际市场。例如，迪拜国际金融中心，在地理和时区上处于纽约和伦敦等主要国际资本市场与香港市场的中间地带，其具备成为这个区域金融中心的区位优势，同时填补了国际 24 小时资本市场金融真空，成为连接东西方全年无休的

---

① Al Iriani M, E Lbadawi I & Fadhel D, *Economic Linkages between Free Zones and Main Dubai*, The Economy of Dubai, (2016), p. 114.

全球金融网络的补充枢纽。

2. 科学布局多元化、特色鲜明的区域产业

迪拜本身并不是一个很大的市场，其核心定位在于通过各种资源的配置，构建丰富、多元的商业生态，让企业能够立足迪拜，以多种多样的形式，服务全球市场。迪拜致力于经济转型，摆脱对石油经济的依赖，结合自身区位优势、资源禀赋、环境承载能力、产业基础和发展潜力科学布局，成功打造了包括杰贝阿里自由贸易区、迪拜机场自由贸易区、迪拜网络城、迪拜媒体城、迪拜珠宝城、迪拜汽车城、迪拜五金城、迪拜知识村和迪拜多种商品交易中心以及迪拜国际金融中心等在内的 30 余个自由贸易区，涵盖加工、物流、金融、传媒、信息与通信技术、教育、医疗、科技等不同领域，成为推动迪拜经济增长点。其中，杰贝阿里自由贸易区面积最大，是世界上最成熟的自由贸易区，还通过了 ISO 9000 国际标准认证。以上各类产业不同领域产业相互融合，错位发展，深度融入全球产业链、价值链，为推动迪拜、阿联酋非石油经济发展贡献颇多。2022 年，阿联酋的非石油对外贸易继续创下前所未有的纪录，历史上首次突破 2 万亿迪拉姆大关，2022 年总额达到 2. 233 万亿迪拉姆，比 2021 年增长 17% 。

3. 政府多重举措支持商业发展

迪拜能够迅速发展，离不开政府的支持。一方面，政府为企业提供一站式的高效服务，包括提供未来发展和投资的建议，协助客户挑选理想的投资场所及确定运营必备设施，帮助企业在本地和国际市场上获得合资机会以及定期开展回访和企业沟通。此外，迪拜自由区管理局既是官方管理机构，也是自由区企业化运营的实际经营者，对自由贸易区经济发展起到“润滑剂”作用。比如，杰贝阿里自由贸易区运营方不仅是商业地产开发公司，也为企业和个人提供保姆式服务；迪拜国际金融中心创设了迪拜金管局及迪拜中心法院等机构，并在相关部门核心岗位大量聘请国际化的资深金融人士。另一方面，迪拜政府启动了多项计划和行动以支持迪拜各方面的发展，始终在探索新技术和创新解决方案以提高城市的生活质量和经济效率。如迪拜 10X(Dubai 10X)计划，致力于在迪拜所有政府实体内逐步推动创新。

该计划包括三方面：一是每个政府机构都需要建立一个独立的“X 部门”，其任务是在各自组织的实践中进行创新，同时制定突破性的解决方案以超越自我；二是各部门必须制定流程和实验室，来试验和推广创新技术和方法，审视并反思传统结构和层级，提出必要的变革来实现自身使命；三是需要为自身部门创造机会与创新公司和初创企业合作，从而提供更好的服务，帮助居民过上更好的生活，并帮助扫清公司遇到的任何阻碍。2023 年 1 月，迪拜发布了十年经济计划 D33（Dubai Economic Agenda D33），关键目标是在未来 10 年内将迪拜的经济规模扩大一倍，并巩固其在全球三大城市中的地位，其内容包括迪拜计划在 10 年间支持 30 家新兴领域公司的发展，使这些公司成为全球性独角兽公司；启动迪拜贸易商项目，为关键行业的新一代贸易商赋能；允许新技术的测试和商业化，并使迪拜成为主要的创新中心等。

4. 包容的多元文化社会环境

迪拜展现了一种对外开放的姿态，积极吸引世界各地的优质企业、投资者、人才和游客，国际化是迪拜最重要的标签之一。这种开放策略不仅促进了经济多元化，还帮助迪拜建立起了一个多元文化的社会环境，成为全球人才的汇聚地。迪拜的包容性体现在对不同文化、宗教和生活方式的接纳。在这里，有 360 多万居住人口，来自超过 200 个国家和地区的外籍人士与当地居民和谐共处，共同构建了一个融合东西方文化的独特社会。迪拜通过举办各种国际节日和活动，建立博物馆、艺术画廊和举办文化节，鼓励不同文化之间的交流与理解，促进了艺术和文化的繁荣，成为中东地区文化交流中心，同时展现了其作为一个全球都市的包容精神，有力吸引外资企业及外来人才。

第五章

国际比较视野下海南自由贸易港高质量发展的法治保障体系建构方案

一、海南自由贸易港优化法治营商环境的实践纲要

中国提出建设海南自由贸易港，是继续探索和构建高水平中国特色社会主义市场经济体制，推进高水平对外开放的重大战略举措。社会主义市场经济本质上是法治经济，海南自由贸易港的发展需要法治的保障。海南自由贸易港优化法治化营商环境需要把自由贸易港政策和制度体系融入并彰显依法治理的内在要求和规范准则。

（一）完善法治化营商环境评价指标体系

海南省人民政府于2022年3月12日出台了《海南自由贸易港营商环境评价工作方案》，旨在构建一套行之有效、公平公正透明的营商环境评价体系。海南自由贸易港营商环境法治化程度关系到海南高质量实现全面深化改革开放的核心支点。海南自由贸易港法治化营商环境建设要想获得较为理想的效果，评价指标体系就需要围绕法规体系、公共服务以及实效机制等方面予以构建。

首先，海南要加快建立健全与《海南自由贸易港法》相配套的法规体系，

这是落实法规框架(regulatory framework)评价指标的要求。塞尔维亚有学者认为,法治是经济增长的一个重要预测因素,公正、平等增强了对法律和监管体系的信心,能够创造一个刺激创业的营商环境。① 尽管海南目前已经颁布了营商环境相关法规和重要政策40余项,法治化营商环境提升水平较快,但我们也应该看到与2025年前全岛封关运作所需要条件还存在差距。截至笔者撰写本书时,外商投资条例、地方金融条例、网络与数据安全条例等众多相关营商环境法规尚未顺利出台。一方面,完备的自由贸易港法规体系是法治化营商环境评价指标体系顶层设计得以实现的前提。另一方面,要适时开展评估和清理各类侵害市场主体合法权益或者存在合法性问题的法规、规章、规范性文件。此外,海南自由贸易港法治化营商环境评价指标体系基于投资贸易自由化、便利化的要求,要对标国际标准,如具有世界影响力的世界银行营商环境指标评估项目(Doing Business Project)。但也要凸显中国特色自由贸易港的法治本土性,从本土法治立场、方针、政策出发,做到评价指标体系普适性和本土性的完美结合。

其次,海南要为市场主体提供全生命周期相关的商业环境范畴的制度以及法治基础设施,这是落实公共服务(public service)评价指标的要求。海南自由贸易港法治化营商环境评价指标体系的设计要依据企业生命周期理论,重点考察法治化营商环境对企业需求的回应程度和保障力度。② 比如,从第一个一级评价指标"开办企业"到第十五个一级评价指标"办理破产",体现了法治化营商环境评价指标体系覆盖到企业全生命周期内的法治环境供给需求。当然,在中间环节还要围绕企业的生产经营活动需要,依法平等保护各类企业产权和权益,破除妨碍市场公平竞争的显性或隐性障碍。公平竞争是海南自由贸易港市场环境的基石和生命力所在,要从更大范围上促进市场竞争和资源要素优化配置,营造可预期的法治化营商环境,力求企业在法治化营商环境评价指标体系中凸显出主体性地位。

---

① Natasa L. Golubovic, *The Importance of the Rule of Law for the Improvement of Business Environment in Serbia*, Zbomik Radova, Vol. 53:1, p. 59 – 80(2019).

② 郭海蓝:《论营商法治环境评价的理路与指标体系》,载《财经理论与实践》2023年第6期。

最后,海南要实现法规框架和相关公共服务的有效结合,这是落实效率性(efficiency)评价指标的要求。效率性评价指标要求在法治指标的实效性导向中将抽象的公平、公正等价值理念具象化、实证化。以《海南自由贸易港营商环境评价指标总表》为研究对象,发现其法治评估所涉及的数据主要来自政府数据,缺乏民众对法治真实感受的民间数据,单一的评价方法难以确保切实反映客观法治现实,实践中法治评估量化方法运用容易陷入操作性盲区。以执行合同指标为例,需要对立案便捷度、审判效率、执行效率、执行成本等二级指标兼采定性与定量方法对营商法治环境开展综合评价。而且,除要符合评价说明中的形式法治评价外,对商事程序正当、产权保护、司法公平正义等实质法治内涵的评价要注重指标的"率"化改造,从而提升法治实施真实效果的量化性和可观性。司法是保障公平正义的"最后一道防线",海南自由贸易港的司法体制关系到市场主体的经营活跃程度及其对预期经营收益的保障范围。良好的海南自由贸易港司法环境需要客观的规则与标准对其进行量化,司法营商环境指标体系便能够对海南自由贸易港经济体的司法营商环境特征进行分解度量。

世界银行于2023年发布营商环境新评估体系(Business Ready),重新推进了营商环境的评价工作。但是该机构的Business Ready基本是以美国法律标准为对照来设计相关的问卷内容,并选取了普通法系中成文法的最清晰部分,有针对性地忽略判例法中的不合理内容。① 例如,美国要求世界银行暂停使用"雇佣劳动力"指标要素,以应对美国自身法律体系在该问题上的悬殊做法,从而提高美国的营商环境评分。② 有学者直言,Business Ready更适合普通法系国家,其对大陆法系国家存在一定程度的偏见。③ 同时,

---

① Ron Harris, *Legal Scholars, Economists, and the Interdisciplinary Study of Institutions*, Cornell Law Review, Vol. 96:4, p. 789-810(2011).

② Ralf Michaels, *Comparative Law by Numbers? Legal Origins Thesis, Doing Business Reports, and the Silence of Traditional Comparative Law*, American Journal of Comparative Law, Vol. 57:4, p. 765-795(2009).

③ Rafael La Porta, Florencio Lopez-De-Silanes & Andrei Shleifer, *Corporate Ownership Around the World*, The Journal of Finance, Vol. 54:2, p. 471-517(1999).

Business Ready 指标体系中表现出“去监管”的强烈偏好,可以说“经济优先”或“经济效率”成为衡量一个国家或地区的营商环境优劣的首要标准。但作为重视监管并取得经济快速发展成效的我国、新加坡以及日本,难以在 Business Ready 获取较高的评分。在新加坡如何使用营商环境指标的问题上,有学者认为 Business Ready 确实激励和指导了新加坡的各种商业监管改革。营商环境指数可以很好地衡量新加坡法律规则产生的经济效果,但也应当认识到法律制度改革在不同法域之间可能有很大差异。新加坡制定商业法规应考虑到司法管辖区的法律制度、政治经济和监管框架。例如,对少数投资者的必要保护范围在一定程度上取决于一个法域普遍存在的股份结构。因此,新加坡决策者不应盲目依赖国外或其他地区的营商环境指数排名,而应考虑本地工商界的特殊性和不断变化的需要,以确保其政策和条例的有效性。①

海南自由贸易港法规体系是中国特色社会主义法律体系的重要组成部分,我们不能盲目对照 Business Ready 的评价指标体系来制定或修改海南自由贸易港法规,而应当以体现中国特色、符合海南定位为目标,促进海南自由贸易港本土司法实践的制度集成创新。当然,我们也要学习与吸收 Business Ready 中的优秀经验与先进做法,丰富以我国自由贸易港本土司法实践为内核的指标内容要素并进行相应调整。

(二)加强政府与市场关系的法治化建设

首先,“放管服”改革是政府职能转变的一场“自我革命”,通过政府的放权和监管改革,培育和激发市场活力和社会创造力,旨在重塑政府和市场的关系。海南在“放管服”改革中,探索出“备案即入、承诺即入”“国际贸易‘单一窗口’特色应用”“一枚印章管审批”等创新做法,从而在进一步实现由管制型政府向服务型政府的转变中发挥重要作用。当然,新一轮“放管

① Lin Lin and Michael Ewing-Chow, *The Doing Business index on Minority Investor Protection: The Case of Singapore*, Singapore Journal of Legal Studies, Vol. 1, p. 46 – 69(2016).

服”改革的推进，海南需要着力提升“放管服”改革的法治品性，持续优化自由贸易港法治化营商环境。一方面，转向更加重视市场主体的视角，健全政府职能体系，降低制度性交易成本。海南自由贸易港要推进传统政府向“有为政府”转型，促进自由便利的“有效市场”形成，及时清除影响自由贸易港自由便利市场和公平竞争的壁垒，保障各类市场要素的自由流动，充分激活贸易投资市场的活力。尤其是投资领域，须严格落实外商投资准入负面清单并及时清理各项限制措施，提高开放政策的透明度和一致性，规范外商来自由贸易港投资管理，培育壮大市场主体，保护外商投资合法权益。另一方面，将公共服务上升为政府主要职能，全面运用信息技术手段大力提升法治政府建设数字化水平，实现政府治理信息化与法治化深度融合。优化税收营商环境，对实现海南自由贸易港贸易投资高质量发展具有十分重要的现实意义。良好的税收营商环境能够吸引更多市场主体汇聚于海南自由贸易港并形成资源的集聚效应。海南自由贸易港税务系统“放管服”改革，依托现代信息技术加快智慧税务建设，通过采取简政放权与优化服务的手段，提供精准个性化的涉税服务，精简办税流程与减少不必要的税收审批事项，降低市场主体的交易成本以提高其市场经营活动全要素生产率。

其次，营商环境作为制度的集合体，海南自由贸易港建设需要构建公平公正的市场主体保护制度，通过制度固化技术保障政府与市场关系之间的融贯性与稳定性。当前，海南自由贸易港企业破产退出机制较为完善，省人大常委会根据自由贸易港立法权出台了《海南自由贸易港企业破产程序条例》，而非破产退出机制规则相对匮乏。海南新增企业猛涨，市场主体的蓬勃发展，对提升市场退出程序的制度效益提出了更高要求。畅通的市场退出机制与放宽的市场准入机制同样重要，可以根据市场主体现状建立具有行政主导性的强制除名、拟制清算等非正常经营企业强制性市场退出机制。当然，非正常经营企业强制性市场退出机制需要以安全和效率价值的平衡为导向，坚持慎用吊销营业执照行政处罚的立场，可以优先采取责令停产停业、暂扣证件等可回转性措施。同时，构建市场主体诉求表达制度，这方面可以借鉴我国台湾地区和澳门特区的停业登记制度，关注市场主体期盼，根据市场主体的申请给予其合理的停业期限,积极回应企业诉求,给予市场主体更多的机会和空间,缓和强制性市场退出机制的负面影响。

为坚决遏制海南自由贸易港地方政府隐性债务,清理规范地方融资平台公司,提升海南自由贸易港地方债务及融资平台的治理效能,需要在立法中明确资产管理公司对不良资产的处置条件、处置方式和处置效果,推进融资平台不良资产处置的市场化,转变金融风险仅在政府财政体制内转移,探索以公开市场发债或者与上市公司有优质底层资产的融资平台,有效降低融资平台债务,提升融资平台的清偿能力。同时,适当引入更多具有托管条件的国有企业、其他企业等市场主体参与融资平台的托管,减少融资平台走向解散清算或破产清算,更大程度地保障债权人利益。允许私募股权投资基金(PE)进入融资平台股权收购市场,借助市场化机制实现融资平台平稳和有序地退出市场,防止风险累积形成系统性金融风险。

最后,加快推动海南自由贸易港高质量发展,还需要政府在新发展理念的指引下审慎干预市场,充分释放市场活力,实现有为政府与有效市场的双向互动。有为政府必然是“强”政府,通过强有力的改革让市场在资源配置中发挥决定性作用,同时也需要为市场健康运转提供强有力的行政监督与法治保障。例如,德国营商环境的优化得益于商业监管的周全化和具体化,对于各种类型的商事活动基本会有相应的法令予以监管。① 监管执法是海南自由贸易港市场公平竞争秩序得以有效维护的重要方式。严格的监管执法规范是保证市场主体平等发展、公平竞争的基本要求,通过立法具体明确每项权力的去留,推动改革成果制度化、法定化,打造公平竞争新型营商环境。强化反垄断与防止资本无序扩张,健全事前事中事后全链条监管。尤其是在数据、平台、金融等多领域下的系统性风险协同监管规则中,既要遏制资本肆意传导和恶性扩张,也要平衡资本的自然属性与社会属性。尤其是对于一时看不准发展趋势的数字经济新业态,政府应当确保包容审慎监

---

① Mikheil Bichia, *Several Legal Peculiarities of the Regulation of Business Environment in Gemany*, Law and World, Vol. 8:1, p. 53 – 67(2022).

管得到理性实施，只有当市场机制不能有效发挥作用时，政府监管才能介入。但是，给予合理的执法观察期不等于放任新业态无序发展，这需要在效率与安全的动态平衡上灵活设置有效的监测分析，当触碰与风险相关的安全红线时，立即采取监管措施，避免最佳行政干预的时机落空。规制市场主体之间的竞争法律关系，维护自由贸易港市场竞争应有的韧性和活力。实施消费者保护执法的活动，保护消费者合法权益。对各类市场要素和特殊领域，如金融服务业、航运服务产业、旅游业等开展特别监管执法活动。

（三）推动数字法治政府在数字化营商环境的作用

加强政府数字化建设是推进海南自由贸易港治理现代化的必然要求。海南自由贸易港现代数字法治政府需要体现出数字化、智能化而形塑的政府管理形态。只有统筹协调好政府数字化建设与数字法治化治理的关系，才能实现海南自由贸易港市场自由公平竞争和持续优化营商环境的聚合效应。数字法治政府建设的理念在于通过数字化手段实现技术应用与行政法原则的有效融合，[①]这并非传统政府的数字化技术应用，而是政府建设理念的更新、工作方式的转变、运行机制的重构、治理效率的提升和政务服务的优化。海南自由贸易港数字法治政府建设需要将法治价值、法律要求嵌入数字化服务体系的全过程，因为数据权力的隐形扩张改变了行政权力的传统结构，通过透明度和问责、可预测性和一致性，平等与正当程序促成数字行政法治的产生，[②]消除因数字技术应用而引发的治理弊端，防止自动化系统缺失监督和算法控制。

一方面，海南自由贸易港政府通过数字化方式优化营商环境，必须坚持数据安全保护的底线原则。在运用数字技术推动政府营商环境治理现代化的过程中，容易出现“算法黑箱”“数字鸿沟”等技术滥用与依赖、算法歧视、数据泄露等问题，所以科学完备的法律规范体系是数字化政府发挥治理效

---

① Roger Brownsword，Law 3. 0：Rules，Regulation and Technology 115（Routledge 2021）.

② 高秦伟：《数字行政中法治价值的设计与实现》，载《比较法研究》2024 年第 2 期。

能的前提保障。

因此,面向数字化治理的现实场景:首先,从源头上保障行政机关在数字化的营商环境中坚守“规则之治”的逻辑,法治要限制数字化治理的官僚性、工具性和任意性。以良法体系调和数字技术缺陷,依法控制政务数据流动风险和推行大数据算法技术应用行政问责制度,在法治轨道上确保数字技术嵌入海南自由贸易港营商环境治理场域的规范应用。其次,海南自由贸易港在数字技术主导的行政治理过程中,需要从行政程序维度优化法律法规对营商环境的控制技术,尊重数字贸易投资自由化、便利化发展过程中的新兴权利和新型法益诉求,处理好安全与发展、监管与创新的关系。最后,在结果控制上,需要明晰数字法治政府在数字化营商环境治理中的归责逻辑及机制,科学设立“权力—责任”清单,同时健全网络平台规则体系,划定网络平台主体责任,规范网络平台权力的行使程序。因为网络平台更容易在数字治理中发现问题,并能够更加及时和灵活地处理这些问题,[①]最终既有利于促进海南自由贸易港数字时代的行政法治从单向管理转向多维治理,又能有效促进数字创新驱动模式的新型营商环境。

另一方面,政府要以包容审慎监管的姿态对待数字技术赋能营商环境建设。数字政府现代化建设可以充分发挥数字化和智慧化技术在优化海南自由贸易港营商环境、改进政府服务和激发市场活力方面的作用。包容和审慎是辩证统一的关系,两者追求的是效率与安全的动态平衡,避免前后呈现两个极端。换言之,既不能单向度、低效率地严格管理,也不能放任对数字技术的监管。

数字化行政审批制度改革是行政机关公共执法规范化建设的重要组成部分。尤其是在《海南自由贸易港优化营商环境条例》的出台背景下,其明确规定了海南要实行行政审批告知承诺制度、行政审批实行容缺受理制、一枚印章管审批等改革创新方式。海南当前的行政审批体制基本实现了由碎

---

① David S. Evans, *Governing Bad Behavior by Users of Multi-Sided Platforms*, Berkeley Technology Law Journal, Vol. 27:2, p. 1201 – 1250(2012).

片化的行政审批管理体制转型为整体化的行政审批管理体制，在未来的发展中，海南要加快促进数字法治政府建设，将数字与法治相互赋能并融入行政审批服务改革中。以自动化方式进行的行政审批需要厘清其中的实体和程序两个层面的法律问题：在实体层面，目前海南很多地方实行“线上＋线下”双线流程并行的行政审批模式，需要注意双线流程因未能充分实现信息的共享与互通，导致行政审批管理混乱、成本增加。通过加大力度建立一体化的信息共享平台，能够打破传统科层制下的纵向一体化结构，推动实现数字技术与行政审批制度间的互促互构，提高行政审批的可预测性与透明度。在程序层面，以程序先行推动权责后置，制定标准化的行政审批程序，以高效的数字化审批流程规范各职能部门间的流转程序，限制职能部门的自由裁量空间。另外，行政许可机关对自动化许可审查的适用应该按照许可事项分类的方式，优化自动化许可审查的程序设计，分别对审查的对象、条件和标准设置相应的适用条件和适用规则。充分运用数字技术来跟踪和管理行政审批流程，促进行政审批程序的优化和革新，缩短行政审批时间和规范行政审批行为，提升对海南自由贸易港营商环境的服务水平。同时，行政机关在数字治理元素中要根据合法、必要、合目的的技术利用规则，促进自动化行政许可审查程序的公开、透明、安全和高效，明确自动化技术的使用限度，避免因公权力与算法技术的融合膨胀而过度采集无关行政审批事项的信息，侵害市场主体的合法权益。

（四）促进法治化营商环境从独立治理向协同治理的转变

区域协同治理是海南自由贸易港法治化营商环境建设的重要环节。截至 2022 年 12 月，海南省行政区划有市级 4 个、县级 25 个、乡级 218 个。海南自由贸易港建设需要实现以市场一体化为核心的区域协同治理，把各个小规模区域市场打造为海南岛全岛大规模市场，将现有行政区划的区域经济整合为高水平开放型经济。海南自由贸易港打造海南岛全岛市场一体化，必须以竞争政策作为主要的区域协同治理机制，防止市场分割恶化公平竞争的营商环境。加强跨市、县协同顶层设计，完善区域沟通协调机制，借鉴长三角、珠三角、成渝地区等跨区域协调机制的成熟做法,实现先进经验在市场一体化内的共享协同,拓展改革创新辐射范围,构建优化营商环境的自由贸易港标准,推进自由贸易港区域内营商环境协同优化。就此而言,海南自由贸易港建设应当从构建法治化一体发展机制、完成周边粤港澳大湾区与广西北部湾经济圈辐射机制建设两方面展开。一方面,要充分优化区域内法治一体化的功能设计,消除区域内不同行政区划之间有关妨碍公平竞争的规定和做法,统一技术标准和市场规则,真正促进市场主体的经济地位平等和有序竞争,营造具备一流竞争力的法治化营商环境。同时,法治化一体发展机制着重在立法、政务服务、财政税收、贸易投资、司法、人才资源、开放型生态型服务型产业等方面,来保障自由贸易港实现一流营商环境共建目标。另一方面,加强与周边城市的互动合作,以规范形式固定下来,主动对接粤港澳大湾区与广西北部湾经济圈,促进市场要素流动和资源优化配置。

海南自由贸易港要注重区域法治化营商环境协同治理的顶层设计与统筹规划,完善法治化营商环境的区域法治合作机制。由于行政区之间易受地方政府政绩考核体系等因素影响,区域间经济竞争必然会增加区域间的法治竞争。而区域间的法治竞争在具体细化的实施阶段,可能会在立法、执法和司法环节出现倾向性保护地方效益的意识和情势。对此,可以采取以下措施:一方面,建立健全区域立法合作机制。如海口市、三亚市、儋州市、三沙市拥有制定地方性法规的立法权,可以共同审议和确定区域发展规划以及制定区域性法规。海南自由贸易港要坚持区域内不同市县协同立法这一实现法治一体化的核心方式,搭建各地区人大及其常委会常态化的沟通协商机制和立法协同配套机制。改革系统集成法治化应当实现市场环境公平度、投资贸易便利度、市场主体权利保护、政府服务市场主体等方面的系统性立法。[①] 另一方面,探索建立区域执法协调机制。区域执法协调机制建

① 李燕:《区域一流营商环境的法治化建设路径——以成渝地区为例》,载《中国行政管理》2024 年第 4 期。

设是海南自由贸易港区域法治建设的重要内容。各行政区域要破除区域执法的制度壁垒,统一执法标准和规范执法程序,完善执法协调信息公开平台,保证执法的公正性和有效性,打破"一亩三分地"传统思维定式,消弭执行机构的"孤立文化"。同时可以建立联合执法机制,做到区域间执法协作与执法互认,消除市场资源在海南自由贸易港范围内的优化配置。通过区域法治合作机制,促进区域经济社会一体化以及生产资料在海南自由贸易港更大范围内优化配置,实现海南自由贸易港各区域执法效果相得益彰、共同发展。

法治化营商环境治理要注重技术逻辑与制度逻辑的协同并行。海南自由贸易港法治化营商环境治理所蕴含的技术逻辑主要包括两个方面的内容:一是法治化营商环境建设的技术化治理。对标高标准国际经贸规则,尤其是对标和借鉴世界银行营商环境评价指标体系,结合海南自由贸易港的实际情况,在法治框架内积极探索优化营商环境的具体措施。例如,在跨境服务贸易、外商投资、竞争政策、知识产权保护等方面探索构建符合国际经贸规则及全球化发展趋势的高标准的法治化营商环境。在新一轮国际经贸规则的重构和创新中,我国建设海南自由贸易港作为引领我国新时代对外开放的重要开放门户,在建设中需要循序渐进、有序对接高标准国际经贸规则,稳步推进海南自由贸易港高水平对外开放。二是法治化营商环境的数字化治理。实践中,政府充分运用大数据、区块链等信息技术作为治理手段,优化政府原有的服务生产方式。海南自由贸易港法治化营商环境治理的制度逻辑主要是以制度变革与机构改革为内容,致力于通过科学规范的制度体系促进政府和市场主体的整体优化。数字化升级是海南自由贸易港法治化营商环境的必然选择。搭建在线办理平台、简化透明政务流程、进行数据风险识别等数字技术应用成为推动海南自由贸易港优化营商环境的重要手段。完善与电子商务、智能合约交易、电子支付、数字政务等相关的法律制度是夯实数字营商环境的实定法的主要内容。例如,电子支付已经成为现金支付的替代方式(alternative to cash),成为当今社会最主流的支付方式。[①] 电子支付在促进国际化商品和服务消费、拉动内需、降低市场主体制度性交易成本、提高数字人民币支付效率等方面发挥着一定的正向影响。海南自由贸易港法治化营商环境治理需要技术逻辑与制度逻辑的协同并行,一方面技术逻辑的发展需要在制度框架内进行,避免技术创新引发的社会风险,另一方面良好的制度保障使技术创新能够精细化、精准化嵌入营商环境治理,从而使营商环境发挥持续稳定的作用。

(五)提升法治化营商环境制度的治理效能

制度的设计是海南自由贸易港法治化营商环境的坚实基础,制度的治理效能是海南自由贸易港法治化营商环境的核心关键。制度的优势不在于设计架构有多美好,而在于能否给人们带来实实在在的好处。海南自由贸易港法治化营商环境的制度优势需要转化为治理效能,通过治理效能来实现和彰显国际一流的营商环境。"制度细节"和"制度末梢"是有效回应市场需求,实现法治化营商环境建设的"最后一公里"。[②] 海南自由贸易港是对中国特色社会主义市场经济体制和运行机制的又一探索,承载着我国新时代对外开放的鲜明旗帜和重要开放门户的重任。政府部门要厘清自身与市场、社会的活动边界,发挥市场在资源配置中的决定性作用,提高社会主体在营商环境建设中的积极性和参与度,及时发布和回应相关企业优惠政策和产业促进政策,优化涉企受理办事事项,提高执法高效文明程度,最终促进制度执行能力的升级。

政府法治信用是市场主体间交易秩序稳定的重要制度保障。政府在制定文件、政策时应保持明确性、稳定性和公开性,为市场主体提供稳定的可预期环境;严格履行正式行政承诺和合同协议义务,当出现情势变更时,应为当事人提供合理的赔偿或补偿;在执法过程中防止滥用行政裁量权,保证

---

① N. Guthrie, *The End of Cash? Bitcoin, the Regulators and the Courts*, Banking and Finance Law Review, Vol. 29:2, p. 355 – 367(2014).

② 常健:《国家治理现代化与法治化营商环境建设》,载《上海交通大学学报(哲学社会科学版)》2021 年第 6 期。

执法目的的必要性和手段的合理性;实施守信激励、失信惩戒,营造良好的社会信用环境;等等。市场经济本质上属于一种信用经济,信用和法律共同对交易行为和市场机制提出规范性要求。① 政府法治信用要求其建立健全信用信息认证、传递与保障机制,打破贸易、金融和市场消费环节中形成的流通壁垒,促进市场经济走向理性化市场秩序,最终有效发挥海南自由贸易港作为我国贸易投资自由化、便利化重要开放门户应有的作用。

行政检察作为新时代社会主义法治国家建设的重要内容,对优化营商环境发挥着重要作用。行政检察与法治政府建设存在多种耦合类型,检察机关一般主要通过检察公益诉讼、行政诉讼监督和行政非诉执行监督对公共行政进行法律控制。2017 年我国立法确立了检察行政公益诉讼制度,检察机关可以通过公益诉讼对造成自由贸易港营商环境受损的行政违法行为进行监督。在行政诉讼检察监督中,重点监督法院不予立案、驳回起诉的裁定,保障市场主体的诉权,以及关注证明责任、适用法律问题的准确性。检察机关在开展行政违法行为监督时,要始终恪守检察权的边界,防止过度干涉行政机关的履职行为,在此条件下才能达到督促行政机关依法行政和严格执法的最佳效果,持续性地为优化法治化营商环境提供动力。

司法体系建设要坚持以数字正义理念推进,提高海南自由贸易港司法数字化水平,促进司法服务和保障法治化营商环境建设。对此,一方面,需要从数字技术的角度思考数字司法的发展空间。由于互联网、大数据、云计算、人工智能等一系列数字技术具有确定性特征,以 0 和 1 为基础的计算机语言淘汰了具有模糊性的物理机械控制技术。从起诉到裁判,从电子化受理到线上庭审,都能够以数字化的形式呈现司法信息描述和实现储存以及传输的确定性。要充分运用数字技术的确定性,在类案推送、庭审笔录智能编写、裁判文书辅助生成等方面提高法律效力和司法权威。当然,也要警惕"技术解决纠纷的能量赶不上技术产生纠纷的能量"②,在司法实践中还要利

---

① 王伟:《信用法治视角下的共享经济监管》,载《法学论坛》2022 年第 3 期。

② Ethan Katsh & Janet Rifkin,*Online Dispute Resolution:Conflict Resolution in Cyberspace*,John Wiley & Sons,25(2001).

用第三方风险评估软件来保持数字技术的稳定性。

另一方面，需要从司法的角度思考其在何种程度上能够被智能化。我国的司法数字化、信息化建设从电脑办公的1.0到自动化应用的2.0再到大数据、人工智能应用的3.0，呈现出数字技术通过支持、取代与重塑①影响司法体系建设的趋势。司法智能化的程度不取决于数字技术的发展程度，而取决于司法与技术相结合的可能性，也即司法信息化、智能化的可适用空间。例如，AI法官就是取代实实在在的自然人，实际上就是司法代码化裁判活动的体现。但这种AI法官目前也只是司法建设的图景，因为其目前仍难以达到公正且统一，并且无法对应以"自然人"为裁判主体的司法裁判机理。当然，海南自由贸易港司法数字化建设既可以通过在证据的收集、存证与采信等方面引入应用技术，对案件事实进行结构化与要素化，完善事实推理的证据认定体系；也可以通过数字技术进行审判工作的管理，使得法官能够从具体、烦琐的管理事务中解放出来。如上海的"206"刑事案件智能辅助办案系统，是基于大数据智能服务，以达到缩短办案时间、提高办案效率的效果。② 值得注意的是，海南自由贸易港建设的过程中也在提高跨境互联网数据的互联互通，在司法数字化建设中需要更加注重司法系统的网络安全、数据安全以及个人信息保护，③明确数字技术嵌入司法的权力边界。

二、海南自由贸易港新经济体制机制的法治进路

海南自由贸易港新经济体制机制作为社会主义市场经济体制的开放型表现形式，其建设的基本要求是市场机制有效、微观主体有活力、宏观调控

---

① Tania Sourdin, *Judge v. Robot?: Artificial Intelligence and Judicial Decision-making*, University of New South Wales Law Journal, Vol. 41:4, p. 1114 – 1133(2018).

② 余东明、仇飞：《研发"刑事案件智能辅助办案系统"避免冤错案》，载《法制日报》2017年10月13日，第6版。

③ 张凌寒：《智慧司法中技术依赖的隐忧及应对》，载《法制与社会发展》2022年第4期。

有度。[1]《中国(海南)自由贸易试验区总体方案》和《海南自由贸易港建设总体方案》针对上述基本要求部署了具体措施。总体而言,海南自由贸易港新经济体制机制改革的关键在于实现"有效市场"和"有为政府"结合,使各生产要素流动顺畅,微观经济主体充满活力。[2] 对此,海南自由贸易港从建设便捷高效的政务环境、要素市场化改革、推进产权制度改革、强化产权激励和保护、维护市场竞争秩序、建立健全市场信用体系等方面规划了完善路径。[3] 截至 2024 年,海南自由贸易港制度集成创新三年行动 60 项任务全面完成,[4]累计形成制度创新成果 140 项[5]。这些制度创新与新经济体制机制改革密不可分,而法律在其中发挥着改革于法有据和法治化新制度的作用,海南方面一系列法律规范[6]的出台进一步保障了改革的法治供给。在未来应该继续完善海南自由贸易港法律体系,为新经济体制机制提供良好的法治环境。

(一)加快构建有为政府以营造便捷高效政务环境

经济体制机制改革需要有为政府和有效市场之间形成良性互动,而有为政府是有效市场的基础,只有建设好有为政府,才能使市场在资源配置中起到决定性作用。在构建有为政府的过程中,中央政府要加强宏观调控,海

① 任保平:《高质量目标下社会主义市场经济体制建设的基本要求、框架与路径》,载《中国高校社会科学》2020 年第 2 期。

② 孙亚南:《新时代我国完善基本经济制度的实践探索与经验启示》,载《学习与探索》2022 年第 12 期。

③ 海南省发展和改革委员会:《海南省国民经济和社会发展第十四个五年规划和二〇三五年远景目标纲要》,载海南省发展和改革委员会网,https://plan.hainan.gov.cn/sfgw/fzgh/202103/2165690f08d447729cd136a677f36226.shtml。

④ 梁振君:《海南自由贸易港制度集成创新三年行动方案收官》,载《海南日报》2023 年 1 月 28 日,第 1 版。

⑤ 梁振君:《海南自由贸易港发布 6 项制度集成创新案例》,载海南日报网,http://news.hndaily.cn/html/2024-01/07/node_58466.htm。

⑥ 《海南自由贸易港优化营商环境条例》《海南自由贸易港反消费欺诈规定》《海南自由贸易港公平竞争条例》《海南自由贸易港社会信用条例》《海南自由贸易港知识产权保护条例》等。

南省地方政府要加强公共服务、市场监管、社会管理等职责,[①]提供便捷、高效的政务服务。

1. 简化办事程序,加强公共服务

便捷、高效的办事流程和“一站式”的公共服务,是海南建立自由化、便利化的自由贸易港的必要举措,也是国际上其他自由贸易港之经验借鉴。海南从深化行政审批制度改革、实现不动产登记便利化、全面推行“店小二”服务等方面简化办事程序,构建高效、便捷的政务服务环境,成为海南创新优化营商环境,服务企业的生动注脚。[②] 但是,海南在数字化政府简化办事程序的过程中也要避免落入形式主义,如果搭建的电子政务平台不能承载实际办事职能,仍然需要当事人线下办理,这会使电子政务成为“面子工程”“指尖上的形式主义”。例如,海易办 App 中提供了不下百种政务服务,不少服务端口存在“无实际意义”“内容重复”“无法在线办理”“网页丢失”等问题。对此类问题,《美国克林格—科恩法案》(America Clinger-Cohen Act)确立了“首席信息公开官”制度[③]促进政府为公民提供有效的服务交付,而不是为了应付形式、完成政绩,保障电子政务真正落实见效。[④] 在国内,包括北京、上海、广东在内的 13 个省份开始试点的首席数据官制度,是在美国首席信息公开官制度上发展而来。海南也可以在各级政府或者部门中确立首席数据官,强化对各级政府部门数字化建设考核监督,推动跨层级的信息共享和互联互通,真正促进数字政府的实质转型。[⑤] 对于行政审批制度改革,要建立现存审批事项动态下放和清理制度,及时下放、清理不符合公共服务需

---

① 周绍朋:《坚持深化改革开放构建高水平社会主义市场经济体制》,载《理论导报》2023 年第 2 期。

② 海南省人民政府办公厅:《海南自由贸易港进一步优化营商环境行动方案(2022—2025 年)》,载海南省人民政府网 2022 年 6 月 1 日,https://www.hainan.gov.cn/hainan/szfbgtwj/202206/e919993c128c4862b2540280200f42ca.shtml。

③ Clinger-Cohen Act of 1996, Pub. L. No. 104 – 106, § 5126, 110 Stat. 687(1996).

④ Auffret, Jean-Pierre et al., *Developing a GCIO System: Enabling Good Government Through E-Leadership.*, Digital Government Research, 2010.

⑤ 吴烨:《数字营商环境:中国问题及法治路径》,载《北方法学》2024 年第 2 期。

要的审批事项，促进政府公共服务职能的转变。[①] 例如，海南可以进一步下放对提供准公共物品的行业准入和从业允许的审批权限至基层，也可以取消审批监管生活必需的准公共物品，适当引入市场机制，以政府采购形式向居民提供，不断扩大"一站式"公共服务的覆盖内容。[②] 此外，在海南发展高新技术产业的背景下，可以进一步将涉及高新技术产业更核心的行政审批权下放，使科技型民企享受到制度红利。[③] 值得注意的是，在简政放权的过程中，海南需要构建审批下放后的评价程序，通过审查下放的合理性、必要性、合法性障碍来保证下放质量。[④]

2. 完善市场监管体制

"非禁即入"是未来海南自由贸易港投资自由便利化的主要特征，由此引发的市场风险，给海南的市场监管带来严峻挑战。[⑤] 目前，海南通过坚持依法行政，厘清层级事权，完善法规规章等措施，进一步构建了现代化市场监管体制。[⑥] 在依法行政市场监管执法过程中，政府需要厘清竞争法、消费者保护法、市场要素和特别领域等方面执法的层次关系，防止出现监管交叉和真空地带。[⑦] 同时，政府需要避免机械执法、过度执法、选择性执法等干扰

---

① 冯达：《新时代行政审批制度改革法治化：面向、必要性与路径研究》，载《河北经贸大学学报（综合版）》2023 年第 4 期。

② 冯达：《新时代行政审批制度改革法治化：面向、必要性与路径研究》，载《河北经贸大学学报（综合版）》2023 年第 4 期。

③ 邵传林：《行政审批制度改革对企业成长的影响——基于民企与国企的比较》，载《经济与管理》2022 年第 5 期。

④ 郑琳：《逻辑与进路：行政审批下放制度如何实现地方的有效治理与法治化》，载《交大法学》2021 年第 3 期。

⑤ 于涛、罗来军：《海南自由贸易港建设的风险识别与防控》，载《海南大学学报（人文社会科学版）》2024 年第 2 期。

⑥ 海南省人民政府办公厅：《海南省"十四五"市场监管规划》，载海南省人民政府网 2021 年 5 月 27 日，https://www.hainan.gov.cn/hainan/szfbgtwj/202105/8db4f2de24cb43b0beafe7ccdef89942.shtml。

⑦ 刘大洪：《"中国式现代化"与有为政府的经济法促进》，载《政治与法律》2023 年第 8 期。

企业正常经营的问题出现,[①]坚决贯彻“禁止不合理的差别对待”的执法理念,允许根据市场主体的守法意愿和守法能力,差别化采取威慑型或者遵从型执法;从程序及实体方面民主化、科学化、法治化、运动式执法,防范执法过度;建立执法不公的案例通报制度,进一步纠正选择性执法的倾向。[②] 在厘清层级事权方面,海南需要梳理营商环境建设的部门业务与国家发改委、国务院办公厅等国家部委职能的对接清单,解决央地职责关系“多对一”、职责履行不畅等问题;在地方上,要理顺营商环境建设机构之间的职责关系,实现负责宏观管理职责的部门牵头抓总、统筹协调,承担具体管理职责的其他政府部门依法履职。同时,科学划分营商环境建设行政管理职能和专业技术保障服务职能,在理顺政事关系的前提下实现政事分开。[③]

3. 引导强化社会管理中的信用监管作用

健全的社会信用体系建设可以降低投资主体的审查成本,规制商业主体失信行为,营造公开透明的营商环境。《海南自由贸易港社会信用条例》为自由贸易港信用体系建设搭建了框架,对监管对象实行分级分类监管,严格规范信用信息的获取和使用,建立了守信激励、失信惩戒制度,同时鼓励行业协会商会及其他社会组织参与信用体系建设。[④] 但就目前来说,海南对于自由贸易港信用体系的建设缺乏经验,可以从欧美国家吸取有益经验,结合政府主导和市场主导两种模式的长处,[⑤]构建“前期以政府为主导,后期充分发挥市场机制作用”的建设思路。同时,在信用监管方面,海南可以通过多部门协调立法解决监管重复、冲突问题,实现市场企业信用信息共享以提升监管实效,强化市场自律和社会监督以扩大监管覆盖,最终形成多元共

① 彭艺璇:《习近平关于法治化营商环境重要论述的核心意涵和实践进路》,载《中南民族大学学报(人文社会科学版)》2024 年第 4 期。

② 李芹:《优化营商环境视域下行政执法的失范与重塑》,载《理论导刊》2023 年第 12 期。

③ 张克:《省级营商环境建设部门的机构设置与职能配置——基于四省案例的比较分析》,载《甘肃行政学院学报》2023 年第 4 期。

④ 邢东伟、翟小功:《海南立法构建自贸港社会信用体系》,载《法治日报》2021 年 12 月 5 日,第 7 版。

⑤ 张丽丽、章政:《高质量发展条件下社会信用体系建设深化研究》,载《新视野》2024 年第 1 期。

治、主次有序、分工合理的监管格局。① 此外,在政务诚信方面,从《海南自由贸易港社会信用条例》来看,政府并不在条例的适用范围,政府在其中担任的是社会信用体系的建设者与管理者角色,海南可以借鉴域外经验适时制定"海南自由贸易港政务诚信条例"。② 对此,国际上"标普""穆迪""惠誉"等政府信用评级标准可以提供借鉴价值,③为海南各市(县)政府机关、事业单位评定信用等级,并将机关、事业单位的违约毁约、拖欠账款、拒不履行司法裁判等失信信息纳入全国信用信息共享平台,④先行先试变通《国家赔偿法》的适用范围,将因政务失信导致个人利益损失纳入赔偿范围。⑤

(二)推动要素市场化改革以促进生产要素自由流动

要素市场化是社会主义经济体制改革的重要内容,有利于促进各类生产要素自由流动,是有效市场形成的必要途径。国务院办公厅印发的《要素市场化配置综合改革试点总体方案》从八个方面布置了试点改革任务,海南方面因地制宜地从土地资源市场化配置、培育数据领域要素市场、发展技术领域要素市场、要素价格市场化改革四个方面确定了改革的重点方向。⑥ 要素价格市场化改革整体上遵循"推动政府定价机制由制定具体价格水平向制定定价规则转变"的思路,在此不再赘述,对于其他三个方面则具体论述。

1. 疏通土地流转制度阻滞,奠定土地资源市场化前提

土地要素作为五大生产要素之首,是自由贸易港建设中一切经营活动

---

① 吴高臣:《企业信用监管制度研究》,载《法学杂志》2023 年第 5 期。

② 彭真明、王少祥:《海南自由贸易港政务诚信的立法建构》,载《海南大学学报(人文社会科学版)》2023 年 10 月 12 日(网络首发版),https://link.cnki.net/doi/10.15886/j.cnki.hnus.202303.0229。

③ 王译:《全国统一大市场构建中政务诚信建设的问题与出路》,载《法治现代化研究》2023 年第 5 期。

④ 韩家平:《我国社会信用体系建设面临的主要挑战及对策建议》,载《征信》2024 年第 2 期。

⑤ 贺小勇、严嘉欢:《海南自贸港外商投资保护制度的新发展及完善建议》,载《国际贸易》2023 年第 4 期。

⑥ 海南省发展和改革委员会:《海南省国民经济和社会发展第十四个五年规划和二〇三五年远景目标纲要》,载海南省发展和改革委员会网 2021 年 3 月 31 日,https://plan.hainan.gov.cn/sfgw/fzgh/202103/2165690f08d447729cd136a677f36226.shtml。

的基本元素和空间载体,其市场化配置改革有着重要意义,而土地资源的可流转性是入市的前提,也是改革的痛点和方向。海南农垦系统拥有大量的国有农用地,其土地资产化是自由贸易港建设的重要议题,但碍于国有农用地使用权的处分权能受限,农垦职工保障需要土地承包经营权实现,其流转存在法律适用障碍。对此,可参照《民法典》《农村土地承包法》中土地承包经营权和土地经营权的相关规定,以土地经营权为流转路径,完善相配套的合同备案、登记公示、土地管理制度,最终实现保障流转和社保职能并存,流转方式多元化和流转效力提升,充分盘活农垦土地资源要素。[①] 再者,基于自由贸易港发展乡村旅游业的需要,如何利用"三权分置"改革将闲置宅基地转化为自由贸易港投资建设的热土是亟待解决的问题。对此,三亚市、文昌市的"三权分置"试点改革取得了不错创新成果,海南应在此基础上各取两地所长,在退出方式上提供"永久退出"和"暂时退出"两种选择;在流转方式上允许农户以出租、入股或其他方式流转宅基地使用权,尤其是对于流转期限在5年以上的,当事人可以请求进行物权登记,获得抵押等物权性质权利特征。通过以上途径完善试点改革,盘活闲置宅基地,打破宅基地流转的制度阻碍。[②]

2. 完善数据领域法律制度,培育数据领域要素市场

数据作为新型生产要素,对于传统生产方式变革有着重大影响。因此《"十四五"数字经济发展规划》提出,要充分释放数据要素价值,激活数据要素潜能。海南对此印发了《海南省培育数据要素市场三年行动计划(2024—2026)》,从数据产权、要素流通和交易、要素治理、企业数据汇聚和保护等方面规划了数据要素市场培育的方向。[③] 在数据产权方面,海南现阶段"数据

① 费安玲、覃榆翔:《〈民法典〉视阈下海南农垦农用地流转路径之嬗变:从国有农用地使用权到土地经营权》,载《海南大学学报(人文社会科学版)》2022年第5期。

② 陈龙江:《海南省宅基地"三权"分置试点方案之比较研究》,载《南海学刊》2024年第1期。

③ 海南省人民政府办公厅:《海南省培育数据要素市场三年行动计划(2024—2026)》,载海南省大数据管理局网,https://dsj.hainan.gov.cn/zcfg/hnxd/202312/t20231207_3544520.html。

产品超市”交易的是加工处理后的数据产品,用以规避原始数据的权属争议。[①] 但是长此以往,这种方式或对数据来源主体造成不公,建议采用“一阶二元”的确权模式,建立起数据来源主体隐私权、个人信息权益优先保护的第一层权利,再后置数据处理者持有权、使用权、经营权的第二层权利,[②]并设置数据资源税以解决单一数据来源主体利益分配困难的问题。[③] 在数据要素流通和交易方面,受让方在取得数据产品后,可能会发生未经授权的传播行为,数据本身不具备排他性特征,这将进一步导致买受人对数据产品的有效利用受到不利影响。鉴于此,可以借鉴专利许可领域中普通许可、排他许可、独占许可的模式设立数据要素的流转方式,并建立起相应的数据权利登记制度以识别二次许可中各方交易当事人的权利侵害者身份,便于权利人选择救济方式。[④] 在要素治理方面,需要警惕“数据垄断”的风险,少数企业利用自身市场主导地位和用户黏性,凭借数据非排他性、非实体性和企业自身算法优势,形成对大量用户的数据垄断,严重侵害了平台用户合法权益,扰乱了数据要素市场的竞争生态。对此,欧盟在坚持事后监管的基础上,针对“看门人”等大型企业进行专门立法和重点执法,加强数据垄断的事前监管。[⑤] 欧盟这种事前事后相结合的监管方式可以为中国提供借鉴,中国应加快完善针对不同级别企业平台的监管规范,实现对事前监管的重点突出。海南方面应加强事前监管执法,强化对平台企业算法决策审查,提高数据使用透明度;优化调整数据市场经营者集中申报标准,动态调整申报标准中的相关指标;创新滥用数据市场支配地位的审查与监管,建立一个安全自

---

① 董学耕:《加快培育数据要素市场打造“海南模式”》,载《软件和集成电路》2022 年第 6 期。

② 熊丙万、何娟:《论数据要素市场的基础制度体系》,载《学术月刊》2024 年第 1 期。

③ PEREIRA M. ,*Taming Europe's Digital Landscape:Brief Notes on the Proposal for a Digital Services Act*,UNIO-EU Law Journal,Vol. 7:2,p. 77 – 99(2021).

④ 赵鑫:《数据要素市场培育:法律难题、域外经验与中国方案》,载《科技进步与对策》2022 年第 17 期。

⑤ Commission,*Shaping Europe's Digital Future-Dat*,https://commission. europa. eu/system/files/2020 – 02/communication-shaping-europes-digital-future-feb2020_en_4. pdf(last visited on June 11,2024).

由、公平竞争的数据要素市场。[①] 在企业数据汇聚和保护方面，可以调研数据交易、第三方数据商、平台行业组织的需求和建议，选取交易频繁、需求旺盛、应用场景丰富的数据类型为突破口，逐步推动数据采集标准的统一，各平台、行业再根据自身特点细分出各自领域的数据采集标准，确保最终标准融合不影响数据跨行业、跨平台流通效率。[②]

3. 加快职务科技成果产权改革，畅通技术领域要素市场流转

职务科技成果产权改革通过允许成果完成人获得更大收益，拥有部分产权或者全部产权，能够进一步激发创作活力和促进科技成果转化，使得更多科技成果进入市场交易，加快技术领域要素市场的发展。对此，海南发布了试点实施方案，尝试分级赋予成果完成人所有权或者长期使用权，并对激励政策、科技安全和伦理管理等相配套的制度制定了原则性内容。[③] 从国际视野上来看，美国[④]和日本[⑤]在配置高校职务成果转化的权利规则方面所展现的有效性，可以为海南提供有益借鉴：一是通过特别法的立法形式，兼顾不同具备科研能力事业单位的需求；二是权利配置以约定为主、法定配置为补充；三是赋予科研单位转化成果的独立地位，以提高自主转化的积极性；四是注重保障发明人获得奖酬的权利。再结合海南试点方案审视，海南方面相关政策与国际做法基本接轨，但还存在一些不足。国内有关法律规范

① 宁殿霞、位涛涛：《数字经济时代平台企业数据垄断的法律挑战与规制进路》，载《西北工业大学学报（社会科学版）》2024 年第 3 期。

② 朱海洋：《基于数据要素流通视角的数据交易平台发展现状与对策》，载《中国流通经济》2024 年第 2 期。

③ 海南省科学技术厅：《海南省赋予科研人员职务科技成果所有权或长期使用权试点实施方案》，载海南省科学技术厅网，https://dost. hainan. gov. cn/xxgk/xxgkzl/xxgkml/202310/t20231019_3512078. html。

④ Bercovitz, Janet, M. Feldman & F. R. Burton, *Organizational Structure as a Determinant of Academic Patent and Licensing Behavior: An Exploratory Study of Duke, Johns Hopkins, and Pennsylvania State Universities*, The Journal of Technology Transfer, Vol. 26: 1 – 2, p. 21 – 35 (2001).

⑤ Lee, Kyoung-Joo, *The Case of the Tokyo Institute of Technology*, The Journal of R & D Management (2011).

交替出现“职务技术成果”“职务发明创造”“职务作品”等类似概念，海南在试点改革过程中需要制定相应法规，进一步明确“职务科技成果”的定义，避免适用混乱。《科学技术进步法》第 32 条第 4 款规定，权利配置以“法定配置”优先。海南可以适时通过自由贸易港立法权作出相应调整，细化职务科技成果权益归属规则，保证权益归属约定的自由度；[①]明确科研单位和成果完成人之间的职责分配，以及成果共有权人之间的权利义务关系，避免多主体权利人情况下的决策困难；建立健全政府介入制度，强化政府对于科技成果产权分配和转化的全过程监管，确定介入的主体、条件、程序和救济措施，以避免危害国家安全、国家利益、公共利益的情况发生。[②]

（三）创新优化知识产权制度以激发市场主体革新动力

完善的知识产权制度，是激活市场主体的催化剂，也是生产力持续创新的稳定剂。海南要创建开放的经济体制机制，建立完善的知识产权制度是促进全球科创因素汇聚的制度依托。对此，海南主动对接国际高标准，制定了《海南自由贸易港知识产权保护条例》，该条例创新推出“先行禁令”跨境电商知识产权保护的新模式，也为打造“南繁种业”知识产权特区奠定了制度基础。[③] 在《海南省推进知识产权强省建设强化知识产权保护和运用的实施意见》中，海南从立法、执法、司法、守法、监督五个方面规划了知识产权法律保障体系的建设，朝着打造知识产权创造、运用、保护、管理和服务全链条的目标迈进。[④]

---

① 李晓鸣：《促进职务科技成果转化的行政法路径研究》，载《法学论坛》2023 年第 4 期。

② 王影航、李金惠、李炳超：《职务科技成果赋权改革的法治标准及优化路径研究》，载《科技进步与对策》2023 年第 4 期。

③ 袁宇：《〈海南自由贸易港知识产权保护条例〉：知产保护零距离》，载《海南日报》2023 年 6 月 10 日，第 A13 版。

④ 中共海南省委办公厅：《海南省推进知识产权强省建设强化知识产权保护和运用的实施意见》，载海南省人民政府网 2022 年 2 月 22 日，https://www.hainan.gov.cn/hainan/swygwj/202202/16b34ca0a7c542e4a236fdc13d4f60b9.shtml。

1.加快知识产权综合管理体制的构建

海南正在建设三亚崖州湾科技城知识产权特区,形成了商标、专利、版权、地理标志、植物新品种"五合一"的知识产权管理模式,建立了跨区域、跨领域、跨部门的综合行政执法联动保护机制,并衔接了"五位一体"的知识产权司法保护。① 这种"五合一"的综合管理体制改革,对于全国都有示范意义。但是,2020年《专利法》的修正存在模糊性,以及国家知识产权局职能调整,对海南的专利执法提出了新挑战。② 2023年修订的《专利法实施细则》尽管明确了专利执法的权限由县级以上负责专利执法的部门履行,不过,对于专利行政执法和行政裁决的界分及其各自标准、专利执法听证制度和信息公开制度,有待海南自由贸易港进一步完善。③ 同时,海南省知识产权管理部门应该转变以往直接参与执法的理念,代替以专业指导的职能,促进知识产权公共服务的发展。对此,新加坡政府在知识产权的公共服务能力生成上经验丰富,可以为海南提供借鉴。新加坡通过GoBusiness IP Grow平台④、COIs创新中心、SME商会互助中心、IPI影响力创新伙伴等平台⑤,为创新企业提供全面的信息支持,帮助企业实现知识产权商业化和利益最大化,并推动创新企业间合作形成科研合力。同时,新加坡还与劳动组织制定了知识产权工作者技能框架SFw(Skill Framew),涵盖了知识产权法律、审查、战略规划、管理、商业化5个方向的基本能力,并制定相应的培训计划,为企业提供了职工知识产权培训的发展方向。此外,海南知识产权管理部门履行公共服务职责,需要依托知识产权中介服务市场,这方面尚处在起步阶

---

① 黄媛艳:《知识产权特区特在哪》,载《海南日报》2023年9月20日,第6版。

② 蔡祖国、孙继华、王宁:《海南自贸港视角下〈专利法〉修改对专利行政执法和公共服务的影响》,载《南海学刊》2023年第5期。

③ 蔡祖国、孙继华、王宁:《海南自贸港视角下〈专利法〉修改对专利行政执法和公共服务的影响》,载《南海学刊》2023年第5期。

④ IPOS, *Strengthen Your Business With GoBusiness IP Grow*, https://iposinternational. com/en/advisory/gobusiness-ip-grow(last visited on June 11, 2024).

⑤ IPI Singapore, *Who We Serve*, https://www. ipi-singapore. org/about-us (last visited on June 11, 2024).

段,需要制定知识产权服务业的服务规范和发展规划,降低对知识产权行业协会商会的准入限制,引导知识产权服务行业组织多元化发展。[①]

2. 推进知识产权审判"三合一"改革

海南通过4个基层人民法院和1个自由贸易港知识产权法院管辖全省的知识产权纠纷案件,实施知识产权民事、行政、刑事审判"三合一"改革,探索建立"1个知识产权法院+5个保护中心+11个重点园区联系点"的全流程、全覆盖、全方位司法服务保障机制,[②]逐渐形成知识产权司法保护、仲裁调解多元化解、大保护工作格局。[③] 在推进知识产权审判"三合一"改革的过程中:首先,需要建立配套的"侦查—检察—审判"衔接机制,海南应完善公安机关同检察院,刑事法庭同民事法庭证据移送、证据认定等程序衔接,推进机构设置、人员配备及专家参与等方面改革创新,构建符合知识产权司法特点和规律的工作机制和审判体制。[④] 其次,在知识产权行政诉讼案件上,海南法院要把握好"利害关系"的内涵与外延,明确知识产权案件对回避制度的适用;[⑤]在知识产权刑民交叉的案件上,要避免教条化地选择先刑后民、先民后刑、刑民并行的审理模式,应在尊重当事人程序选择基本权利和厘清案件事实的前提下,审慎选择和变更程序。同时,对于证据链建构,需要注意运用民事、刑事不同诉讼程序证明标准的差异和证据规则的优势,依法审慎对待在先不同诉讼程序关联案件裁判的既判力。[⑥]

---

① 费开智:《深化知识产权综合管理　助力优化营商环境》,载《中国行政管理》2023年第5期。

② 崔善红:《海南自贸港知产法院更贴心更精准对接重点行业》,载《人民法院报》2021年3月24日,第1版。

③ 海南高院:《海南自贸港知识产权法院推进知识产权"五合一"打造知识产权诉讼"优选地"》,载微信公众号"海南高院"2024年1月23日,https://mp.weixin.qq.com/s/tgbbNoterD9DgDVIJLID-w。

④ 马一德:《知识产权检察保护制度论纲》,载《知识产权》2021年第8期。

⑤ 傅蕾:《知识产权审判"三合一"改革视角下的行政诉讼回避研究》,载《中国应用法学》2023年第4期。

⑥ 孙那、赵媛、鲍一鸣:《"三审合一"背景下知识产权刑民交叉案件审理模式的选择》,载中国法院网,https://img.chinacourt.org/mup/uploadfile/2024/01/23/10/a2a90d3e10 c00a7a8df86a247543b256.pdf。

3. 推动与国际高标准产权保护规则的立法衔接

自由贸易港的政策优势在于对接高标准经贸规则先行先试,形成可复制、可推广的经验。中国知识产权制度的完善程度处于《区域全面经济伙伴关系协定》(RCEP)缔约国中的前列,而在与《全面与进步跨太平洋伙伴关系协定》(CPTPP)、《数字经济伙伴关系协定》(DEPA)国际标准的衔接上仍存在差距。

首先,海南可以针对国内立法在衔接 RCEP 规则的未尽部分:一是探讨著作权保护期修改的可行性,与 RCPE 规定的 70 年保持一致。二是完善知识产权边境保护规则:将知识产权边境执法扩展至过境环节,扩大执法保护的客体至地理标志、商业秘密、植物新品种、集成电路布图设计;制定划分境外输入自由贸易港后再输出境外、境外输入自由贸易港后再输入境内、境内输出自由贸易港后再输出境外、境内输出自由贸易港后再输入境内、自由贸易港内流通等不同环节的海关执法程序和实体应对方案,[①]其中已经通过进出口审批的环节,海关只进行监控,避免重复执法,但要着重加强对境内输出自由贸易港后再输入境内的执法,以打击货物"洗白""造假";借鉴欧盟自由贸易区"进入市场可能"的理论[②],降低海关采取边境措施和强制措施的标准,只要有合理充足的证据认为货物可能进入我国市场,海关就可以依职权执法。

其次,进一步对接 CPTPP 知识产权相关条款,允许注册气味商标,并制定出相应的申请实操细则。在海南发展跨境电商贸易、生物制药背景下,需要强化对于未注册驰名商标的保护,协调好在先注册商标和地理标志冲突问题,加强药品试验及相关数据保护。[③]

最后,DEPA 和 CPTPP 均对"源代码"条款作出了规定,存在损害国家安全利益的风险,海南可以制定分类分级和引入比例原则审查的源代码披露规则,[④]同时政府应当承诺不公开或者转让获得的源代码,平衡好国家利益和市场主体产权利益的冲突。

---

① 王雅芬、韦俞村:《中国自由贸易试验区知识产权执法特殊性研究》,载《法治研究》2020 年第 2 期。

② Montex Holdings Ltd. v. Diesel SpA,2006 ECR I-108.

③ 管育鹰:《CPTPP 知识产权条款及我国法律制度的应对》,载《法学杂志》2022 年第 2 期。

④ 张韬略:《软件源代码强制披露制度建构的中国方案》,载《东方法学》2023 年第 3 期。

（四）完善税收制度体系以促进新发展阶段的新型现代税制

根据2020年世界银行发布的《营商环境报告》，我国的税收环境存在税负过重和报税后整体指标流程不理想的短板。同时，在该报告中营商环境便利程度排名靠前的新西兰、新加坡、我国香港特区在税收制度上呈现出法治化程度高[①]、简单便利、税收中性、税负率低的共同特征。[②] 海南自由贸易港可以因地制宜地吸收以上国家或地区的成功经验，也要意识到决定投资吸引力的因素会逐渐回归到市场消费因素，不能一味通过低税率吸引跨境投资。同时，对接国际税收规则，完善征管体制，进一步推进“零关税、简税制、低税率”的税制改革。

1. 扩大“零关税”的政策影响

海南自由贸易港分两个阶段实施零关税政策，在2025年封关运作前，实行一负三正“零关税”清单管理，目前已经发布了原辅料、交通工具及游艇两张正面清单，自用生产设备一张负面清单。在2025年全岛封关运作、简并税制后，对进口征税商品目录以外，允许海南自由贸易港进口的商品免征进口关税。就现阶段而言，已有的清单并不能满足实际需求，应该扩大“零关税”商品种类适用范围。例如，将自用生产设备中的进口设备易损耗零部件和大型游乐设施，以及医药、生物科技、临空经济、新材料等产业发展所需的关键原辅料纳入适用范围；丰富“零关税”政策受益主体，将进口代理商、事业单位、融资租赁企业纳入享惠主体；整合原材料“零关税”政策与进料加工复出口业务政策，允许因“零关税”政策而免除的进口环节增值税从城建税、教育费附加和地方教育附加的计税依据中扣除；扩大加工增值货物内销免征关税政策的区域适用范围。[③] 下一步，海南自由贸易港需要完成岛内居民消

---

① 毛圣慧、王铁铮：《税收营商环境优化的国际经验借鉴及路径研究》，载《河南师范大学学报（哲学社会科学版）》2020年第4期。

② 冯俏彬：《建设海南自由贸易港的相关税收制度解析》，载《税务研究》2020年第9期。

③ 中国税务学会课题组、汪康、邓力平等：《海南自由贸易港税收政策制度体系评估与完善》，载《税务研究》2024年第1期。

费品“零关税”清单的发布,对接 CPTPP、RCEP 中的“零关税”规则再进一步缩减负面清单,逐步将正面清单转化为负面清单,最终实现全岛封关阶段零关税商品的负面清单式管理。①

2.“简税制”的实行准备和适用审查

海南自由贸易港在封关之后实行简税制,将增值税、消费税、车辆购置税等5个税费合并为消费税。“简税制”安排下的销售税并非对现有税种的简单合并,而是要在保证税收收入的前提下,简化征缴程序,提高征缴效率。就目前而言,消费税存在以下方面亟待完善以做好实行前准备:在确定纳税人方面,理论上应由购买方作为税负的最终承担者,但这会使纳税义务人过于分散,增大征缴难度,美国不少州选择以销售方为纳税义务人,海南可以作为参考,并对销售方分类管理,排除小规模的销售方。在征收范围方面,美国②和加拿大③采用“选择性”征税的政策,对服务商品普遍予以免税,在服务业大兴发展、个人服务消费占比逐步提高的当下,会导致税基变窄,影响税收。所以,海南可以借鉴现行增值税制度实行普遍征税,在原有税目的基础上将新兴发展的数字服务设为二级税目,并覆盖增值税中现代服务、生活服务、电信服务的互联网提供部分。④ 在税率方面,既然选择了宽税基,就需要选择低税率予以中和,销售税原则上应略低于新加坡的货物与劳务税税率。⑤ 在避免重复征税方面,消费税想要实现对单一零售环节征税,海南可以在借鉴加拿大、美国的“免税证明”的基础上变通,采取免税和退税结合

① 王惠平、张云华:《推进海南自由贸易港高质量发展的税收政策体系优化研究》,载《海南大学学报(人文社会科学版)》2023 年第 2 期。

② Hellerstein W, Stark K, Swain J, et al., *State and Local Taxation: Cases and Materials*. 10*th ed.*, Saint Paul: West Academic Publishing, 2014.

③ Canada Revenue Agency, *General Information for GST/HST Registrants*, https://www.canada.ca/en/revenue-agency/services/forms-publications/publications/rc4022/general-information-gst-hst-registrants.html#H1_106 (last visited on June 17, 2024).

④ 李慧雯、王金兰:《海南自贸港销售税制设计研究》,载《商业会计》2023 年第 8 期。

⑤ 冯俏彬:《建设海南自由贸易港的相关税收制度解析》,载《税务研究》2020 年第 9 期。

的方式,实现中间环节企业交易免税和最终环节企业凭消费税发票免税。[①]此外,“简税制”的运用并不局限于简并消费税,对于其他无益的复杂税种也存在适用空间。但是,目前海南进一步拓展“简税制”尚欠缺简化审查机制以决定何种税收应当进入简化程序。对此,可在全国人大常委会下设税制审查委员会,对纳税人合规成本、税务机关征管费用、税制要素、税制工具、税制透明度等方面进行审查,并引入外部民主公开审查,最后由税制审查委员会综合决定是否简化税制。[②]

3. 进一步推动“低税率”政策实行

海南自由贸易港实施的“低税率”政策,针对特定的企业和人才给予税收优惠,前者对港内实质运营的鼓励类产业企业征收15%企业所得税,后者面向高端紧缺人才征收15%个人所得税。在企业所得税优惠方面,《海南自由贸易港鼓励类产业目录(2024年本)》划定了享受税收优惠的企业类别,下一步可以借鉴深圳前海深港现代服务业合作区的黑白灰名单制度,制定企业所得税鼓励类产业目录负面清单,明确和拓宽政策受益主体;学习珠海横琴新区的做法,成立目录界定工作办公室和建立专家库,承担具体的目录界定和解释工作,负责目录争议协调解决;[③]明确企业实质性运营的判断标准。目前《关于海南自由贸易港鼓励类产业企业实质性运营有关问题的公告》对于企业实质性运营,规定了原则性的判断标准,容易使自由贸易港成为“空壳”公司的聚集地。对此,可以参考国际通行的《税基侵蚀和利润转移行动计划》(BEPS)[④]以及《OECD 税收协定范本》[⑤]中的企业实质性运营规

① 杜爽、汪德华、马珺:《海南自由贸易港销售税制度设计建议:基于最小化征纳成本的考量》,载《国际税收》2022年第9期。

② 邹新凯:《海南自贸港落实简税制原则的风险剖析及应对》,载《西安财经大学学报》2022年第1期。

③ 王惠平、张云华:《推进海南自由贸易港高质量发展的税收政策体系优化研究》,载《海南大学学报(人文社会科学版)》2023年第2期。

④ OECD(2013), *Action Plan on Base Erosion and Profit Shifting*, http://dx.doi.org/10.1787/9789264202719-en(last visited on June 17, 2024).

⑤ OECD (2019), *Model Tax Convention on Income and on Capital* 2017 (*Full Version*), https://doi.org/10.1787/g2g972ee-en(last visited on June 17, 2024).

定,完善对于无形资产的定性判断,规定企业运营的质量效益标准以及实际支出、运营开支总额,细化员工工作性质、内容、资质、专业知识的要求,采用国际通行的"实质性经济活动""实质性商业活动"的判断标准;①完善新增境外直接投资所得免税政策,将海南热带特色高效农业纳入新增境外投资所得免征企业所得税的适用范围,降低企业境外投资免税参股比例至10%。② 在个人所得税优惠方面,降低人才税收享惠的年收入要求,合理动态调整高端紧缺人才目录,避免税收优惠先征后返而选择直接扣除,明确3%、10%、15%三档税率的应纳税所得额,探讨综合所得和经营所得进行综合设置,进一步吸引人才聚集。③

三、海南自由贸易港构建现代产业体系的法治进路

《海南自由贸易港建设总体方案》提出,海南要大力发展旅游业、现代服务业和高新技术产业,不断夯实实体经济基础,增强产业竞争力。其中,发展旅游业、建设国际旅游消费中心是海南自由贸易港的基础保障,发展高新技术产业和现代服务业是海南实现产业升级的关键突破口。海南自由贸易港立法导向要建立在国家对海南的产业定位上,对接高标准国际贸易新规则以及国际自由贸易港立法经验,构建国际化的海南自由贸易港法律制度体系。④

(一)海南旅游业发展的法治进路

海南旅游业发展,要紧紧围绕国际旅游消费中心建设,相关立法需涵盖

---

① 李猛、赵若锦:《全岛封关运作下海南自由贸易港税制改革创新》,载《地方财政研究》2023年第12期。

② 王惠平、张云华:《推进海南自由贸易港高质量发展的税收政策体系优化研究》,载《海南大学学报(人文社会科学版)》2023年第2期。

③ 李猛、赵若锦:《全岛封关运作下海南自由贸易港税制改革创新》,载《地方财政研究》2023年第12期。

④ 曹晓路、王崇敏:《中国特色自由贸易港立法的基本框架与实现路径——以海南自由贸易港立法为视角》,载《当代法学》2020年第4期。

旅途中的“吃住行游娱购”一条龙。对此,海南省已制定出台了旅游条例、道路旅游客运管理若干规定、博鳌乐城国际医疗旅游先行区条例、农产品质量安全条例等旅游法规。下一步,海南省司法厅计划了旅游相关法规的制定和修订安排。[①] 下文选取《海南自由贸易港建设总体方案》和司法厅计划反复提到的、规范存在较大空白的新兴旅游业态——邮轮旅游和游艇旅游法规制定,以及较为宏观上的《海南省旅游条例》修订为具体切入点,并通过健全旅游消费者纠纷解决机制,来展开论述海南旅游业发展的法治进路。

1. 修订完善《海南省旅游条例》

《海南省旅游条例》2014 年修订,历经《旅游法》2018 年修正,已经十载未有过再次修订。且《海南省旅游条例》在 2014 年修订之际,有业内人士认为该条例与旅游业现实存在差距,难以落实执行。[②] 同时,《旅游法》的再次修正呼声渐长,理论界[③]和 2023 年两会代表委员[④]皆有发声。因此,海南可以发挥先行先试的探索精神,在修订《海南省旅游条例》时,对“旅游者”“不合格供应商”“不合理低价”“景区开放条件”等概念和行为作出规定,明确非法经营链条中的主体责任,适当加大对违法行为的处罚力度,健全对信息化、电子化市场的监管,明确线上旅游经营行为监管授权和信息共享的规定,特别是出境旅游的管理规范;[⑤]学习新加坡把旅游融入城市建设和商贸中的经验,[⑥]通过旅游业促进政策,鼓励旅游经营者将旅游与文化体育、健康

① 海南省司法厅:《探索建立海南自由贸易港法律法规体系的两个“1+4”立法架构》,载《中国司法》2021 年第 3 期。

② 王玉洁、任明超:《海南修法能否根治旅游业顽疾?》,载《中国青年报》2014 年 10 月 13 日,第 4 版。

③ 沈仲亮:《旅游业进入艰难时刻,旅游法修订箭在弦上?》,载微信公众号“法治网”2021 年 12 月 8 日,https://mp.weixin.qq.com/s/Gor7MotGQTcYRh0Vsla4RA。

④ 徐晓:《关于旅游业提质升级、旅游法修订……代表委员提建议》,载《中国旅游报》2023 年 3 月 9 日,第 2 版。

⑤ 沈仲亮:《旅游业进入艰难时刻,旅游法修订箭在弦上?》,载微信公众号“法治网”2021 年 12 月 8 日,https://mp.weixin.qq.com/s/Gor7MotGQTcYRh0Vsla4RA。

⑥ 高舜礼:《新加坡旅游发展重视与城建和经济相融合》,载中国网,http://travel.china.com.cn/txt/2023-10/30/content_116783062.shtml。

医疗、生态保护、热带农业、商业航天、西沙建设等深度融合,开发精品多元的旅游项目,并组织开展旅游项目创新大赛,对突出精彩的项目予以奖励,促进“旅游+”项目的实质融合;借鉴美国经验,推动旅游行业协会在旅游业发展规划、行业标准制定、市场监督等方面发挥积极作用,同时加强旅游形象管理,注重旅游业品牌培育和建设。①

2. 制定邮轮旅游业发展的相关法规政策

海南处于中国与东南亚各国的桥梁地带,存在巨大的客源市场,发展邮轮旅游恰逢其时。但是,邮轮旅游涉及出入境管理、海事法规、航行安全等一系列政策法规,国内对此存在部分空白缺失。而美国作为世界上邮轮旅游业较为发达的国家,其相关的法律规制程度也较高。例如,美国界定了邮轮的法律内涵和属性②,《美国法典》“航运编”规定了邮轮建造的船舶标准和港口标准③,《邮轮安全与安保法》规范了邮轮工作人员的准入条件和服务标准,对违反邮轮安全的行为设定了违法处罚和犯罪处理。同时,美国极其重视对邮轮旅客的权益保护,颁布了《国际邮轮旅客权利法案》《邮轮旅客保护法》,保障旅客作为消费者和乘客的各项权利,赋予和强调政府在邮轮旅游业中的监管权力和责任。因此,海南可借鉴美国发展邮轮旅游的法治经验,在邮轮属性及其标准规范等方面,制定邮轮产业宏观上的发展规划、具体的发展实施办法,促进形成完整的邮轮旅游产业链;④规范邮轮旅游市场的法治秩序,制定邮轮旅游注册登记、经营管理、船员及服务员管理、航线运营等方面制度,明确行业管理部门、邮轮公司、港口企业、游客以及其他服务

---

① 吴殿廷、郭来喜、刘锋等:《世界旅游强国建设:国际经验与中国方略》,载《中国生态旅游》2022年第4期。

② Pouser. P. , *The Degree of Slipperiness Appcation Destroys the Open and Obvious Defense in Cruise Ship and Fall Litigation*, Indiana International & Comparative Law Review, Vol. 29:1, p. 91 – 120 (2019).

③ United States Congress, *Cruise Vessel Safety and Security Act*, Public Law 111 – 207, 111th Cong. , 2nd Sess. , Dec. 23, 2010.

④ 刘云亮、卢晋:《中国特色自贸港邮轮旅游业法治促进论研究》,载《上海对外经贸大学学报》2023年第4期。

企业的主体责任；[①]强化邮轮旅游公共秩序安全的法律规制，制定邮轮海上航行安全规则、海上执法规定和邮轮旅客的权益保护条例；[②]健全邮轮旅客权益维护和纠纷解决机制，充分考虑邮轮旅游纠纷游客停靠时间短、可能涉外的实际因素，兼顾船上和岸上两处纠纷发生地的现实情况，建立船到岸上的流动调解机制；制定邮轮旅游业人才管理办法，在省内高校设立邮轮专业，建立邮轮人才国际交流机制；先行先试有条件的无目的邮轮航线，相比香港的无目的航线，海南不能开展博彩业会使该航线失去一个核心吸引力，如何在确保合法合理运行航线的情况下，继续扩大邮轮经营范围、种类及其相关服务品种，仍需要政府的有力引导和加强风险把控。[③]

3. 进一步完善游艇旅游的政策法规

目前，海南已制定了《海南自由贸易港游艇产业促进条例》，允许在海南工作并取得居住许可的境外人员办理游艇登记，放宽游艇的船龄和核载人数限制，简化游艇操作人员换证手续，有条件放开游艇夜航限制；《海南省游艇管理办法》优化了码头建设管理程序，加强了俱乐部安全和服务管理，减少游艇租赁企业的限制，明确细化监督管理部门在出入境、油品加注等方面要求；《中国（海南）自由贸易试验区琼港澳游艇自由行实施方案》，允许境外游艇临时进出海南省东营、博鳌等 8 个非开放水域。[④] 总的来说，海南给游艇产业制定了诸多放开限制的利好政策，游艇旅游逐步向开放性、平民性、体验式转变。同时，政府也紧紧跟进对游艇产业的监督管理，游艇产业法治化程度越来越高。在未来，海南可以进一步放宽游艇旅游管制，实施境外游艇无担保入境，降低游艇入境门槛。同时，制定游览水域负面清单，避开军事基地和自然保护区，扩大游艇观光区域；[⑤]完善经营性游艇的检验技术标

---

① 周令、王梓桉：《推动海南自贸港邮轮旅游产业高质量发展》，载《中国港口》2023 年第 10 期。

② 刘云亮、卢晋：《中国特色自贸港邮轮旅游业法治促进论研究》，载《上海对外经贸大学学报》2023 年第 4 期。

③ 刘云亮：《海南自由贸易港邮轮产业发展之对策》，载《行政与法》2020 年第 1 期。

④ 海南省人民政府《关于继续延长境外游艇临时进出海南省东营等 8 个非开放水域期限的批复》。

⑤ 吴子龙：《海南国际旅游消费中心建设的对策研究》，载《西部旅游》2023 年第 11 期。

准,这可以借鉴ABS(美国船级社)、RINA(意大利船级社)、Lloyd's Register of Shipping(英国劳氏船级社)等国外船级社对于自用和经营性标准的区分①;完善游艇安全的管理制度,总结游艇租赁管理办法的试行经验,修订《海南省游艇安全管理暂行办法》,明确游艇的定义、用途,将游艇租赁业务及其经营人的管理涵盖在内。②

4. 健全旅游消费者纠纷解决机制

随着国际旅游消费中心建设的稳步推进,游客权益纠纷的发生不可避免。因此,纠纷如何快速、公正、便利地化解,怎么让游客在海南收获愉快的旅途,是海南需要认真解决的问题。对此,海南推行的旅游消费投诉先行赔付机制赢得游客好评。下一步应继续推进该机制的全省覆盖,对于已入驻的商家设定奖励机制,扩大入驻商家的数量和类型。在先行赔付失败后,鉴于旅游消费纠纷具有标的小、案情复杂、时间紧迫等特征,旅客通过法院诉讼途径解决纠纷成本过大,探索费用负担低、效率高、具有执行力的纠纷解决机制是最佳出路,而引入旅游仲裁机制给出了答案。对此,海南成立了海南国际旅游(投资消费)调解仲裁中心,将旅游投诉和仲裁相衔接,实现旅游纠纷处理法律效果和社会效果高度统一。下一步,海南可以借鉴澳门消费者委员会下设消费争议调解及仲裁中心的做法,对标的低于一定限额的纠纷免收仲裁费用,设置收取仲裁费用的最高比例③,将承诺通过仲裁解决纠纷作为商家申报"放心消费单位"的前置条件。同时,调解仲裁中心应该配置通晓国际旅游法律规则的调解员和仲裁员,解决具有涉外因素的旅游纠纷。

(二)海南现代服务业发展的法治进路

现代服务业作为产业发展的趋势,符合海南的实际情况,是拉动海南经

---

① 喻琳玲、邓春:《海南自贸港建设中游艇业发展问题研究》,载《全国流通经济》2023年第8期。

② 胡冰涛:《海南自由贸易港游艇安全管理研究》,载《中国海事》2023年第12期。

③ 澳门经济财政司:《澳门消费争议调解及仲裁中心点收费(消委会)》,载微信公众号"澳门经济财政司"2023年8月25日,https://mp.weixin.qq.com/s/e4rHkcPWS71Yex3jmUhlnw。

济增长的重要引擎。但是,海南目前的现代服务业体系单一,金融、物流、跨境电商等产业发展较为落后,内需和外需市场利用不足,未能打造符合自由贸易港的产业链条,整体还处于关注产品本身,服务相对落后的初级阶段。[①]因此,下文拟提出对应的解决路径。

1. 对接国际高标准经贸规则,继续扩大开放服务贸易

对标国际高标准经贸规则,是构成中国特色自由贸易港政策与制度体系的关键要素,也是高质量、高水平推动自由贸易港发展服务贸易的法治保障。海南在国内已率先对标 RCEP 部分重点规则,发布了 3 张自由贸易港与 RCEP 的产品清单,包括海南出口优势产品、海口进口优势产品、自由贸易港"零关税"优势产品的清单。通过放宽市场准入、取消或减少限制措施,使得服务贸易扩大开放,但是与 RCEP 开放、透明、灵活的经贸规则相比,仍然存在制度优化创新的余地。而 CPTPP 比 RCEP 无论是开放程度还是涉及领域,都更高更广,在货物贸易"零关税"、跨境服务贸易自由、投资自由等方面,给自由贸易港对接规则带来较大挑战。对此,海南要分步骤、分阶段地实施对接开放的压力测试,通过国内其他自由贸易区的对接法治经验分享以缓解测试压力,利用好央地协同立法机制制定封关运行前的过渡办法。同时,运用自由贸易港法规立法权,因地制宜地吸收转化 RCEP、CPTPP 规则。具体来说,海南应进一步对接 RCEP 投资贸易、知识产权保护、竞争政策、电子商务中与优化营商环境相关的经贸规则。[②] 例如,可以借鉴 RCEP 中涉及电子商务章节的相关规定,探究如何利用自由贸易港的立法权限,开创性制定出适合数字经贸行为的新规则,并在试点区域内放宽对非敏感性数据跨地域流动的限制;会同国务院有关部委对于 RCEP 专业服务资格资质制定成员国间的互认规则。CPTPP 和 RCEP 两者在内容框架上有一定相似性,海南对接 RCEP 的制度安排为 CPTPP 的对接奠定了基础。海南可以对

---

① 荣凤云、倪德虹、黄俊程等:《海南自由贸易港构建具有国际竞争力的现代产业体系研究》,载《中国农业会计》2023 年第 5 期。

② 刘云亮、卢晋:《中国特色自贸港对标 RCEP 经贸规则法治化研究》,载《中国海商法研究》2023 年第 2 期。

照 RCEP,梳理出 CPTPP 中共通的、对海南影响较大的规则进行对接,由易到难逐步实现对 CPTPP 的融合。以跨境数据流动为例,在封关运作之前,海南可以制定一套高于 RCEP 的跨境数据流通规则,封关之后,实行等同于或者高于 CPTPP 标准的规则。对于 CPTPP 独有的规则,仍然需要分阶段对接,通过过渡立法和自由贸易港立法的组合拳,分步扎实走好规则对接。例如,在劳工问题处理上,可以出台“海南自由贸易港劳动纠纷处理条例”,专章规定涉外劳动关系纠纷的灵活处理方式。[①]

2. 制定和利用好区域合作协定,突破海南产业发展要素限制

新加坡 2023 年国内生产总值为 6733 亿美元,其中服务业占比 69%。[②] 香港 2023 年本地生产总值 3835 亿美元,服务业占比在 90% 左右。[③] 服务业的发展依靠为第一产业和第二产业提供中间产品和服务,而无论是新加坡,还是香港,其第一产业、第二产业的规模都相当有限。之所以两地服务业发展势好,并占据重要经济地位,是因为两地突破了本地产业限制,融入区域和国际大市场,为世界产业发展服务。相比于新加坡、香港等自由贸易港,海南经济体量不大,本地市场和国际市场互动不足,未有效利用东南亚地区和内地市场,这就导致中间产品和中间服务作为现代服务业依托的基础,其有效需求不足,制约了现代服务业发展。[④] 因此,海南要利用好区域合作协定,找准服务业市场需求。首先,海南可以在对接国际高标准经贸规则的过程中,签发面向东盟国家的 RCEP 原产地证书,促成 RCEP(海南自由贸易港—东盟)国际商务区的建设。同时,促进与东南亚国家及地区间数字贸易规则的融合与对接,探索构建南海区域内的数字贸易合作机制,为自由贸易

---

① 卢晋、刘云亮:《中国特色自贸港对标 CPTPP 经贸规则的制度内涵、挑战及法律应对》,载《价格月刊》2023 年第 12 期。

② Ministry of Trade and Industry, *Gross Domestic Product by Industry*, https://www.mti.gov.sg/-/media/MTI/Resources/Economic-Survey-of-Singapore/2024/Economic-Survey-of-Singapore-First-Quarter-2024/A1_1_1Q24.xlsx (last visited on June 17, 2024).

③ 香港特别行政区政府:《二零二三年经济概况及二零二四年展望》,载香港特别行政区政府网 2024 年 2 月 28 日,https://www.hkeconomy.gov.hk/tc/pdf/calendar-23q4-c.pdf。

④ 穆克瑞:《海南与全球知名自贸港现代服务业发展比较》,载《国际经济合作》2021 年第 3 期。

港与东南亚国家之间的自由贸易提供便利。[①] 其次,制定海南自由贸易港与粤港澳大湾区联动的专项条例,在自由贸易港区和大湾区、"海南总部+珠三角基地"联动中形成中国与东南亚自由贸易的合力。[②] 对此,《深圳经济特区前海深港现代服务业合作区条例》《横琴粤澳深度合作区发展促进条例》可以提供经验借鉴,海南可以围绕治理结构、规划建设、产业促进、便利港澳居民就业等方面制定专项条例,促进区域合作一体化。通过以上区域合作机制的形成,既能推动海南在中国与东南亚各国之间的自由贸易中发挥枢纽作用,也能着力开发粤港澳大湾区和东南亚各国的中间产品和中间服务市场,扩大贸易对象和产品市场,为海南现代服务业发展打下产业基础。

3. 丰富现代服务业体系,完善金融、物流、跨境电商业务的配套法规

海南发展金融服务业要抓住对外开放的政策优势,建立对标国际的金融服务。而发展离岸金融服务是实现优势落地生效,与国际金融接轨的重要举措。但是,海南构建离岸金融服务体系,面临金融体量小且结构不完善,离岸金融市场监管乏力,以及跨境资金流动政策被利用来套利套汇的风险。国际上其他自由贸易港、国家或地区在培育和建设离岸金融市场上,已积蓄了较多经验。例如,我国香港、新加坡、美国、英国等金融发达的国家或地区,对于离岸金融市场主体准入、运营、退出,金融业务、离岸账户、资金流动的监管,境外汇率和利率的控制等方面建立较为完善的法律体系。海南完善离岸金融服务,可以借鉴以上经验。首先,海南需要融入区域间的合作协定,借助外部经济金融流量来弥补自身体量小的劣势,利用好 QFLP、QDLP 和金融业准入准营的开放政策,吸引各类金融公司、基金公司集聚海南,形成多样化的金融体系生态。其次,需要强化离岸金融市场监管。其一,统一海南离岸金融的监管主体,整个离岸金融市场的监管主体为"一行两会一局"(中国人民银行、中国银监会、中国证监会、国家外汇管理局)等国

① 彭兴智、张礼祥:《海南自由贸易港建设推动南海区域经济合作的策略研究》,载《国际贸易》2023 年第 1 期。

② 《海南自由贸易港联动粤港澳大湾区　将实现"1+1>2"的共赢效应》,载微信公众号"自贸港在线"2023 年 12 月 5 日,https://mp.weixin.qq.com/s/ewhfQ2ra1SoyJduc5GEv9Q。

家部委,并根据离岸银行、离岸保险、离岸证券等业务不同分流监管,海南本地无权监管,其间存在多头治理、监管真空的问题。因此,海南可以参考香港金融管理局的模式,设立自由贸易港离岸金融管理局,实行属地监管,形成海南本地银行和国家部委的监管合力,实现混合业务的统一监管。① 其二,厘清允许准入的金融机构和准营业务类型,根据机构能力审查结果匹配适应的业务,并设定强制退出和自愿退出规则。其三,健全离岸金融的运营监管,在岸账户和离岸账户之间存在资金流动的,借鉴新加坡的"分离渗透"管理模式②,使离岸业务与在岸业务在账户、交易、监管等方面保持相对独立,允许两种账户有条件地进行双向资金流动和业务交互。同时,参考日本存款保证金制度,在此基础上变通,允许使用信用证担保资金流动的真实性,进一步降低风险;对于汇率的监管借鉴新加坡浮动汇率的模式,减小在岸市场和离岸市场的汇率差异,避免套汇发生。③ 最后,完善离岸金融市场风险预警机制。离岸金融市场一线放得开,二线管得住,关键在于风险预警是否精准、有效、及时,这需要依托信息的全面收集、业务交易的实时监测、金融风险的专业研判。对此,海南可以从以下方面完善,健全市场主体的信息披露制度,搭建离岸金融业务的大数据监测平台,梳理离岸金融业务负面清单,借鉴新加坡"监管沙盒"进行风险测试④。

海南大力发展航运物流,法治保障要为船舶的进港、出港、行驶护航,通过完善创新港口管理模式、国际船舶登记制度、海关监管模式为航运打开方便之门,加强海事海商法律服务和保障以解决航运后顾之忧。针对港口管理模式,海南的港口建设受到企业产权的牵制较大,这导致政府的统筹规划

---

① 王方宏:《多功能自由贸易账户风险防控研究》,载《海南金融》2023 年第 4 期。

② Ong Chong Tee, *Singapore's Policy of Non-internationalisation of the Singapore Dollar and the Asian Dollar Market*, BIS Papers, Vol. 15, p. 93 – 98(2003).

③ 文穗:《海南自由贸易港离岸金融风险防范监管制度研究》,载《海南大学学报(人文社会科学版)》2021 年第 3 期。

④ Singapore Monetary-Authority-of, *Fintech Regulatory Sandbox Guidelines* (2016), https://www.mas.gov.sg/-/media/MAS/Smart-Financial-Centre/Sandbox/FinTech-Regulatory-Sandbox-Guidelines.pdf(last visited on June 17, 2024).

意图施展受阻,且企业无序的建设令港口定位同质化严重,物流仓储用地拥挤,制约航运业释放吞吐量。政府负责的码头盈利能力较差,使港口公共设施无资金维护,公共服务能力不足,影响航运业持续发展。从美国、我国香港等国家和地区的港口管理经验来看,“地主港”模式可以解决目前海南港口建设的存在问题,通过让“产权”和“经营权”分开,政府拥有产权负责统筹港口建设,规范港口开发,建成后租赁给港口经营公司或者航运公司经营,政府再利用产权融资实现滚动开发。① 在国际船舶登记方面,《海南自由贸易港国际船舶条例》是对接国际标准最紧密的地方性法规之一,但是仍存在一些不足。首先,依据该条例第 3 条,国际船舶的登记和相关业务办理分属海事管理机构、船舶登记机构、交通运输管理机构 3 个部门管辖,容易产生职权和主管机构不明的问题,应该进一步精简管理机构,实现单一部门的对接。其次,依据该条例第 9 条,要求船舶所有人必须为中国国籍。相比之下,巴拿马作为世界上注册船队规模最大的船籍国,在国籍上几乎没有任何限制,仅要求外国公司或个人的船舶登记必须指定巴拿马律师或律师事务所作为代理人提出注册请求②,海南可以参考此做法。最后,外籍船员的雇佣登记,要求外籍船员取得我国船员适任证书承认签注,而与我国签订船员证书互认的输出船员的国家十分有限,且来华工作许可取得困难,这些问题都使得船东难以通过雇用外籍船员降低航运成本,需要进一步疏通制度上的阻碍。③ 针对海关监管模式,国际上口岸管理与海关管理呈现融合发展趋势,海南可以整合海关与口岸管理机构的职能,设立海南省口岸管理局,争取中央授权,建立央地协同、职能无缝衔接的管理体系。④ 同时,新加坡和我国香港都建立了集中统一的电子化报关系统,极大地促进了通关效率,海南

---

① 冯基芳:《海南自贸港建设背景下港口高质量发展的思考》,载《今日海南》2021 年第 9 期。

② Panama Ship Registry, *Vessel Registration*, https://panamashipregistry.com/ship-registry/vessel-registration/(last visited on June 27, 2024).

③ 黄素芳、王言玉:《构建具有国际竞争力的国际船舶登记制度探析》,载微信公众号“大成深圳办公室”2024 年 1 月 3 日,https://mp.weixin.qq.com/s/0wDXFnTMIT-a6MB3XS_SlQ。

④ 詹联科、王敏:《对标高水平开放推进海南贸易和投资自由化便利化的若干建议》,载《今日海南》2022 年第 3 期。

应该进一步建立安全高效的数字化海关监管体系。在海事海商法律服务和保障方面,海南可以利用自由贸易港立法权,单独设立"航运服务"章节,吸收国际上普遍认可的、我国还未加入的海事海商公约的内容和精神,例如《海牙维斯比规则》《1992 年设立国际油污损害赔偿基金国际公约》等,以满足货物或旅客运输中各方权利人的需求。[①] 同时,对于所产生的权益纠纷,世界上大部分自由贸易港所在国家均确立了独立的海事司法管辖机制,我国可以诉讼、仲裁方式解决纠纷,但在公信力塑造上还有很大提升空间,其中海南需要加强海事仲裁员的职业化、专业化培养,不断探索海事海商纠纷的多元解决机制。[②]

在跨境电商方面,无论是国家层面的《电子商务法》,还是海南层面的法规政策大多属于原则性规定,有关具体细节存在立法空白亟待填补。具体来说,海南发展跨境电商,需要完善这几大风险的法律应对:其一,化解"避风港原则"滥用风险。现行"避风港原则"遵循"通知——转通知(采取必要措施)——反通知——二次转通知——恢复"的处理流程,权利人提出初步证据,通过电商服务平台形式审查,就可以达到删除、屏蔽、断开链接的效果。因此,不少电商经营主体滥用"避风港原则",向电商平台投诉竞争对手要求下架商品,以达到打击对手、清理渠道的目的,严重破坏市场竞争秩序。所以,需要在知识产权保护、恶意投诉、不正当竞争等问题上获得平衡,合理规制平台"避风港原则"的适用。可行的办法是,被投诉主体可以选择为产品做合法担保,授权电商平台锁定冻结被投诉之日起的商品交易利润作为担保金,获得继续发布商品链接的权利,至权利人在投诉相关部门或起诉的合理期限届满仍未行权之日解除冻结。这种办法的考量在于,权利人的主要目的在于挽回损失,防止损失继续扩大,投诉之日前的损失已成定局,投诉之日后的损失可以通过担保优先受偿,如果权利人是恶意投诉,合理期限

---

① 谢庚全、张建文:《海南自由贸易港有关航运产业发展方面的立法建议——基于对新加坡海事海商法律体系的梳理》,载《海南大学学报(人文社会科学版)》2020 年第 4 期。

② 孙思琪、胡正良:《论"一带一路"建设的航运法律保障》,载《上海对外经贸大学学报》2021 年第 6 期。

内的资金冻结，经营主体的营业仍然能正常进行。同时，不采用《海南自由贸易港知识产权保护条例》第 50 条规定的“先行禁令”，主要还是考虑权利人和利害关系人处于弱势一方，不应该在权利行使方面设定担保予以限制。其次，注意恶意“假一赔十”索赔风险。在跨境电商中，无论是直邮模式还是保税模式购买的食品都属于进口食品，在无法提供中文说明书、相关检验材料或符合国家包装标准等资质材料的情况下，按照法律规定将被认定为不符合食品安全标准的商品，容易遭到职业打假人恶意的“假一赔十”索赔。因此，海南需要尽快推动食品国内标准与国际标准接轨，对国外标准认证，明确跨境电子商务商品的特殊性，排除适用国内法中关于产品标准、包装的部分规定。其二，防范消费者权益风险。跨境电商企业是承担商品质量安全的主体，也是承担消费者权益保障责任的主体，然而在多种经营模式下，一些平台为企业提供综合的服务，包括商品的推送、品牌的运营可能都有平台的参与，跨境电商平台和经营主体之间的界限变得模糊，需要更加注意厘清两者的责任边界。①

（三）海南高新技术产业的法治进路

海南自由贸易港要加快发展数字经济、石油化工新材料、现代生物医药等优势产业，培育壮大南繁、深海、航天等未来产业，优化升级清洁能源、清洁能源汽车、节能环保等战略性新兴产业。②

1. 优势产业的法治护航

在优势产业方面，对于数字经济的发展，海南作为对外开放新高地，要率先对接 DEPA 等高水平数字经贸规则，带动数据要素市场的发展，形成先行示范区。但是对接 DEPA 也给海南带来诸多挑战，数字产品的定性问题、免征关税的税收影响、非歧视规则给数字产品监管提出新要求，海南需要对这些挑战做好应对措施。具体来说，海南在 DEPA 对接中应规避对定性问

---

① 《年度重磅｜海跨协发布〈进口跨境电商合规发展观察报告（2022）〉》，载微信公众号“海南省跨境电子商务协会”2023 年 2 月 16 日，https://mp.weixin.qq.com/s/ZiZujtKYq8Rdop7yOhxPVw。

② 本书编写组：《海南省第八次党代会报告辅导手册》，海南出版社 2022 年版，第 104 页。

题的讨论，其他高标准经贸规则都对此模糊处理，而且该问题继续争论可能会限制贸易发展；[①]免征关税可能会给中国带来严重影响，海南要注意应对此问题，可以制定负面清单，确定征税的产品和标准，以减缓免税影响；引入第三方监管机构，弥补现行监管力量不足的缺陷，并明确审查标准，提高审查公正性、透明性。[②] 同时，DEPA 的对接也意味着海南要适应宽松的数据跨境流动环境，海南需要探索数据确权、数据认证、数据定价、数据交易、数据安全等数据跨境流动规则的制定。对于石油化工新材料发展，海南石化产业在利好政策下，可以将海南炼化企业进口原辅料纳入原辅料“零关税”清单，将进口自用设备移出负面清单，降低炼化企业生产成本。[③] 在现代生物医药方面，新加坡、韩国、以色列等 BCI 靠前的国家都出台了相关政策，设立了大量的专项基金来支持和鼓励生物医药创新和科技成果转化。[④] 海南方面应建立支持高水平新药技术创新创业的政策体系，加强政府对企业创新药物研发的政策扶持，加大企业技术交易的税收优惠力度。[⑤] 此外，海南可以先行先试，构建创新药快速进入医疗系统的通道，提高创新药在医保支付上的比例。[⑥]

2. 未来产业的法律前瞻

在未来产业方面，对于南繁产业，海南应当继续完善南繁法规体系，制

---

① Farrukhnia Farrukh and Richards Cameron, *E-Commerce Products Under the World Trade Organization Agreements Goods Services Both or Neither*, Journal of World Trade, Vol. 50:5, p. 793 – 817(2016).

② 娄卫阳：《中国对接 DEPA 数字产品规则的挑战和应对策略》，载上海市法学会编：《上海法学研究》总第 8 卷，上海人民出版社 2022 年版。

③ 廖健、刘剑平：《海南自由贸易港政策体系对石化产业发展影响研究》，载《能源化工财经与管理》2023 年第 2 期。

④ Consilium Pugatch, *Biopharmaceutical Competitiveness & Investment* (*BCI*) *Survey* 2017 *Brochure*, http://www.pugatch-consilium.com/reports/BCI_2017_US_Brochure_-_Quantifying_the_Impact_of_Policy.pdf(last visited on June 27, 2024).

⑤ 张琳、贾敬敦等：《海南重大新药创制成果转化战略选择与对策》，载《海南大学学报（人文社会科学版）》2021 年第 5 期。

⑥ 张一鸣：《海南生物医药产业艰难崛起》，载《中国经济时报》2023 年 4 月 17 日，第 4 版。

定明确的种子进口标准和要求，简化种质资源引进、审批、检验检疫等程序，加强种子贸易的海关监管、检验检疫、市场执法，建立对外资种业准入事前审查、事中事后监管制度，搭建种业知识产权法规体系和与国际接轨的服务管理体系。[①] 对于深海产业，南太平洋国家的立法可以提供有益借鉴，海南需要进一步完善人才培养机制以配备训练有素的技术人员，完善环境监管制度以引导承包者的行为符合《联合国海洋法公约》和国际海底管理局有关环境保护的规范和标准；完善深海资源开发应急管理机制、深海公共平台共享合作机制、信息披露机制。[②] 对于商业航天产业，我国是世界航天大国中唯一没有国家航天法的国家，而美国制定了一系列的配套法规，包括商业航天投资、发射、税收、资源探索利用、保险等方面内容，这些都能够成为我国商业航天立法的有益借鉴。[③] 此外，责任追索机制、在轨空间物体的所有权转让、空间碎片减缓等方面的内容也有待进一步明确规范。[④] 目前，海南商业航天发射的任务由海南国际商业航天发射有限公司承担，预计在 2024 年年底前完成首发任务，已经有不少火箭制造公司在洽谈发射合作。因此，随着海南商业发射运营步入正轨，频繁的发射密度势必会影响周遭居民，半径内安全疏散规范的制定是关系群众的基础问题，海南应当制定相关的疏散规范，确定疏散的补偿和拒绝疏散的处罚、强制措施等。[⑤]

3. 战略性新兴产业的法治驱动

在战略性新兴产业方面，借鉴英、美、德等国的经验，从宏观上利用海南自由贸易港立法权制定出台“海南自由贸易港绿色低碳循环经济发展促进法”，对海南低碳产业发展、低碳技术创新、清洁能源开发、绿色低碳生活等

---

① 文穗：《海南自由贸易港种业发展问题研究》，载《海南大学学报（人文社会科学版）》2024 年第 3 期。

② 王虎华、翟仲：《深海国别立法的制度经验及其启示》，载《上海对外经贸大学学报》2022 年第 2 期。

③ 厉万方、徐清容：《激活商业航天与空间法之间的蓝海》，载上海市法学会编：《上海法学研究》集刊华东政法大学文集 2022 年第 7 卷。

④ 冯一乘：《中国商业航天立法简析——为商业航天活动的出现开垦一片荒地》，载上海市法学会编：《上海法学研究》集刊华东政法大学文集 2022 年第 7 卷。

⑤ 航小宇：《航天人面对面 | 走近海南商业航天发射场（二）》，载微信公众号“航宇问天实践队”2023 年 8 月 20 日，https://mp.weixin.qq.com/s/Pxq4AGrC7_WqmN70oPkM1Q。

进行规定,促进形成各领域之间相互配合的法律法规体系;再者,完善与绿色低碳循环经济相适应的配套法律制度,制定出台相应的激励政策,鼓励社会资金流向绿色低碳环保产业,支持企业开展清洁能源高新技术研发与应用。① 具体来说,在清洁能源市场方面,现行能源市场准入制度难以满足当下的低碳需求,海南应该构建"预防—控制"为导向的清洁能源市场,在源头上限制高碳项目的建设和降低清洁能源企业准入条件,通过强化碳排放监测与报告、能源市场的监管,提高对清洁能源企业的能效、碳排放指标要求等方面加强控制。② 在清洁能源汽车方面,有赖于海南清洁能源装机覆盖率逐步提高、充电桩基础设备建设不断齐备、禁售燃油车政策提前释放的效应,电动汽车在海南市场发展良好。相比之下,氢能源汽车在海南的商业推广还有艰巨的困难需要克服,日本丰田和海马汽车的合作有望突破技术上的壁垒,海南政府可以在财政税收上给予一定支持,并推动氢气生产、储存、输送、运输等方面的地方性法规完善。③ 在节能环保方面,海南已经出台了不少法规和规章,但是在部分领域规定不够完善或者存在空白。例如,垃圾分类执行不彻底,"前端分类、后端混合"的问题挫伤了群众参与的积极性,其中固然有分类收运体系不健全、末端处理能力与分类需求不匹配的现实制约,当然也不乏群众垃圾分类意识不强的原因存在,但是对于政策的执行和加大监管力度也是海南要下力气努力的方向。

四、海南自由贸易港践行生态立省的法治进路

坚持生态立省是海南省办经济特区以来的历史总结和深刻启示,是

---

① 李猛:《"双碳"背景下海南自由贸易港绿色低碳循环发展经济体系构建》,载《经济体制改革》2022 年第 3 期。

② 张忠民、张琪:《预防与控制:能源市场准入制度因应"双碳"目标的法律机理》,载《重庆大学学报(社会科学版)》2024 年第 4 期。

③ 林春挺:《海马牵手丰田能否撬动海南"氢能岛"和国内氢能车产业》,载《第一财经日报》2023 年 4 月 14 日,第 9 版。

习近平总书记提出的“绿水青山就是金山银山”的理念践行，也是对“国家生态文明试验区”战略定位的精准贯彻。至今，海南制定、修订多项涉及生态文明领域的省级政策法规，包括了禁塑、生态补偿、热带雨林国家公园建设、生态产品价值实现机制等方面的规定，基本上涵盖了创新生态文明体制机制的各个方面，为海南生态立省注入法治力量。从国际视野来看，新加坡、我国香港等开放发达经济体的生态环境保护经验能给海南提供借鉴，它们的共同特点是都具有完善的环境保护立法体系和完善的环境基础设施，高度重视规划和控制，严格执行法律，重视环境保护教育。[①] 同时，也应该认识到海南自由贸易港拥有其他自由贸易港无法媲美的生态优势，在生态保护措施上只会采用最严的标准，能够借鉴的国际经验有限，更多需要海南探索。综上，本书以《海南自由贸易港建设总体方案》设定的目标为标准，映照海南自身存在的不足，借鉴国际经验，探寻海南生态立省的法治进路。

（一）稳步推进生态环境细分领域的专门立法

生态环境立法是一切生态环境保护工作开展的法治依据，只有持续推动生态环境领域的立法向实向深，才能保证海南省生态环境保护工作的常态化、法治化、规范化开展。

1. 健全自然资源产权制度和有偿使用制度

海南省发布了《海南省自然资源资产产权制度改革实施方案》，从自然资源产权体系、产权主体、监测评价、确权登记、保护修复、有偿使用等方面提出了自然资源产权制度和有偿使用制度建设的初步构想。下一步，海南可以实行自然资源资产“三权分置”，将自然资源所有权分为所有权、代理权、使用权这三个不同的权能单位，推动所有权和使用权的分离，彰显自然资源的财产属性，从而实现自然资源的有偿使用。[②] 同时，创新自然资源所

---

① 曹晓路、王崇敏：《中国特色自由贸易港立法的基本框架与实现路径——以海南自由贸易港立法为视角》，载《当代法学》2020 年第 4 期。

② 郭贯成、崔久富、李学增：《全民所有自然资源资产“三权分置”产权体系研究——基于委托代理理论的视角》，载《自然资源学报》2021 年第 10 期。

有权委托代理关系,明确中央、海南省各级政府、相关职能部门以及可能的使用者之间的权责关系,提升自然资源的管理效能。① 最后,还需通过统一的确权登记制度、产权流转机制、生态补偿机制来促进"三权分置"的落地执行。关于确权登记制度,可以通过区分国有财产与共有财产、土地依附型与自由活动型资源、可再生与不可再生资源等不同的资源类型,针对性地制定调查标准,为确权提供依据;关于产权流转机制,可以搭建政府、农户、生态企业、绿色金融机构多元参与的自然资源服务与交易平台,实现零散自然资源的聚少成多,形成规模效应;关于生态补偿机制,针对不同阶段和属性的生态产品实行多元化生态补偿,实现前期核算成本和收益共担、中期多元化补偿促进流转、后期补偿用于生态保护,以及对于非市场价值的公共生态产品进行政府主导补偿,对于经营性生态产品进行市场化补偿。②

2. 完善海南热带雨林公园建设的法律保障

海南热带雨林公园建设是生态立省重中之重,并呈现出规范高效的管理机制、差别化分区管控、保护对象具有海南特色、坚持人与自然和谐共生等众多亮点。③ 从国际视野上来看,国家公园建设的核心机制是特许经营模式。④ 美国、加拿大、日本国家公园的建设经验提供了很好的借鉴,海南可以建立以 TOT 特许经营模式(移交—经营—移交)为主,O&M 模式(运营和维护合同)、LOT 模式(租赁—经营—移交)、BOT 模式(建设—运营—移交)为

① 张玉梅:《试论自然资源资产国家所有权的实现》,载《中国国土资源经济》2023 年 12 月 11 日(网络首发版),https://kns.cnki.net/kcms2/article/abstract?v=LAPUTnZ325dqY0QdOs2vqmnNlB5pYNWQ_CGN9f2iZd85YiODarYDukgB6vzI9KIpG-L8EEahKlumrYcA35_flSW90bjDdLAxplY0NNiP-aZvfuhe1SmGhA==&uniplatform=NZKPT&language=gb。

② 唐方成、顾世玲、辛璐:《绿色发展视角下我国自然资源资产产权制度的创新机制》,载《环境保护》2023 年第 16 期。

③ 海南省新闻办公室:《海南热带雨林国家公园条例(试行)亮点纷呈》,载《热带林业》2020 年第 3 期。

④ Valentina Dinica, *The Environmental Sustainability of Protected area Tourism: Towards a Concession-related Theory of Regulation*, Journal of Sustainable Tourism, Vol. 26:1, p. 146 – 164 (2017).

辅的运营体系。[①] 再者,需要明确特许经营协议的性质,可以在协议订立阶段视作行政许可,进入实施阶段则视为民事合同,以兼顾政府主导的行政特征和市场契约的精神体现;建立特许经营的准入机制,成立专业咨询机构增强准入决策的科学性,引入负面清单管理制度明确特许经营的边界,限制续约权的行使以保证充分的市场竞争;完善特许经营的退出机制,建立针对特许经营存在重大问题情况下的临时接管机制,同时加强对于特许经营违法违规行为的日常监管,为强制退出提供事实依据。[②] 最后,确保热带雨林国家公园和其他自然保护区管理上的协调衔接,避免国家公园管理局与各分局、市县部门的职能交叉。[③]

3. 优化双碳交易的法律规制

相比于国内其他地区的碳汇交易市场建设,海南自身碳汇市场的定位并非与这些市场形成竞争关系,而是利用好自身桥头堡战略地位和特殊的地理位置发展建设国际碳汇交易市场。但是,目前国内对于碳汇交易的政策法规还不够健全,海南应探索建立碳汇国际交易场所,先行先试制定碳汇国际交易的法规。对此,国际上的碳汇交易市场建设对于海南有典型的借鉴意义,海南可以借鉴多元化的交易模式共同运作的经验,例如工业化国家之间的联合履行机制(JI)、发达国家内部的国际排放贸易(IET)、发达国家与发展中国家之间的清洁发展机制(CDM);建立多层次的碳汇交易市场,根据法律依据、交易品种、交易动机的不同划分交易市场;通过金融创新融入交易推动碳汇价值增值,为实施减排或者碳吸收提供新的资金,推动碳汇市场发展。同时,实现碳汇交易与生态补偿相结合,促进多方共赢。[④] 再者,海南应该争取接入林业碳汇 CCER 登记注册系统的资格,与联合国、欧盟等碳

---

① 耿松涛、张鸿霞、严荣:《我国国家公园特许经营分析与运营模式选择》,载《林业资源管理》2021 年第 5 期。

② 王天蔚、刘锐:《我国国家公园特许经营制度的价值、现存问题与发展建议》,载《林草资源研究》2023 年第 6 期。

③ 李佳灵、秦荣鹏、徐涛等:《海南热带雨林国家公园管护能力建设现状、问题与对策》,载《热带林业》2022 年第 2 期。

④ 刘剑雄、李先军:《国际碳汇价值管理:经验与启示》,载《区域与全球发展》2017 年第 2 期。

减排组织和市场对接,通过制定相关交易审核规则,明确国际市场交易买家准入门槛,制定国际买家开户交易的流程,实施 CCER 国际化战略。① 除了林业碳汇,国内对于蓝色碳汇交易也尚处在起步阶段,海南应该利用好自身丰富的蓝碳资源,发展蓝色碳汇交易,制定碳汇的认定和登记、评估和监测、计量标准、交易体制等方面政策法规,建立与国际接轨的碳汇交易体系。②

(二)严格生态环境行政执法

生态环境执法是保护环境的基础工作,新时代十年来我国生态环境执法工作始终坚持严的主基调,使得生态环境的执法权威牢固树立,不断创新执法制度措施,使得执法效能稳步提升。③ 海南应该汲取长期工作总结的经验,充分发挥新制度措施的作用,继续坚持严格生态环境执法。

1. 加强生态环境保护综合行政执法协作

海南对于生态环境的执法,由组建的综合行政执法部门统一行使,生态部门不再行使相应的行政执法职权,提高了行政执法效能。但是,在实践中,生态环境保护综合执法存在权责划分不清晰、协作机制不健全、协作效率不高等问题。为此,需要划分不同的执法任务情况制定不同的协作模式,当执法任务无法由单一主体完成时,可以选择多主体间形成主从关系和具有辅助性质的协助模式。针对复杂、覆盖面广的执法任务时,可以选择执法主体间平等合作的协同模式。同时,通过制定权责清单、设立议事协调机构明确各协作模式下不同执法主体的权责分工。在此基础上,进一步规范协作内容与程序,实现不同执法环节、主体间的信息共享,生态环境违法行为

---

① 杜斌:《海南自贸港林业碳汇市场交易机制研究——以中国核证自愿减排量(CCER)国际化为出发点》,载《开发性金融研究》2022 年第 5 期。

② 李猛:《"双碳"背景下海南自由贸易港绿色低碳循环发展经济体系构建》,载《经济体制改革》2022 年第 3 期。

③ 赵群英:《忠诚担当 严格执法 贴心服务 不断为深入打好污染防治攻坚战作出积极贡献》,载《环境与可持续发展》2023 年第 3 期。

线索移送和审核应从速保质，避免无管辖权线索的搁置，建立不同执法主体间的统一证据标准、协同流程和接口规范以实现证据互认。[①]

2. 引入生态化理念，创新执法方式

传统的环境执法方式多是控制和命令型，有时候会引起相对人的抵触情绪，造成行政复议、诉讼等不必要资源浪费，甚至会对生态环境产生负面影响。因此，海南可以改变以往传统的环境执法方式，引入生态化理念，转变为"服务引导型"执法，协调好经济发展和环境保护之间的关系。具体来说，海南可以运用行政约谈制度，通过对下级政府、社会企业、个人的提醒、劝诫、指导达成监管、整改的合意，实现轻微违法行为的苗头治理，防止严重生态环境违法行为的发生，避免行政处罚的严厉性升级。对此，可以制定专门的行政约谈条例，对于约谈事由、启动主体、约谈程序、回访检查作出规定。再者，推行环境行政合同，与行政相对人签订协议约定环保目标、义务，并规定相应的激励和约束机制。合同签订过程中，需要约束行政优益权的适用，避免行政权力对合同的任意变更。同时，设置协商前置程序，必要时启动听证程序，对于合同的变更或解除说明理由。[②]

3. 完善生态问责制度

海南 2022 年发布了《海南自由贸易港生态环境保护考核评价和责任追究规定》，重点突出明确考核评价的主体和对象、考核评价的内容和程序、考核评价结果的确定和运用、相关人的责任追究、人大监督五方面内容。下一步，海南可以制定党政不同主体的责任清单，包括党委、政府、职能部门及其领导和工作人员等不同主体的责任，并区分其中的行政责任、党纪责任、法律责任，实现精准、科学、合理问责；完善环境问责的程序细节，明确启动、调查、决定、执行、申诉等环节的具体程序、时限要求和证据标准，保障程序正义的实现，维护问责对象的合法权利；[③]加强环境资源离任审计和生态问责

---

① 邹立刚、周建成：《论生态环境保护综合行政执法中的协作》，载《南京工业大学学报（社会科学版）》2023 年第 3 期。

② 张锋：《环境行政执法方式生态化研究》，载《济南大学学报（社会科学版）》2023 年第 5 期。

③ 刘少华、陈荣昌：《新时代环境问责的法治困境与制度完善》，载《青海社会科学》2019 年第 4 期。

之间的协同治理，共享离任审计结果，促进生态问责规范化；①提升环境问责的公众参与度，学习新加坡在生态问责制度建设的经验，丰富问责主体形式，发挥非政府环保组织、群众的监督作用，同时强化职责部门生态环境保护监督管理信息公开，畅通外部监督途径。②

（三）强化生态环境司法保护

司法是生态环境保护的最后防线和坚实后盾。海南司法机关勇于担当，坚守防线，筑牢后盾，2012 年以来在生态环境司法上亮点频出。例如，环境资源案件全流域、跨区域集中管辖，推行环境资源审判“三合一”归口审理，强化环境资源执法衔接配合，创新推进生态环境修复性司法等。③ 但是，上述工作大都处在摸索试点中，海南不仅要在自身实践中提炼经验，也需要从其他地区的试点中借鉴做法，不断打磨新制度、新措施。

1. 继续探索环境资源案件集中管辖，完善环境资源“三合一”归口审理

海南省高级人民法院 2023 年发布了《关于调整环境资源案件集中管辖的公告》，对集中管辖作出调整，将环境资源案件纠纷化解在基层法院。集中管辖不可避免会造成诉讼当事人的诉累和牺牲当事人的管辖选择权，需要做好对于这两方面权益损失的弥补。④ 对此，首先，海南可以优先推动落实“智慧法院”的建设，真正实现跨域立案、电子卷宗、线上审理、线上执行等信息手段的运用，减少当事人诉讼成本；其次，应该在基层法院设立信息化的出庭室，配备录音录像、证据展示、信息网络等设备，并建立当事人所在地法院和集中管辖法院之间的信息协调平台，支持当事人通过所在地法院的出庭室参与诉讼，这种方式既保证线上庭审的稳定顺利开展，又避免当事人远距离出庭，

---

① 崔海红、黄良杰：《领导干部自然资源资产离任审计与生态问责协同治理：理论框架与实现路径》，载《财会通讯》2024 年第 1 期。

② 司林波、李雪婷：《新加坡的生态问责制》，载《东南亚纵横》2017 年第 4 期。

③ 《海南法院大事记：环境资源审判篇》，载微信公众号“海南高院”2022 年 10 月 13 日，https://mp.weixin.qq.com/s/Nt5dC0xQAzzeAH0qdEc0uA。

④ 蒋文峰、封有军：《环境资源案件跨区域集中管辖的实践困境及因应之策》，载《环境保护》2020 年第 5 期。

同时兼顾了数字化弱势群体的诉讼便利需求。此外,“三合一”归口审理普遍推行,海南要避免出现个别法院“只喊口号、有名无实”的问题,要大力推进环境资源审判机构实质化,切实促进“三合一”审判职能、人员、理念的实质融合。① 对此,需要明确环境资源案件“三合一”审判的受案范围、证据规则、三种程序的衔接、三种法律责任的统筹适用。② 同时,加快培养拥有“法律+环境科学”复合知识背景的法官,打造高素质环境资源审判人员队伍。③

2. 健全生态环境行刑衔接,推行生态恢复性司法机制

生态环境违法行为往往涉及行政和刑事上的双重违法,通过行政和刑事司法上的衔接能够对此类行为实现全面、严厉的打击,避免“以罚代刑”“免刑免罚”等玩忽职守、徇私枉法的行为出现。具体来讲,海南在环境资源执法衔接配合中,要确立行刑双向衔接规则,尤其要注意容易被忽视的司法机关向行政机关移送案件的反向衔接,通过司法机关与行政机关的商议,发挥行政机关在生态补救上的优势,为违法人员制定生态修复方案,践行恢复性司法理念。当然,行政机关也可以在不影响司法公正独立的情况下,商请司法机关提前介入,对于法律适用、证据效力等合法性问题进行咨询,并统一案件移送的标准、程序、内容。④ 畅通双向衔接信息流通,推进执法部门和司法部门之间信息共享平台建设,行政执法机关应采取“定性+定量”的方式录入案件信息,公安机关录入立案侦查、提前逮捕、移送审查起诉等信息,检察机关录入立案监督、审查逮捕、审查起诉等信息,打破三者间的信息壁垒。完善联席会议制度,明确由检察机关牵头并确定会议议题和会期,将有效可行的会议内容上升为规章制度,以强化会议决议效力。⑤

---

① 杨临萍:《服务生态环境保护 助力美丽中国建设 全面做好新时代新征程环境资源刑事审判工作》,载《法律适用》2022 年第 12 期。

② 刘牧晗:《环境资源刑事、民事、行政案件“三合一”审判机制探析》,载《人民司法》2021 年第 34 期。

③ 张震、袁周斌:《人与自然和谐共生的中国式现代化之法治体系与方略》,载《重庆大学学报(社会科学版)》2023 年第 2 期。

④ 庄汉、孙益:《长江流域“十年禁渔”的行刑衔接机制研究》,载《天津法学》2023 年第 3 期。

⑤ 李煜兴:《行刑衔接的规范阐释及其机制展开——以新〈行政处罚法〉行刑衔接条款为中心》,载《中国刑事法杂志》2022 年第 4 期。

3. 完善环境和资源保护公益诉讼制度,厘清与生态环境损害赔偿诉讼的界分

从海南检察环境和资源保护公益诉讼制度的实践情况来看,存在检察机关职能定位不清和诉前程序欠缺的问题,原因在于检察机关过于强调诉讼职能导致监督职能遭到弱化,这种主体职能的争议也影响到了对于诉前程序和衔接机制构建的聚焦。对此,检察机关在公益诉讼中应该回归到监督的职能,对于诉讼职能加以限制,避免起诉权的滥用;完善诉前程序规则,统一明确"依法履职"的标准,根据不同的损害类型和修复难度,合理设置诉前程序期限。[①] 此外,海南需要厘清环境公益诉讼和生态环境损害赔偿诉讼之间的制度界限,消弭两者间存在的竞合,[②]并促进两者的衔接以实现功能互补。对此,海南可以根据本省实际情况,以生态环境损害的严重程度、修复生态可能需要的费用以及服务功能丧失期间的预估损失等为基本判断标准,设定量化的适用范围以明确"发生较大及以上突发环境事件的""发生其他严重影响生态环境后果的情形"两者的内涵;建立双向互动的案件线索移送机制、多主体充分参与的诉前磋商机制,以完善两诉之间的衔接。[③]

4. 发挥珊瑚礁保护中的司法作用,强化海上溢油污染案件的司法效用

加强海洋生态环境的保护,对于海南意义重大,其中又以珊瑚礁保护和海上溢油污染治理为重中之重,需要加强司法手段在这两方面的效用。[④] 黄河沿岸省市利用"河长 + 检察长 + 警长""林长 + 检察长"机制,为黄河流域

---

① 皮昊、郭丹枫:《海南省检察环境公益诉讼现状及其优化路径》,载《内江师范学院学报》2023 年第 9 期。

② 熊敏瑞、王玮:《论生态环境损害赔偿诉讼制度与环境公益诉讼制度的竞合》,载《中国国土资源经济》2023 年第 4 期。

③ 梅建、汤任武:《生态环境检察民事公益诉讼与损害赔偿制度的衔接思路》,载《检察日报》2023 年 5 月 11 日,第 7 版。

④ 《国家生态文明试验区(海南)实施方案》,载中华人民共和国中央人民政府网 2019 年 5 月 12 日,https://www.gov.cn/zhengce/202203/content_3635393.htm。

的生态保护作出了积极贡献。[①] 海南可以在借鉴该经验的基础上，依托珊瑚礁自然保护区，建立“区长＋检察长＋警长”的保护机制，将检察监督引入珊瑚礁保护修复中。再者，广西壮族自治区北海市海城区人民法院通过开展巡回法庭＋珊瑚、将生效判决的环境修复金投入珊瑚增殖等保护修复珊瑚礁，[②]也是海南可以借鉴的做法。关于海上溢油污染治理赔偿，治理方面，要用好生态损害赔偿诉讼和环境公益诉讼，落实好生态修复工作。赔偿方面，需要明确清污费用、财产损害赔偿、环境损害的赔偿范围、纯经济损失的司法认定，[③]适当提高油污基金对每次事故的赔偿或补偿额度。[④] 在面对大规模污染损害的情况下，应当允许人数众多的受害者加入集团诉讼，给予受害者基金赔偿、诉讼求偿等多种赔偿途径，充分赔偿纯粹经济损失。[⑤]

5. 探索无固定资格鉴定人制度，优化环境损害鉴定费用负担

海南在全国率先建立了全省统一的环境资源鉴定机构、鉴定人名录及海南省环境资源专家库，涵盖污染物性质鉴定、地表水、大气、地下水、土壤、海洋与海岸带、生态系统等 9 大领域的 298 位专家，形成“鉴定机构＋鉴定人”的模式。[⑥] 但是在环境资源复杂、多学科的技术性诉讼中，预设针对某一问题的鉴定人资格，难以应对多样的实践问题。因此，海南可以借鉴美国解决环境资源纠纷的经验，探索无固定资格鉴定人制度的实施，放宽对专家证人的限制，只需在某一领域具有专业知识、技术、经验即可，无须是该领域的

---

① 何巧云等：《吴忠“检察蓝”助力乡村振兴走上善治之路》，载《宁夏法治报》2023 年 11 月 10 日，第 4 版。

② 罗远燕：《优化法治营商环境　护航向海经济发展》，载《北海日报》2024 年 3 月 22 日，第 5 版。

③ 段铭洋：《海洋命运共同体下船舶油污基金赔偿法律问题研究》，载上海市法学会编：《上海法学研究》集刊上海对外经贸大学文集 2022 年第 3 卷。

④ 杨文：《“实际损失 30 多亿元，赔付仅不到 5 亿元”》，载《新华每日电讯》2024 年 3 月 19 日，第 8 版。

⑤ 唐飞、徐前权：《海洋污染中的纯粹经济损失赔偿——以墨西哥湾溢油污染赔偿为借鉴》，载《长江大学学报（社会科学版）》2019 年第 4 期。

⑥ 海南高院：《全面加强环境资源审判工作　服务保障海南生态文明建设》，载微信公众号“海南高院”2020 年 1 月 10 日，https://mp.weixin.qq.com/s/3cWiz1 - - rFVHQ9KhM_grTw。

权威，也不限其来源。[①] 此外，目前环境损害司法鉴定费用较高，部分当事人无经济能力负担，最终影响案件事实查明和裁判的社会效果。对此，《海南省法律援助规定》明确司法鉴定机构应当对法律援助案件的受援人减收或者免收公证费、鉴定费，但是对于向谁申请、由谁审批等详细内容有待规定。[②] 再者，司法部确定了141家不预先收费的环境损害司法鉴定机构，海南有12家在内，但是这些机构仅针对提起环境公益诉讼的检察机关不预先收费，而对于同样能够提起环境公益诉讼的社会组织不在此列。[③] 社会组织相比于检察院履行检察职能，其在破除环境违法中的地方保护主义、官僚主义方面或许更有优势，但受经济上的制约会比检察机关更加迫切。因此，海南可以扩大预先不收费的享惠主体至社会组织。[④]

五、海南自由贸易港建立安全高效风险防控体系的法治进路

（一）贸易风险防控

坚持法治先行，海南自由贸易港税制改革要进一步落实税收法定原则。海南自由贸易港在贸易自由便利方面，对货物贸易实行以"零关税"为基本特征、对服务贸易实行以"既准入又准营"为基本特征的优惠政策。2023年9月公布的《十四届全国人大常委会立法规划》显示，增值税法、消费税法、关税法将在任期内拟提请审议。海南将在2025年前全岛封关运作时进行相关税费简并，届时海南自由贸易港不再征收增值税，并形成独具海南自由贸易港特色的税收制度。根据税收法定原则，全国人大及其常委会在进行相关

---

① 杨海云：《专家无固定鉴定资格制度探究——以环境资源诉讼为视角》，载《中国司法鉴定》2020年第3期。

② 虞浔：《环境损害司法鉴定重点问题研究》，载《中国司法鉴定》2023年第6期。

③ 司法部：《司法部确定141家不预先收费的环境损害司法鉴定机构》，载中华人民共和国司法部网，https://www.moj.gov.cn/pub/sfbgw/gwxw/xwyw/202402/t20240207_494566.html。

④ 尚莱：《"鉴定单位不预先收费"不应仅限于检察院提起的案件》，载微信公众号"环境法律评论"2024年2月20日，https://mp.weixin.qq.com/s/YOkmOIC2izW7hoQJejdW-g。

立法时,要结合海南自由贸易港建设的实际情况,对海南自由贸易港给予适当财政支持,避免海南自由贸易港成为“避税港”的税收风险,建立与自由贸易港相适应的税收制度体系。

防控离岛免税“套代购”走私风险。离岛免税政策是海南自由贸易港建设的重要内容,其比新加坡以及中国香港的开放和优惠力度更具有吸引力,随之而来的是进口免税商品贸易走私风险的形势更为严峻。尽管海南自由贸易港的离岛免税政策与境外的韩国济州岛、日本冲绳岛较为相似。但需要注意的是,离岛免税走私不同于传统的绕关和通关走私,而属于一种新型后续走私。[①] 因此,在规制海南自由贸易港离岛免税“套代购”走私行为时无法直接适用我国《海关加工贸易货物监管办法》等现有的典型后续走私规制模式,根本原因在于离岛免税商品的走私行为一般已经被核销,脱离了海关的有效常规监管范围。在此背景下,即将出台的《海南自由贸易港反走私条例》需要参照全岛封关运作的要求和标准,注重由物及人监管模式,完善法规惩处体系,联合离岛免税信用监管的行业惩戒纳入地方性法规予以统筹保障。把风险防控好才能更好地引导海外消费回流、刺激岛内居民消费,助力海南国际旅游消费中心建设。

海南是国内外唯一包括农村、农民、农业在内的全岛型自由贸易港,海南自由贸易港正在积极推进农业国际贸易高质量发展,全力推动海南热带特色高效农业农产品的对外贸易。通过对农产品质量标准、产后流通、加工、品牌等环节提高农产品的国际市场竞争力、赢得国际市场竞争的主动权。当然,在国际自由贸易市场格局中,海南自由贸易港需要从追求“收益最大化”转向追求“风险最小化”与“安全最大化”,选择风险最小和安全最大的策略,谨防热带农产品国际贸易中的多重风险,预防和制止对我国农业安全构成威胁。

海南自由贸易港建立“与境外空间分割线放开、与内地设立海关监管

---

① 刘荣:《离岛免税走私监管模式的检视与完善——基于〈海南自由贸易港法〉第15条的规定》,载《海南大学学报(人文社会科学版)》2021年第4期。

线、海南岛岛内自由流转”的海关监管特殊区域。防范化解贸易自由便利引发的风险,依赖反走私综合治理体系的制度化、规范化、法治化,既要形成自由贸易港内海关、海警、市监、交管、税务等有关部门和单位的协同巡查监控体系,也要加强与广东、广西等地建立联防联控机制。此外,海南自由贸易港在推进服务贸易自由便利时,还需要做好跨境服务贸易的清单管理模式以及清单外的风险防范机制。从事跨境服务贸易的资质需经过我国法律法规的认可,针对不同的服务领域设置专业化、精细化的监管措施。在探索服务业扩大开放的同时,海南自由贸易港需要对接 RCEP、CPTPP 等国际高标准经贸规则调整规制监管标准,要符合国际社会“监管一致性”的要求,进一步加强与国际合作实现联合监管。

(二)投资风险防控

海南自由贸易港大幅放宽市场准入,实施外商投资准入负面清单管理制度。在积极推进投资自由化、便利化的过程中,需要坚持底线思维,加强投资风险防控体系建设。2019 年颁布的《外商投资法》转变了我国以往零散的批准性准入模式,建立了外商投资审查的安全制度。就 2020 年版自由贸易港负面清单而言,总体呈现缩减之势,这也在客观上对外商投资安全审查制度的设计与实践形成了新的严峻挑战。

首先,对海南自由贸易港外商投资安全审查应当遵循“安全优先,兼顾效率”的原则,优化安全审查范围。根据党中央、国务院部署,由国家发改委、商务部会同相关部门开展安全审查,正确理解和合理界定国家安全内涵,谨防将国家安全的概念和内涵泛化。设立安全审查部际联席会议,在海南自由贸易港成立相关管理机构做好外商投资监管工作。对外商投资安全审查要从侧重保护外商投资者利益转向保护外商投资者利益与保障东道国国内监管权的平衡。平衡好扩大对外开放和维护经济安全保障之间的关系,既要严格对重点、核心、关键领域的安全审查,也要对新技术、新产业、新业态、新模式适当调整安全审查的强度。欧盟原本就奉行资本自由流动的原则,但直到 2019 年 4 月生效的《欧盟外商直接投资审查条例》开始采取在欧盟成员国内保持和发展有效市场竞争的外资安全审查。建设更高水平开放型经济新体制，需要提高外国投资在关键技术、能源和基础设施领域的重视和敏感度，排除威胁海南自由贸易港地区安全的风险，保障我国的经济安全和核心利益。

其次，优化安全审查标准。造成影响的"国家安全"审查因素需要进一步解释，符合总体国家安全观，并结合海南自由贸易港高水平对外开放新格局的特殊实际，形成具象化的审查标准。借鉴新加坡建立完善的信用体系，对企业进行信用评级和监管，保障投资者的合法权益，降低投资风险。此外，还需要纳入"公共利益"的审查因素。例如，欧盟在 2019 年通过的《"关于设立欧盟 FDI 审查机制的条例"的临时协议》建立了第一个欧盟级别基于安全和公共秩序的外资审查机制。① 美国对"国家安全"审查标准和构成要素进行要素化扩张，学者们对此也表示担忧和质疑，担心扩大安全审查范围会减少外资投资，并冲击国家投资环境的国际形象。② 因此，海南自由贸易港在外商投资安全审查标准中也应当存在维护本国公共利益的内容，并保持对其审查因素实现具体化与抽象化相统一，③在实行安全审查过程给予外商投资者一定程序性权利的参与或信息沟通渠道。

最后，防范外商投资对海南自由贸易港关键行业或产业的垄断性控制。例如，"二战"以后美国、日本、德国等世界主要经济体先后实行对外商投资的反垄断审查制度。④ 我国香港给予外来投资者"国民待遇"，但对部分行业的投资也采取严格限制，需要向相关部门独立申请营业执照。海南自由贸易港在对接 RCEP、CPTPP、CECAI 等高标准国际贸易和投资协定中，完善相关海南自由贸易港法规体系，推动对外商投资的反垄断审查走向规范化、透

① 赵蓓文：《全球外资安全审查新趋势及其对中国的影响》，载《世界经济研究》2020 年第 6 期。

② Rachel H. Boyd, *FIRRM: Buy American Products, Or Bye American Products*, WAKE FOREST J. BUS. & INTELL. PROP. L., Vol. 19:2, p. 103 – 123(2019).

③ 肖海军、李茜：《外资安全审查标准：缺憾、价值取向与进路——以总体国家安全观为视域》，载《湖南大学学报(社会科学版)》2023 年第 5 期。

④ 马相东、杨丽花：《统筹对外资开放和国家经济安全：国际经验与中国路径》，载《中国流通经济》2021 年第 9 期。

明化。海南自由贸易港在外商投资进入后,将产业安全评价指标体系纳入外商投资安全审查标准制度中,谨慎放宽特定行业的外资市场准入,对关键产业目录实行反垄断审查标准。最终需要统合外商投资准入前阶段与准入后阶段的相衔接,[①]形成海南自由贸易港"负面清单+安全审查+反垄断审查"的外商投资安全审查体系。有效防范外商投资对海南自由贸易港关键行业或产业的垄断性控制,营造公平竞争的市场秩序,以维护国家经济安全。

(三)金融风险防控

金融风险预警系统是海南自由贸易港有效识别系统性金融风险状态以保持高水平开放的经济金融环境的健康与稳定。金融风险预警系统构造的法治化是维系预警系统准确性和有效性的关键因素。[②] 金融风险预警技术和方法需要法治化的预警理念和价值标准,尤其是金融公正的理念预设。金融风险预警指标的选取与使用亦需要法律规范对微观、宏观和市场等指标进行"列举+兜底"予以明确。金融风险预警组织形态和组织结构的高效、规范运行需要借助法律制度来保障其独立性与开放性的制度安排。"法律制度可用以维系科学的权威。"[③]海南自由贸易港只有强调金融风险预警建构的法治原理,才能保持金融风险预警系统的正当化、合理化和科学化。

有效规制海南自由贸易港跨境监管套利而引发监管竞争秩序混乱,诱发金融风险并威胁国家经济安全的风险隐忧。监管套利实际上是市场主体利用制度间的差异性或制度内部的不一致性,为降低合规成本或实现其他经济目的而规避监管的一系列行为。基于海南自由贸易港的定位,采取相

---

① 肖海军:《商法基本范畴的逻辑建构与理论展开——以营业为切点的分析》,载《湖湘法学评论》2021 年第 1 期。

② 靳文辉:《金融风险预警的法制逻辑》,载《法学》2020 年第 11 期。

③ Jasanoff S, *Law's Knowledge: Science for Justice in Legal Setting's*, American Journal of Public Health, Vol. 95: S1, p. 49 – 58 (2005).

对保留的监管差异可以释放套利的有益价值。但仍需要系统性优化海南自由贸易港融资制度，完善港内企业境外上市制度，缩小与成熟资本市场资源配置的差距。优化剩余控制权在监管部门与市场之间的配置，适当引导符合政策意图的监管套利行为，提高政策宏观调控的能力。加强区域间的监管合作，避免监管真空，减少跨境套利空间，阻断金融风险跨境蔓延。

建立健全海南自由贸易港离岸金融市场的风险防范监管机制。离岸金融市场是随着自由贸易港业务的发展而形成的。首先，在机构监管上，只允许符合条件的中资银行、外资银行开展离岸金融业务，并采取严格的准入门槛审批标准。对离岸账户与在岸账户之间的资金往来实行存款保证金制度，到2035年各项制度体系和运作模式更加成熟时应当逐步取消。其次，在业务监管上，借鉴新加坡监管经验，采取管理浮动汇率的模式，严格审查证券业务等金融衍生品的业务，防范居民在岸账户参与离岸金融市场交易。最后，在法律法规架构体系上，对接国际通行的离岸金融市场监管规则，借鉴新加坡内外分离型的发展路径，探索建立人民币离岸资产交易中心，借鉴香港离岸金融监管的“骆驼评级法”[①]，对港内金融机构开展风险评估与统一评级。

完善海南自由贸易港反洗钱、反恐怖融资和反逃税制度体系和工作机制。首先，借鉴新加坡《国家洗钱风险评估报告》[②]，完善我国《反洗钱法》等法律法规体系，要构建具有我国特色的反洗钱跨境监管制度，进一步细化“进攻性条款”，妥善衔接“防御性条款”。其次，海南自由贸易港要加大惩治洗钱犯罪的力度，在观念上强化打击洗钱犯罪的司法理念，采取上下游犯罪同步审查方式，建立反洗钱跨境监管领域司法合作的良好关系。再次，引入预防性刑法早期切断恐怖融资的资金来源，[③]借鉴新加坡等FATF成员国对恐怖融资进行定义，建立金融情报信息共享机制，形成安全有序的金融交易

---

① 杨维新：《上海自由贸易区离岸金融发展：国际比较与路径设计》，载《亚太经济》2014年第4期。

② 李晓欧：《新加坡〈国家洗钱风险评估报告〉对破解我国跨境反洗钱难题的启示》，载《国际商务（对外经济贸易大学学报）》2017年第2期。

③ 梅传强、童春荣：《恐怖融资行为的预防性刑法规制》，载《华东政法大学学报》2020年第5期。

数据库。最后，深入开展数字经济税收治理实践，完善离岸信托的反避税规则体系以消解离岸信托财产转移功能在逃避税方面的负外部性，建立稳健的国际税收争议预防与解决机制。

积极推进金融风险的协同治理法治体系建设。海南自由贸易港应对金融风险需要政府、社会和市场等机制的协同治理：一方面，法律激励需要充分利用金融风险协同治理的群决策机制来保障协同治理方案的认同，并对非政府主体实施相应的激励机制。另一方面，在协同治理中强调“过程—行为”控制模式，[①]避免责任机制后果判断的消极影响。尤其需要注意的是，建立司法与监管分立治理金融风险的制度机制，强化法院与金融监管部门的沟通和协调。司法应尊重金融监管在处理金融纠纷和化解金融风险的功能优势，只有在监管规则缺失的情况下，司法才起到补充的作用和功效。

（四）网络安全和数据安全风险防控

海南地处改革开放前沿，是应对各类网络安全挑战的“前哨”。首先，网络意识形态安全风险工作在问题的敏感性、环境的开放性、基础的薄弱性等新形势下，一是要增强中国共产党在网络空间中的领导权、管理权以及话语权；二是要建立健全法规制度，加快研究制定《海南自由贸易港网络与数据安全条例》，以法治思维和法治方法推进海南自由贸易港网络意识形态安全治理现代化；三是在总体国家安全观的理念下，构建科学高效的网络意识形态安全评价体系，精准识别网络意识形态安全风险。其次，除通过网络安全立法与行政监管活动外，还需要注重网络安全的嵌入式治理。[②] 将网络安全防御体系中的预防、监测、预警、响应、恢复等制度内容，间接而有效地植入网络运营者的经营架构中，从而实现网络安全间接治理的一套安全保护制度。最后，网络安全紧急状态制度是网络空间安全法律保障制度的组成部分。当海南自由贸易港网络空间第一、第二层结构出现黑客侵入、病毒感染

---

① 靳文辉：《金融风险的协同治理及法治实现》，载《法学家》2021 年第 4 期。

② 张慧：《嵌入式治理：网络安全防御体系的制度嵌入原理》，载《华侨大学学报（哲学社会科学版）》2023 年第 2 期。

等形式的网络攻击，第三层结构面临网络意识形态渗透等特别重大网络安全风险时，海南网信部门应当行使网络紧急权采取断网、限流等主要紧急措施，宣布实施网络安全紧急事件响应计划。但在启动网络安全紧急状态制度过程中，应平衡紧急权和公民网络权的关系，紧急措施要符合比例原则。[①]

海南自由贸易港的跨境数据流动直接受益于贸易投资自由化、便利化，跨境数据治理需要平衡好安全与发展的关系。跨境数据自由流动基本上与国际贸易相关。[②] RCEP 对金融数据跨境流动进行了较为完备的规制，整体模式偏向于《美墨加协定》的"USMCA"型，我国也积极参与到有关国际经贸规则的构建过程。但考虑到海南自由贸易港构建跨境数据治理尚处于初级阶段：首先，在保证安全可控的前提下，应当鼓励跨境商业数据的自由流动，提高数据的存储技术和有效的分类管理。区别于美国的反对数据本地化的"美式模板"，我国和俄罗斯均强调在数字主权和数据安全的前提下才能有序流动。海南自由贸易港要坚持数据存储本地化原则，重要数据严格控制在境内存储，防止数据泄露等潜在风险的发生。同时，对跨境数据实行等级保护制度，通过分层、分类、分级的监管模式和安全管理模式，能够相应调整和升级数据出境安全风险的保障措施和应对程序。其次，数据跨境流动的法律规制需要从总体国家安全观的高度进行制度性构建，抵御数据跨境流动对贸易投资造成的系统风险，形塑适应中国情势"主权原则的弹性适用"[③]的数据主权新形态。例如，新加坡与英国、澳大利亚等国家缔结的自由贸易协定（FTA）基本沿用了 CPTPP 中的跨境数据传输规则，其中数据处理机构应当按照新加坡的法律法规建立个人信息保护标准，否则将被禁止跨境数据传输。海南自由贸易港必须加强对数据风险的评估与管理，建立健全数

① 王祯军：《网络安全紧急状态制度的建构意义与规制内容研究》，载《河北法学》2023 年第 10 期。

② Susan Ariel Aaronson, *Data Is Different, So Policymakers Should Pay Close Attention to Its Governance*, *in Mira Burri ed.*, *Big Data and Global Trade Law*, Cambridge University Press, 2021, p. 342.

③ 易永豪、唐俐：《我国跨境数据流动法律规制的现状、困境与未来进路》，载《海南大学学报（人文社会科学版）》2022 年第 6 期。

据出境安全评估制度,在保障国家安全和公共利益的前提下,有序促进跨境数据流动。最后,海南自由贸易港的跨境数据流动治理需要适应数字化贸易的发展,充分运用国际法资源以规制港内数据的跨境流动,会同工业和信息化部、商务部、外交部等有关部门协调好有关自由贸易协定的规则供给,建立跨境数据流动"战略互信"的区域交流合作。

(五)公共卫生风险防控

海南自由贸易港公共卫生风险防控体系建设,运用法治的手段来促进和保障公共卫生安全,目的在于平衡港内公众健康权与公民的基本权利保护。尤其是处理好医学隔离与公民人身自由;征收、征用与财产权保护;公共卫生治理与个人信息保护等种种复杂的利益衡量。坚持以人民健康为中心的理念,完善以常规性公共卫生法治为基本点、紧急性公共卫生法治为指向标的治理模式和治理结构,①共同推动海南自由贸易港公共卫生风险防控的治理法治化。

第一,海南自由贸易港要辩证看待国际贸易与公共卫生治理的关系。只有推动国际贸易的兴盛,才能提高公共卫生风险防控的能力。努力建设好海南博鳌乐城国际医疗旅游先行区,发挥好集医疗、研究、经营、国际医疗交流等特许优惠政策的中国唯一"医疗特区"的价值优势,深度参与公共卫生治理相关的国际贸易规则的谈判。第二,海南自由贸易港要考虑到在突发公共卫生风险所采取的非歧视性的、必要防控措施,建议我国在签订国际投资协议中应当规定公共卫生例外条款。一方面是为了保证海南自由贸易港对公共卫生规制权的有效行使,另一方面是为了避免后续国际投资争端仲裁的不利后果承担。第三,海南自由贸易港正在推动三亚国际邮轮母港建设,那么在应对海上公共卫生风险时,国家层面要统筹推进海上公共卫生风险治理的国内法治与涉外法治,积极开展公共卫生外交,深化海上公共卫生治理的国际合作;自由贸易港层面要加强外籍邮轮多点挂靠业务的监督

① 李广德:《我国公共卫生法治的理论坐标与制度构建》,载《中国法学》2020 年第 5 期。

管理,提高海上公共卫生风险的处置能力。第四,完善海南自由贸易港口岸公共卫生风险防控的法治保障。结合海南自由贸易港"一线"开放的贸易自由便利及运输来往自由便利的制度安排,要积极推动"海南自由贸易港卫生检疫条例"立法工作,吸纳《国际卫生条例(2005)》相关理念和要求,保护健康和促进国际贸易之间实现平衡,①完善口岸公共卫生应急处置的行政强制保障机制,构建系统完备、科学规范、运行高效的自由贸易港法规体系。例如,新加坡《传染病法》多次修改,目的也是增加逮捕、监视的权力及公共卫生应急情况下的禁区、调查的权力等有针对性的口岸防疫措施。② 同时加强与海关总署等有关部门合作,运用"智慧卫生检疫系统"等方法和技术,形成更加科学的证据导向型海南自由贸易港口岸公共卫生风险评估规则。第五,建构科学完善的公共卫生风险预警法治构造。海南自由贸易港建设要落实风险预防理念,形成变被动为主动的预防性公共卫生风险应急管理模式。通过优化卫生行政部门主体结构、拓展信息渠道、常态化的反馈系统等方式,提升预警法治的治理质效。

(六)生态风险防控

生态保护红线制度是环境法事前预防制度的重要内容,主要是监管预防污染和生态破坏。通过法定程序确定海南自由贸易港生态保护红线制度,并明确逾越生态保护红线行为的法律责任和政治责任。③ 生态保护红线作为海南自由贸易港生态安全风险防控的底线与生命线,省级生态环境部门需要建立健全生态保护红线监管平台和监督数据库,确保自由贸易港建设实现"生态功能不降低"的监督目标。

自然保护地要加强法治监督,落实检察公益诉讼制度,在自然保护地领

---

① Lin Tsai-Yu, *The Forgotten Role of WHO/IHR in Trade Responses to* 2009 *A/H*1*N*1 *Influenza Outbreak*, Journal of World Trade, Vol. 44:3, p. 515 – 543(2010).

② 武剑:《海关在口岸公共卫生核心能力建设中作用分析》,载《口岸卫生控制》2021 年第 2 期。

③ 曹明德:《世界级生态岛建设的法治经验与启示》,载《北京大学学报(哲学社会科学版)》2019 年第 5 期。

域探索预防性公益诉讼制度，督促行政机关切实履行海南自由贸易港以热带雨林国家公园为主体的自然保护地体系的生态环境公共利益。此外，自然保护地的灾害风险管理要注重维持社会—生态系统的平衡状态，探索资源、生态、科研、社区一体发展的风险管理实践方向。

筑牢海南自由贸易港生物安全的风险防控机制。风险防控机制以保障生物安全为宗旨，回应了生物安全领域的正义、秩序和效率等价值要求。首先，在风险评估上，识别可能造成的风险因素、分析以定量或定性的方式进行和评价面向未来的可预见性的风险现实化过程。其次，在风险管理上，运用成本效益原则来保持工具理性与价值理性的平衡，一方面避免过度使用风险管理措施，另一方面避免过度宽松策略造成生物安全风险转化为现实损害。

健全海南自由贸易港防治外来物种入侵的规制体系。在国际贸易投资中建立公正和安全的外来物种入侵突发事件应急预案。矫正功利主义传统的评判标准，建立包括风险评估、监测预警和检疫检验在内的外来物种入侵防范的预防性机制。落实外来物种入侵风险预防原则，避免相关评估调查证据的时间滞后性而造成不可逆转的生态安全危害可能性。建立防治外来物种入侵一体化执法机制，通过联防联控和信息共享提高综合治理效果。

有效规制海南自由贸易港碳排放环境风险，助力海南自由贸易港碳达峰碳中和工作提质升级。海南要发挥具有先行实现碳达峰碳中和目标的优势，转变“命令—控制”传统行政管制理念，碳排放环境风险需要合理资源配置的授权赋能式管理。在打造海南自由贸易港区域性、国际化碳交易市场中，需要确立碳排放环境风险的评估制度，完善对排放企业进行监测、报告等过程规制路径，构建“公共理性”①的碳排放交易市场信息的公开制度。

建设良好的海南自由贸易港企业环保信用评价制度，完善经济激励型

---

① 王国飞：《碳排放环境风险评估的法理思考》，载《湖北社会科学》2021 年第 9 期。

环境法律法规制度。企业环保信用评价能够阻却企业环境可控风险的预防功能。① 基于自由贸易港法治化、国际化、便利化的营商环境，充分发挥具有强烈市场化先天属性的信用资本效用，引导企业自觉维护提升环保信用，形成环保激励与约束并举的长效机制，间接阻却性预防企业环境风险。

六、海南自由贸易港多元化商事纠纷解决机制的现代化进路

面对海南自由贸易港多元化商事纠纷解决机制现代化所具备的环境条件和现实需求，海南自由贸易港在法治轨道上推进中国式现代化建设的进程中，需要统筹推进国内法治与涉外法治的要求，运用法治思维和法治方式化解自由贸易港商事纠纷，以促进商事纠纷解决为导向，加强诉讼、调解、仲裁在程序安排、效力确认、法律指导等方面的规范体系，②推动海南自由贸易港商事纠纷化解的现代化。

（一）增强诉讼在商事纠纷解决中的引领力

目前，在我国的多元化纠纷解决机制中，诉讼手段依然是纠纷解决的主要方式并具有一定的主导作用。因此，海南自由贸易港法治建设应当注重民事诉讼体制机制改革，加快推进海南自由贸易港商事案件审判体系和审判能力现代化。

自由贸易港除贸易投资自由便利这一维度的竞争优势，以“规则型治理”为核心的制度和法治竞争力在国际商事交往中的重要性也日益凸显。根据竞争动力学理论，市场主体进行贸易投资时会通过比较选择对其最有利的法治环境，这反过来又促使该区域从政策性让利等初级竞争阶段过渡到优化法治化营商环境的高级竞争阶段。例如，作为新兴市场国家的典型

---

① 王莉、王琳瑜：《企业环保信用评价制度写入环境法典的正当性》，载《河南师范大学学报（哲学社会科学版）》2023 年第 2 期。

② Yuwen, Qian, *On Content and Ways of the Construction of China's Business Environment under the Rule of Law*, China Legal Science, Vol. 8:1, p. 64 – 89(2020).

代表,迪拜自由贸易港中的国际金融中心(DIFC)通过打造独立的立法体系和司法体系,采用普通法司法体系,诉讼程序使用英语进行等构建更加高效便捷的商事纠纷解决机制。DIFC 法院的构建及其实践,可以为我们提供开放式的思考空间,并可能带来某种启示意义与经验借鉴。因此,海南自由贸易港需要培育竞争新优势,优化商事审判机构的组织架构和运行机制作为增强自身吸引力、竞争力的重要着力点。

2019 年 9 月 26 日海南第一、第二涉外民商事法庭揭牌成立,级别设置上属于中级人民法院。本书认为,当条件成熟时,可以考虑将海南第一、第二涉外民商事法庭独立出来,建立海南自由贸易港商事法院,专门管辖涉自由贸易港投资、贸易等商事案件。

首先,在组织架构上,设置基层人民法院和中级人民法院。设置基层人民法院能够解决当前海南第一、第二涉外民商事法庭作为中级人民法院带来的弊端,也即标的额小、案件事实清楚、权利义务关系明确等相对简单的涉外商事纠纷案件因当事人不服直接上诉至海南省高级人民法院,造成司法资源浪费的不合理公共资源配置问题。我国审级制度实行的是四级法院两审终审制,其作为民事诉讼法的一项基本制度贯穿民事审判的始终。最高人民法院 2021 年提高了中级人民法院管辖第一审民事案件的标准,尽管不涉及涉外涉港澳台民商事案件的适用,但是实际上也并非所有涉外商事纠纷都属于"重大",这是一个不争的事实。迪拜的 DIFC 法院也考虑到了简单案件的问题,专门设置了审理小额诉讼案件的特别法庭。然而,就当前的海南自由贸易港建设情况而言,海南自由贸易港商事法院在基层人民法院没有设置特别的专门法庭的必要性,但可以考虑在诉讼程序设置上适用,下文再详细展开。因此,综合来看海南自由贸易港商事法院设置基层人民法院的组织架构不存在理论与事实上的障碍。设置海南自由贸易港商事法院也是为了巩固和扩大海南自由贸易港在国际贸易投资市场中的份额,进一步增强外国投资者来琼开展经贸往来的信心,从而促进海南自由贸易港开放型经济新体制的发展。

其次,在程序规则上,明晰管辖权规则。2023 年 9 月,我国《民事诉讼法》迎来第五次修正,本轮修正案着重对涉外民事诉讼程序编进行修改,主要包括扩大我国对涉外民商事案件的管辖权、妥善协调国际民商事诉讼管辖权冲突等内容。早在 2021 年,海南第一涉外民商事法庭便开始积极探索离岸管辖模式,与争议有实际联系的地点不在我国领域内的,允许双方当事人协议选择海南第一涉外民商事法庭管辖。基于此,海南自由贸易港商事法院在国际商事纠纷的管辖问题上应保持公正、友好、便利、开放的姿态。为提高商事纠纷解决的国际竞争力,为当事人提供司法保障及促进自由贸易港国际商事交往,海南自由贸易港商事法院需要进一步明确协议管辖制度的可操作性,适当放宽争议的国际性要求,明确国际商事判断标准。例如,《新加坡法院规则》第 110 号令第 1 条规定了纠纷具有国际性的判断标准,①即实质性连结因素与争议的国际性质共同。我国 2023 年修改的《民事诉讼法》也新增“其他适当联系”的兜底条款,赋予了我国法院对涉外案件更大的管辖权。因此,海南自由贸易港商事法院不应局限于传统“涉外三要素”,可以尝试扩大民事诉讼关系主体的范围,如包括证人、鉴定人等诉讼参与人,以及放宽证据、准据法和司法协助等纠纷的国际性质认定,并就“其他适当联系”合理赋予法官自由裁量权。而对于商事性的判断依据,宜采取反向排除的方式,排除家庭纠纷、消费纠纷、劳动纠纷、知识产权纠纷、海事海商纠纷以及为个人目的进行交易所产生的商事纠纷。综上,应当尊重当事人的契约自由和司法自治原则,也允许让更多当事人主动选择与争议没有实际联系的海南自由贸易港商事法院解决商事纠纷。

最后,在体制机制上加强审判组织能力建设。一方面,海南自由贸易港商事法院的构建需要国家政策的支持。《海南自由贸易港法》第 54 条规定:“国家支持探索与海南自由贸易港相适应的司法体制改革……”这对于商事法院的构建起着至关重要的作用。关于这一点,有一个失败的典型例证是比利时布鲁塞尔国际商事法庭,它于 2020 年设立但在 2021 年便宣

① The Singapore Rules of Court, Order110, Rule 1(2)(a).

告终止,[①]其中给我们的一个重要教训就是其缺少国家支持的强势推动这一重要因素。相反,新加坡国际商事法庭得到国家"自上而下"的政策支持与资源服务,为全球用户打造了"一个独立的国际商事法律体系"。[②] 海南自由贸易港商事法院的构建过程中,需要政府部门、司法机关等有关机构的紧密合作,以提供声誉良好的商事纠纷解决平台。

另一方面,海南自由贸易港商事法院要完善审判组织构成与建立国际商事法官咨询委员会。从目前世界上国际商事法庭(院)来看,审判组织主要有纯职业法官模式、纯专业人员模式和职业法官与专业人员混合模式。新加坡在此问题上保持着很高的开放态度,将国际法官制度纳入国际商事法庭审判组织,《新加坡共和国宪法(修正)》第 95 条规定了新加坡最高法院的首席大法官可以由外国法官担任,其高等法院目前有 16 名外籍法官和 12 名本国法官。[③] 类似地,迪拜中心法院对于法官任命资格只考虑具有高级职位且拥有普通法体系的律师或法官经历。[④] 尽管这种模式为新加坡、迪拜等国际商事法庭带来多元化的法律文化和多样性的专业知识,有些学者也因此开始推崇引入外国籍法官加入中国国际商事法庭的审判队伍中,[⑤]但是商事审判制度创新必须考虑到我国的政治制度、经济发展状况以及司法制度。本书认为,海南自由贸易港商事法院的制度创新必须立足于中国特色社会主义法治体系,在自由贸易港法规体系中走出创新之路。

具体而言,在目前的运行框架下,需要加强商事审判队伍专业化建设。

---

① British Institute of International and Comparative Law, *Taking Stock: International Commercial Courts in Europe and Asia Pane l*, YouTube, https://www.youtube.com/watch? v = CVFtxkS78fM (last visited on December 20, 2023).

② Andrew Godwin, Ian Ramsay & Miranda Webster, *International Commercial Courts: The Singapore Experience*, Melbourne Journal of International Law, Vol. 18:2, p. 219 – 259 (2017).

③ About the SICC—Judges, SING. INT'L COM. CT., https://perma.cc/KKV7 – Q8DG (last visited on December 31, 2023).

④ https://www.difccourts.ae/court-structure/ (last visited on December 10, 2023).

⑤ 殷敏:《"一带一路"实践下中国国际商事法庭面临的挑战及应对》,载《国际商务研究》2022 年第 4 期。

海南自由贸易港商事法院是为解决自由贸易港建设过程中的国际商事纠纷而设立在国内法院体系下的专门法院。商事审判专业型法官不仅是国际商事法院的紧缺资源,也是海南自由贸易港国际商事审判人员机制的短板。海南自由贸易港需要完善具有专业指导性、职业化的商事法官人才培养机制,形成将优秀国外商事法官邀请来琼开展业务培训与主干商事审判人才派驻国外锻炼的常态化交流机制。同时,选择具备良好外语水平、熟悉国际经贸规则的优秀法官、律师或者其他法律从业人才纳入商事审判队伍,以期实现海南自由贸易港商事法院的审判组织更专业化和国际化的目标。对于上文提及的海南自由贸易港不适合引入外国籍法官加入审判队伍的问题,可以建立国际商事法官咨询委员会,吸纳不同法系的国内外专家学者。通过国际商事法官咨询委员会的独立性、公正性、专业性,发挥辅助审判的职能作用,持续提升其在解决国际商事纠纷上的国际公信力和影响力。

(二)提高仲裁在商事纠纷解决中的公信力

在海南建设自由贸易港,是新形势下我国建设更高水平开放型经济新体制的重要战略举措。这就要求我们加快构建自由贸易港法律法规体系,进一步形成系统完备、衔接配套的涉外经贸规则,依法平等保护中外各类市场主体的合法权益。商事仲裁制度是高效公正解决国际商事纠纷的重要方式,也是优化法治化、国际化、便利化营商环境的有效途径。罗马尼亚有学者认为,仲裁是避免在商业环境中产生的不确定性的法律途径,旨在进一步保护商事主体免受规范模糊或行政干预行为的影响。[①] 2018 年 12 月 31 日,中共中央办公厅、国务院办公厅印发《关于完善仲裁制度提高仲裁公信力的若干意见》,将“完善仲裁制度,提高仲裁公信力”作为新时代中国仲裁事业改革发展目标。基于此,围绕海南自由贸易港建设这一国家重大发展战略,我们需要通过完善仲裁制度提高仲裁公信力才能在全世界范围内提升仲裁

① Luha & Vasile, *Arbitration as a Tool to Avoid the Uncertainties That the Law Produces in the Business Environment*, Pandectele Romane, Vol. 6, p. 63(2020).

的影响力和吸引力,以便更好地服务和保障海南自由贸易港引领我国新时代高水平对外开放。

阿联酋已经朝着成为中东争端解决中心的目标迈出了巨大的步伐,为吸引更多的投资者,使迪拜成为中东的商业中心。迪拜自由贸易港有自己的一套法律,包括迪拜国际金融中心仲裁法,并且有自己独立的法院系统。迪拜自由贸易港的仲裁与法院两个系统都与阿联酋的法律和司法系统分开。然而,许多人也担忧外国仲裁裁决在阿联酋的可执行性以及阿联酋法院拒绝执行的倾向性问题仍然存在。但阿联酋的前进道路是努力在法官中创造一种有利于执行外国仲裁裁决的文化,一般不倾向于以技术理由拒绝或撤销仲裁裁决。①

当前,我国正在统筹推进国际商事仲裁中心建设工作,海南省是我国四大国际商事仲裁中心建设行列之一。为贯彻党中央的部署要求,海南省于2023年1月出台了《海南自由贸易港国际商事仲裁中心建设方案》(以下简称《仲裁中心建设方案》),力争到2025年年底基本完成仲裁中心建设的试点工作任务,到2035年年底全面建成跻身国际一流仲裁行列的海南自由贸易港国际商事仲裁中心。党中央部署国际商事仲裁中心建设,是坚持统筹推进国内法治和涉外法治,加强涉外法律服务工作的战略性任务。推进国际商事仲裁中心建设是中国式现代化建设的需要。海南自由贸易港在中国式现代化进程中承担着国家最高水平对外开放平台的使命。海南自由贸易港要想谋求和平方式解决国际商事纠纷,需要建立现代化的仲裁法治体系和仲裁机构,建设国际商事仲裁中心。对此,可以采取以下措施:一是按照法治化、市场化方向推进仲裁机构内部治理结构改革,形成保障仲裁机构自主权的现代法人治理结构。二是在坚持仲裁基本制度的前提下,借鉴新加坡、迪拜、英国、瑞士等国际先进和通行的仲裁规则,形成特色鲜明且与海南自由贸易港发展相适应的仲裁规则。三是优化仲裁员队伍结构,加强仲裁

---

① Ahmed M. Amutawa & A. F. M. Maniruzzaman, *The UAE's Pilgrimage to International Arbitration Stardom: A Critical Appraisal of Dubai as a Centre of Dispute Resolution Aspiring to Be a Middle East Business Hub*, Journal of World Investment & Trade, Vol. 15:1 – 2, p. 193 – 244(2014).

专业化国际化建设,实现仲裁秘书队伍的国际接轨与标准制定,提升仲裁管理服务水平,打造海南仲裁庭审一流服务品牌。通过高质量打造海南自由贸易港国际商事仲裁中心,把涉外法治保障和服务工作做得更有成效,把海南建设成为受欢迎的国际商事仲裁目的地、优选地。

为促进海南仲裁行业持续发展,提高海南自由贸易港仲裁的公信力、影响力和国际市场竞争力,需要建立健全具有海南自由贸易港特色的仲裁法规制度体系。2024 年 5 月 29 日,海南省人大常委会通过《海南自由贸易港国际商事仲裁发展若干规定》,自 2024 年 7 月 1 日起施行。切实把实施《海南自由贸易港国际商事仲裁发展若干规定》作为海南自由贸易港国际商事仲裁事业法治建设的重要方式。《海南自由贸易港国际商事仲裁发展若干规定》是落实党中央要求海南加快推进国际商事仲裁中心试点工作任务,也是顺应自由贸易港仲裁事业建设的实际需要,能够保障以海南自由贸易港为仲裁地的仲裁活动在法治轨道上运行。法治保障也是世界知名自由贸易港建设的重要经验之一。根据《海南自由贸易港法》第 10 条和第 54 条的规定,可以就"贸易、投资及相关管理活动制定法规"行使海南自由贸易港立法权。同时 2023 年修正的《立法法》第 11 条将法律保留的"仲裁制度"限缩为"仲裁基本制度",这也为海南自由贸易港仲裁立法改革预留创新空间。因此,针对海南自由贸易港贸易、投资及相关管理活动所产生的商事纠纷,我们可以发挥目前国内唯一的中国特色自由贸易港的自由贸易港立法权优势,制定有关国际商事仲裁的地方性法规。[①] 在地方性法规的制定过程中,严格坚持仲裁基本制度的基本要求,聚焦海南自由贸易港国际商事仲裁中心建设的目标定位,进一步细化完善仲裁机构内部治理结构、境外仲裁机构引进、仲裁协议、仲裁管辖权、临时仲裁、临时措施、第三方资助仲裁、线上仲裁等方面的创新措施,体现海南特色的仲裁制度集成创新。

临时仲裁制度是党中央支持在海南自由贸易港探索开展符合中国国情

---

① 王琦、黄恒林:《海南自由贸易港仲裁问题审视及机制创新》,载《海南大学学报(人文社会科学版)》2022 年第 5 期。

的试点要求。临时仲裁制度作为商事仲裁的“原初”形式和国际通行惯例。尽管临时仲裁制度在现行《仲裁法》未具有合法性地位，但通过规范性法律文件已经在我国自贸试验区落地。随后，司法部于2021年7月公布了《仲裁法(修订)(征求意见稿)》(以下简称《仲裁法修订意见稿》)，开启了临时仲裁制度入法的序幕。因此，海南自由贸易港在推进国际商事仲裁中心的建设过程中，为提升仲裁公信力和国际竞争力，有必要对临时仲裁制度全面适用提供一套具体可行的操作方案。一是在临时仲裁主体适格方面，应当放宽适用临时仲裁的主体范围，不局限于在海南自由贸易港内注册的企业，而具体扩展到自然人、法人和其他组织，甚至包含海南自由贸易港的自然人、法人和其他组织与我国港澳台地区或境外的自然人、法人和其他组织之间发生的商事纠纷。一方面，海南自由贸易港国际商事仲裁中心必然要对接国际仲裁规则，与《纽约公约》的规定相协调；另一方面，从事自由贸易港贸易投资经营活动也包含有自然人和其他组织。同时考虑到未来在海南自由贸易港出现的投资仲裁、体育仲裁，也应适用于不平等主体的当事人，若将上述排除在外则不利于活跃自由贸易港国际经贸合作，也降低了对临时仲裁制度的可信赖度。二是临时仲裁规则与“仲裁度”选择充分尊重当事人的意识自治。2023年11月1日公布实施的《海南国际仲裁院协助临时仲裁工作规则(试行)》，第10条规定了当事人可以约定临时仲裁规则，第11条规定了当事人可以约定临时仲裁的“仲裁地”，没有约定或约定不明的由仲裁庭根据案件情况确定。《海南自由贸易港国际商事仲裁发展若干规定》第16条也相应作出规定。这也是应对境外仲裁机构在海南自由贸易港开展仲裁业务的增多而出现执行、撤销仲裁裁决的司法标准乱象。三是推动机构仲裁和临时仲裁交错发展。前者具有规范性优势，而后者具有灵活性优势。[①]两者的交错发展正好可以实现各具特色和优势互补。当临时仲裁出现程序失灵需要机构仲裁的介入，这方面我们可以借鉴新加坡国际仲裁中心

---

① 范悦：《我国自贸试验区临时仲裁制度建构的困境及其突破》，载《国际商务研究》2023年第3期。

(SIAC)和香港国际仲裁中心(HKIAC)的成功经验。例如,各方当事人未约定仲裁员人选的,仲裁机构可以为其指定仲裁员;各方当事人不能确定仲裁庭组成人数的,仲裁机构可以决定临时仲裁庭组成人数为1—3人。① 当然,仲裁机构的介入应当保持必要的限度,以辅助和帮助临时仲裁的顺利开展为目的,并非监督和积极干预。

仲裁司法审查制度既是司法机关对当事人合法行使仲裁权利的支持和保障,也是仲裁当事人意思自治与国家利益或者社会公共利益的持续恰当维护相权衡。尤其是在海南自由贸易港封关运作之后与不同国家间的投资贸易往来更加频繁,不同国家或法域的国际商事纠纷逐渐增多,而对于国际商事仲裁裁决的撤销、承认与执行往往会涉及一国的内政外交与公共政策。《仲裁法修订意见稿》统一了国内仲裁裁决和涉外仲裁裁决的事项,对国内、涉外采取单轨监督模式,并删除了当事人申请不予执行的条款。本次仲裁立法引起了业界广泛的争论,未来仲裁的发展潮流和价值取向直接影响到我国参与国际仲裁市场的竞争。海南自由贸易港对市场化、法治化、国际化营商环境建设和维护提出了更高要求,在仲裁的国际化水平不断提升的同时,需要向世界传递中国司法始终坚持支持仲裁发展的立场。例如,最高人民法院第36批指导案例中的第199号案例是关于比特币是否违反我国金融监管禁止性规定而涉及危害金融秩序的仲裁司法审查问题。海南正着力推进高水平对外开放,这必然离不开对数字经济发展的保护与监管,当条件成熟时我们可以借此机会逐步放开对数字虚拟货币的交易投资。通过平衡金融保护与监管之间的关系,提升体现海南自由贸易港司法政策导向的仲裁司法审查案件的规范性和透明度,展现我国司法对特定经济领域发展战略的支持态度,努力营造仲裁友好型的司法监督环境。

(三)强化调解在商事纠纷解决中的聚合力

商事调解被誉为是“朋友之间的正义”。《新加坡调解公约》的目标是构

---

① Article 24(2)(b),24(3) of Hong Kong Arbitration Ordinance.

建全球统一的跨境执行体系：一方面使商事调解具有独立的法律地位和救济功能，可以让商事交易主体更有信心、更有保障地主动选择商事调解机制。另一方面可以促使国际调解规范、规则以及调解文化的融合。但目前，海南以人民调解、法院调解、仲裁调解为支撑的商事调解的专业化、国际化水平还不太高。随着我国政府签署《新加坡调解公约》乃至将来的生效实施，海南商事调解行业亟待完善。

第一，促进商事调解的法治化。在《新加坡调解公约》的国内法转化过程中，无论是理论界还是实务界均呼唤商事调解立法，①而如何设计与建构中国商事调解立法的模式与内容，成为一个重要且迫切的问题。海南可以充分发挥自由贸易港的制度开放型、政策宽松型优势，为促进商事调解制度的发展，研究制定《海南自由贸易港商事调解促进条例》。目前，海南为服务和保障海南自由贸易港建设，于 2020 年 6 月发布《海南省多元化解纠纷条例》，其中规定了关于国际商事调解的组织设立资格、适用范围等部分内容。但是，海南自由贸易港需要进一步促进市场化、法治化、国际化的商事调解，建设具有国际影响力和吸引力的国际商事纠纷解决中心。具体而言：国际商事调解组织朝着“市场化”的方向发展，实施以理事会为核心的法人治理结构；支持境外知名调解机构在海南自由贸易港依法设立业务机构并提供国际商事调解服务；探索与国际商事调解通行规则接轨，放开特定商业纠纷类型调解前置制度；培育海南自由贸易港商事调解市场，建立对接《新加坡调解公约》的调解协议执行机制，完善涉外商事调解及配套制度。

第二，促进商事调解的专业化。海南自由贸易港商事调解员的综合素质能力直接关系到调解员队伍的基本形象和调解制度的发展。海南自由贸易港商事调解行业刚起步，但商事调解组织在吸引当事人和形成独立案源的能力、运营市场化的程度、调解规则的水平等方面还需要进一步强化和完善。一方面，在观念上，商事调解的行为模式需要区别于我国长期在民间纠纷人民调解形成的社会文化，从商事调解制度上淡化行政色彩，提倡以市场

---

① 赵毅宇：《中国商事调解立法模式选择及其展开》，载《法学杂志》2023 年第 3 期。

化自主发展提升商事调解的专业性,在相对高端、专业化的商事调解领域贯彻"在商言商、以和为贵"的精神。另一方面,实现商事调解的专业化也离不开调解机构的独立性与人员的职业化。海南自由贸易港商事调解需要从传统调解中剥离出来,形成自己独立的、专门的商事调解机制。调解的有偿特征预示着提供专业化调解服务应当收取合理费用,自发组织调解员队伍的专业教育与职业教育,提高服务水准,才能在进入法律服务市场自由竞争中实现专业化并提供更为优质的商事调解服务。

第三,促进商事调解的规范化。调解所独有的高效、低成本,有利于维护商业关系的优势将是商事纠纷解决方式的一个发展趋势。但调解又是一个综合的过程和复杂的技艺,调解行为失范会造成可拒绝执行调解协议因素,因此需要建立商事调解组织和调解员的资格审查及行为的监督机制,保证调解程序的规范化。海南自由贸易港成立商事调解协会,作为统一的调解员资质审核及行为监督主体。例如,香港调解资历评审协会有限公司是香港律政司调解专责小组辖下设立组织,专门处理调解员的资质和行为规范。[①] 同时,由海南自由贸易港商事调解协会制定颁布"(调解员)职业守则",为调解员制定职业道德标准和行为准则,以公正、专业和合理的方式进行调解,确保调解案件的质量。商事调解组织也要建立调解员名册、调解员培训及考核长效机制,年度考核甚至可以与调解员的续聘和报酬水平相挂钩,由此才能建立一支专业的调解员队伍,确保商事纠纷调解的质量。

第四,促进商事调解的国际化。《新加坡调解公约》建立了国际商事调解协议执行机制,满足了国际社会对于商事调解执行力的迫切需求。为了促使我国的商事调解制度与《新加坡调解公约》接轨,海南自由贸易港作为我国对外开放的前沿阵地,应以此为契机进行大胆的创新和尝试。本书认为,在海南自由贸易港商事调解可以采取国内和国际商事调解的"双轨制"做法,这也能够提高境内外当事人选择在海南自由贸易港使用调解解决商

---

① Dorcas Quek Anderson, *A Coming of Age for Mediation in Singapore*? Mediation Act 2016, Singapore Academy of Law Journal, Vol. 29:1, p. 275 – 293(2017).

事纠纷的吸引力。这可以借鉴新加坡区分了国内调解与国际调解的二元分制立法模式的经验,其在国际调解方面,在 2020 年专门制定了《新加坡公约调解法案》(Singapore Convention on Mediation Act),以更好对接《新加坡调解公约》的内容。此外,需要加强海南自由贸易港商事调解员的国际认证,加强与新加坡国际调解协会、香港调解资历评审协会有限公司和国际调解委员会等相关认证机构的开展合作,提高海南自由贸易港国际商事调解员的专业水平和国际知名度。更为重要的是,当事人以国际商事调解协议向海南自由贸易港法院申请执行或救济时,法院可以通过司法确认程序“变通”转化为对国际调解协议的形式审查或拒绝准予救济的审查。